中国当代学术文丛

国家社科基金重点项目"所有权正义
——走向马克思政治哲学"（14AZX004）阶段性成果

方法与反方法

——基于哲学与人文社会科学的思想对话

中国人民大学

张文喜 ◎ 著

西南交通大学出版社
·成都·

图书在版编目（CIP）数据

方法与反方法：基于哲学与人文社会科学的思想对话 / 张文喜著. —成都：西南交通大学出版社，2016.3（2018.3 重印）
（中国当代学术文丛）
ISBN 978-7-5643-4576-1

Ⅰ. ①方… Ⅱ. ①张… Ⅲ. ①社会科学 – 方法论 – 研究 Ⅳ. ①C03

中国版本图书馆 CIP 数据核字（2016）第 031764 号

中国当代学术文丛

方法与反方法
——基于哲学与人文社会科学的思想对话

张文喜　著

责任编辑　郭发仔
装帧设计　严春艳

印张　23.25　　字数　429千
成品尺寸　170 mm × 230 mm
版本　2016年3月第1版
印次　2018年3月第2次
印刷　四川煤田地质制图印刷厂
书号：ISBN 978-7-5643-4576-1

出版 发行　西南交通大学出版社
网址　http://www.xnjdcbs.com
地址　四川省成都市二环路北一段111号
　　　西南交通大学创新大厦21楼
邮政编码　610031
发行部电话　028-87600564 028-87600533
定价：88.00元

目　录

导　论

人文社会科学：方法的合法性

　　众所周知，每种学问都遵循特定的方式来答复自己提出的问题。没有哪一种学问研究，不同时是一种方法论研究。科学的正确程序很可能会带来巨大成功，这成功的后面便会存在对科学局限性的反思。毫无疑问，我们的研究活动已然使这样一部聚焦于方法论思考的哲学著作成为必需。它的必需之处在于，它在每一点上都对原本留给哲学的问题做最彻底的批判，并把掌握通常具有社会科学哲学意义的问题作为其根据。如果这种需要完全得到满足的话，那么笔者在这里试图让自己受教于人文学问及其方法（如今被理解为区别于科学方法）的研究，并以它去描写社会科学方法问题。

　　在通常的理解中，"人文学科"（humanities）与"社会科学"（social science）判然有别。一提到"人文社会科学"，我们中的大多数人自然会立刻就想到现代西方哲学的两大流派——科学主义和人本主义，并对应地想到所谓社会科学的两大传统——实证社会科学和人文社会科学。但首先要了解，实证社会科学只是人文社会科学最低级的形态。如果我们把对人事的研究看作人文学科和社会科学的共通点，那么我们或许可以进一步遵循亚里士多德："在社会生活与心智生活作出区分，并由此将对前者的研究归于社会科学，而把对后者的研究，或对后者的某一种研究分派给人文学科。"①我在此书中将"人文学科"与"社会科学"（humanities and social sciences）连用，意在强调非学科性，强调它们之间并不存在分而治之的关系。诚然，自然科学和人文社会科学都可以分成很多门类，本书抛开它们之间的本质差别，且不及系统讨论。此外，传统人文学科当然包括哲学，我们为了叙述方便，在本书中的大多数情况下，将哲学从传统人文学科中单列出来。

　　"人文学问"（humanism、humanismus），亦即人文主义，这个概念本身的走向尽管是发散的，但特指文艺复兴时期的古希腊罗马学术研究。②不消说，社会科学研究的对象是社会、由人-组成的社会。施特劳斯说，社会科学家如果希望"忠于自己的使命，就绝不能忘记他正在研究人事，正在研究人。社会科学家必须反思作为人的人，而且他必须给予这一事实应有的重视：他本身也是一个人，社会科学总是一种自我知识。社会科学，作为对人事的属人知识的求索，包含在自身根基中的是构成人性的属人知识"③。

---

① Leo Strauss. *The Rebirth of Classical Political Rationalism: An Introduction to the Thought of Leo Strauss* ed.Thomas L. Pangle, Chicago:University of Chicage Press, 1989, p7.
② 刘小枫编：《西方古典文献学发凡》，丰卫平译，华夏出版社 2014 年版，第 16 页。
③ Leo Strauss. *The Rebirth of Classical Political Rationalism: An* Introduction *to the Thought of Leo Strauss*. ed.Thomas L. Pangle, Chicago:University of Chicage Press, 1989, p6.

第一章 "说"与哲学的正当性危机

如何"说"，几乎是如何更本源地面对人文社会科学创造问题之时想到的第一个问题。在这样的情况下，哲学对于人文社会科学的奠基和描写，尤其对作为一种人文社会科学方法体系的指导性意义，深深地吸引了我们。

第一节 哲学与人文社会科学危机的交错

就其与存在者的一切关系而言，西方人文社会科学都一定程度地表现了形而上学的本质，或者说每一种学问都表现了对存在的理解，并有着确定的联系。但康德之后，哲学不再可能以独断论的身位面世。作为批判的哲学理所当然将哲学变成催生鲜活语言的事业，摧毁承担意指、见证和参与作用的思辨的语言。随这个语言范式转变的，正是"描述人们实践活动和实际发展过程的真正的实证科学开始的地方"①。

语言理解模式相关于相互承认的结构和主体哲学的克服。本书就是一个点，位于以文献形式摆在你们面前的经验和每个人自身拥有的活生生的经验之间。当它要与一些没有"前理解"的读者见面时，我担心它的内容会不被人理解。这倒不是因为"我们"之间在让人领会话语共享的解释学上存在差异，可能部分原因在于它的观点复杂、难以理解。至少在某种程度上，可以归因于维特根斯坦在《逻辑哲学论》中提到的阅读自相关原则："也许只有那些自己已经思考过其中所表述的思想或者类似的思想之人，才能理解此书。"但此事毫无保证。因为除了我是否具有把研究结果传递给更广泛的公众这样一个经验问题之外，我也不可能知道此书话语的受众范围，即那个能够或者不能够分享其思想的对象。写书人原本不能如"招魂的巫师"那样了解他面对的对象的灵魂，他通常

---

① 《马克思恩格斯选集》第1卷，人民出版社1995年版，第73页。

会情不自禁地对"外行"讲话，这便是语言的原始暴力。我相信，没有一个"外行"打开一本哲学书时，会因为不能马上看懂而怒气冲冲地把书撕了。因为，哲学跟生命同样复杂，关于生命的经验马上通了，反倒是很奇怪的。如今有很多人满足于对最新的学科发展所怀有的好奇心，这无异于满足于现代人某种轻薄的愿望。人们甚至可以说，好书当然是有的，而且很容易获得，口袋书的形式在每个书店里都有。这是一件非常奇怪的事情。如果我们将文字有好坏与书本有包装这两样事情区分开来，那么这种书本观念与文字的意义就是大异其趣的。比如，金庸笔下的王语嫣，她对所有武术门派如数家珍，可是王语嫣根本不会武术。哲学与人文社会科学的关系问题，早在一百年以前就从"地基"或"屋顶"等不同的角度被提出来了。读者照理也有思想准备了，尽管人人有不同的理解，但至少是有"前见"的。为了使人们理解我的问题的提法，有必要回顾西方思想界一再出现的种种哲学动议。谁都知道，自19世纪以来，西方思想界不断重新界定哲学的地标，但鲜为人知的是，对哲学自身的研究、审查、质疑、划界，最终基础落在实际科学（经济学、人类学、心理学、语言学、知识社会学或由此衍生出来的对社会生活—心智生活的批判）上。可以说，人文学科与社会科学通过描绘出哲学的边界和可能性，导致哲学的失败。马克思清楚，存在先于意识，"在思辨终止的地方，在现实生活面前"，首先不是联系"真理的彼岸世界"，而是"确立此岸世界的真理"。或者说，一旦人们对于人类生活的此岸理解是完全合法的，实证科学便会得到认可。它是将工业实践世界的科学与封建旧世界的梦想分开的分界线。在这一点上，依据实践的要求提出"**对哲学的否定是正当的**"，这在马克思时代正是最受关注的"当代所谓的问题之所在的那些问题的中心"①。

但是，马克思也知道，对迄今为止哲学的否定并不是一件类似简单地分配"有用知识"的事务。它是对"将来要达到的**人的高度的革命**"的确认，要把它看作"对德国迄今为止政治意识形式的坚决反抗"②。所以，细究起来，这种"确认"，本身也具有非凡的双重意义。从第一种意义上来说，哲学应该用一种实践的和为实践服务的证据去代替"脑壳里萌生"（德意志哲学大体上是观念论的，而德意志观念论者是些有神论者或泛神论者）的标准，代替那些证明其合法的"观念历史的著作"。哲学应当通过它固有的成就去证明它该居其位。也就

---

① 《马克思恩格斯全集》第3卷，人民出版社2002年版，第205～206页。
② 《马克思恩格斯全集》第3卷，人民出版社2002年版，第207页。

是说，它应当位于批判地对待自身以及指出其限度的处境中。这意味着，它不是从哲学本身的前提出发，而是从这个"内部的"证明而来。这是说，"新的"哲学已经从对自己本身采取批判的结果，而非"要么停留于哲学提供的结论，要么从别处得来的要求和结论冒充为哲学的直接要求和结论，尽管这些要求和结论——假如是正确的——相反地只有借助于对**迄今为止的哲学的否定**、对作为哲学的哲学的否定，才能得到"①。

　　在此，我提到马克思只是作为一个代表性的例子，事实上宣示出其"终结哲学"之方法论雄心的文献是海量的，不是在马克思的著述中才出现的，对于"哲人"这个概念的探讨就很能说明这一点。②而我们正在讨论的这一处文字预先透露出某种韦伯式的景象，它将实证社会科学代替哲学视为其理论正确以及实践能力的明证。后来，除了哲学上正确，政治上正确的要求也加入进来。在这个位置上，哲学依据种种"现实的"或"人间的"法则型构的实证社会科学乃是哲学消灭的结果。也就是说，马克思介绍的不仅是一种能够让哲学问题消失（旨在开辟处理现实问题的实证科学地盘）的思考方法，而且是一种把"无人身的理性"或"纯概念"的"天"（天国）统治有人身的经验的"地"（世俗世界）看作占星术的发现。

　　事实上，在马克思哲学的境域中，这首先是构成新的科学背景的"意见"。在消灭哲学的一片声浪中，我们曾听到过这样的声言：在这个世界中，到处都要生产，一切哲学都需要搁置。换句话说，哲学要么把自己抬高到一门科学的等级上，不得不在诸科学面前为自己的正当性辩护；要么就成为诸科学的婢女而蒸发为"方法学"。曾几何时，我们本以为继承了一部辉煌的文明史，以为可以享受文明遗产带来的效益，可现如今前景比上几个时代都黯淡。比如，哲学，这个老傻瓜想要真，此时的预设条件是人人都知道什么是思维，人人都是饱学之士。这种略具幽默的信任就制定了古典理性主义的向真理和知识无限运动的图景。如今，新傻瓜却要把荒谬作为最强大的思维能量。如果用略带图解特征的观点来看，思维的现代图景的头一个特点，就是彻底摒弃思维跟真之间那种正当或不正当的关系。于是，对于现代文明的原则及其支柱（即现代科学，包

---

① 《马克思恩格斯全集》第 3 卷，人民出版社 2002 年版，第 206 页。
② 考斯莱特等人曾从原始史料的使用以及使用方法的角度指明，最早作为"一种特定的'自我认知'而出现"在宫廷执掌牛耳的"哲人"概念，随着资产阶级社会的到来，开始成长为"一种职业性角色，并构成资产阶级制度性基础"。参见伊安·汉普歇尔-蒙克：《比较视野中的概念史》，周保巍译，华东师范大学出版社 2010 年版，第 16～17 页。

括自然科学与特殊的社会科学），人们开始怀疑，不仅仅是在方法上或方法论上。一旦遇到未来，我们的问题就如同遇到了坚硬的磐石，我们的现代观念意识就立即会折断翅膀。我们仿佛突然觉得什么也没有继承，仿佛我们一穷二白。我们的遗产仅仅就是一些方法。它如果 "本应"消失或被撇在一边，就叫传统的"残留"（方法）。在几代人之前，斯宾诺莎曾肯定了笛卡尔的哲学原理，认为真理只能走科学的路。马拉默德读斯宾诺莎的书，虽然"没有全都看懂"，却觉得"好像骑在女巫的扫帚把上御风而行。自此以后，我不再是原来的人"①。现时，它看起来更加简单：这是一个方法论觉醒的时代。斯宾诺莎的好友梅耶尔说，那时，人们把数学方法，即从界说、公设和公理推出结论的方法，理解成"发现和传授真理的最好的和最可靠的方法"②。值得注意的是，这并不完全是斯宾诺莎所期待的真理方法。斯宾诺莎的真理论，是奠基于反对笛卡尔的论辩之上的。因为，笛卡尔的明晰性的观念并不是斯宾诺莎的真理原则。对于斯宾诺莎而言，要形成的并不是一个明晰性观念，而是创造一种"可以表现其原因的"正确观念。③斯宾诺莎会降落到笛卡尔的明晰性本身的下面，以便寻找确定的知识（关于这一点，我们留待以后合适的地方作更详细的叙述）。无论如何，笛卡尔—反笛卡尔派的根本缺陷可以归结如下：它认为只要确保充足理由的方法，就能够使哲学理解自己的正确的性质。"公理"在该派的诸多著作中得到了最系统、最丰富和最终的表述。可是，如今这已不再受重视。有些人会提及任何"公理体系"之"黄粱一梦"，会认为人们根本不是以同样的方法理解观念"正确的"性质，甚至选择何种方法多少具有随意性。另一些人认为，人们必须首先感觉到，真理与方法并不会为他而会聚一起，只有社会历史条件才能提供那种每时每刻称为"哲学"的东西的可能性条件。此外，"虚无没有性质"这样一个公理出现在笛卡尔的哲学中，但今天对"存在"的追问与对"无"的追问的位序发生出人意料的逆转。在海德格尔、尼采和马克思消解形而上学之后，哲学家自诩处于"无意义""无依据"却在"畏"中可以体验到这个"无"的世界中。这不是贬低他（哲学家），而是为他提供相对于他自己的有限性的自由的可能性。更现实地说，现在他（哲学家）和那些侍弄钢筋水泥的人、使用机器的人、进行生产的人都同样是一个"民主式"的等级。现代哲人发现自己至多是一个"学

① 吉尔·德勒兹：《斯宾诺莎的实践哲学》，冯炳昆译，商务印书馆2004版年，第1页。
② 斯宾诺莎：《笛卡尔哲学原理》，王荫庭等译，商务印书馆1997年版，第35页。
③ 吉尔·德勒兹：《斯宾诺莎与表现问题》，龚重林译，商务印书馆2013年版，第148页。

者"，他现在代表的是"后退"。正如神圣意义不再是通过一种对应的神圣体系来表达一样，学者也在其中"对鸡毛蒜皮的事情知道得越来越多"①。

我们一般把这种观点叫做"历史主义"。不过，它曾经意指对于永恒知识或者至少对于普遍原则的预测或规范的合宜性乃是可能的信念，而并不是如今对人们的选择乃是盲目选择的理解。而按照我们前面的理解，历史主义之所以在我们的时代突如其来地以成熟的面孔出现，这是因为它保持了由实证科学一劳永逸地取代哲学之构想的基调，这与将第一原则看成存在（有）的传统哲学构想正好相反。然而，据施特劳斯的观点，历史主义的产生及其本质特征并未得到人们恰当的理解。历史主义并非植根于一种对人类生存的客观分析，而是植根于一种对人类生存的解释进路。因此，当历史主义仅仅是种实际性解释学方法或理论但又必须与其解释学方法区别开来时，历史主义是一种（哲学）态度的性质将前所未有地呈现出来。它不再是由不知什么普遍理性原理的这一现代性之万有引力构成，而是返回人类理性背后、从历史地生长出来的语言的多样性中流露出来。这就像施特劳斯阐释的自然权利问题，但是现代却赋予它（自然权利）新的含义。对于施特劳斯来说，我们不可认为"对于哲学最基本前提的不偏不倚的重新审视仅仅是一个学术或历史事件"。究其根本，"在历史主义对于过去思想的理解方式与对于过去思想的真正理解之间，有着惊人的差异"②。这是警告我们，如果承认一种历史与多种解释之间的正确关系，那么，历史主义作为一种解释方法并非可以拿来到处运用的哲学方法。

当然，我们不能把解释学理解为一切诸如哲学、宗教、艺术等学科的基点，即具有一种追求奠基的哲思，所以它就不是一般意义上的与其他学科相并列的"学"。但即便如此，海德格尔及其他的学生如伽达默尔、德里达也知道这一点无用，因为在海德格尔之后解释学继续在哲学运行轨道中不断发生变化，哲学家们也继续因这种诉讼互相争吵。终究，我们确实碰上了语言的界限：从今往后，要做哲学，须以诗歌的形式进行。维特根斯坦在他编写的一本零散笔记集里做了如此申言。这句话，海德格尔也曾经说过。于是，为了"改善"过去的新哲学，一种看起来像文学那样的形式向这些边界回归，一种作为普遍理论和绝对思想的思辨意图将在这里被抵制。

---

① Leo Strauss. *The Rebirth of Classical Political Rationalism: An Introduction to the Thought of Leo Strauss*, ed.Thomas L. Pangle, Chicago:University of Chicage Press, 1989, p32.

② 列奥·施特劳斯：《自然权利与历史》，彭刚译，生活·读书·新知三联书店 2003 年版，第 33～34 页。

第二节 专业之思与语言游戏

在作为普遍原理的永恒真理崩塌之后，哲学的未来可能性恰恰存在于科学提供的永恒替代品中。在这个地平线上，一套从仆人到主人轮番颠转的哲学体系不断地和人文社会科学知识杂交再杂交。原因是，一方面，人文社会科学为了确认其自主性和独立性，反对哲学帝国主义的评论，不需要哲学评论；另一方面，人文社会科学扎根在哲学传统中，并试图用各种禁令把哲学体系从错觉中拉出来（这种错觉类似于太阳晨时在地平线上升起时显得更大，而实际上太阳并不升起）。但只有少数天文学家、物理学家和哲学家明白此事实。凭借科学手段，科学家就像一位炼金术士，把那些事物点化成可见的或不可见的，哲学也同样慷慨地悉数奉还。因为，哲学由此也想变成积极的知识工具和在当地有影响的对"方法"的批判权利。①

这不再是"单个"哲学家的事情。在一部很著名的著作中，布鲁姆清楚地表明，美国现代的高等教育思想充斥着实证主义和相对主义的社会科学以及虚无主义的人文学科。值得注意的是该书的副标题——"高等教育如何导致民主的失败，如何导致今日大学生心灵的枯竭"。由于布鲁姆是站在自己的柏拉图角度看问题，这样一个副标题所提出的观念层次的隐含意义是，民主如何导致与伟大哲学不相符的高等教育并导致哲学家变成"学术人"。②

我们很难想象哲学家（统治）是否应当如布鲁姆那样认为哲学比民主更具有一种优越性，毕竟布鲁姆是对美国人发话。如今我们的大学正在与国际接轨，由于全球化激荡，我们会遇到一些与美国类似的问题。比如，我们哲学院几乎每一个专业都开设了方法论课程。不去面对现实问题，而是按照理性分析，或仅仅证明，似乎每种学问都得运用一定的专业方法批判。人们也可能根本不怀疑他们拥有适当的方法，就像某一满足科学要求的目标能够得到某一理论上或实践上的认识指引一样。这种目标栖居于传统上还叫做"哲学"的东西的彼岸，在它之中从事的那些活动，承袭性地在我们的高等教育中推行。然而，无论人们对这件事进行怎样的形而上学思考，人们都不应当认为在人文社会科学那里可以发现实证规律的普遍性。显而易见，人文社会科学要想赢得它的学识尊严，

---

① 雅克·朗西埃：《哲学家和他的穷人们》，蒋海燕译，南京大学出版社 2014 年版，第 203～204 页。

② 艾伦·布鲁姆：《美国精神的封闭》，战旭英译，译林出版社 2007 年版。

首先必须满足一个条件：它必须表现出有卓越的能力建立"哲学解释学的"因果关系，在威力方面与"自然科学解释的"因果相当的因果关系。如果说对象决定方法，那么人文社会科学不能屈从于理性的、因而也是可检验和可控制的方式导向某一理论上或实践上的"平民式"认识。作为以人事为对象的研究，人文社会科学不会立足于现代科学——科学，即在一种广为流行的笛卡尔主义内部工作的科学。在现代科学的形成过程中，对目的论的宇宙观（有关人类的目的论的观念构成了它的一部分）的批判扮演了重要的角色。现代的数学物理学首先标示着这个科学的典范，在这个科学观念里，要参照目的论的条件就是悬置目的论。

当然，问题并不在于要知道人文社会科学是否能适配现代科学观念，而是要知道如今对科学的肯定为什么并如何通过被人文社会科学家体验为真实事物——人、所做和所思、体制、价值尺度——的典范性消失来完成的。我们必须指出，大多数当代哲学家不仅重视意义，而且重视意义传达的策略。因而在当代哲学中，专业化的问题伴随着哲学的第一个目标产生了：艺术作品通达真理。其实，既然不同的社会阶级或多或少地对微妙、优雅、得体、精致、感性等精神敏感，他们就会自然而然地萌生一个办法，即对其成员讲一种大致明白的共同的流通性语言。艺术作品、音乐、诗歌是流通性语言，海德格尔为什么要通过艺术作品、诗歌等语言谈论形而上学，在此我们可以明白几分。但如何确证这一点，也实在不太好说。这种困难，是由现成性或专业化造成的。

在生活与认识、典范性与真实性之间究竟存在着怎样的关系？这样的问题起先不是人文社会科学如历史学科所固有的"方法论"问题。它隶属于一种更加源始的思想，先于这门或那门（人文社会）科学的思想，确定其可能条件的思想，确定了某些特殊而重要的方式，比如诗歌。亚里士多德《诗学》的第九章确定了诗歌相对于历史科学的优势。这很容易理解。如果说历史学家是被迫按其连续性一个一个地讲述事件，遗忘了人类思考的局限性和存在的晦暗，那么诗人总想给人类安上另外的眼睛，以便可以挑选，改变现实。于是，在事实性中的"历史"和科学理性的范畴之间，就建立起一种分离主义的篱笆。这种叙事范畴的分离先于科学与经验的对立，也同样先于逻辑主义者的绝对主义与历史主义者或心理主义者的相对主义的对立，一如海德格尔肯定了本质性的思想相对于规律的优先性。就这样，"即便像'逻辑学''伦理学''物理学'之类的名称，也是在源始的思想完结的时候才出现的。希腊人在他们的伟大时代里是没有这样一些名称而有所思的。他们甚至没有把思想称为'哲学'。当思想偏离其要素的时候，思想便完结了。思想的要素就是能够使思想成为一种思想的那个东西"。"要素支持思想并因而把思想带入其本质之中"。而"一切都只取决于：存在之真理达乎语言而思想进入这种语言中"。①

在某种程度上，海德格尔的话具有神秘和浪漫的外表，如果没有这种"学科"建制作比较的话，它的隐晦性就无法补救。从根本上说来，这段话无非就是这个意思，即在希腊人所习见的经验世界中，尚未有后来的文化领域的分别，哲学不仅与习俗、道德和宗教，而且与艺术紧密联结，甚至彼此包含。现代各门学科的理论工具和方法不合适，无法通达源始的经验。思想的任务不是为了在技术上或事实的建立和原因的探寻方面具有较强严谨性，而是应该首先包含一种对语言与存在的原初归属关系的本质领会。某些概念如柏拉图作品中的"美"，尽管表面上具有普遍性（所谓"美学"），但总是与一个有确切时间和地点的语义场联系在一起。因为"美"首先是一个日常语词，所以，希腊人没有把科学或知识设想成现代意义上的理论。相反，他们把理论作为真正实践的最高实现来理解。当代"有思想的"人文社会科学家想要给哲学家的一个教训是："哲学家不知道他所说的话的理由。"②问题在于，哲学诸多人文社会学科很可能因为以语言或话语为对象，许多麻烦得以产生。

一开始，我们就碰到极麻烦的事情。这个麻烦，一"说"就晓得。比如说，我们上哲学课就是我说（听）话和你们听（说）话。这是一个事实。然而，我们上哲学课时不时会让人感觉到，这个事实并不意味着存在任何事物。与其说除了（从概念到概念的）语言，不如说除了上课本身的声音以外，什么也没有（问题）。因为，从一开始我就不是为说某件具体的事而开口，是空无要求地说话；或者说从来被当作话语的东西，就是作为哲学或科学的分析。从今以后，符号本身就是事物或者事物的状态。比如，那些分析称"这个人是人"，就好像这个活着的人和他的名字被画上了等号。也就是说，不是作为对此时此地的这个或那个个体讲话，而是对此类分析涉及的任何人讲话。也即，无视此类分析与"我们自身的"共同生活经验之间的差距。显然，在生活世界与学科内某一系列抽象概念、术语之间，一整套符号性坐标是个障碍，因为它在引导所定义

---

① 海德格尔：《路标》，孙周兴译，商务印书馆 2000 年版，第 369~405 页。
② 雅克·朗西埃：《哲学家和他的穷人们》，蒋海燕译，南京大学出版社 2014 年版，第 260 页。

的某事物走向某事物是个障碍。此两者之间的差距举一个例子来说就够了：这可能在与朋友的谈话里，透过称谓上的说"朋友"而不是"你"得到清楚刻画。①

以哲学为例，哲学分明就不再是一个相对简单的世界观，而是语言观。其"真正"的根本原则是一种特有的抽象性，以致同学们听哲学课时会感觉很空洞，认为它是一个"纯粹的""不重要的"声音。这种抽象性将导致哲学的终结。在哲学的诸多可能性中，如切中社会现实的种种本质要素的可能性不可避免地会成为幻想。如今，严肃的哲学家则会把这个声音与意义联系起来，认为这个声音的意义之最普遍维度，即存在。如果人是语言的动物，那么声音与语言、语音与逻各斯之间是什么关系？这就是哲学自身的问题。要消除专业化的内在危险，甚至只是在人文社会科学内部消除这种危险，就不需要浪费时间去培养一批"反哲学"的社会科学家，指派他们去跟农民、工人大众解释，让他们相信自己能够欣赏不属于自己的哲学社会科学。只有在社会实践这个母体中，而不是在一个笼统的科学观念或科学方法的噱头中，哲学社会科学才能真正在社会生活中切近社会现实。依据这种观点，我们可以明确得出结论，我们并不惧怕抽象本身，正像我们并不惧怕谈论形而上学问题。但如果"抽离于最根本、最重要的诸事物的本质，那便是最严重的错误"②。因为我们所系的从来都不是概念或语词的堆砌，人类的声音是有"意义"的。有声地说出总是已经预设了话语，即对可理解性的分解和实现。也正因为如此，只要有启示意义的声音就是与存在契合的。它安排着、调动着并生成着意义，将意义转化为做事方式和生存方式。因此，上帝、存在、精神、无意识的东西，在西方哲学中是同一序列的词。它们共同确定了某些重要的方式，生活的事实将依据这种方式将自身奉献给某种合理的话语生产，并维护生活方式与哲学方法的统一。

从很多方面来看，那种认为专业上不容置疑的话语的合理性，和支持那种讨好"普通民众"的话语合理性原本遵循基本的常识思维是极其不恰当的。当

---

① 列奥·施特劳斯也强调："政治科学或社会科学的基本任务是理解具体的人类关系"，这从治学路径上看，是从日常的生活常识出发。问题就在于，科学精神有严重的局限性。在人们认为笛卡尔的"自我"存在根本缺陷之后，如果依据现在"被称为我、你、我们"这样的"人类关系"，那么我在"分析的或客观的言辞"中依然无法"保留客观言辞无法保留的东西"。"我丧失了具体。尽管试图为真正的人类交流奠定基础，'我'（I）却保留了一种对真正的人类交流的无能为力。"参见 Leo Strauss. *What Is Political Philosophy? And Other Studies*. The University of Press Chicage, 1988, p. 28-29.这个立场并不是古典哲人"几乎不用一个对于公共生活而言不熟悉的语词"的简单问题。它首先表达了与生活事实本身的现象学释义学的联系。

② Leo Strauss. *The Rebirth of Classical Political Rationalism: An Introduction to the Thought of Leo Strauss*. ed.Thomas L. Pangle, Chicago:University of Chicage Press, 1989, p4.

然，每一专业研究与大众知识能力之间存在某种必然联系，但并不意味着它们是均衡的或等价的。反过来，将执守专业或学院话语表现为渊博的说法，将其视为掩盖更为日常世界观混乱的方便手段的后果，仍然是站不住脚的。在这里，我想到了当代左翼知识分子齐泽克的例子。从表面上看，齐泽克的作品支持那种从好莱坞电影、畅销小说，到社会时事乃至日常生活最私密的性与爱的分析，如果有人以此证明齐泽克式的书写有了所谓与活生生的现实的关联，那么我们就可以发现，在这其中，有一种"否认社会世界"的话语实践，一种不动声色地进行分级还装着没有分级的断裂。这既不是因为齐泽克们的哲学能力，也不是因为他们的知识，而只是因为他们在自己昏暗货仓里所提供出"饕餮盛宴"中的定级这个事实。用布尔迪厄的话来说，"他们得要展现英雄式的学术上的英武，以占据人文学科等级秩序中的制高点，杀出一条血路进入君临天下的教育体系的象牙塔，高踞于尘世与任何世俗权力之上"[①]。不用多说，这种异于传统学院路数的分析或"日常生活图景"描写会转变为书写之物，其方式与落日余晖将云彩变成山岳或海洋无异。总之，透过齐泽克们的"自由喜好"，创造为了日常生活中"私密的反抗"（克里斯蒂娃语）的社会需求所写的洒脱不羁的文字，人们会感到那同样是一种语言游戏。没有任何悬念，语言游戏是所有知识（认知）的先验条件（维特根斯坦语）。

第三节　以谁的名义"说"？

根据海德格尔及他之后的德里达、伽达默尔等欧洲哲学家的消解"在场"（也就是"现在""在眼前"）存在论的筹划，应该把视角从判断某种哲学学说的合法性转移到判断无数种观点的合法性上来。问题是，我们面对这样的麻烦，面对服从"解构"的文本，如何能够说出真理？若非通过解释归纳其中的哲学学说——比如所谓的"存在主义"或"历史主义"，那么何有"解构"之说？甚至如何说出那种从其话语的漏洞和口误中涌现的真理？有人坚持从哲学的角度重读被归为文学（或美学等）的作品（如柏拉图的《斐德罗》等），他已经在这些问题上铩羽而归。因为，这不是让这些文本承认其中有隐含的意义，并归纳为文本的思辨目的，而是揭示出在哲学文本中，美学上的或其他学科上的异议

---

① 皮埃尔·布尔迪厄：《海德格尔的政治存在论》，朱国华译，学林出版社2009年版，第106页。

也拥有自己的一份权利。布尔迪厄尤其指明，哲学家"只是在表面上放弃了超验的梦想，作为捉人之人反被捉之游戏大师，尤其在社会科学方面，他吸收了这些社会科学，为了更好地藐视它们，'超越'它们和否定它们，他总是很有把握地对最根本的质疑进行质疑，而且如果在哲学上还有什么事可做，那就是证明没有人能够比哲学家本人更好地解构哲学了"①。

我赞同布尔迪厄的评论。这差不多就是追随维特根斯坦的立场，认为哲学罕见能一劳永逸地解决问题。这就可以理解通常我们倡导所谓"照着说""接着说"或"什么都可以说"，恐怕各有其所不是。

一、"照着说"？"接着说"？抑或"什么都可以说"？

先说"照着说"。所谓"照着说"，就是指首先关心有没有什么哲学学说之类的"现成品"，如人性论或理念论。如果有，并且"照着说"，虽然有很多的方便，但是照谁的说？如果我们照上帝说的话去说，那是把神的道理传达完备的牧师的职分。其实，按照诸多启蒙思想后的经验，人类不会对上帝的存在感兴趣，而处于非存在之中的上帝又超越于人类的兴趣。所以，我们的任务就在于意识到构成信仰与启示的最恰当的内容：是太初有道。老子的这句老话，其实也是说：道可道，非常道。我们把这句话翻译成启示神学对理性的宣告：所有理解的基础都在于不可理解的东西。这是因为，我们在理解事物时，总是在做一件事，即对各种各样的事物进行归结，同时也总是会把某些非常重要的东西耽搁起来。所以，"语言学家只有将'有言语存在的既定事实'视为理所当然，只有将人类言说着并相互理解这一事实——这是至今仍为科学所未解的一个事实——视为理所当然，才能建构语法。也就是说，建构我们可称之为语言的那种描述同一系统"②。

但是，这样一种宣告恰恰遮蔽了本书应承担的任务，即思想。所以，"照着说"，唯有一途，即照着伟大人文社会科学家的思想去说，就像"会计查账"那样去清点那些伟大人文社会科学家的思想方法的真实情况；或像图书管理员试图整理书籍一样。这样一来，就会发现那些貌似很神奇的思想方法其实并没有那么神奇。或者说，因为作品问世时是作者面对自己时代说话的，后人在说到它时是另外一种口气，后人的声音需要事先创造合适的条件才能听懂。例如，有人通过纯粹技术和理性的穿透，认为老子所说的静观、玄览，不仅是缺乏根

---

① 皮埃尔·布尔迪厄：《帕斯卡尔式的沉思》，刘晖译，生活·读书·新知三联书店2009年版，第122页。

② 吉奥乔·阿甘本：《无目的的手段》，赵文译，河南大学出版社2015年版，第88页。

据的冥想，而且对其论证绝大多数是类比，是对外表相似的一个不同事物的规律的陈述，根据不充分，"推不出"结论，只是规定它看起来是什么样的，而不是规定它是什么。孔子的"推己及人"的方法论同样也有这个毛病。所以，无论愿意不愿意，无论思想是否足够深入，"照着说"都是行不通的，那是因为"照着说"具有介绍的特点，比人家原本想说的不充分多了。"不充分"就是说有些问题尚未触及。①

再说"接着说"。表面上，"接着说"是最符合情理的。因为，如果每个人的言词都总是预设着另一个言词的话，那么唯一可以用来批评一个人的东西，是另一个人的言词。每一种说法都在接着先前的说法开始说，也同时是说法的新起点或转折点；或者说，每一种说法都有可能使说法"从此不同"。

所以，有些人高高站在唯我论立场上，声称要"找到自己"，喜欢标新立异，宁愿相信"我呀我呀说得最响亮"，但问题是：什么是"我的说法"？只要反思足够深入，就必定产生不安。例如，海德格尔曾经感到不安。他说，"常人总是我呀我呀说得最响亮"，但只是自我的敉平。因此，最终我们发现自己只与我们的言词作伙伴。"老年黑格尔变成了一特定终极语汇的名字，克尔凯郭尔和尼采变成了其他语汇的名字。若有人告诉我们，这些人的实际生活与吸引我们去注意他们的那些书籍和语汇毫不相干，我们会置之不理。"②我们第一次感觉到我们被抛弃——我们真的只有语言了，没有任何最终的基础。阿甘本指出："说到底，如果只存在唯一一个存在者，它也将是绝对的无能。（正是因此之故，神学家们强调上帝创造了 ex nihilo——换言之，绝对没有权力的——世界。）我能之处，也总有人数众多的我们存在（正像如果语言也即言说的权力存在之时，就不可能仅有一个言说该语言的存在者）。"③据说这就是 20 世纪哲学的"语言学转向"（linguistic turn）的深层动因。它也昭告我们的时代进入虚无主义时代。④

---

① 我们在这里留下一个问题，即为什么注重以"类"为推论的依据恰恰成为中国文化的特点之一？中国人俗话所说的"物以类聚""人以群分"等，这是所谓同类相推、异类不比？哲学构成的归类与被归类的行为模式被归纳到这种归类中，在中国文化中也是合情合理的。但是，由于中国文化所依据的归类只是道德，因此，在社会科学这个问题上，这种合情合理非常模糊。尤其还要提到的是，欧洲首先讲究科学，从几何的或形式的角度看，相似即正比。斐洛劳斯说："同类、同根、同级的事物，无需调和。"
② 理查德·罗蒂：《偶然、反讽与团结》，徐文瑞译，商务印书馆 2003 年版，第 114 页。
③ 吉奥乔·阿甘本：《无目的的手段》，赵文译，河南大学出版社 2015 年版，第 14 页。
④ 顺便提及，1914 年 11 月，维特根斯坦参加了战争。他已经见识到了前线战火。他从军的行为充分对应着他的格言：制造哲学命题是枉然，重要的是"命题的澄清"，就像前线打仗重要的是精确开火，而不是开火本身。

对有些人来说，"大家"的意见是极重要的因素，无时无刻不影响着他们的一切。在他的哲学中，几乎处处都在欢呼新资讯、新材料所带来的对思想软弱无力的化解。这么说吧，资料的丰富增长是他"接着说"的第一个理由。所以，"接着说"也暗中与"照着说"合流。众所周知，即使大名鼎鼎的海德格尔，他自己也是作为一种哲学职业的名誉保证人，他呼唤生存论上的理解应当从公共阐释中解放出来，才会有本己自我的理解。但他的思想也无法真正摆脱他那个时代社会科学研究成果的影响，包括一度当过他的老师的李凯尔特，还有狄尔泰和马克斯·韦伯。[①]

那么，现在我们的问题是"什么都可以说"吗？说话应当理解为一种美德。在生活当中，话一般分为不必说的和必须说的。通常我们认为，必须说的，就是正确地说的，或者有意义地说的；不必说的，就是不正确地说的，或者无意义地说的。

但是，这里恐怕有一个视点和视角的问题。在思想和意识的世界里似乎可以不理会生活世界。比如，我们不会在乎某个哲学家实际上是不是遵循他自己的自我意象行事。如果按照分析哲学家对哲学的定位，历史上许多哲学家说的话既谈不上正确，更谈不上有意义。如果"无意义"就是指"被剥夺了意义"的话，那么意味着哲学不是一种思想。举例来说，有这样一种作家，他写的东西别人很难体会，但是他自己却乐此不疲地一个劲地写。由此可以断定，他只是在做一件事，即借用读者不知的内在语境来表达自己。在别人看来，他自己高兴说什么就说什么。好像大多数哲学家就是这样的，但事实上并非如此。马里翁说："真正的画家并不知道他画过什么，他只是尽其所能地乞求惊异，这是他不敢预见的东西被揭示出来的时候所引起的惊异。确切地说，全部的技巧就在于最终让未见者通过惊异的无法预见的方式突然出现在可见者那里。"[②]同样，哲学的荣耀不也在于惊异吗？由于人有情感、有想象，哪怕荒谬、玄奥的东西也会不知不觉地掌控他们的全部注意力。尤其那些宏大叙事看起来几乎就是随便说说的胡话，并因此被人们理解为鸟的语言，却让先锋派报以喝彩。

---

① 因此，我们提出这样一些问题：假如现在的中国人要写一本叫做《中国哲学史》的著作，我们怎么写？我们是否可以避免现代和西方思想的影响把古人的思想重新写出来呢？是否可以像考古的人挖掘古人文物那样重新写出古人的思想呢？具体来讲，针对中国哲学史上的思想家，比如，孔子，我们可以提出这样的问题：对于儒家的开山鼻祖孔子而言，他有没有意识到自己是在进行"哲学"的思考？他有没有想到西方哲学里面诸如存在论、认识论、方法论这样的分类概念？其实经过这样的批判，你可以发现答案就会明朗甚至变得很清楚。

② 让-吕克·马里翁：《可见者的交错》，张建华译，漓江出版社2015年版，第46页。

又一次正确与错误的交织。但是，真的我随便可以说什么吗？从人的目的论的观点看，"说话是为了说明什么东西是有用的、什么是有害的，以及什么是正确的、什么是错误的。人与其他动物的真正区别在于只有人才能分辨好坏、对错、正义与非正义。正是在这些问题上的一致看法构成了家园或城邦"①。依据这种古典观点，如果语言的作用是为了交流，那么对一种可以理解的语言就应当提出边界的要求，只要有了这种要求，就会使得哲学家只说他必须说的，而不是他高兴说什么就说什么。生活明明白白地告诉我们：寻找边界是可能的，界定应该是真的。但按照分析哲学关于正确说话的标准，我随便说什么都会挂一漏万。比如，胡塞尔那种想为一切思想提供正确性基础的研究，带给人的并不是好消息。有人说，人一思考，上帝就发笑！分析哲学家在这充当上帝，借助现代逻辑技术，用磨得太快的"奥卡姆剃刀"把哲学剃成琐碎的科学语言。自从人们追随维特根斯坦之后，在很长一段岁月里，以对哲学进行哲学式藐视的某种特定形式，先后给出了自己的强行挖掘的招数。它像科学，但现在科学也是意识形态，更谈不上什么是人文、社会、科学，什么是好生活。结果是，除了科学和逻辑，就什么都不可说了；或者更甚："我们觉得，即使一切可能的科学问题都已得到解答，也还完全没有触及人生问题。"（维特根斯坦）"就促使哲学得以存在的普遍愿望而言，哲学要献身于'触及人生问题'，因而，本质上与所有科学的或者理论的形象都有区别。它摆脱了命题与意义的权威，因而注定了同时会采取行动的形式。"②显然，这种难以言表的、未予言说的东西事实上只属于人类语言范畴。由于缺乏专有的可见性，要么借助于隐喻、类比来猜测它，要么对它保持沉默。维特根斯坦注意到，在分析哲学新的主体那里，每个思想和每种表述都总是已经言说过了，"重要的事情""内容"或亚里士多德所谓的"质料"会从它的注意力范围内隐退，问题变小了。它总是把毫无意义的事情说得危言耸听，而真正能够反映本质的事情则常常被忽视了。在这个意义上，哲学传统仿佛就是浸没一个男人的"随意开玩笑的"俱乐部。③

---

① 亚里士多德：《政治学》//吉奥乔·阿甘本：《幼年与历史：经验的毁灭》，尹星译，河南大学出版社 2011 年版，第Ⅶ页。

② 阿兰·巴丢：《维特根斯坦的反哲学》，严和来译，漓江出版社 2015 年版，第 28 页。

③ 女性主义者芭芭拉·约翰逊通过对德曼的阅读强调隐藏在传统哲学核心地带的性别差异。麦克奎兰则指控，从洛克到康德将分析的技术比喻为男人在"整洁严厉的家务活"。参见马丁·麦克奎兰：《导读德曼》，孔锐才译，重庆大学出版社 2015 年版，第 132 页。而在亚里士多德那里就把质料追求形式比作女性追求男性；只不过女性的模样和可见的光鲜外表无论如何是阻碍任何形式在质料中显现的。

二、从何"说"起？

人文社会科学的目的不是意在让人改变自身的社会环境，而是获得某种自我理解。重要的是，人们应懂得如何根据周围的情况调整自己，而不是迫使周围的情况来适应我们。道德科学的这个观点继续主宰现代的哲学家，包括康德、维特根斯坦等人的著作。他们断言，理性没有办法告诉我们生活中那些重要问题的知识，这是当代哲学的一个结论。

当然，这种存在论或方法论上的结论或困惑并非本著作的最终"说法"。正如哲学家宁愿相信既有"头上星空"绝对闪光的法则，也有"心中道德"绝对闪光的法则一样，我们也愿意相信有足够有效的通向"德性之知"的思想方法。但是，假如我们不去回答那些重大问题，那进入场景的一切入口就被阻塞了。此外，分析哲学除了揭露了传统形而上学的老底之外，它自身也增添了一些新的形而上学脂粉。我们不必跟它较真。分析哲学家的看法不同，认为人不能不讲话，也就是不能无语。如果说那些伟大的问题不该由人来思考，那些神奇的思想方法也并不是可以随便找到的话，那么，我们当然相信那些方法的"说头"总是"聊胜于无"或"聊近于无"。

既然如此，另外一个问题就接着来了：从何"说"起？不是我们的著作从何"说"起，而是说话的"说"，从何"说"起。

一部著作无法将整全作为研究主题和目标，它只能在尚未写就的著作的前言或补遗中保留自己的位置。在这样的视野中，哲学与社会科学存在着既冲突又共谋的关系。假如我们的生活总是自相矛盾的，我们把话说乱就不能怪在语言头上，而只能怪生活本身。我们可以带着惊异观察到一个事实，即大凡哲学论著总带着一丝丝嚼舌头的味道。众所周知，我们在哲学上总是有些小争论，根子依然在哲学就是揭示生活之荒谬。例如，是不是可以把丑的塑造成为美的，把不可爱的塑造成为可爱的？在艺术上是可能的，甚至艺术恰恰是由此可能的。如果在艺术上可以这样做，那么在生活中是不是也能够这样做？既然生活中我们能够区分丑的和美的，那么也就既可能爱上美的东西，也可能爱上丑的东西。所有这些可能，都根源于生活的矛盾。但凡大哲学家，都会将艺术看成拯救苦难人生的唯一可能。

因此，我们必须关注一种语言观：有意义的言语是从一个主体向另一个主体传递信息的交流手段。这个语言概念被当代哲学所不屑。本雅明明确将其瓦解，把它说成是"中产阶级的语言观"。值得注意的是，"所有的语言都旨在言说那种毫无意谓的言词"①。从对传统哲学之确定性的背离的境域来看，我们可以把话说乱而不妨碍被正确地理解。这并非当今人文主义社会科学的一种异论，而是普通的俗见。比方说，有人会认为法藏"说无生"，便"说"起来。法藏这个人本来"无"，何从"说"起？"无"作为概念并不是"无"，而是指示某种东西，它就像数学中的"0"的概念一样。反过来，这种"无"不产生影响也是不可能的。在这里也是一样，"说"总是"人"在说，不会是猪在说、狗在说，或其他在说。比如，即便是一头狮子说，也与我们"人"无关，正如维特根斯坦所言："如果一头狮子会说话，我们也无法理解它。"②

根据庄子的观点，我对鱼的心情的猜想可能是愚蠢的。但这个问题还是有一些别的意思。人们甚至可以这样说，一个人可以既是聪明的又是愚蠢的。糊涂和愚蠢的问题，在此我们无法细述。对我们来说，只要承认其中还有许多没有区分出来的东西就够了。这毕竟很困难。当然，造物主可能是全能的、无限的。"创世篇"里说，上帝说话、上帝活动。上帝行动的独一无二性体现在命名活动中，他命名了他希望实现的结果。但是，这对于犹太神秘主义经典而言，"上帝的语言事实上没有语法，而全部由名称构成"③。此外，笛卡尔相信造物主没有自我意识，他无须把存在区分开来。造物主不是思想的可能对象，所以不在我们的主题范围内。正如海德格尔所认为的，话语是此在基本的揭示方式，它一定是自己的话语，而不是上帝或其他存在者的话语。在这个意义上，一切科学，无论它的对象多么特殊，都总是与"人"有关。也在这个意义上，现代科学神话再次实现了人文知识与神性知识的结合。而这种结合恰恰是海德格尔的神秘经验特征。海德格尔认为，只有从人的存在出发，才能真正提出存在的意义问题。在我们看来，在存在论中解释人的存在，的确独具慧眼。

① 吉奥乔·阿甘本：《潜能》，王立秋等译，漓江出版社 2014 年版，第 39、42 页。

② 涂纪亮编译：《维特根斯坦全集第 8 卷：哲学研究》，河北教育出版社 2003 年版，第 314 页。

③ 汉斯·布鲁门伯格：《神话研究》（上），胡建华译，上海人民出版社 2012 年版，第 39 页。

第二章 人文学问与人的存在论问题

划分专业是人类的发明，人们必须在尊重不可认识的东西的同时，把一切可以认识的东西加以整理、吸收。因而，每个行当或者但凡持续性工作自身都有一种习惯，导致专业工作者越来越关注"自己的"问题，从而形成一种思维方式和理解思想的方式，并一头扎进他对"科学""系统""方法"吁求的狭小的天地。这群人只要一忙于自己的工作就会逐渐失去对社会相关性的感觉，失去整个自己范围的概念以及单位、同事、学术圈子、他的同胞互相施压和共同生活中的纪律约束。马克思将此描绘为"固定资本的发展"，它表明"社会生活过程的条件本身在多大的程度上受到一般智力的控制并按照这种智力得到改造"[①]。

在一个非异化的社会中，每一个行当都可能如此"一心一意"地埋头在自己所属"行会"并由特定的"行话"进行言说。或者应该说，社会科学，只要它不仅仅作为职业来干，而且也不仅仅是操持特定的"行话"[②]进行言说的习惯构成的，就可能是对一种值得认真对待的社会事务上的人的问题的表达。因此，施特劳斯建议社会科学家："绝不能忘记他正在研究人事，正在研究人"，以确保现实性的职业伦理总是在场，并且能够保持诸社会科学合法性到足够强度。这话说得对。因为，施特劳斯还谈到，社会科学家应有的公民视角，社会科学家和公民之结合，两者缺一不可，不可分割地互作说明，以致你一提起社会科学家，就不能不谈到作为公民的社会科学家。但是如此还不全面，因为施特劳斯继续提及"如果我们通过社会科学来理解人事的知识，难道我们不会被迫得出这个结论——必须废除社会科学与人文学科之间悠久的区分？"[③]施特劳斯也许依然未能充分了解人事研究和人文学问的关系，似乎在暗示把对人事的研究仅仅看成社会科学家的任务。

---

① 《马克思恩格斯全集》第 31 卷，人民出版社 1998 年版，第 102 页。

② 在当代哲学家中，将"废话""行话"乃至"黑话"跟"哲学"在形而上学意义上划等号者大有其人，如维特根斯坦、拉康等。

③ Leo Strauss. *The Rebirth of Classical Political Rationalism: An Introduction to the Thought of Leo Strauss*. ed.Thomas L. Pangle, Chicago:University of Chicage Press, 1989, pp6~7.

这里有一堵墙，远一些是另外一堵墙，如同"对人的研究与神的研究"之间的距离。马克思在100多年前就已经预见："全部历史是为了使'人'成为**感性**意识的对象和使'人作为人'的需要成为需要而作准备的历史(发展的历史)"。"自然科学往后将包括关于人的科学，正像关于人的科学包括自然科学一样：这将是一门科学。"①

第一节 "有价值的事物"与"世界"的显示

同一门学问讨论两个相反的东西，这原本无须讶异。同样，一个人的两面性在某些情况下是正常的。一个有趣的例子是：一个诗人，"他白天在家乡的石板地上叩头如捣蒜，悔恨交加，大叫'我垮了，我垮了'。这是写在流芳百世的诗里，诗要在当天夜里开始写，到第二天，差不多过了一夜，眼泪也干了，于是又来搞他的'务实'"。据说，迫使这位诗人变得"务实"起来，完全是因为他年轻时一直生活困顿，大概年轻时他就寻找抑郁而独立的自我保障，渴望"一晃过了四十年，百万元钱装在口袋里边"。这是年轻时代这个诗人的诗。这里至少有某种值得一提的问题：那种"悔恨交加和大叫，还要写进诗里，有什么意义呢？"有人回答了一句："为艺术而艺术，甚至是最庸俗的意义上的为艺术而艺术罢了。"并在这个意义上利用或欺骗了艺术。但又有人表示怀疑，金钱对自我保障究竟意味着什么？是令其垮掉的"情欲的毒蛇"？还是"凡人独立的自我保障"？②

这是一个不易回答的问题，但又是一个不断袭上心头并逼我们回答的问题。按照通常的理解，人是形式与质料的结合，具有双重本性，这是事实。作为一般的人，我们是难以对那位诗人作审判的。但是，一个人的形象本身并非等同于这种两面性。当我们一开始就对人的形象进行计较时，它似乎指向具有单一或统一本性的人的存在，也即指向人的存在论问题。毫不奇怪，那位诗人碰到了困境，诗人的现象不过是呼吁自己去抗拒那种溺入只是苦苦挣扎非本真的冲动。在一个发生精神危机的时代，我们处处与基础存在论不期而遇。说到这里，到底什么才是人的存在论问题呢？现代大多数哲学家都有一种神学后遗症。上

---

① 《马克思恩格斯全集》第3卷，人民出版社2002年版，第308页。
② 陀思妥耶夫斯基：《读书与识字：陀思妥耶夫斯基读书随笔》，白春仁等译，金城出版社2012年版，第213~217页。

帝死后，神学、本体论和心理学笼罩在人类头上的面纱已经脱落，我们把它们安放到语言中的适当位置，人的存在失去了意义根据。人类必须自己解释自己的存在，回归一种"公民视角"、一种社会学家"角色期待"，这似乎是回答人的存在问题的唯一可能的途径。

人类虽然是历史的创造者，却完成不了创造世界的工作。我们人类只有在跟某个客体形成永恒联系时才是主体。因为人是"继承者"，人一出生就拥有维持其生存和发展的天地。在这个意义上，笛卡尔、康德、胡塞尔关于我思的先验论证，至少有一半，也许有三分之二甚至四分之三是谎言。假如人本来无，他是一个"永远的亚当"，永远要从零开始，那根本就"说"不起来。笛卡尔却勉为其难地说："我思故我在。"既然我在，便至少可由"我"说起来。但这个"我"是人吗？如果是人，则亦本无，人是在时间中的存在者，也就根本无法从头"说"起。所以，笛卡尔的这个阴暗、忧郁而独立的"我在"，只能让人们看到问题的另一个侧面，那就是神。神从根本上是主体，是思想者，而不是思想。但是，神学原则并不容易为人知晓，一个"务实"的人更愿意倾向于谈论真诚的道德原则。故此，笛卡尔关于连续创造的理论，恰恰是在一个只存在各种"系统""处境""场景"等等的世界里所做的应景讲话。

那么，"我"究竟在不在？这在科学上可能有"两说"。

承认达尔文的进化论的人会说："当然"。有人说，存在（是）这个词应该比上帝这个词说得更多。安瑟伦曾经论证说，说出"上帝"这个词，对任何理解这个词的人来说，都意味着上帝自身的存在。但是，伟大的逻辑学家加尼路反驳安瑟论的论证。他认为，即使一个傻子或野蛮人的经验也知道，在意指性的话语面前，当然理解有语言这个事件发生，即有一个人类的声音发生，但是傻子和野蛮人绝不可能把握这其中所包含的陈述的意义。换句话说，安瑟伦所谓说出"上帝"，不过是意指本身的声音维度。和加尼路的傻子或野蛮人的例子一样，按伽达默尔的说法，就像"一只狗——有人试图对它指出什么，它非但不朝指示的方向看，却去咬那指示的手"①。这样，狗顽强地撕咬某一刻指示它的那只手，只有不停地撕咬，它才停止在一种无限的指称中指向自身以外。这里，对狗与上帝的名称和地位的理解是一样的。前提是"这是一只狗"。没有"是"，就不会存有"狗"。但上帝终究是不露面的。因此，对于人文社会科学来

---

① 伽达默尔：《真理与方法》//吉奥乔·阿甘本：《潜能》，王立秋等译，漓江出版社 2014
年版，第 45 页。

说，与其谈论一个不露面的上帝，不如讨论一下有关我们正在描述的"是"不"是"正在变化的另一事物，讨论一下我们正在进行一种什么样的研究。

动物之变跟一场仅仅表现为表面的运动是两回事情。譬如，鸡蛋就其潜能性而言有两个真实的端点：鸡生蛋，蛋生鸡；同理，动物之变也具备两个真实的端点的潜能性：一头是纯粹的动物，一头是家养的动物。例如，一只狼起初被狼主人驯化成超人性的家庭化动物，最后仍然重归非人性。人则不同，在传说的人猿分化之后，人的存在状况的最大改变就是由自然个体向社会个人演变。作为计划的形成者、实施者，我"是""先于"我自己的一种存在。人类是不同于其他生物种类的。我们把人的生物遗传考虑为一种使命。这个使命赋予我们必须去完成它。在中国的思想方式中，人的特殊性在于它是存在者中的唯一可调节者：自然万物不可能把自身调节成为专门适合人的存在，而只有人才能把自己调节为适合自然。在西方的思想方式中，一种对存在产生困惑的形而上学才与人有关：西方的形而上学是对存在设问的形而上学。人是问题的制造者，也正因为人，许多问题得不到解决。

从历史上看，形而上学有两个角度，即对人设问与对存在设问；对人设问，当然只能由人设问，而从存在的角度设问也需要由人来问。这一点对人文社会科学至关重要。套用海德格尔的说法，尽管"哲学、心理学、人类学、伦理学、政治学、诗歌、传记、历史记述一直以形形色色的方式和等等不同的规模研究着此在的行止、才能、力量、可能性与盛衰。这种种解释在生存上也许都是源始的；但问题却是它们在生存论上是否也同样曾以源始的方法得出？"[1]这个诘问显而易见：心理学、人类学、伦理学、政治学等科学作为对此在行为本质的目标，同时也是此在该不该超越之处。此在不是现成的存在者，它并非适合上述几门学科的科学结构切分方式，也不是打从心底里依此分科笃定其天分。此在只有以人的独特的存在方式为目标，才能向生存现象敞开。所以，海德格尔认为："迄今为止以此在为目标的提问与探索虽然在事实方面大有收获"[2]，但几乎不可能成就传统哲学闻所未闻的真正重要的生存体验之清晰解释。进而言之，我们知道或声称知道关于人类行为的科学真理，也绝不意味着我们掌握一个人是人的"知识"。这是哲学以及人文科学非知识化的自我"净化"。海德

---

① 马丁·海德格尔:《存在与时间》,陈嘉映等译,生活·读书·新知三联书店2006年版,第19页。
② 马丁·海德格尔:《存在与时间》,陈嘉映等译,生活·读书·新知三联书店2006年版,第53页。

格尔区分此在分析与人类学等科学分析时，就暗示社会科学的价值不在于证明某一个人是人。

虽然海德格尔的伟大成是主张以人的存在方式去存在即去生存（to exist），将对此在的生存论分析与基础存在论问题勾连起来，但如此建立在生存之特殊理想上的哲学推动势必遭遇成千上万种障碍，他对生存体验的清晰解释建立在"生存着"的体验之上（experience of existing）。光是"生存着"（existing）这个词，就已经被视为脱离其生存并且流变成存在（主义）了，最终的理性主义批判方面的收益便因此会化为乌有，几乎不可能逃过任何面对现实各种武断专横的哲人的明鉴。

"我"究竟在不在？人凭什么说"我在"？人有何德何能说"我在"？关于"我在"的研究更像属于神的问题。拿施特劳斯最经常坚持的例子来说，哲学是不能反驳启示的。既然如此，关于自然方式的理念讨论本身可能就根本不是自然的，而是上帝的偶然创造。或者它们可以由先验自我来组建。在我们看来，相信上帝的人为什么应当说"人是动物进化而来的"？有什么人看到了你们的祖宗由单细胞生物变成了哺乳动物、变成人这个过程？没有。有什么人现在看到了这个过程发生了？没有。这哪里是经验问题！连人的起源都搞不清楚，一会儿说是陆地，一会儿又说是海洋，这种混沌状态处于未见者和可见者区分之前。哪怕繁殖的证据琳琅满目，其思想的力量也微乎其微。对于相信上帝创世说的人来说，今天有成千上万的书都承认"衣冠禽兽"这个说法，这样说是很奇怪的。这个说法不能解决人"说"起来的方法。

这说明，如果我们留心所有方面，我们就几乎不能不相信。人们通常认为，猜忌自然科学方法无限主权最初是协调数学式的自然科学所作的关于存在者的基本命题的结果，其实这才是这种协调的合理动机。他们暗中担心"有价值的事物"渐渐逃逸了自然物性的基础，因此误入歧途，想进一步收紧"有价值的事物"身上的链条。我们时代的状况在于，自然科学几乎成为一切科学的基础，人文科学则要模仿自然科学的方法。而这种"条约"的缔结，这种肆无忌惮的事业迈出了第一步，预示着最不祥的前景。在西方典型的形而上学讨论中，由于哲学家专注于语言的现实性，并且除了某种世上所没有之物或者存在以外，他们对世界不感兴趣。因此，自然物性的物性虽然都可作为"世界"现象意义上的一切可能对象的范围来规定，但它不是"世界性"，或有欠"世界性"。因而，对"物之物性的解释"没有面面俱到地考虑有一个它在其中的"世界"，却自认为它的实体性的存在论意义能强行贯彻到底。就在当年，马克思便指出："**作为自然界的自然界**，这是说，就它还在感性上不同于它自身所隐藏的神秘的意义而言，与这些抽象概念分隔开来并与这些抽象概念不同的自然界，就是**无**，是**证明**自己的无的无，是**无意义**的，或者只具有应被扬弃的外在性的意义。"①另一方面，"有价值的事物"会比自然事物更为虚幻吗？马克思曾考虑解决这个问题，他肯定人化自然。问题实际上是从反面提出的。问题不在于"有价值的事物"是否虚幻，而要让全部人的活动不太虚幻，以开启一种"世界"因素。由此，对自然事物的世界性揭示所需的方法上的指示就是与"有价值的事物"一样，都涉及这个作为意义展示境域的世界，这无须赘述。

第二节　关于各门科学之准线和人的存在论问题

自亚里士多德以来，排在第一位的科学就是关于首要的东西的科学，即关于存在的科学。而自克尔凯郭尔、海德格尔以来，每个人都在谈论人的存在方式，也是相当真诚地在谈论。但是，真诚并非天然的一种美德：一些问题被如此混淆，以至于它们比谎言更糟糕。那么，到底什么才是人的存在论问题？这一问题还需要明确。

思考人为何种存在，这的确是个艰难的任务。因为，许多被当作人的存在论问题实际上是与人类的存在事实密切相关的问题，并非存在论问题。诚如海德格尔所言，当我们着眼于存在问题而提出关于人的问题的时候，"这个关于人的基本哲学问题先于一切心理学、人类学和性格学，但同样先于任何伦理学和社会学。只要在这个问题或多或少明确活跃起来的地方，到处都会以其随从的形式出现上述学科，甚至代替它而被当作本质性的东西，但这只能说明这一点：即这个问题——因而哲学的基本问题——并非或根本不是显而易见的"②。关键是，"生存是我们每个人本身就是的那个存在者，即人的此在之存在特性的标称。

---

① 《马克思恩格斯全集》第3卷，人民出版社2002年版，第336页。
② 马丁·海德格尔：《从莱布尼茨出发的逻辑学的形而上学始基》，赵卫国译，西北大学出版社2015年版，第23页。

一只猫不是生存着，而是活着，一块石头不是生存着也不是活着，而是现存着"①。因此，有人曾经警告我们不要相信物质生活改善的进步理想。因为，人们要改善物质生活条件，就不能算是人的存在论问题。它本质上不牵涉道德选择。魔鬼也可以建立正义的城市。换言之，它是与人类存在事实相关的问题，而不是存在论问题。它是形而下的问题，是经济学、社会学、生态学或政治学的问题。总之，是社会科学问题。所以，大多数所谓人文社会科学方法论的讨论，会停留在由语言学、心理学、历史学、经济学或者文化理论提出来的方法论问题的完善化方向，对存在物进行人文或生态式的改造。但是，弄不好，它会普遍陷入一种以"坚定科学性"为幌子的专业化的指向，缺少开放性。例如，语言学在 20 世纪末几乎成为"首要的"人文科学，确实押对了宝，语言乃是一对象；但是仅仅过了二十年，人们不再这么看。原因在于语言学不能成为一门"关于人类的普遍科学"，而二十年前显然人们还是顽固地如此认为。正是从此开始，语言要求一个"无人"自成的游戏。从这个角度看，人文科学不能遗忘其目的。**人的存在问题必须具有普遍意义**。这里讲的普遍意义，不是一种像所有语言都参与其中的普遍语法那样可以被确定的真实属性，实际上是指它只能是在与人类存在事实相关的行为中所表现出的精神（意义）。

就算从另一种面向来看，也还是离不开人对意义或存在的理解。比如说，每个讨论问题的"人"都是"会死的人"，这是人类存在的事实。但是，死亡的意义却是人的存在论问题。比如，在署有名字的书里有这样一段话："不以生生死，不以死死生，死生有待邪？皆有所一体。"②我想，死与生是一切宗教和人生哲学的根本、首要问题。或者说，它属于形而上学——神学的问题。重要的是把握事物和时间的内在关联，认识自身，深入自己的形成与消散过程。圣保罗肯定说："如果基督没有复活，那我们的信仰就是徒劳。"而在巴迪欧心目中，"信仰让知道事件是否发生的事实变得无效。或者更确切地说，事件变成了存在的无限性根源的名称，该名称不像'复活'那样被堵在一个存在的指称上，而是可以自由地分配在诗歌、政治或爱心所建议的名称中"③。所以，人能够把握的总是已经存在的"存在者"，即使仅仅是一个名称，那个纯粹的"存在"他也是把握不着的。如果我们完全清楚"把握"是什么意思，那么对于谁而言存

---

① 马丁·海德格尔：《从莱布尼茨出发的逻辑学的形而上学始基》，赵卫国译，西北大学出版社 2015 年版，第 179 页。

②《庄子外篇·知北游》第二十二。

③ 雅克·朗西埃：《文学的政治》，张新木译，南京大学出版社 2014 年版，第 288～289 页。

在是未被把握的？是对所有人来说，还是只对几个人？它确实已经被非常多的人把握了，然而它仍然是把握现在，因为绝非所有经历过过去、现在的人都能把握存在的。若还是觉得过去有些东西未被把握的话，那么非常多的人可能还生活在一个未被把握的现在。海德格尔的生存领会表明，死亡是人的可能性，它是人的机会，甚至是人的唯一希望。因为，死亡是人类存在的事实，无须逃避也无法逃避，而真正可以逃避的是死亡的意义。所以，在日常生活中，人们常常以为死亡与他无干。而具体的科学，比如心理学，只关心临终那一刻，从其尽头，所谓临终关怀，所谓拥抱服务。从思维方式上看，这不过是将个体消融于"全"的办法来克服人类对死亡的恐惧。此时的个体不再是个体，而是"全"的一部分，因而可以借用"全"的力量反抗死亡。但是，在这个意义上，某个人的死亡原本无足轻重。黑格尔提到："最残酷或平庸的死亡，其意义也不会多过切菜头或喝口水。"①

海德格尔的生存—存在论的死亡概念却不在意人死亡那一刻实际上是怎么样的感受，而在意即将发生的死亡对在生命整体性中的人来说究竟有什么意义。死亡的边界，语言哲学和形式逻辑可以接近，但维特根斯坦告诫：不能言说的东西，我们必须将之归于沉默。为何？因为死与生就在我们之中，如同我们最人性的部分。即便是那个人"不在"了以后的死尸，也是一个"存在者"。假如哲学把握了这个死尸，"说"起来，也不能算起了很好的头。也可以说，没有一点"人"的味道。只有获得"生存论的死亡概念"才能确保此在的整体性和统一性。②换种说法，哲学追问的是存在的意义，而不是存在这个事实。哲学根本不是研究死亡，而是研究死亡的意义。

人文社会科学当然具有与哲学"同根的"一些问题。只是它不会像哲学那样去分析问题。如果人文社会科学像哲学那样老是纠缠于考虑他究竟在那儿了没有，即便他的确在那儿了，又要考虑他究竟"不在"了没有，那么人文社会科学也只能像哲学那样使得一切都原封不动。有人相信只有诗思或隐喻才能通达存在，索性来点神神叨叨，这也只能算下策。因为，它把不是问题的事情搞成问题。在这个方面，马克思哲学放弃讨论自在事物本身，而去讨论事物的实践存在方式，应该说是很明智的。如果马克思那里有存在论问题，那么存在论

---

① 莫里斯·布朗肖：《从卡夫卡到卡夫卡》，潘怡帆译，南京大学出版社 2014 年版，第 82 页。

② 马丁·海德格尔：《存在与时间》，陈嘉映等译，生活·读书·新知三联书店 2006 年版，第 269 页。

问题也是限制在实践的世界，但是并没有因此损失任何事物的存在。或者说，马克思哲学存在论根本不研究存在，而是研究存在的可能性。这只有在实践的存在论意义上讲，才讲得通。

人人追求存在，其实追求的却是存在感。所以，并非人人需要追问存在的意义，即使平头百姓不去追问存在也并不影响存在。海德格尔从人之外去寻找此在通向存在的道路，以至于他只能说，我们的假定，也许根本不可能作出的假定：总是有这样一条通向存在的道路。但是，人的存在论问题不是经验世界之外的问题，因为它是每一个人自己的事情，因为"人不是抽象的蛰居于世界之外的存在物。人就是人的世界，就是国家，社会"①。同样，我们不应该忘记，我们思考的人文社会科学问题，更不是经验世界之外的问题。但是，哲学和其他人文科学有些不同。譬如说，有一个柏拉图主义者，他的女朋友偏要"设想世界上也许有某种比柏拉图的'原型女人'的纯粹影像更真实的东西"。我们当然会把它当作哲学的玩笑，但是哲学又何至于难以避开如此恶意的捉弄呢？正如万物都包含在哲学的道理之中，哲学必须追问存在，其他人文社会科学（正如我们已经指出的，人文科学管心智生活，社会科学管社会生活——如果可以按照亚里士多德这样划分的话）不去追问存在也不影响存在一样，**其他人文社会科学不会像哲学那么管天、管地、管人。它们只能自己设立一个门槛，它们管不了这么多。**人们耳熟能详的黑格尔《精神现象学》的逻辑认为，哲学这个东西跟其他部门科学不一样，它是没有前提的，其他部门科学却以另外一个作为前提。很明显，这给其他人文社会科学带来诸多方便。

第一个方便是，在论证中不需要人的本真的部分，人的本真的部分被完全丢弃给了哲学。用海德格尔的话来说，"存在"对于科学是完全疏离、陌生的。

第二个方便是，你在自己的科学研究的领域面前设计起一道围栏或门槛，你会看着它说："再高一点，再高一点……"直到你说"好了。"这种说法，可能就是一种"人"满意的表达，也可能是一种武断的表达。

比如，庸俗唯物主义用物质追求去解释人的存在问题，它只是表达了人的存在事实。如果它把这种存在事实误当成人类的存在论问题，它就把人类存在论问题的层次放得太低了。原本人的标杆可以再高一点。与此相反，唯心主义

---

① 《马克思恩格斯全集》第 3 卷，人民出版社 2002 年版，第 199 页。

或理想主义却又把人类存在问题提得过分高了，它强调目的，把人的精神超越放在经验问题之外。

正因为科学的围栏或门槛的高低是由"人"自己设立的，所以科学似乎就具有驾驭一切、操纵一切的样貌。比如，维特根斯坦曾经就人们对弗洛伊德理论的看法有过这样一个评论：有人喜欢弗洛伊德极端地强调性动机的重要性，这无非是说性动机是非常重要的。你有充分的理由隐瞒性动机，恰恰表明性动机的重要性。这样，弗洛伊德似乎是用非常聪明的理由来设计他所说的一切。这是一种伟大的想象、极大的武断。如果把性动机换成科学动机，那么我们同样可以承认维特根斯坦的这句话在实质上是正确的。对于我们来说，问题实际上首先在于确定"科学的"这一概念的界限。

第一篇

人文社会科学基本问题的准备性分析

这篇的题目叫"人文社会科学基本问题的准备性分析","准备性"意味着是对第二篇之后的"篇章"而言的,是为后者做准备。

第一章　事实和价值问题的阿里阿德涅之线①

从人文科学、社会科学的角度来看，源于人文科学与自然科学之间的冲突的方法论争论，直到今天一直吸引人们产生浓厚的兴趣。如果说每种学问都运用一定的方法，并遵循特定的方式来答复自己提出的问题，那么人文社会科学能不能拥有适当的方法呢？大概在一百多年以前，当时人文社会科学家们还不怎么怀疑他们拥有适当的方法。今天则不然，大家会提及人文社会科学的信誉正在丧失，会认为选择何种方法多少具有任意性，不再期待恰当的答案，只满足于"马马虎虎可以接受"或"勉勉强强可以同意"。相比于古典时代，使用科学理论在技术占统治地位后和世界毁灭的时代可能变得更不可判定。

如果说今天自然科学取得了日新月异的进步，人文社会科学领域却存在着广泛的认同危机，特别是在方法的安全感方面。个别人甚至认为，这个领域经常成为外行胡言乱语的场所。事情看上去似乎是，目的论（自然）科学矛盾地变成了关乎事实的经验陈述。自然界所有的色彩都将由科学最终转换成一种色彩全无的盲目法则的网络，转换成一种不可解开的原因与结果的齿轮联动机制（比如，现代物理学家试图把大自然缤纷的色彩还原为振动），这与个人意念的价值判断是不相干的。因为自然根本不知道什么价值，自然根本没有什么目的。科学理论没有指出该如何使用它，但人文社会科学却关乎个人的观点。比如，有人指责马克思"以穷人的名义"说话，它只与个人意念的价值判断相干。循着这一思路会发现，"人文科学"与"社会科学"、"真科学"与"伪科学"、"规范科学"与"经验科学"、"规范"与"实然"、"规范逻辑"与"事实"、"主观意向"与"客观实证"、"评价式表述"与"经验的陈述"、"概念的哲学含义"与"经验含义"之间有着深刻的差别。

我们相信，问题不在于历数差别，而在于确定差别。经验科学使研究客体可

---

① Ariadne 是希腊神话中克利特王的女儿，用小线团帮助其情人忒修斯在杀死半人半牛怪后逃出迷宫。所谓阿里阿德涅之线，指摆脱苦困境的出路。

以量化，因此是可测量或可计数的学问，从这个角度看，社会学的大部分都不算在这个领域内。因为，它们绝非仅仅要求就事实做出因果说明，亦非仅仅依据统计的方式计算出事实的概率。法学也应该如是看。那么，经济学、心理学呢？质言之，自然科学以事实判断为根据，以感官的知觉为基础，因此也是以观察和实验的方法来证明的。人文社会科学中的大部分都须以价值判断为基础。而一般认为，对于价值判断是不能用科学的方法来审查的，它也规定了只能使用某些方法和理论。譬如，仅仅是判断者个人的确信或康德美学意义上可遵循的模式，但不会给出法则。这也加固了人文社会科学理论和阶级或阶层的双重权利。有些人认为，这种差异既不是"真"或"不真"的差异，也不是人类随着所谓文化的进步可以消除的。这是因为，研究对象、方法和目标处于互相限定的境况中。

第一节　事实和价值分离的存在论根源

自马克斯·韦伯主张科学不能为价值判断的正确性提供说明以来，现代西方社会科学有所谓描述性学科和规范性学科、纯粹经验科学和评价科学的区分。这种区分是建立在价值与事实、应该与是的二元论基础上的。为什么这个二元论能够成立？原因在于，它的存在论是现成性存在论。只有将一切事物包括应该与是都看作现成的东西，才会出现这样的二元论，并把它当作天经地义的东西。在我们的生活中，到处可遇见，一方面是事实、事态的认定；另一方面是评估、判断和决定这两方之间的区别，这对于人类来说，早已经习以为常了。然而，在今天，一方面，日益推进的自然科学化向人文科学提出科学化的诉求，神学家、哲学家和道德学家的生存受到了威胁；另一方面，人们诉诸一种价值哲学的正当性来保卫人文社会科学。究竟发生了什么呢？今天看来，"连黑格尔法哲学的哲学性体系也不能再维持了。黑格尔所说的'概念'本身就强调价值，其体系中的概念要素之发展，正是基本价值（指在共同生活中被实现的自由）逐步实现的具体化，因此，此种体系并未切断评价关联"[①]。在现代性之下，人文社会科学总是绕不开事实和价值关系问题。我们要重思的问题是：全球化的今天，是不是一个诸神争斗的时代？如果我们承认存在着放之四海而皆准的

---

① 卡尔·拉伦茨：《法学方法论》，陈爱娥译，商务印书馆 2003 年版，第 49～50 页。

"普遍真理"，是不是还要连带承认放之四海而皆准的"普世价值"？今天我们知道，甚至连常识也是有国别的。[①]在此种情形下，社会科学能不能就它具有的主观取向达成共识？

一、韦伯的影响

熊彼特曾经用四种身份来为马克思印制"名片"："先知马克思""社会学家马克思""经济学家马克思"和"导师马克思"。显然，马克思自己不会接受这样的"名片"。马克思不认同这种分法，至少在存在论层面上这种分法是有问题的。

那么，这究竟是一个什么样的问题呢？如果确实如熊彼特所说，那么，马克思是否有可能不是马克思主义者呢？若果真如此，那么这是从"事实"与"价值"绝对二元分离的"世界观"来看待马克思思想。

对于什么是理解和解释人类行为所需要的方法论，韦伯主张一种恰当的社会科学应该是"价值中立"的。社会科学的功能要符合现代性与社会分工体系的要求，就不是采取规范性的或批判性的立场。韦伯的这种说法意味着，虽然科学已经以前人做梦也想不到的方式增进了人类的能力和权力，但它绝对没有办法告诉人们如何运用这种权能。科学既无法告诉人们哪一种运用权能的方式更加智慧一些，也没有办法告诉人们哪一种方式更愚蠢一些。由此，科学没有办法建立意义世界，科学就像人类今天面对的是一个巨大无比的装置，它的体量在迅速增长，而它自身是没有意义的。如果某个社会科学家说，科学是促进社会生产力进步的人的最高生产力，那么韦伯肯定会指责说，说这个话的人不是作为科学家说这话的，他是在做价值判断。从韦伯的立场看，这种判断无法得到保证。显然，这种关于社会科学的"价值中立"的主张，其矛头实际上是针对马克思科学社会主义的立场。这里的关键点在于，马克思与韦伯之间存在着对"社会"概念上的不同理解。在马克思看来，当韦伯把经济因素看成社会的决定性因素时，绝不能忽略社会历史过程中的主体与客体之间的辩证关系。否则，那种抽象掉人的因素的社会科学观势必退回到

---

① 布尔迪厄认为，常识具有"国家性"，其原因在于"大部分重要的区分原则到目前为止一直都被学校教育制度反复灌输或强化，学校制度的主要任务就是把整个民族构造成具有相同'范畴'因而具有相同常识的民众。"参见布尔迪厄：《帕斯卡尔式的沉思》，刘晖译，生活·读书·新知三联书店 2009 年版，第 110 页。

机械唯物主义的哲学立场。况且，如果社会科学家确实遵循价值中立原则，那么人们从社会科学中不可能引出任何结论。但这是一种什么样的情况呢？持反思态度的社会科学家发现，他的科学的根基、他对科学的选择的根基原来竟是没有根基的选择。

关于事实与价值的关系，传统的理解有一个明显矛盾的命题：事实的世界既拥有价值又没有价值。在现代方法的论辩中，不能由事实推论出当为的规范，即使在事物的结构中包含应该实现的正当基准，对由事实推论出当为的规范人们也抱怀疑态度。划分应当与实存、价值与事实的界域是新康德主义所阐明的。康德的哲学包含这样的回答：理性就是人，人就是理性！说白了，理性既是立法者，又是司法者。再说简单点，理性是普遍的或者理性对于所有的人来说是完全一致的。陆九渊说："此心此理，实不容有二。"①所谓人同此心，心同此理。他尊重自己多少，他必须也尊重别人多少；他多么照顾别人，他也就多么照顾自己。而且，他多么善解别人的心意，他也就在多么善解自己的心意。这样一来，人文社会科学知识就势必希望在社会中广泛应用。但是，科学无非在讲道理的世界中尽其一个环节的功用。一个环节之内，处处清爽；一个环节之外，一片漆黑！科学的价值就在于知道每个人身上都会发生一件可怕的事情，但是它与知道这件事情将要发生在我的身上当然具有天壤之别。

我们可以随便挣扎，设法摆脱困境，但是事态决不会因此而丝毫改变。所谓客观的和价值中立的社会科学研究通过种种途径沦为意识形态。对那种倡导把社会科学当作类似于政策科学那样的一种科学，会引发一种什么可怕的后果呢？在列奥·施特劳斯看来，韦伯的命题必定会导致虚无主义，或者导致这样一种看法：每一种偏好，无论是怎样的邪恶、卑鄙或疯狂，在理性的法庭面前和任何其他偏好一样都是正当的。②最重要的是，在今天的市场之下，不再需要什么信仰了。资本家在为今天不再有信仰的事实而叹息的时候，不过是摆摆样子。此外，我的生存遭到彻底的怀疑，我的最隐秘的存在或本质，即我的个性被看成一种坏的个性。而且，尽管有那么多的身份证、档案和其他控制手段，资本主义根本上已经令身体消失了，被标记的不再是人本身，而是你的资本或你的科研成果的劳动量。

① 陆九渊：《全集》卷1《与曾泽之》。
② 列奥·施特劳斯：《自然权利与历史》，彭刚译，生活·读书·新知三联书店2003年版，第44页。

二、事实的世界既拥有价值又没有价值

这一命题引导我们进入关于世界的本质的讨论之中。此外，它也反映了人们对人类理性的绝望。这是我对作为发生在 20 世纪初的社会科学方法论论战的速写。这一命题并不是没有"根据"的。

从现实生活层面看，人们今天谈论的各种各样的权利是否"公正"，好像只能由法院说了算，因为人们认为那种独立于各种各样权利来判断是非的标准不再存在。法律条规是"形式的"，因为"对于适用正义一事，它并未确定其本质性的范畴"。这种看法包含这样的意思：在法律判断中经常包含价值判断，如决定官员的某个特定行为是否渎职。或者，当法官考量改革开放之后生活关系的新变化时，他们都须以个人的价值判断为基础。事实上，法官（至少大部分法官）都拥有十分准确的观念，他们带着这种观念进入审判之中。譬如，他们无法对某个官员的行为容忍。假如不惩戒，就会在整体上毁及国法。只要我们承认这一权力，并且不把它假托为科学的认识，就是如此。我们可以很坦率地承认，法官无法价值中立地、更无法脱离政治观念去面对如某些贪官贪污这样的行为。因为我们很清楚地意识到这一点，即便法官的科学认识中将这种主观价值判断可尽可能地客观化与中立化，法官也不可能完全做到这一点。虽然这不是说我们会轻率地接受法官的裁判，但是假使我们不尊重一定的客观方法的话，弄不好强盗团伙与国家机器之间的区别就可能无法辨认。因为被提出来的见解多种多样。更为遗憾的是，现代的法学方法论呈现出一种纷乱的景象。

如果我们（包括法官）不依照一定的客观方法来处理问题，则不仅达不到法律理想，而且社会的要求都无法达到。更广泛地说，不形成价值判断而去处理一切重大的社会现象无以可能。根据韦伯的看法，坚持社会科学只澄清事实，进行因果分析，而不回答价值问题。其真正的原因不在于"是"和"应该"之间的鸿沟，而是他确信不存在关于"应该"（ought）或价值的一般知识，所存在的只是同一等级的众多价值，它们的要求相互冲突，并且其冲突无法为人类理性所解决。但是，不形成价值判断而去研究社会现象，即一切重大的社会现象，可能吗？

这是不可能的。在这方面，韦伯希望社会科学家置身于价值纷争之外，对政治意见和价值判断保持中立，连他自己也没有办法遵循这个原则。他在自己的著作中，尤其是他关于宗教的社会学著作中，价值判断比比皆是。假如韦伯不是用褒义或贬义的言辞来谈所有理智和道德方面的话题，他的著作就不仅是

枯燥的，而且毫无意义可言。①此外，假如韦伯本人不做价值判断，他的整个社会分析和政治考察就没有立足点了。譬如，"韦伯的意思可以这样来说：卖淫是一个得到承认的社会学的研究课题。如果不是同时看到卖淫的下流性质，这一课题也就得不到清楚的认识；如若有人看到了区别于武断的抽象概念的'卖淫'的事实，他就已经作出了一个价值判断。倘若不能与狭隘的党派精神、财阀统治、压力集团、政治家、腐败，甚而是道德败坏等等，亦即那些似乎是由价值判断构成的种种现象打交道，那么政治科学会是什么一番模样？"②施特劳斯认为，社会科学只有严格地局限在纯粹历史的或"解释性的"研究路数的范围内，才能避开价值判断。社会科学家才会毫无怨言地接受他的研究对象的自我解释。胡塞尔则认为，近代物理学所带来的所谓"客观性"依据是叫做"数学"的、一种超越论的共同主观性。马克思也认为，事实与价值之间的严重障碍"正是现实的东西和应有的东西之间的对立，这种对立是唯心主义所固有的；它又成了拙劣的、错误的划分的根源"③。

虽然马克思早已经说过，工业较发达的国家向工业较不发达的国家所显示的，只是后者未来的景象。但是，从我们的社会理想看，今天我们提出了"小康社会"的理想，那么什么叫"小康社会"呢？当今的许多人会认为，我们国家的国民生产总值应该翻番，等等。我们所说的这种标准不过是我们的社会所选取的理想。不过，依此见解，仍然是"自己跟自己比"，它体现在"中国特色的社会主义"或"中国梦"之类的提法上。但是，依据同样的道理，美国有"美国梦"，在这一点上，海德格尔、柯耶夫等人说，美国人、俄国人、中国人并无二致。甚至如施特劳斯所见，吃人的社会与开化文明的社会也一样。这里已经不再存在各种各样价值选择的高下了，从此以后，"价值"不再是哲学要达到的真理之光所要穿越的世界，它将只是其领域的彩色视域的盲区。

三、康德主义的危害和韦伯的启发

简单地讲，现在人们在科学的影响下往往把人的行为归结为不是实践就是理论两大类。其源头就在于康德的理性批判。康德的理性批判终结了关于应然、意义和实然之间统一的一元论。人们不再相信还有先于理论和实践的存在，也

---

① 列奥·施特劳斯：《自然权利与历史》，彭刚译，生活·读书·新知三联书店 2003 年版，第 53 页。

② 列奥·施特劳斯：《自然权利与历史》，彭刚译，生活·读书·新知三联书店 2003 年版，第 54～55 页。

③ 《马克思恩格斯全集》第 40 卷，人民出版社 1982 年版，第 10 页。

不再相信存在着一个永恒的基础可以确保主体和客体的同一和可认识性。所以，人们便只能躲避到各种各样独断的"世界观"中寻求避难。

有人严肃地问过一个问题，假设康德遇到一个有才华的小说家并聊了一会儿，小说家回去就写了一篇漂亮的小说，其中的一个人物跟康德一模一样，还做了不少坏事，康德会扇他一个耳光吗？当然不会。事实正相反，康德会说，随你便，我也是一个坏蛋。但是我们必须明白一个道理，那就是小说和艺术世界里面根本不存在客观认识，这里只有直觉认识。所有的客观性，都只涉及适合做性格刻画和感性象征，都是为了抢眼球。维兰德在他的长篇小说中正是以小说的形式探讨思想问题。他认为，康德主义的要害是，把人的思维建立在不可辩驳的确定性之上。康德主义的错误在于，它对人的思维容易出错和不那么确定知之甚少。所以，"批判哲学"的最大危险，在他看来，就是垄断"批评"的要求。①或者更确切地说，"康德并没有发明一种真正的判断力批判，因为这本书树立起的恰恰是一种主观的、空想的法庭"②。《纯粹理性批判》改变了时间的意义："时间不再是原始的天际行动的宇宙时间，也不是偏离的气象运动的乡村时间。它已经成为城市的时间，别无其他可能，纯粹时间次序"③。这说明，康德以时间的方式来确定未确定的东西。熊彼特对此种况味非常明了。他说，时代的杰出头脑都落入了在"自然规律"和"文化发展规律"之间划出分界线的做法当中。④他们都落入了"事实"与"价值"二元分离的方法论序列当中。看起来，现在人们要抗拒这一点非常困难，这一切甚至在韦伯以来似乎是无可避免而已经成为教条。

为什么？韦伯请人们注意：学者或知识无法提供的关于世界及其命运的答案，那是只有先知才能做到的事。施特劳斯叫我们注意古典政治哲学的看法，最好政治秩序的实现必然依赖于不可控制的、难以把握的命运或者机运。可是，今天在现代自然科学的蛊惑下，人为自然立法，把一切好事都算在人类劳动的头上而非自然的馈赠。这种看法错在哪里呢？简言之，无论是政治还是历史领域，神圣的事业并不美丽，美丽的事业也决非善良。这样一来，"按照我们的社会科学，我们在所有第二等重要的事情上都可以是聪明的，或者可以变得聪明

---

① 利茨玛：《自我之书——维兰德的〈阿里斯底波和他的几个同时代人〉》，华东师范大学出版社 2006 年版，第 178 页。

② 德勒兹：《批评与临床》，刘云虹等译，南京大学出版社 2012 年版，第 276 页。

③ 德勒兹：《批评与临床》，刘云虹等译，南京大学出版社 2012 年版，第 55 页。

④ 约瑟夫·熊彼特：《经济分析史》（第三卷），朱泱译，商务印书馆 1994 年版，第 39 页。

起来，可是在头等重要的事情上，我们就得退回到全然无知的地步。"①因此，韦伯希望能够培养"积极的悲观主义"，先制订一个预设，即人文社会科学应该倡导有益的信仰，确定什么是值得的，也就是确定我们所渴求的价值，确定我们行动的目标。而这个预设进行正当性辩护的最好办法在于，纯粹历史和文化科学意义上的实然研究，若不结合内容上的价值观的话，是根本不可能展开的，起码在材料的选择上是不可能的。

韦伯给我们的启发是，道德上的确信才是无坚不摧的力量。或许有人认为，一个人只要获得知识和掌握科学，拿了博士文凭，就对真理有了终生不悔的认识，足以抵御这种或那种诱惑、情欲和犯罪。韦伯认为不是这样的！我为什么是共产主义者？这种确信从何而来？从科学中，你无法找到确信。因为科学所能够展示的最多不过是明显的趋势、历史的走向，除此之外，你必须自己决定。科学无法向你证明，你明天仍然活着；也无法证明，地球在下一刻仍然存在。恰恰相反，科学告诉你的，时间十分有限，只是眼见剩下这么一点沙漏中的沙粒，我们就会吓死。

我好像记得还有过这样的争论：中国的思想政治教育是不是成功的？主张不那么成功的人认为，如果中国的思想政治教育是具有科学性的话，它就不应该只尊重某一种价值，或只主张某一种"主义"，而应该尊重一切价值，捍卫一切"真理"。这是有问题的。我们仿佛听到了马克斯·韦伯那段发人深省的话："在尼采对那些'发明了幸福'的'最后的人'做出毁灭性批判之后，对于幼稚的乐观主义将科学——在科学的基础上支配生活的技术——颂扬为通向幸福之路这种事情，我已完全无需再费口舌了。除了在教书匠和编辑部里的一些老稚童，谁还会相信这种幸福？"（《以学术为业》）韦伯的意思是，不能把科学当成一种宗教，所有未来的讨论都必须事先确信这种幼稚的观点已经失败。"考虑当前科学在教育中所起的作用。孩子很小就接受科学'事实'的教育，其教育方式与19世纪教授宗教'事实'的方式完全一样。根本不打算唤醒学生的批判能力"，"在大学里，情况甚至更糟，因为大学里以非常系统化的方式进行教育灌输，完全缺乏批评。例如，对社会及其制度的批评最严重，通常最不公平，而且这已经波及小学。但是，科学却免于批评。总的来说，在社会上，人们尊敬地接受科学家的判断，就像不久前尊敬地接受教皇和主教的判断一样。"②从这个意义上讲，我们必须对社会如何能够免受科学的危害问题有所考虑。也必须

---

① 列奥·施特劳斯：《自然权利与历史》，彭刚译，生活·读书·新知三联书店2003年版，第4页。

② 保尔·费耶阿本德：《如何保护社会免受科学之害》，《哲学分析》，2012（1）。

承认，理性不能确证价值，理性相信自己能够确证价值，是最愚蠢、最致命的幻想。

四、事实与价值的分离是社会科学研究的一个教条

在德语中，涉及"事实"这个词的有两个：一是"一个'事实'（tatsache）"；另一个是"faktum"，即一个"单纯的事实"（bloβ es faktum）。对这样两个词的区分在康德那里可见，他用 tatsache 来指"经验事实"，用 faktum 指"理性的事实"。海德格尔秉承了康德的这个区分，在他那里，他一般用 tatsache 表示日常意义的"事实"，如某日发生了日食这样的"事实"。但是，faktum 在他那里是一个专门术语，指此在对存在模糊的和通常的理解，并用 faktum 指此在是一个持久的和不可否认的给定性，它就是对存在的理解。也因为如此，不能用对待现成的真情实况的"归纳的经验证明"的办法来对待 faktum，否则就误解了它的存在方式。[①]用休谟的观点来看，人类理性根本无法判定世界上是否真有"自然必然性"或"物理必然性"这样的"事实"。有人因此认为，"休谟归纳问题"的圆满解决只能靠两种精神：一是"打赌精神"，二是"民主精神"。既然因果与概率就像上帝掷骰子，那么何妨打赌，勇敢采纳归纳推理，万一撞上大运；既然我们不知道归纳推理可不可靠，既然我们不知道它怎么样被否定，那么应用归纳推理就是合理的。这类似于丘吉尔知道：民主不是最好的，但是也是最不坏的。[②]

从具体学科领域来看，19 世纪的实证论者格奥尔格·耶利内克提出了"事实的规范效力"这个概念。讽刺的是，这个说法本身所揭示出的内涵，却可能是一个纯粹实证论者无法承受的。其实，只是"意志的最高决定，使规范成为有效的规范"[③]。

因此，我们涉及的第一个问题是：通常在人们的印象里，**在社会科学领域，讨论的概念本身都带有很强的主观取向**。用胡塞尔的形象表达来说，许多概念都有一个"光晕"以及主观的伦理—形而上学方面的前提条件。所谓主观的，即不确定的、不可计算的。这当然会加剧对社会公允持平研究的困难，特别是引发诸如"集体感觉""有机团结"等概念，实际是空洞无物的表象。胡塞尔总结了超验哲学的计划，它的关键点在于对现代科学批判，所依据的是真正的、

① 张汝伦：《〈存在与时间〉释义》（下卷），上海人民出版社 2012 年版，第 719 页。
② 张志林：《因果观念与休谟问题》，中国人民大学出版社 2010 年版，第 143 页。
③ 卡尔·施米特：《论法学思维的三种模式》，苏慧婕译，中国法制出版社 2012 年版，第 78~80 页。

严格的科学。他的基本想法是，人类的先辈是后辈进步的阶梯，后辈是踩着先辈的肩膀向着人类目标上升的。

那么，人类的目标是什么呢？就是奠定世界客观性的基础。所以，有人认为，胡塞尔的超验自我就像是一个"真人"。而胡塞尔工作中的巨大难题是"灵魂问题"。不难看出，胡塞尔的哲学具有一种弥塞亚式的成分，依据这种成分，在历史和社会领域是能够达成必真性的。就胡塞尔的历史方法论而言，他从大量的历史材料中选择了看起来有些琐碎的资料，这些资料或多或少地可以将它们排列在历史目标的序列中。至于这些琐碎的资料在胡塞尔的语境中有什么意义，哪些东西应该扔到桌子底下，对于历史目标来说，这并不重要的。可以看到，胡塞尔是不会顾忌经验历史究竟是什么样的。许多人用经验历史的论证来质疑胡塞尔的超验体验，胡塞尔才不吃这一套。换句话说，我们可以根据某些哲学家所解释的材料予以批评，但是我们无法批评胡塞尔，因为他是在"误用"历史资料来支持自己的立场。最大的问题仍然在于他通过那精神立场的历史性使其精神立场绝对化的追求——"追求"原本是一种爱欲，在厄洛斯推动下发生的事情。

无疑，胡塞尔哲学在今天已经遭遇相对主义的激烈冲击。在经历了我们这个时代之后，历史反思则是当代哲学的当务之急，那些断言时代进步的人应当提供证据。否则，我们真的就会把善的理念跟三角形的"理念"混淆起来。这里出现的第二个问题，就是所谓空名指称问题。有些人认为，如果在现实世界中并不存在与特定语言表达式相应的对象，那么该语言表达式就不可能指称对象。首先，环顾四周，且不说"金子般的心"没有实际所指的对象，我们可以看到我们的许多现代观念是含糊不清的。比如，我们的文件中常常出现的一句话是：人的生命是最高价值，它是不可侵犯的。而诡谲的是，这样的口号，比之由极权主义引致的草菅人命而论，它更接近于相反的方面。这是因为，虽然人们可能理解这样的口号，或者说可以抽象地理解这个口号，但是要涉及进一步对具体的一个事物为什么有如此这般的要求，则根本不可能。人人遵照自己所说的生命意义上的善恶对错之分去做事，因为"它"——价值，仍然是不确定的。很夸张地说，今天有人认为猕猴和母猪也享有不可剥夺的生命权利，这或许就是这种不确定性表达的标志。这也意味着我们并不认为我们同猴子和母猪有什么价值上的区别；相对于作为一种人性的动物，其毋宁说与一种野兽性息息相关。连希特勒在 1938 年 11 月 10 日面对新闻界，也将人——德国人解释成一种"无以伦比的价值"。这样一来，"无以伦比的价值"就成了最可怕的恐怖主义的牺牲品。可想而知，很少人会有什么发现比揭示社会科学研究中的这种主观性更令人恼火的。问题的关键在于，客观性实际上是一个关键的科学尺度。我们作为科学研究的主体，它的合法性或多或少会在某种科学中进行寻找。所以，我们常常说，历史唯物主义是科学的历史观。奇怪的是，希特勒的纳粹种族神话也将自己穿上科学的外衣。希特勒灭绝犹太人的科学依据就是 18 世纪以降的种族主义人类学。

但仔细看来，这里存在着严重的和深度的误解。社会科学与自然科学的主要区别并不在于是否存在主观意向，而在于社会科学很难就合适的主观取向达成共识。所以，在遇到理论争论时，诉诸"经典著作"也许便成为一个有益的选择。然而，这同样是一个对原著的重读过程，这一点用不着解释。这是形成理论的一种基本方法，但不是唯一的方法。

事实上，"意向"是人类行动的一种真实的、有决定意义的因素。这绝不会给我们的日常生活造成麻烦。因为，在日常生活中，我们的纷争止于常识和流行的看法；常识和流行的看法或舆论是人们不得不信的，信了就没有后顾之忧，可以安心地该干吗就干吗了！你争名，我夺利，大家既不能拒绝诱惑，也认为天经地义。至于存在的意义问题早已忘到九霄云外了。所以，常识和流行的看法或舆论使得每一个人误以为自己有自己的理解。他们自己不仅沾沾自喜，而且生活非常充实。看来，在日常世界，"主观意向"与"客观实证"之间的差别并不是最重要的。

布伦塔诺举过一个例子：如果我想娶一个女人，或者答应娶她，那么我想要娶或答应娶的，恰恰就是那个女人本身，而不是我心灵内部关于那个女人的表象。这是说我们不能把心灵的意向性内容跟对象一分为二，否则就破坏了人类关于实在的健全感。从语言共同体角度看，"只要言语共同体的成员在许多标准范例（范式）上意见一致，那么像'民主''正义'或'平等'这些术语的效用就不会由于共同体成员在其适用性上有分歧而受到太大的威胁。这类词语在功能上无需十分明确；其界限的模糊是意料之中的事，接受了模糊性也就容纳了它们的漂移，随着时间的推移就会逐渐出现一系列相关术语意义的偏离"。正如库恩所见："在科学中，这种模棱两可的境况是危机的来源，漂移也相应受到禁止。取而代之的情况是：压力逐步增加，直到提出一种新观点，包括部分语言的新用法。"[①]我们可以看到，我们共同生活的世界之中的结构中就已经有莫衷一是、模棱两可诸如此类的生存状态，它不是主体性犯的错误，而是与人之此在的存在结构和存在方式俱来的。但是真正值得理解的东西基本上仍然处于不确定当中。

---

① 托马斯·库恩：《结构之后的路》，邱慧译，北京大学出版社 2012 年版，第 48 页。

譬如,许多有思想的历史学家关注过这样一些问题:大屠杀是如何发生的?它为什么发生在科学理性昌盛的西方社会?为什么发生在 20 世纪?会不会再发生?如何防止它发生?对于这样一些问题要作出根本性的解决并不容易。这并不是因为我们难以弄清楚事实,而在于对这些事实如何作价值排序。不是不能作相对的价值判断,而是难以作绝对价值判断。这或许就是日本政客不愿用历史那面镜子照照自己的借口。在这个借口中,不是让一种理性的声音得到发扬光大,而是把那些很容易就能够平息下去的理性的声音平息下去。也就是说,为了生存,现在人们可以不再继续作为道德意义上负责任的存在者而生活下去。但是,又有多少人会承认他的行动的依据是盲目的选择呢?所以,从生存论、存在论看,事实与价值的分离不过是社会科学研究的第一个教条。

五、事实与价值是人的活动的两个方面

我们来看看这个教条的核心内容是什么:一是存在论意义上的分离,即将世界划分为事实世界与价值世界。比方说,人生的意义超然立于由言说所圈定的"世界"之外。二是认识论意义上的分离。比方说,意向性世界与非意向性世界的分立、心理事件与物理事件的区分。三是由对价值判断性质的判定而得出一个从理性中放逐价值研究的结论:价值判断是主观的,对价值判断进行理性研究是毫无意义的。

值得注意的是,从认识论意义上讲,事实与价值的分离包含两个信念,其一是认识事实世界的方法与认识价值世界的方法是互不相通的;其二,事实判断与价值判断是截然不同的两类判断,而且这两类判断都是无涉的。总之,一句话,在社会科学研究中,如果你不是在断定事实,那么你就不应当认为理性地断定了任何东西。然而,我们在此愿意提出这样一些问题:

一是事实与价值之间的差异有没有从理性世界表面上看起来那么大?从生存论存在论看,它们都是人不同的可能性趋向,而非对立的两种不同性质。这就像吃饭睡觉与哲学研究都是人的活动一样,它们不是两种对立的人的活动。根据维特根斯坦的思想,如果世界上的一切可能的经验科学已经说尽了人世间所有的事实(事态),穷尽了关于"世界怎么样"的解答,那么人生问题全然没有被触及。

二是事实与价值的分离与传统哲学中的物质世界与精神世界、经验世界与理念世界的二元划分究竟有什么样的沿袭关系?我们的基本看法是,在我们的经验中并非存在这样两个彼此分离的世界,它只是哲学家把注意力越来越放在知识论问题造成的现代性后果上。但是,这种分离对于学术研究又是必要的。

因为，学术研究毕竟不能等同于求道（存在）。比如，在康德之前，有所谓自然法传统中的国家观的一元论。也就是说，对国家既作经验现实的理性把握，又作法的精神的形而上学上的理解。不过，康德的理性批判终结了自然法国家观的一元论。康德把国家和法的精神秩序归于实践理性的对象，把经验现实的理性律归于理论理性的对象。这也导致社会学的、哲学—伦理学的以及法学的国家理解之间相互分离。价值理性和理论理性之间的分裂一直在德国延续到19世纪和20世纪之交。马克思已经指出："现代哲学持有更加理想和更加深刻的观点，它是根据整体观念来构想国家的。它认为国家是一个庞大的机构，在这里，必须实现法律的、伦理的、政治的自由。"①当然，把追求知识当作追求道义正是马克思等人心目之中的人的异化状况。

学术研究有各种各样的，有对自然界的科学研究，有对人类社会的哲学研究，等等。对于以自然界为对象的科学研究而言，事实与价值的区分就是不必要的。因为，在天文学、物理学或化学等学科中，根本不包含价值事实或价值观念这样的表达；而对于人类社会为对象的哲学研究，事实与价值的区分是必要的。因为人类的行为是受价值引导的，人类生活具有独特性。可以说，真正的哲学问题是以人的独特存在方式为目标的。一旦哲学研究的主题确定之后，当然就有必要将与这个主题不合拍的研究方法排除掉。也就是说，人不能以某种证明事实的方法揭示人自己。而这种证明方法正是基于主体的看法，这些看法让主体知道什么是什么。这是一种现成的存在论，它坚持的是一种本质主义的立场。

西方形而上学传统错误地把人理解为某种现成的东西，即在人面前让人去观察、去记录的对象，当成现成事物。现成事物的存在的一个最大认识论特点是各种性质可以相加。比如，在弗洛伊德讨论人性和性的关系时，就注意到不能在恋童癖等性态上随意贴上各种各样的邪恶的标签。按照弗洛伊德的观点，性在自然中被规范，这样的观点是不可靠的。所以，弗洛伊德注意到他自己的原理充满着破坏力，这正是他为什么鼓励他的学生加强直接观察的原因。我们再次强调，人之此在根本不是现成事物，对于人类社会为对象的哲学研究不是将别人的观点作为客观知识来掌握，不能像博物学家客观掌握五花八门的知识那样，任由自然科学对精神和人格进行剥离。如果弗洛伊德采用医学上的客观性标准去记录女孩们如何述说性，那么他记录下来的还会是那些不可名状的欢娱吗？

---

① 《马克思恩格斯全集》第1卷，人民出版社1995年版，第228页。

"理智不但本身是片面的，而且它的重要的职能就是使世界成为片面的，这是一件伟大而惊人的工作，因为只有片面性才会从无机的不定形的整体中抽出特殊的东西，并使它具有一定形式。事物的性质是理智的产物。每一事物要成为某种事物，就应该把自己孤立起来，并成为孤立的东西。"①从这一意义上讲，在自然科学中能够应用的方法不能适应于人类生活领域。格雷厄姆·沃拉斯就说："当古希腊的伟大思想家未有效推理制定规则时，他们心中确有特定的政治需要。当柏拉图的幻想的洞穴中的囚犯被真正的哲学解放后，他们必须致力于为国效力，他们的第一个胜利将是在政府领域里以理智控制感情。然而，柏拉图如果今天能来访问我们的话，他会发现，我们的玻璃器皿匠正在用严密而大胆的方法取得精密的效果，而我们的政治家却像古希腊的玻璃器皿匠一样，仍然相信经验主义的格言和个体的日常技能。他会问我们，为什么有效推理在政治中要比在自然科学中难得多呢？"②

这是一个重要的提醒。如果让我们来回答这个问题，在政治领域里要建立有效推理规则的困难在于，对理智的诉求不能忽视作为政治生活的主宰性力量的情感和习惯。根据每个政党的定义来看，它们都觉得自己是对的，但是，它们所依据的立党理由却不是自己用来证明自己的行动的理由。这样一来，政治学是否还能够成为一门科学呢？我们都知道科学是不能建立在非理性的情感和习惯基础上的。因此，早在 1788 年，约翰·亚当斯就否定了在人类事务领域构建科学的可能性。这就是说，无论是用日常经验的方法还是用体验的方法，都不可能对人的政治活动进行适当的存在论分析。但是，我们反对如下观点：价值这个世界是不能通过常规认识方式把握的，它要么只能靠哲学家的领悟、直觉把握，要么靠极其个人化的、极其境遇化的心理体验。这是价值哲学中的一个基本观点，即所谓"价值"不过就是情感的别名，"价值"就是类似于"好""不好"之类的一种"喊叫"。在这里，我们暂且把哲学家设的这个"局"置而不论。我们只是简单地说，只要我们不再将重心倾注于人的思维能力，转而倚重于对存在的理解，那么价值与真理必然联系在一起。因为，在印欧语系中，"存在"一词有系词、表真、表存在三重功能。

---

① 《马克思恩格斯全集》第 1 卷，人民出版社 1995 年版，第 251 页。
② 格雷厄姆·沃拉斯：《政治中的人性》，朱曾汶译，商务印书馆 1997 年版，第 73 页。

第二节 作为可能具有意义的价值相对主义及其讨论

今天看来，我们无疑可以说绝对主义哲学已经遭遇相对主义的激烈冲击。在经历了我们这个时代之后，历史反思则是当代哲学的当务之急。而这无非就是发掘一般相对主义之有意义的讨论方向和问题范围。

一、价值的相对表达与价值的绝对表达

意识形态的孤岛化现象乃是人文社会科学绕不开的事实和价值关系问题的反映，它也绕不开相对价值与绝对价值的关系问题。相对价值与绝对价值究竟是什么关系呢？对此，我们需要从关于当代现实的探讨中回到经典思想家们那里去。只有这样才能在某种共同基础上进行一般的讨论。维特根斯坦曾说，所有的相对价值判断都可以表现为纯粹事实陈述，但没有任何事实陈述可以包含关于绝对价值的判断。按照我的理解，维特根斯坦的意思是说，相对价值的表达可以还原为事实的陈述，而无须提到价值；但由于可以改写为关于纯粹事实的表达，它们还不是真正关于价值的表达。绝对价值的表达则是与语言不相容的。这里有这样几层意思：

第一，**所谓相对价值判断都可以表现为纯粹事实陈述，实际上就是事实的"价值化"，使不可计算的变得可以计算**。比如，法律规定主要涉及这样一个问题，即为了保护特定社会上的利益，而牺牲其他利益。或者说，至少在私法领域中，法律的目的在于：以赋予特定利益优先地位，而其他利益相对必须作一定程度的让步的方式，来协调利益冲突。赋予优先地位就是一种评价的表现，它就是一种事实的价值化。协调利益冲突主要不在于辨名析理，而在于"非说理的方式"。在我们语言的实际使用中，价值判断和事实判断往往是交叉在一起的，如"这个人救了一个落水儿童"或"这个人偷盗"这样的句子既包含事实判断，又含有价值判断。Podlech 正确地指出："纯粹以描述性的语言，不足以说明广义的当为领域。"Hare 则说明之所以如何的理由。他说："在语言中，价值语词具有推荐的特殊功能；因此它不能用其他——不具此种功能的——语词来代替。"拉伦茨在此基础上认为："价值判断之所以不同于事实主张，因其采取赞成或反对的立场，将推荐或指导表达出来。假使规范性意义的概念竟然可以借描述性的要素来界定，那么借助其他事实主张，就可以由此概念推论出其他价值判断。然而，由仅包含事实性陈述的前提，就只能推论出其他的事实。

价值判断的特殊的意义将因此丧失"。因此，Frankena 指出，在价值判断领域内，"如果不运用迄今常用的伦理性概念，是否能行得通，这些伦理性概念是以采取积极或消极的立场，用以推荐、规定或评价的语词。"①但是，评价性问题的解答真的可以转换成为一种不掺杂价值的概念，而且因此变得可以是对事实的操作吗？

今天，一个人的名誉的价值，甚至幻想的价值、感情的价值都可以在具体的制度框架内加以评价。因为，一个社会总是由大量的异质集团整合而成的。这种整合实质上就是使得士、农、工、商等阶层完全不相干的财产、目的、理想和利益进行比较并最终达成谅解，甚至可以计算出社会产品分配的比率。这里所谓的价值概念独有的特殊性和具体内涵更多是从属于经济领域的。应该说，经济学自身要成为一门科学，就必须在数学化上做出努力。这种努力一开始就要界定利益，而这种利益通常为集团利益或折算为集团的经济利益。这种以集团利益出现的价值形成，具有一定的积极意义。其实，所有的科学知识都具有主观的因素。即使是"最硬的"物理科学，也一定不能与利益脱钩。例如，有科学史家认为，牛顿动力学是为了资本主义在海上扩张服务的，而量子力学是由两次世界大战之间的德国的社会不稳定所造就的。不管这些论断是不是令人信服，我们对物理学的反驳肯定不能以这些论断为根据，这个道理是显而易见的。从这一点来看，人文社会科学要成立，就必须接受和承认社会利益的现实计算。但是，它的代价是降低研究结果在实践中的"可信性"。换言之，在这个意义上，它们都是相对价值；相对的价值表达具有一个特点，它是可以清楚地被理解的，因为我们可以把它分析得根本不是真正的价值表达，原因是它总是相对于先已建立的目标和标准。

今天，我们生存的社会的所有领域正运行在一种普遍的价值化过程。社会发展中的商业化将价值变成了一个本质上属于经济学的范畴，而这就意味着任何婚姻、任何友谊都不再完全符合自己的概念。正像甚至家庭中现实的婚姻也是交易一样。施米特认为，"价值"通常占有了整个经济领域内的生活。至少，德国上百年迅速的工业化使得价值成为具有实质意义的经济范畴。今天，在普遍的民众意识中，价值被大大地经济化、商业化了。这种价值的浸染是大势所趋。在经济学帝国主义中，所有经济学之外的"价值"，比如人的尊严、浪漫、神奇、自然之诗，不论有多高，它都只是"经济基础"法则所包含着的"上层建筑"。"上层建筑"由"经济基础"决定。但是，价值逻辑一旦离开自己固有的经济领域，本身很快就扭曲了，变成了价值中另外的东西，不再是经济的商

---

① 卡尔·拉伦茨：《法学方法论》，陈爱娥译，商务印书馆 2003 年版，第 125 页。

品、利益、目标和理想那样的东西。正如施米特所见，这并非就是"马克思主义"，"而是马克思主义得以成功地与之联系起来的现实"①。换句话说，马克思清楚地认识到资本主义物化的社会现实，并且沿着同一个方向提出了反资本主义的劳动价值论。

第二，如果说没有任何事实陈述可以包含关于绝对价值的判断，那么我们要从事实出发诉诸某种绝对价值，我们就不知道自己在做什么。比如，马克思按照资本主义自己的逻辑提出批判：一方面，人的劳动不可被当作商品，人的劳动是自由自觉的活动。这当然是正确的，这种说法类似于绝对价值的表达，也就是类似于"世界应当存在"，或者"任何事物应当存在"。你心中会对这个世界心满意足，好像是说"绝对的好"或"绝对价值"。但是，这种绝对价值观念过于微妙和难以捉摸，以至于不能把握，注定会产生无意义的说法，原因是它不参照事实和生活形式得到表达和运用判断。因此，参照相应的视域，参照特定的事实，绝对价值的判断的意义才能确定下来。

例如，我可以对共产主义社会人的劳动的自由自觉感到惊异和满足，因为我可以设想资本主义社会中的人的劳动不是这样的状况，也就是说我可以设想资本主义社会中劳动普遍的"不自由"的状况。比方说，一个工人，每天早上，他自由地决定是否去工厂，他自由地选择要不要孩子，只是资本主义这架机器已经决定了他的自由的意义。为了让工人感到能够从事雇佣劳动已经是莫大的幸运，资本主义社会现实就制造出穷困潦倒的乃至道德沦丧的失业大军。因而，马克思提出了问题，为了提高人的劳动的价值（价格），人的劳动被当作商品，又怎么办呢？马克思在这里看到资本主义面临的基本困难，即在资本主义社会中，人的劳动要么注定了不是有价值的，要么是无意义的。马克思以资本主义逻辑反唇相讥说：人的劳动价值最初也的确属于经济领域，它是人的劳动价值的根基，但是，如果人们可以在这里说经济领域是人的劳动价值的根基的话，那么在本真意义上、根基上并未将人的劳动价值变成价格和商品。

还有，关于剩余价值问题。一个社会的剩余价值是谁创造的？谁是社会总产值的合法分配人？为什么资本家"铤而走险""敢犯任何罪行，甚至冒绞首的危险"②追逐剩余价值？所有这类问题不仅涉及经济学的事实，而且涉及关于绝对价值的判断，并且这种判断受到两个相互对立相对价值判断方面的驱动，即资本主义和反资本主义的社会主义的驱动。结果，我们可以想到从类似于帕

---

① 施米特：《价值的僭政》//王晓朝、杨熙楠主编：《现代性与末世论》，广西师范大学出版社 2006 年版，第 106 页。

② 《马克思恩格斯文集》第 5 卷，人民出版社 2009 年版，第 871 页。

斯卡尔、利科这样的思想家那里，**这本身就只是在价值判断问题上打赌**。也唯其如此，我们所能够做的就是："把赌注放在特定的一套价值上，然后努力与其保持一致。因此，证明就是我们倾尽一生要解决的问题，没有人能逃脱。"①

二、拥有某种价值，更高的价值

众所周知，很多人都把马克思的理论分成"科学"和"价值"两部分。一些人认为，将马克思理论中的"价值"部分被剔除，也并不会影响到从逻辑推理和技术分析方面确认"科学"部分；另一些人认为不能分割马克思的理论。人们应该像对待宗教典籍那样去"体悟"整体的马克思思想和理论中的"价值"诉求的绝对优先性。像韦伯那样目光敏锐的人，他的科学精神是以我们前面提到的尼采式的轻蔑为前提的，他在学术生涯中花了更多的精力研究宗教，以此来理解那些不可轻蔑的人，那些具有坚定信仰的人。想必，马克思就是韦伯心目中充满着信仰色彩的人物。如果情况确实如此，从韦伯那里，也从尼采那里，我们就知道，那些对人的宗教生活的研究必定比对自然科学的研究具有更高的哲学价值。此其一。

其二，我们常常听到说"拥有某种价值"。这是什么意思？这无非是说**某种价值进入一个具有定位值的体系**。这也使得价值评估成为可能。比如，哲学在今天普遍世俗化的体系中具有什么样的价值？从最高价值到最低价值，它居于价值轨道上的什么位置？对于这些问题的回答，不能停留在抽象地讲哲学是智慧之学、是人类精神家园之类的观点上。关键在于，位置的确定并不具有首要的意义，即便是哲学能够自诩具有最高价值，也是由于被列入一个价值体系而变成一个价值的。

马克思主义哲学在中国意识形态体系中的地位具有最高价值，首先是因为它是一个价值，而且是纳入一个价值体系而变成一个价值的，然后才有最高价值。倘若某一个宗教具有最高价值却没有纳入一个价值体系，它就没有得到任何一个价值体系的承认，也就根本不可能出现在价值刻度上。在中国文化中情况就是如此。对于价值思考而言，问题并不在于马克思主义哲学的价值作为更高的价值被放进价值体系中，而在于它与物质价值相比较，它具有精神价值。比如，它与中国的实际结合，才占有更高的价值。任何理论特权都不取决于客观真理性，而取决于法定地位（这里也应该考虑到惯例、偶然性、潜规则）。否

---

① 利科：《关于意识形态与乌托邦的演讲录》//凯文杰、范胡泽：《保罗·利科哲学中的圣经叙事》，杨慧译，中国人民大学出版社 2012 年版，第 110 页。

则，即使把马克思当作神、先知，可能是最高价值，不过也仅此而已。在某种具有本体论意义上的悲观主义者看来，即使如海德格尔强调的"在本身"也并非价值。看来我们还可以认为，向那些最高价值和力量报以无比可怕的亵渎就是以某种方式向它们表达敬意。那么，在若干个不同的人对于同一个东西可能怀有多种不同的价值观念时，是不是只有一种价值观念才是真实和正确的？相反，由同一个对象激发起的多种价值感觉，是不是可以说都是正确的？在休谟看来，要寻找真正的美或真正的丑，就像自诩去弄清真正的甜或真正的苦一样，一种没有结果的探究。但我们说高级价值要比低级价值来得更自在一些，是因为经过时间的淘洗，一堆小土丘和一座珠穆朗玛峰不能相提并论，一湾小池塘岂会与海洋一样宽阔。

三、事实，可说；价值，不可说

事实和价值的关系问题可以依据多种视角来理解。

首先，它可以依据"不重要的或相对的意义"和"重要的或绝对的意义"区分的视角来理解。说现代科学是很重要的，这是指现代科学能够用作事先确定的目的如空气质量检测、水稻产量提高，等等。而"重要"这个词在这里也只有当事先确定这个目的之后才有意义。事实上，相对意义上的"重要"这个词只是指符合某个事先确定的目的、目标和标准。如果没有事先建立的标准，像"重要"这样的价值词就不可能得到清楚而又完全的分析，所有可能就将悬而未决，语言就变得无意义了。这里的"重要"这个词可以用别的词如"好""大""正确"等这些价值词替换。譬如，当我们说这个人是个大人物，我们是指他可以影响某个领域或方面。同样，如果我说这个人是个好画家，我们是指他可以熟练灵巧地呈现有某种难度的画面。以这种方式来使用这些包含事实或价值因素的说法并没有产生什么客观性困难或深层的事实与价值的冲突。在这些说法中，事实与价值甚至是浑然一体的。

但是，下面的例子就有些不同：假定海德格尔会开汽车，我搭他的便车并说："噢，你开得相当糟糕。"假定他回答说："我知道，我现在开得是很糟糕，但我不想开得更好些。""我干吗要开得更好呢？"那我也只能说："哦，那也行吧。"但假定海德格尔曾经与纳粹有不光彩的政治污点，我见到他后对他说："你的行为就像个野兽。"然后，他会说："我知道我的行为很糟糕，但我并不想做得更好些。"那么，我会说"哦，那也行"吗？肯定不会。我会说："不，你应当想做得更好些。"虽然我跟海德格尔讨论"什么事情不应该发生"很可能一无所获，这完全可能"不可理喻"，但也必须这么做。我在这里就有了一个对价值的绝对判断，而前面开车的例子则是一个相对判断。

那么，在何种意义上事实与绝对价值永隔？

前面两个例子所表现出的差别在于：每个对相对价值的判断都是一个纯粹事实陈述。凡是事实陈述，**凡是相对价值判断，都是可以提出有意义的描述的**。相对的价值判断不会产生语义学问题，它们都可以被清楚地理解。因为可以把它们分析得根本不是真正的价值判断。比如，海德格尔不是个"好车手"只是指他在一定的时间内到达不了目的地，或者他开车很耗油之类的事实。我在这里想说明的是，尽管所有相对价值判断都可以视为事实陈述，但是没有任何事实陈述可以是或包含绝对价值判断。这些我们在前面已经描述过了。

再来看一个例子，如果一个原来信仰佛教的人却被看作不信佛教的人，譬如他自己要杀害生命，则只能表明他是不信佛教者，这表明这（佛家的生活）不是他的生活。一旦人的生存意义问题以在这个世界我该如何生活的形式提出来，对它的回答就总是会落入信仰问题领域，并且也就只能获得形式上的解决。而一旦在这个世界我该如何生活的人的生存意义问题转换成为在如此这般的情势中我该怎么做时，对它的回答就总是具体的，而该怎么做的理由，总是由我所见到的有限世界提供的。此时我既面对具体的问题，也将无法回答的、关于整个人的生存意义问题悬搁了。**当人的生存意义问题让位于具体情势下的具体应对问题时，人的生存意义问题也就消失了**。

我们可以进一步说，我们可以写出一部百科全书式描述这个世界的书，但是它并不因此本质上就是最好的书。没有任何观点在绝对意义上是正确的。我们平时所说的"我感到绝对安全"，它的本质含义是指某些事情不可能发生在我身上。说无论发生什么事情我都是很安全，这就是胡说。因此，这里仍然是事实与绝对价值的永隔。

语言中表达绝对价值的努力之徒劳，其中却有重要的和值得尊重的东西。维特根斯坦用我们的语言来解释事实与绝对价值永隔这个论点，值得引起我们的注意。可以说，在可以表达的东西与具有绝对价值的东西之间所做的区分，对维特根斯坦的思考来说具有根本性的地位。在维特根斯坦看来，没有独立于其视域成立的绝对价值，没有类似于陀思妥耶夫斯基的上帝的东西，任何世界和任何生活形式都既不比其他好，也不比其他糟糕。他认为，一方面，正如关于相对价值的判断不是真正关于价值的判断，一种人类中心主义的伦理学将不是真正的伦理学，原因是它总可以还原成关于人类行为的描述，这些行为实现了先已存在的特定生活形式所设定的条件。因此，对于维特根斯坦来说，伦理学必须反映关于价值的绝对判断。宗教也是如此。换句话说，伦理学和宗教，是探索绝对价值的领域，它必须反映像"上帝的意志"这样的东西。因而，绝对价值领域是不可说的。歌德说："一切完美的东西在种属上必然超越其种属，必然成为另一种东西，成为无以伦比的东西。"①因为这个"无以伦比的东西"犹如在技术上易于描绘，在根本上却莫可名状。所以，我们所想到的任何描述都不能用来描述所谓的绝对价值。如果真的有伦理学或宗教这样的东西，那么它就是超自然的东西。但是，科学证明不了超自然的现象，事实也不能有包含超自然的描述。②

美也是如此，美是不能用逻辑命题去表达的。你可能认为，不是有一门叫做美学的学科吗？它告诉我们什么是美。维特根斯坦说，就语词来说这简直太可笑了。他认为，它还应当包括什么样的咖啡味道更好些。进而言之，信仰也难以成为科学说明的对象。用韦伯的话说，我们选择某种价值最终的根据不是理性，而是信仰。因此，理性与非理性就是值得关注的一对关系。

这个问题对于黑格尔之前的哲学家而言有所不同。休谟揭示了"理性"一词"所隐含的种种混乱，从而使得自然法体系的原则本身成为疑问。卢梭把心灵的理性（the reasons of the heart）同头脑的理性（the reasons of the head）对立起来，这实质上是把**道德和宗教视为感情问题**。某些人也许会同意这一点，想到一句平常的话："没有无缘无故的爱或恨，只是感情使然。"但这句话也会导致误解。这句话所说的，似乎是指爱与恨尽管不是我们外部世界的特性，却是我们心灵状态的特性。但后来康德说，我们的确可以将心灵状态用事实来描述，而心灵状态就我们将其作为一个事实描述的范围而言，并不是伦理意义上的爱或恨。最后，康德则试图通过界分科学和道德各自领域的方式并试图通过对理论理性（theoretical reason）同实践理性（practical reason）做最彻底对勘的方式来维护科学和道德各自的自主性。上述三种哲学——亦即启蒙时代的典型结论——乃是建立在这样一项分析原则的基础之上，即分而克之（divide and conquer）。③

我们在讨论价值表达问题时，碰到一种最极端的观点是，价值的表达纯粹是喊叫。"好的""坏的""正确的""错误的""可爱的""可憎的"诸如此类的表达，都与感叹词具有相同的性质，或者与脸红、微笑、哭泣等现象具有相同

---

① 《托马斯·曼散文》，人民文学出版社 2014 年版，第 146 页。

② 维特根斯坦：《维特根斯坦论伦理学与哲学》，江怡译，浙江大学出版社 2011 年版，第 1～8 页。

③ 乔治·萨拜因：《政治学说史》（下卷），邓正来译，上海人民出版社 2010 年版，第 570 页。

的性质，或者与"喜欢""厌恶"等行为方式密切相关。如果这样来解释价值表达的话，那么它与"非理性的"这一语词相关。价值是非理性的。

但是，用理性与非理性标示事实与价值这一区别显然不太好。一则，理性与非理性原本孪生兄弟；二则，非理性充满了胡来混做的意味。虽然我们可以声明使用非理性时不一定指胡来混做，而是指其伦理的名称叫激情或无普遍原则，但这种人为排除法会因德勒兹提出的精神病医生问题而失去其意义。在像这种一个范畴跟另一个范畴、理性跟非理性的关系中，本来会造成种种心灵个案相互并立。德勒兹说："有些人看起来疯狂，但实际上并非'真的'如此，因为他们保住了各种能力，特别是正常管理金钱和财产的能力。"另外"有些人'真的'疯了，但看上去不像，突然采取了没有先兆的疯狂行为，纵火、谋杀等。如果精神病医生心地不善，那是因为他一开始就不善，他一开始就卷入了消解疯狂观念的矛盾之中：他由于把并未真的精神失常的人当作疯子、同时没有及时治疗显然真疯的人而受到谴责。精神分析学跻身于这两者之间，表明我们都有过精神失常的经历，只不过看不出来而已，但也说明了我们看起来疯狂而实际上并不疯。这完全是'日常生活的心理病理学'。简言之，精神病学就是围绕疯狂概念的失败构成的，精神分析学才关联起来的"，"福柯的分析，然后是罗伯特·卡斯泰的分析，几乎无以复加地表明了精神分析学是如何在精神病学的土壤里发展起来的。于是，就有了精神分析学与精神病学之间关系的颠倒；就有了精神分析学要成为一种官方语言的野心；就有了它与语言学的契约"。①我们所讨论的是，如果拒绝超出这个世界，拒绝因超出这个世界而超出了有意义的语言，那么一个人是否还能够不引起误解而使用绝对价值判断？我们必须承认在语言界限内的困难，却又找不到另外的办法。问题何在？我说，这里总是存在着如何**描述超自然的东西**的方法论问题，并且**在方法论上存在悖论**。例如，语言在我们身上施加了牢不可破的影响力。我们不能反对语言的界限，就像我们不能用看待事实的科学方式来证明奇迹。同样，我相信所有想要写作或谈论精神病的人的想法，就是要反对语言的界限。语言就像围城，这种对我们围城的反对绝对是没有希望的。这就是说，精神病学家谈论疯子，但是疯子自己不说话。

关于如何才能描述清楚理性与疯癫之间错综复杂的关系的历史问题，20世

---

① 陈永国等主编：《哲学的客体：德勒兹读本》，北京大学出版社2010年版，第194页。

纪 60 年代在福柯那里似乎提出了，但是没有回答。在他 1970 年当了法兰西学院院士时的讲演中，这个问题似乎已经有了答案。这在福柯那里也就是话语与实践之间的关系问题。具体而言，福柯强调谱系学的历史写作，这种写作不同于以现代历史意识中的人学视野的取向，用权力理论来揭示这种人学所具有的虚伪的人文主义。在方法论上则告别解释学，利用解构和消除效果历史的语境。一是因为解释学追求的是对意义的把握，它预设在每一份文献背后都隐匿着的一种沉默的声音中，需要我们去唤醒它们。二是因为那种效果历史的语境预设了历史学家与一个对象的联系，预设历史学家在与对象的沟通之中从中发现自我。**福柯以为只要他的考古学和谱系学能够以彻底理性批判为目标，人文科学在方法论上的理性与疯癫之间的划界所产生的悖论就迎刃而解了。**①

　　不过，福柯的人文科学考古学著作完成之后仍然面临困境。我们只要提及重要的两点：首先，因为构成福柯研究基本出发点的人文科学并不只是处于哲学家话语、神学家话语和教育家话语等等话语之中，而且它们被纳入其中的无言实践——福柯将通过法律、治安、教育方法、拘留、惩罚等等纳入"实践"概念，福柯接受了一种非社会学的社会概念。但是，话语与实践之间究竟是一种什么关系（注意，在古代，最接近于"存在"的词汇是"实践"，只要人们承认"实践"与"理论"相对。福柯哲学作为某种矛盾力量，揭示了我们的语词仅仅表达了事实这个事实，如果语言是一个茶杯而这个世界是水的话，即使我往里灌了所有的水，它也只能容纳一杯水，人文社会科学研究必须注意这个语言界限，"语言"这个词也可以换用概念）？

---

① 哈贝马斯：《现代性的哲学话语》，曹卫东等译，译林出版社 2004 年版，第 286～293 页。

第二章　"我"与"观点"：相对主义与绝对主义

第一节　人文研究与主观预设

一、哲学与概念创造

在人文研究领域中，研究者本身就可能是充满了激情甚至狂热信念。所谓"霍布斯命题"认为，在自然状态中，人与人之间就像狼与狼之间一样处于相互为敌的战争状态。我们可能会觉得很奇怪，自然状态竟然会如此容易进入战争状态。但是，霍布斯自己会指出，这是他所谓"根据激情作出的这种推论"①。可以说，与其他领域相比，在人文研究领域，没有一个论题和论点不会引起激烈的争论。

记得在一次关于海德格尔的学术研讨会上我曾经跟朋友说，海德格尔是伟大的思想家，他的语言模式以及他的思想模式深刻影响我们这几代人。当时他反对我说，我把海德格尔当上帝了。其实，他没有明白我说的意思。说海德格尔对我们有深刻影响，实际上就是说，我们所习焉不察的先前哲学中的很大一部分东西首先来自某某作者和他的修正者，其次来自海德格尔。这个看法当然很主观。如果自然科学共同体以客观性或道德中立为自豪，那么人文学者并没有避免观点中（而非概念中）包含的主观预想。

一个有趣的对比是，哲学中的概念始终被正确地看作一个非常难懂的东西。因为如同一位哲学家评论的那样，作为一个哲学术语的"概念"之所以有用，恰恰是因为它的模糊性。假定抛开概念，似乎就懂了。每个人都懂得"自我"是什么意思，懂得"思维"和"存在"是什么意思。这个时候谈论哲学，就好像谈论人有鼻子。鼻子是什么不需要概念的定义，没有概念定义毫不妨碍人人有鼻子，并且人人对于怎样谈论鼻子，不会有什么争议。人们可以从哲学概念上从事关于鼻子的争论，当然也可以从医学和美学上从事鼻子

---

① 霍布斯：《利维坦》，黎思复等译，商务印书馆 1985 年版，第 95 页。

的争论。这种争论起于概念。哲学就是靠概念建立起巴别塔的。不想打口水战，似乎只有一个办法：让"我思"的纯粹自我成为哲学中的起点。不过这个起点乃是主观的预想。

二、作者是否一元？

人文研究虽然建立在主观预想上，但没有人因此否认人文领域的成就。在人文领域的许多研究似乎还是裹足不前：自 1863 年勒南写成《耶稣传》以来，基督其人以及《福音书》的作者还是被猜测。不仅如此，只是上帝究竟是谁，《旧约》的作者们认为我们并不容易发现。事实上从《旧约》写作者们的词句中，不可能总结出模样确定的上帝来。他们对上帝的描绘人言人殊，有时还互相冲突。莎士比亚的戏剧牵涉很多知识上的疑点，这足以对一个作者具备这些知识产生怀疑。原本认为属于马克思的观点，看起来有些是黑格尔的观点，有些是恩格斯的观点。所有这些学术上的纷争，提出了一个重大问题：作者是否一元？

那么，用什么方法来解决这些问题？其中一个重要的方法就是分拆作品。翻翻这些作品的研究者的著作便可以知道，在 19 世纪晚期以来，分拆作品风靡一时。汉密尔顿宣称，《旧约》由许多不同的人写下，而且不断地重写。编订、再编订的工作长达几百年，中间还不断地有新内容的加入。那时候的千百年里，都没有要求文字必须保持原作者写下时的样子的观念。原作者一般都是匿名的，到底是谁根本不重要。当然，其他例子还有很多。原本认为属于莎士比亚这个没有受过多少教育的演员的戏剧，看起来当初是由一群人编写的，这些人里面有培根、马洛、乔叟，也有印刷巨匠，还有英语《圣经》。原本我们认为《德意志意识形态》是马克思和恩格斯合作写成的，后来我们通过马克思自己的说法知道，赫斯对这个著作也贡献颇多。在 1846 年 7 月 28 日给赫斯的信中，称《德意志意识形态》是"我们的著作"。[①]这种分拆马克思、恩格斯或其他人的观点的模式一直延续到今天。到了后现代主义时代，竟然无法找到一位知名学者愿意支持《德意志意识形态》主要出自马克思手笔这一观点。[②]

然而，在学界当然还是以"作者一元论"占主流。没有人否认一个作品需

① 《马克思恩格斯全集》第 47 卷，人民出版社 2004 年版，第 380 页。
② 《德意志意识形态》究竟反映了谁的思想或者是在谁的主导下完成的？这个问题仍然是个谜。有人力主"马克思和恩格斯有差别的合作"说，但是，毫无疑问，一切理解伟大思想家心智的尝试，只要它面对的问题还是从某个纯粹形式的视点提出，就永远是徒劳的。它忽视了《德意志意识形态》中有一个核心人物的视角，其"统一性"无法抹杀的事实。

要具有统一性。于是，新的问题产生了：凭什么说某人的思想和观点对另一个人的思想和观点产生过重要的影响？凭什么只要看到伟大作品中一段较差的文字，就会毫不犹豫地括号起来，把它归结为穿插或者伪作？最后，不得不去思考在哲学中对人称代词（我、你、他）的意义域的澄清。

第二节　说"我"是否可能，作者是谁？

一、对"我的观点"和"我们的观点"的前提澄清

在人与人之间的理解上，我们必须确保一切事物都是某事物，也就是说，确保它在其表象的媒介中是可辨认的，它被界定的方式是可以确定和思考的。显然，这一原则在人文社会科学研究过程中也是一个必须预设的原则。所以，我们通常会看到文章中所谓的"我认为""我们认为""你认为""他认为"之类的限定，以体现这个原则。或者说，以此方式来标明"我的观点""我们的观点"等的边界。不管怎样，哲学家总是意识到这种必要性。否则就会造成白痴的观点与博学的人的观点是一样的。这说的是什么意思呢？

第一，在语言学中，人称代词被分类为"转换词"，也就是说，这一语项的意义，只有在参照包含它的，指示某个说话的人的话语事件的情况下才能得到把握。"我"并不指示这个词的词法的实体。更确切地说，"我"不存在，"我"是一个"虚构"。多亏了这个"虚构"才有可能敞开思想空间。"我"在"我"与实际话语的关系外不具有实在性。"我"不是指长胡须的男人，这样讲也根本不具有连贯性。我们曾经听到过这样的说法，说某某是个口吃的演说家。在《比利·巴德》中，天使一般的比利·巴德患有口吃病，口吃导致语言变形，却令语言富有音乐性。为了让人领会活生生的话语，还要让"健谈的哑巴"①就位。

"我"是生产包含转换词"我"的、当下的话语事件的那个"我"。用黑格尔对康德的谈话来讲，我不是一个概念、范畴，而是伴随一切概念的纯粹

---

① 哑巴话语与"其各关系部分脱节的话语"，它"既有朝着主体思想方向的发散，也有朝着毫无干系方面的发散，全然不知话语对象，不知道应该对谁或者不应该对谁话语"。《菲德尔》//雅克·朗西埃：《哲学家和他的穷人们》，蒋海燕译，南京大学出版社2014年版，第61～62页。

意识。①意思是说，不能把"我"把握为"绝对者"。因为绝对者是无时间性的，既不是暂时的也不是永恒的。而"我"有先来者，必然是有一个时间上的否定结构。任何一个"我"都输给了时间。当代哲学已经告诉我们，就一个"我"，一个说话的主体而言，其最大的特征就是，他必须走出自己才能存在，他必须出去生存，在他者中找到自己。

在西方的传统中，诗神叫缪斯，就像在我们的传统中，才高八斗的文章高手叫文曲星，他们并不是语言中的主体，而是一个他者。科朗尼说："所有构成'我说'这一自画像的，都可能因'我'试图抓住其'形'，而失去'我'的流畅性和可塑性。"②

第二，"我"是一个他者可以有很多含义。但是，当代哲学最为重大的成就是，用"我不存在；我思考"来对抗"我思故我在"。③对"作者是谁"这个问题的非语言人格化的处理，既可以是肯定的，也可以是否定的。

回看哲学史，这跟我们前面谈到的对古典作品进行分析时难以分拆相同。一种流行的假设认为，两人写一本书是一件很罕见的事情。这意味着人称中"我"比"你""他"处于优先的地位。但是，我不同意这种说法。因为，这乃是西方形而上学及其知识的"在场"观念在作者问题上的反映。两人写一本书之所以是一件稀罕的事，原因是存在着诸多困难。这些困难在于，在这个世界上，到哪里能够找到一个主体？因此，它存在着哲学风格、结构风格和写作风格上的许多困难。解决这些困难的途径就是对话。

所谓对话，不同于独白。在表述的层面上，至少有两个人称，有"我"和"你"，两人合著便变得完全正常，也很顺畅。但是，为什么在哲学史上我们分明未见两个人以上写哲学著作的？罗素、梯里、文德尔班写的哲学史都是我们今天所谓的专著或独著。那么有没有真正意义上的所谓专著或独著呢？

我认为没有。事实上，任何一本书都是两个人以上的合著，我们千万不要太确信，他说的"我"——他说的写作主体——一个总是作为实体出现的主体。从存在论根本处讲，没有他人智慧的恩典，写作无法存在，即使看起来是你认为的独自一个人在著书立说，你也是在与一个不可名状的另一个人在一起写书。有人认为，写书就像唱情歌，你只有念想着唱给你心中的情人，才能唱得动情，才能唱得好！而做到这一点，有各有各的招数，但不管怎么说，投其所好是一种管用的方法。乞灵于绝对主体的相互一致是解决不了说和看、理论和实践冲

---

① 张世英：《自我实现的历程——解读黑格尔〈精神现象学〉》，山东人民出版社 2001 年版，第 106~107 页。

② 乔吉奥·阿甘本：《潜能》，王立秋等译，漓江出版社 2014 年版，第 113~114 页。

③ 乔吉奥·阿甘本：《潜能》，王立秋等译，漓江出版社 2014 年版，第 96 页。

突的。一提到主体，我们就会想到黑格尔作为绝对精神的主体，这只是表示我们没有能力消化马克思等人的成就。

第三，出现"我认为""我们认为"这样的短语是不是意味着是"我是正确的"或"我们是正确的"？也许我可以冒昧地说，这里的代词"我"或"我们"是含混的。正如斯宾诺莎所说，所谓"正确"并不是指观念和其所代表之对象的相应，而是这观念表现了它的原因。①显然，"我"不可能是"我"的观点正确的原因。那么，"我的观点"和"我们的观点"真正想说的是什么？这里可能需要辨析出这样几种情况，其中一种是"我的观点"和"我们的观点"是铰合但并不是融合。我们可以为"我"提出一个观点，比喻为"我"下了一步棋子，"我的观点"不过是一个棋子。它通过相对于其他棋子的不同特征区别出来。我们经常会说列宁是马克思的追随者。那么，什么叫做追随者？我们怎么样来判断呢？一方面，马克思对列宁的重要影响似乎是毋庸置疑的。因为列宁在诸多著作中征引马克思的话也表明了这一点。列宁从来没有如此频繁地征引其他人的论述，也没有给过他们比马克思更高的赞誉。另一方面，仅仅看征引的情况，就能够判断列宁是真正的马克思主义者吗？

有人认为，列宁是不是马克思的追随者是个次要的问题，因为这要看列宁这枚棋子是否足够特殊，以至于他就是马克思发明的一枚新棋子。但是要看是否新棋子，则要看弈棋游戏的规则是否精确。而这通常不是这样的。所以，看列宁是不是马克思的追随者，只能从形式上看列宁是如何征引马克思的。萨拜因认为，列宁那种征引马克思的方式是重要的。然而，列宁究竟是怎么样征引马克思的呢？萨拜因说："列宁常常通过引证马克思的某个说法或某个句子来支持一项政策，因为这些说法或句子既可以被当作口号使用，也可以成为这种政策的学术注释。反过来说，列宁常常谴责其论敌的政策违背了马克思论著中的某些观点……列宁最经常加给其他马克思主义者最尖刻的罪名——他一生都充满了这种争论——就是他们'篡改'了马克思的原意，因为只要对原文作字面上的正确解释，这种'篡改'即暴露无遗。""在一些人的眼里，列宁的做法常常是背离正统的，因而他们也用'篡改'马克思的思想的说法来回敬列宁。在列宁的整个生涯中，几乎没有一项重大的政治决策不被斥之为拙劣的马克思主义，而且这些谴责还往往来自他自己政党中的党员。"②这说明马克思主义对列宁有多种作用，其中一种就是，马克思主义对列宁来说是一种信条。信仰是对哲学的一种经不起推敲的误解。因而，在重读列宁时，我们面临最大困难在于，

---

① 吉尔·德勒兹：《斯宾诺莎与表现问题》，龚重林译，商务印书馆2013年版，第127页。
② 乔治·萨拜因：《政治学说史》（下卷），邓正来译，上海人民出版社2010年版，第492页。

我们一点也感受不到困难，这远非矛盾的说法。因为我们碰到的种种思想力量甚至超过了马克思这个作者。我们无法理解列宁的原创性。另外一种情况是，列宁是一个马克思主义者，但是他不完全忠实于马克思主义。拉康在Encore 中的评论认为，列宁与马克思的关系就好像是拉康自己与弗洛伊德的关系。①在这种情况下，列宁就像庄子夜晚梦见自己变成蝴蝶一样，也许列宁就是一个夜晚梦见自己变成马克思的蝴蝶。这本身并没有什么不同。列宁在理论阐述时更多的是利用马克思的观点。这样来看，从列宁那里的确能够辨别出某种马克思哲学。

二、"我的观点"与相对主义

假定在社会科学研究中，只有"我"自己的观点，总认为自己的观点是正确的，别人的观点或者与自己不同的观点却是错的，那么当这样来展开叙述时，就不太合乎常情，也有些骄傲过了头。如果真是这样，那么会出现什么样的结果呢？

一是会出现大家彼此不能理解的情况。我为什么不能理解别人，别人为什么不能理解我？就是因为我渴望能够获得一种"绝对论"。我没有按照公认的、共同拥有的规范说话、办事。在这里，总是以"我"自居的作者，反而就是一个不确定的"我"，"观点""立场"这些词都成了"主观"的代名词，甚至就是我们心头留下的梦魇一般的东西！因为它只能够自说自话，而永远不能够自己实现自己。所以，"我"必须坚持一定程度的相对主义立场。一方面，前后一贯的相对主义者必须承认，所有最终立场均属于话语平等，无分轩轾，因为各个立场都不能凭借理性来确证。其最终必然导致对实力的强调，因为每个人都会以自己的立足点为唯一"正确者"，而尝试贯彻之。

另一方面，趋同会聚不仅是认识具体事务的手段，更是日常生活德性的标准。现在，我们明白为什么"作者是谁"的问题变成了把"我"撤销了，从"我"这个词中解放出来了。这说明，一定程度的价值相对主义是不能避免的，而且考虑到不伤害争论对方的"面子"，"要搞好团结"，我们也不能得理不饶人，尽管这没有让我们承担减少相对性的任务。

三、巴比特句式

其实，从"我自己的"体验角度来看，在我们自己写作的过程中有一种强

---

① 汪民安主编：《生产》（第三辑），广西师范大学出版社 2007 年版，第 314 页。

烈的体验，"我"真正想说什么，这只有进入读者的视野当中变成"我们的观点"才能看清楚。就像演戏，要让"我"处在戏内和戏外。换句话说，当论辩者说"我是正确的，我决不放弃我的观点"，他可不能遗忘真理是在"我的观点"和"我们的观点"之间的不可分割的铰合中建立的。这个"我们"将"我"包含在一种真理实际形成过程之中。

在语言中，价值语词只是具有推荐的特殊功能。价值判断之所以不同于事实主张，是因为其采取赞成或反对的立场，将推荐或指导表达出来。从句子的形式角度说，德勒兹曾经分析过巴特比的句式的特别结构。巴特比的句式是"我情愿不"（I would prefer not to ）这句话。这句话被语言学家分析成为不合语法性的东西。但是，德勒兹认为，巴特比句式具有破坏力和毁灭性。我们已经注意到这个句式既不是肯定句，也不是否定句。这个句式因此也就开启了一个是与否、可取与不可取之间无区分区域。阿甘本曾经问，这个句式的起源是什么？梅尔维尔曾经称赞说"不"要比"是"更适合作为巴比特句式的起源。"因为所有说是的人，都在说谎，而所有说不的人，也就是在说，自我。"在西方哲学史上，有一个句式特别重要，那就是第欧根尼·拉尔修的《名哲言行录》。那里有"谁也不更"的句式，这是怀疑主义的技术用语，用来指示他们最具有特征性的经验，即悬置。①

四、"我的观点"变成"我们的观点"

进一步看，光光把"我的观点"变成"我们的观点"是不是解决了谁对谁错的问题了呢？假定"我"不再基于"我的观点"，而是基于"我们的观点"，基于我所研究的对象或人们的立场、观点，或者进入了我所研究的对象或人们生活的视角，并尽量从"我们的"立场、观点来理解"我们的"问题，这样是不是就更接近正确了呢？没有！因为，这时"我"就会发觉无法评论那些立场、观点。如同漆黑的夜晚无法区分黑牛群中的哪一头黑牛。而只有大家都愿意反省自己立场的"正确性"，都愿意认为他人的立场"有可能正确的"。唯有如此，折中才有可能。因此，我们应该有如下四点批判：

第一个批评是，"我的"观点具有局限性，"我的观点"变成了"我们的"观点也难以避免局限性。因而，那个具有潜在的积极独特性的"我"和"我们"的观点必须将自身表达为一种客观性整体。换句话说，只有大家都愿意反省自己立场的"正确性"，都愿意认为他人的立场"有可能正确的"，唯有如此，折中才有可能。就自己及他人立足点的相对的正确性作有意义的讨论，此又以一

---

① 吉尔·德勒兹：《批评与临床》，刘云虹等译，南京大学出版社2012年版，第139~191页。

种"绝对的"正确为前提。这一点虽然不能完全做到，却也可以不断接近。

第二个批判是，一切相对主义，是一种没有综合的反辩证法的"二"，而不是一个矛盾的统一性。它不是"我们"和"非我们"的统一体。它仍然坚持一种"我们的观点"是天经地义的。我们的任何观点都以它为基础。这就会导致任何观点和立场都是不能批评的。因为，无论是"我的"观点，还是"我们的"观点，都只是由诸多的"我"组成的。从方法论角度看，就会有一个建构性循环，这就意味着"我就是我"或"我们就是我们"，不可分裂就是"我"和"我们"的规则。反过来说，"我们的规则"就是不可分裂。这个时候，它无法被超然客观地掌握，也因为它无法适用于除我们之外的所有人或所有时代的视野。判断在这种相对主义中结束，而这种相对主义在今天同时成为公共舆论的一个话题，甚至人文学科的一个框架。

第三个批判是，"我的观点"和"我们的观点"是混沌的、等同起来的。也就是说，"我的观点"实际上是所有我所研究的人们赞同的观点，它并不包含有我个人独立具有的思想。造成这种情况的原因在于，"我"这么做是基于"我们的观点"，而不是基于"我们的观点以及局外人的观点"。所有的这种立场、观点都是无从判断的。这种情况就像马克·吐温创作的孪生兄弟那个经久不衰的故事：马克·吐温曾经说自己出生时有个孪生兄弟，两个人长得一模一样，连母亲也辨认不出来。有一天保姆为他们洗澡时，其中一个跌进浴缸淹死了，没有人知道淹死的是哪一个。我们认可一个观点，那就是没有明显的理由说明为什么要把"我思"摆在"我在"之上。说实话，"我思"在这里看起来会闹笑话。但是，不管怎么样，总是应该有一个总的秩序。

第四个批判是，**相对主义如果得到奉行，将导致十足混乱**。比方说，一个持相对主义论者，一个替社会主义制度辩护的人禁不住运用支持社会主义本身的论证。他说，对于中国而言，社会主义是最好的制度。但是，某些西方人面对这一事实的自然反应是否定的，这种证明的方法会面临着严肃的理论质疑①。但是，每一个人都从对方的怀疑中获得了旋转的合法性。如果它是建立在价值观狭隘性上的话，那么论证社会主义优越性的人会陷于两难选择。对于这些人来说，虽然资本主义的有些东西对我有益，但是我也不喜欢它，因为它对我的敌人也有益处。在分析马克思主义看来，社会主义制度优越性，实际上只是限

---

① 利用意识形态来证实自我的自我证实，有点类似利用民众投票寻求纯粹数量上的共振。

于对某些人的言说，这些人因为道德情感而视社会主义为理所当然。至于那些对道德情感及其重要性毫无"品味（taste）"的人们，我们明白，也许能够令他们沉默，但是无法真正说服他们。

于是，问题在于是否要有一个观念的绝对性来超越相对主义。

五、坚持"观察者的观点"

相对主义有很多矛盾。有的相对主义认为我可以站在我的立场上批评别人的立场，别人也可以站在他的立场上批评我的立场。这就像碰到大家都是高手的情况，认识到彼此彼此之后，可以相安无事。正如托洛茨基所说，相对主义真理的意识绝不可能赋予人们拳头相向地运用暴力和流血的勇气。与此不同，有的相对主义只承认"我们的价值"而强烈反对"别人的价值"，连最起码同情理解"别人的价值"都不可能。当然，这里的问题，表面上看是反对"别人的价值"，实际上是反对有一个客观的价值真理。相对主义最终导致精神危机。

哲学能否合理地超越讨论或争论的阶段而进入到结论的决断？易言之，我们能否克服或如何克服相对主义呢？这里有几个要点。

一是"我"作为研究者尽管无法真正釜底抽薪式地批评其他人的观点，因为任何有关整体的恰当批评的追求其实是永无止境的，但我可以理解它们。如何能够做到这一点？非常重要的一点是，"我"作为研究者意识到"我的观点"和"我们的观点"和"别人的观点"的区别，因此，"我"有态度。因为"我的观点"含有另外某个观点，有一个本质上的"二"，即"我"和"非我"或"他者"。此时，"我"类似于一个观察者，我并不是原来自诩的那个"我"，而是另外一个人。就像一个查自来水表读数的观察者。只是使用"我的"纯粹的心智，它试图给出一个无关乎视角的对这个世界的观察。当然，我们不是说我们坚持的是一个类似于一个造物主那样全知全能的视角，因为任何自以为可以获得融通无碍的完备总体性的想法，都是一厢情愿。只要怀着这一不当的想法，就如怀着好奇心去观察那些被创造物一样，他肯定会自问道：见鬼，我跟你还能做些什么呢？概括地说，融通无碍的完备整体性，不可能实现。

二是这一"观察者的观点"只有在经过仔细研究后才会呈现出来，而且"我"也知道只有这一观点才真正重要的。因而，"观察者的观点"具有重要的意义。一方面，"观察者的观点"起源于纯粹主体性，但是当代哲学告诉我们，现代人所相信的自我实际上只是欲望的放纵的代名词罢了。我不是自己，而是别人。

另一方面，它的确也与排除纷争的努力之间偶然地建立起了联系。

卢卡奇认为，社会科学研究可以既是客观的又是评价性的。做到这一点的前提条件是：不局限于研究任意选择的事实或部分，不是见木不见林，而是根据历史的进程来理解特殊的社会现象。当然，我们能不能根据历史的进程就克服相对主义又是另外一个问题。但至少从表面上看，卢卡奇的立场是主张有客观真理的。而布鲁门伯格在解释罗特哈克"意蕴原则"时也指出，罗特哈克的"意蕴原则"主张，"在人类文化历史世界，凡事都有值得注意以及保持必要距离的'价值'，而这些价值十分不同于它们在作为精确科学研究对象的客观物质世界里具有的价值，因为在精确科学的研究之中，被分配给现象世界的主观价值在规范上趋向于零（无）。虽说无论在文化历史上还是在个人经历上，理论观察者的这种超然无执绝无可能达到，但它却构成了理论立场的最高境界。理论主体只能以这种超然无执的姿态为目标而不断地奋勉，因为这种姿态同个别主体及其有限性并不是一回事，却又已经发展了在时间境域上开放的整合形式"。这种"意蕴原则"表明，"伴随着纷争的是已经构想出来却永无止境的客观性诉求"。①

三是"我"并没有致力于或献身于思想或行动的实质性价值。就像演员也可以"做戏一样"把"角色"的价值当作真正的价值来接受。但是，好演员知道，这毕竟是在"做戏"。一个好的研究者既要侧耳倾听"我"所研究对象的言语或声音，但是也要按照留心领受"我的观点"为本务，**"我"必须将戏中人物的"相对"陈述转译为"我的""绝对陈述"**。戏中人物的"相对"陈述是指人物根据自己的独特情景、历史进程而作出的陈述，"我的""绝对陈述"则是直接表达"我的观点"的陈述。"我的观点"之所以可以保证一定意义上的客观性，是因为我可以把心理学问题和逻辑问题区分，"我的观点"关注的是科学知识和逻辑结构问题。按照实证主义的观点，"科学就是最有效的预言形式"②。其实，科学在今天对人类而言，并非都是正面的。实证主义实际上是在做科学的理性价值判断。

这样一来，"我"作为一个社会科学研究者，肯定会进一步评论其他立场、观点，把"我的观点"呈现为对"我们的观点"的"增益"，即根据具体的情况为相关的"我们"碰巧信奉的观点辩护。因而"我"作为社会科学研究者就不

---

① 汉斯·布鲁门伯格：《神话研究》（上），胡继华译，上海人民出版社 2012 年版，第 75 页。

② Leo Strauss. *The Rebirth of Classical Political Rationlism*. The University of Chicago Press, p22.

必毁于道德虚无主义：**我就必须直接面对如下主张：哪些价值定是真正的价值。**而且在大多数情形下我会声称，我的主张对"大家"有利。由以上的考量可以取得的结论是：关于"我的观点正确性"的陈述，固然绝不能主张其具有"绝对的正确性"，却可能可以主张，其较其他陈述"更正确"。易言之，更接近"绝对的正确"。此等主张须凭借可以理解的理由和讨论来正当化，如不能提出根据，则不得提出此种主张。而阐述正当性的标准，可以透过哲学及其他人文科学的考察来获取。

第三节　相对主义的出路问题

一、同情地理解不是相对主义

实证主义的价值中立性具有深重的虚无主义危机。因为，就实证主义来说，科学的命题和理论是建立在事实的基础上，因为事实而有效；而实践的信念则建立在价值的基础上，因为价值而有效。一言以蔽之，实证主义总体上都把价值看成是附加到事物上去的，从而它们成了"有价值的"事物。所谓有价值的物，无非就是在感性性质外再加上价值、使用价值、文化性质等等。如同我直接发现桌子上的书在我面前，既有印刷品的属性，又有价值的属性，如美或不美、增进智慧或令人愚钝。这种价值性质从结构上说属于"现成的"对象本身。比如说，有些历史学家把自己对过去事件的研究，当作在他的研究结果上附加上他的"价值判断"："那实在太好了！""那实在太可怕了"等等。其基础，还是那个实体性的物。包括实证主义在内的西方哲学之所以这样对待价值，不是出于价值事实本身，而是出于一种无批判地认可实证主义的社会文化。

从存在开始谈问题，韦伯告诉我们，任何一种价值必须从我们人类的基本存在以及存在本身的路径出发。那么人类的基本存在是什么？人类的基本存在始终是一场一切人反对一切人的战争。只不过，今天这场战争是由价值规定的纯粹主体性的自由发动的。今天这场由价值评价所营构起来的世界观与科学之间的战争是惨烈无比的。**"主观性"与"客观性"之间有没有一种和谐的可能性呢？**没有！比如，对于这个人来说是恶魔者，对另一个人来说则是上帝。与此相比，甚至霍布斯的"利维坦"的残杀性的自然状态，都称得宁静和谐的田园。

如果我们考虑立场甚至观念的多样性，而这些立场或观念并非相互补充，而是相互排斥，则会出现更进一步的复杂情况。譬如，"天堂"与"地狱"、"君子儒"与"小人儒"，等等。因此，如果我们给虚无主义下个通俗的定义，虚无主义是"无力采取一个立场以支持文明并反对野蛮"[1]。布鲁姆在《封闭的美国精神》中，认为德国的虚无主义是有关生死的哲学思考，而美国的虚无主义是一种过了周末便忘在脑后的短暂情绪。我们虽然主张带有相对主义色彩的社会科学研究，但是这种研究并没有陷入这种虚无主义。为什么？

一方面，它疑似相对主义。因为我们证明了纯主观价值的自由，它表面上让人觉得有一种伟大的宽容的存在，是因为我们被允许根据协商来评论各种各样的观点、立足点和着眼点，是因为表面上具有无限同情各种各样观点、立足点和着眼点。但是，另一方面，我们的同情理解是有原则的。什么叫同情理解？就是基于我们的献身于我们珍视的价值抉择，它绝不是相对主义那样在价值抉择上彷徨复彷徨。正是以这种方法，我们才能把致人死命的相对主义真理转化为生气勃勃的真理。

其实，相对主义、关系主义、视角主义也都具有善意的中立性的外表。因此，我们无法避免如下区分，真正的同情理解当然是严肃的理解，是被某个价值所深深打动的理解，也必须依赖某些前提才能得到理解；而虚假的同情理解当然是做戏式的理解，它既不严肃，也无需依赖于对特定观点的献身，就像它自命普遍同情那样，不过是做戏而已。

因此，所谓**"普遍的同情理解并不可能"**[2]"普遍的同情理解并不可能"导致我们必须区分普遍受到赞赏的那些值得赞赏的同情理解，与普遍受到欢迎的那些不值得赞赏的同情理解。比方说，明星式的教授期待的仅仅是抓住他的听众；而对其听众，他只需要知道听众是混杂的。只需要取悦听众就可以了。而要做到这点只要投其所好便可以了。但是，你能够同意为此把柏拉图的特殊地位慷慨地给予今天的学术明星的理解吗？你能够同情理解教授只根据对象不同而使用不同的方式，而不是根据严肃甚至诚实的学术原则而有所同情理解

---

① 施特劳斯：《古典政治理性主义的重生：施特劳斯思想入门》，郭振华等译，华夏出版社2011年版，第50页。

② 施特劳斯：《古典政治理性主义的重生：施特劳斯思想入门》，郭振华等译，华夏出版社2011年版，第51~52页。

吗？问题在于，教授的权威不是靠听众的不协调的掌声或者嘘声来确立，而是靠一种值得认真对待的心灵问题的深刻表达的评价确立。同情也好，宽容也罢，从来就是有限的。

比如，"北京精神"包含"宽容"，它能够是无限的吗？它为什么不能叫更好听的"人类精神"呢？换句话说，一个中国人为什么不应在决定性方面变成一个美国人，这没有什么理由。有人说，这是由历史处境决定的！美国人不是也照样没有成为中国人吗？你非得这样说，就是把我们对特定价值的信念追溯到我们的决心或抉择之外了。这是错的！因为，我们对特定价值的信念实际上不能追溯到我们的决心或抉择之外。

这意味着你的价值抉择是准存在主义的，它不是普遍主义的。毫无讳言，在价值抉择上，这无法两全其美。一个人不可能同时享有普遍理解的好处，也享有存在主义的优势。如果说这种对终极价值的抉择具有准存在主义的理解的话，那么，我们就清楚韦伯为什么提出职业伦理概念。试想一想，你到哲学院来，假如你把"哲学"和"有用"甚至"赚钱"简单地等同，会怎么样？你进来指望飞黄腾达，或者很成功的话，那你将自己的职业伦理放到哪儿了？你把追求真理换成追求金钱、追求名利了，那你不就是自己给自己转系了吗？

二、以一种决心和献身克服相对主义

对价值信念的一种决心或献身，这不是靠嘴巴说说的。而且，只有一种决心和献身才真正克服相对主义。西班牙的卡斯特罗曾说："即便最温和的王国和宗教都立足于不公正之上，立足于他们所体现的价值命定的反面。"[1]马克思不也说"我不是马克思主义者"吗？在此明确的措辞中，强迫我们采取有力的立场以反对"反马克思主义者"。尽管反马克思主义的立场和拥护马克思主义的立场都可以得到辩护，但是它们的共同的地方在于，依赖于对特定观点的献身。

对我们来说，这种对特定观点的献身是否有一个坚实的基础，找一个充足的理论基础是困难的。因为"世界的基础在于自由——但这一说法看起来又像没有任何一点点的基础"。"然而，可以作为基础的选项并不缺乏。本性、理性、

---

[1] 施米特：《价值的僭政》//王晓朝、杨熙楠主编：《现代性与末世论》，广西师范大学出版社2006年版，第125页。

历史、精神、权力、生产、欲望，现代社会目睹了所有这些选项的流行，也见证了它们大多数的消亡。"①马克思主义终局性地断言资本主义社会腐朽的依据是否理性的价值判断，看来是当今马克思主义研究最紧迫的问题。韦伯早就不这么认为，他认为资本主义现代化进程的内在逻辑，并非指向无阶级社会，而是指向工具理性的、行政管理合理性的封闭系统。你们觉得哪一个人的话更听得进去？根据前面的理解，这个问题我不能回答，要靠你们自己衡量。正是由于伟大的思想家们看法不能统一，作为学（习）者的我们才有可能存在。换句话说，马克思和韦伯是否会犹豫：他们的学说到底是否终极真理？这样的问题可以让我们去推敲他们之中谁更有可能正确。我们在此只限于让我们自己听听伊壁鸠鲁和马克思是怎么说的。他说："哲人对事物采取**独断主义**的态度，而**不采取怀疑主义**的态度。"马克思对伊壁鸠鲁肯定说："是的，哲人比大家高明之处，正在于他对自己的认识深信不疑。"②事实上，除了主观与客观对立之外，人类思想更存在着肤浅和深刻之间的差异。当我们这样去理解马克思或韦伯的学说时，希望能够看到他们的学说具有一种试图用后者之间的对立取代前者之间的对立之意图。

三、价值评价意味着什么？

进一步看，从纯粹理论角度考察看，由于每种立场、观点、着眼点都与价值评价不可分离。因而，**任何人在价值评价时都不可能没有对某种价值的或贬低或抬高或利用**。或者对我们的价值信念赋予力量与方向，或者否定其他的人或社会的立场、观点、着眼点。

所以，可以随意变换观点、立场的所谓无限宽容或善意中立性原则成了这样一幅景象：表面的方面谦卑和宽容，本质的方面傲慢和偏狭。实际上，相对主义的同情理解仅仅限于相对主义共同体之内。这就像今天的国家之间的关系一样，在一个国家内部，可能还是非常讲道理的，但是在国家关系上根本就没有适合它们之间关系的道理好讲。所以，在国际关系中，似乎谁有热核武器，谁就怕谁。比方说，在哥本哈根气候大会上，一个非洲的女孩流泪央告全世界，我们的国家已经因为气候变化而不再能够种出祖先种出的东西了。倘若再不改

---

① 特里·伊格尔顿：《理论之后》，商正译，商务印书馆2009年版，第188页。
②《马克思恩格斯全集》第1卷，人民出版社1995年版，第22页。

善环境，作为有机体的人就活不下去或活不好。可是不少与会者对此却无所谓，甚至没想抬起眼睛看她一下，换句话说，即便在联合国这样的场合，也会令理性至上者灰头土脸，当人们谈及正当时只是在考虑自己的利益。以置身国防观察员的视角观察国际舞台，现在国家与国家的关系往往表面上握手，后面却拿着一把刀。面对此情此景，我们应该有什么样的态度呢？

四、每一个价值规定中都潜伏着"攻击点"

这是关涉普遍的哲学方法论原则。这种方法论原则根本未得到相对主义、关系主义、视角主义的重视。这个原则我们必须特别明确地摆在眼前。我们这样来理解这条原则：**每一个价值规定中都潜伏着"攻击点"。"攻击点"是有关价值的论题结构规定性中自然产生的**。施米特就指出："只要价值是由具体的人针对其他同样具体的人推行的，攻击性就会因价值的双重性不断重新蔓延。"①比如说，人们从关于美国实现人权的双重标准中可以看到这种攻击性。我们可以看到，除了所有观点、立足点和着眼点以外，在韦伯那里，还有一个属于自己的坚定的基点，即攻击点。正是有这种坚定的基点，韦伯看到，理性不能作价值判断，价值判断恰好不是价值中立的研究。但是对这个事情真相的澄清则是另一回事，也就是说，对其澄清是科学的事情。由此，韦伯才能与相对主义、关系主义、视角主义拉开距离。哈特曼指出："每一种价值，一旦取得了支配个人的权力，就倾向于把自己封为人类普遍特质之唯一代表，而且要牺牲其他价值为代价。"价值思维既是双重的，也是彻头彻尾好斗的。哈特曼用"价值的僭政"这个概念来表明"把其他价值从价值感情中排挤出去的倾向"。②

五、作为实践课题的科学的统一性

今天，社会科学研究呈现出碎片化、专业化的格局。没有一个人敢说，自己研究的是作为一个整体的社会，或声称自己研究的是作为一个整体的人。甚至连声称自己在谈论某个事物时所思考的是作为整体的事物，都不敢。像马克

① 施米特：《价值的僭政》//王晓朝、杨熙楠主编：《现代性与来世论》，广西师范大学出版社2006年版，第126页。
② 施米特：《价值的僭政》//王晓朝、杨熙楠主编：《现代性与来世论》，广西师范大学出版社2006年版，第144页。

思那样研究资本主义或像托克维尔那样研究美国民主制度，并不被如今社会科学研究看好。

虽然，为了理解一个整体必须理解部分，因而今天的专业化显得有十分充足的前提，但是，专业化实质是社会科学研究的抽象化。抽象化是什么意思呢？假如把现实社会比喻成为一个舞台的话，有些社会科学研究就像一个编剧的剧本，太假！许多社会科学研究看起来相关于现实社会的要素，其实不具有相关性。比如，现在很多哲学教师把人文学科当作理工学科，讲人文社会科学方法论，却用自然科学的内容和很理性的方式来讲授，自己都没有兴趣和激情，却要叫观众或学生投入生命。再说，今天具有科学倾向的社会科学家，比如心理学家，把青少年行为作为种种规律来关注；而家长关注的事情却远不是这么一回事。家长关注的是好学校。对于家长来说，与他们相关的是价值，而不是规律，相关的是那些能够在学校里真切体验到的好老师、好体制等真实价值。因此，被捆住头脑的社会科学教师的缺陷和家长之间的对立可能引起错觉。

那么，为什么家长跟老师或跟社会科学家存在着这样的反差？为什么今天各个学科大杂烩的研究成果越来越莫名其妙且空洞？重要的根源在于，老师或社会科学家在价值和事实之间划出鲜明的界限，他们认为自己没有能力去作价值评判。实际上，他们是在现代科学方法的狂轰滥炸下承认社会科学经受不住了。也就是说，他抵挡不了那些我们只有通过从外部超然观察的方法才能触及的现象的诱惑。但是，社会科学所处理的现象却并非超然观察所能触及。因为它必须从内部分享它正在研究的人对某些价值的认可。否则，这样的"科学的"社会科学家就是用低于人的眼光来理解关乎人事的科学。

六、讲究社会科学的研究伦理

我们认为，依据人类根本问题的大义而挑选研究主题，也要消除种种狭隘的专业化的危险，一个基本的方法就是**回归现实，诉诸常识**。社会科学的首要问题都是关乎国计民生的问题，它们就是居民社区、社团、人大代表提出的问题，表述这些问题的术语都不具有特定的哲学性，至少表述这些问题的术语，对于一切心智健全的成年人而言，是浅近易懂的。社会科学研究者必须有意识地体验社会舞台上的个体演员的体验，也就是把自己的关切与公民或政府的关切保持一致。要诚实、公正，易于同国家、团体、群众组织合作、开放。当我们这样来思考社会科学研究的主题时，就能够形成与作为整体的诸社会的那些真正总体目标有关的知识和判断。

换句话说，社会科学研究要**避免科学化方法导致的危险，就必须讲究社会科学的研究伦理**。据此而言，伦理学探究作为一门社会科学，实际上具有统合日益专业化、日益散漫的社会科学的功能。在这种情况下，所谓应该用人文方法处理社会现象，说的正是这个意思。如果社会科学研究者够格，就绝对不能忘记他正在研究人事，正在研究人。

当然，我们并不是要抹杀社会科学与人文学问的界限。人的生活可以区分为社会生活与心智生活的话，社会科学不必去研究人的心智生活。或许我们仍然需要遵循亚里士多德将社会生活与心智生活区分开来的传统，将社会生活归于社会科学，将心智生活归于人文科学。①而人文科学可以为理解社会作出贡献。人文学科是"理解社会"的主要工具。

七、走出绝对主义和相对主义的泥沼

至于怎样具体选择社会科学的研究课题，我认为，关键还涉及选题的价值选择问题。我们对这样一个问题有时甚至常常会感到很迷茫。因为我们往往会根据自己的知识状况，根据自己的爱好能力、利益考量，甚至根据自己的少数民族的信仰状况等来确定自己的课题的主题。它是一种可能导致不为生产者服务而只为消费者服务的目的。有人说，我之所以要报一个教育部的应急课题——科学发展观，就是因为这样的课题命中率高，且又容易做。我想这本身可能并非可以指责的。因为毕竟不是每一个人都是大师，不是每一个人都能够像孔子那样成为圣人。当然，当前有待廓清的研究课题或专业问题变得越来越不实，整个论文生产线变得越来越空洞是值得警惕和反省的。

韦伯可能正是基于这样的考虑，他认为，博士候选人张三之所以选择辩证唯物主义作为博士论文主题，而李四之所以选择历史唯物主义作为博士论文主题，原本不可能援用科学的判断来评价两篇论文所选课题的高下。它并没有一种针对观念等级的哲学标准或理想的哲学观念。维特根斯坦则认为，**没有任何命题在绝对意义上是卓越的、重要的或不重要的**。可是，"我们总是那么喜欢说：'这是重要的东西'——一边私下指着感觉——这个事实本身已足够表明我们多

---

① 施特劳斯：《古典政治理性主义的重生：施特劳斯思想入门》，郭振华等译，华夏出版社 2011 年版，第 43～49 页。

么倾向于说一些不给出任何信息的东西"。[①]想必，韦伯也好，维特根斯坦也好，他们都认为，世界上什么东西最重要？这个问题他们没有办法回答。或者更确切地说，他们也可以把他们认为最重要的东西告诉你们，但是，信不信由你！因为这个不是知识，知识可以客观接受，这个属于信仰，信仰全靠个人衡量。于是，一切我们在通常状态下觉得重要的事物，此时似乎蓦然变得无足轻重了。不知不觉地，一些新的意义向我们呈现出来。遵循这一理念，我们有可能走出绝对主义和相对主义的泥沼。破解价值哲学难题的困扰。这一理念的核心是：我们像站在沼泽地里，我们没有也不需要坚如磐石的基础，但这正是我们前进的动力。也就是说，价值判断标准必须和实践一起发展。

八、坚持历史普遍主义

没有任何研究在绝对意义上是卓越的、重要的或不重要的。我自己本人不赞同相对主义，我是一个有条件的普遍主义者，也就是我愿做历史的普遍主义者。不妨让我们来思考这样一个问题：为什么我们现在认为最重要的东西，和两千多年来认为的最重要的东西不一样了呢？或者反过来问：历史上发生过的、证明有无数人的人生理想今天怎么不在了？这个问题我们得好好想一想。

今天有许多人认为，当一名货真价实的教授还不如当一名白领来得成功。就在这样的时刻，我们似乎再也不需要纠结于哲学真理性的其他任何证明，正如一个亲眼看见了某样东西的人，还会要求表明这样东西确实存在的证据吗？但是，通观人类存在的基本条件，某一时代的某些观念并非真正的观念，也不是理想的观念。所以，某一时代的某些观念会错失真理。历史成了这样一幅景象：表面的方面令人兴奋，严肃的方面却萎靡不振。历史同时又告诉我们，现在轻松愉快的大学生活终将是历史的泡沫，就像一个人总要归于安宁平静一样，而这个时候，你会相信世界上有一些比滚滚红尘更重要的东西，将来的大学还将回归本位！所谓回归本位，无非是指回归理想。所谓回归思想，就是拒绝自我（民族、人类）毁灭的相对主义听之任之的哲学。

另一方面，韦伯主张的价值中立的科学理想，与科学实证主义拥有一种绝对的价值中立观是不同的，对此前面有所交代。我们再做一点补充。从我们的观点看，关键问题并不在于价值的存在，而在于价值的存在方式。比如，自然科学的实证主义价值中立性，就是把价值的存在当作相似于作为数学对象的加

---

① 维特根斯坦：《哲学研究》，李步楼译，商务印书馆 1996 年版，第 151 页。

和减或物理学对象的正极和负极，它是像数目和数字那样"存在"，它们反对价值形而上学，不满足于哲学，便投身实证知识的怀抱。但是，它们用来反抗形而上学的武器实际上是用知识来反对知识，它们要反，是因为形而上学从知识上经不起经验科学实证。韦伯则以相反的形象出现在我们面前，他主张的价值中立性恰恰要避免这种实证主义因而虚无主义的价值中立性。因为，在韦伯那里毕竟提到了作为自由的、有责任感的活生生的人。虽然这么一种人不可能在由因果限定的存在国度中保持一种存在，但它至少具有一种理想的效用。或者说，这样一种人至少可以保持在一种价值效用的国度里。至少可以说，韦伯强烈地坚持一个观点：为信仰所做的一切论证都要低于信仰本身。

第二篇

古典理性主义方法批判

努力去发现一种方法，而这种方法又能够成功地应用到各种各样的学问门类上，这是人类梦寐以求的事情。那么，在知识的海洋中，有没有这样一种可以应用于所有学问的问题、所有知识的问题上的方法呢？寻找这种方法是不是超越了我们的能力呢？我们要去寻找这样一种方法是不是要再续写唐·吉诃德的传奇故事呢？对于哲学方面的理性主义的全部发展来说，笛卡尔在方法论方面所开创的东西今天仍然是无法绕过去的基础。笛卡尔是 17 世纪伟大转折的标志，他含蓄地将真理与数学证明相提并论。

第一章　思想方法奠基之阿基米德点

俗话说，万事开头难。第一个难，为思想和知识提供万无一失的基础的方法和原理很难。第二个难，对我们而言，如果明白有的命题确实是错误的，肯定一开头就错了。即使我们知道它们的对与错，也无法明白这么多世纪以来这些命题之被理解是如何发生的。相比明白有的命题错误本身这件事，至少明白后者将会是更加困难的事。于是，人类的形形色色的学科就陷入的各种奇奇怪怪的关于开端的讨论。

第一节　笛卡尔式的沉思

一、作为哲学的奠基

萨特在 30 多年以前就提出，自从 16 世纪以来，真正的哲学创造时期仅仅有三次，它们是笛卡尔和洛克时期、康德和黑格尔时期以及我们仍然生活于其中的由马克思开创的时期。[①]我们看到，像海德格尔、胡塞尔等人都很重视笛卡尔。

罗素指出："近代世界与先前各世纪的区别，几乎每一点都能归源于科学，科学在十七世纪收到了极其奇伟壮丽的成功。"[②]这是一个"方法论觉醒的世纪"。包括笛卡尔在内的哲学都"尽力寻找一种方法来医治知性，尽可能于开始时纯化知性，以使知性可以成功地无误地并尽可能完善地认识事物"。[③]众人都

---

① 萨特：《寻求方法》//凯文·安德森：《列宁、黑格尔和西方马克思主义：一种批判性研究》，张传平译，南京大学出版社 2012 年版，第 6 页。
② 罗素：《西方哲学史》(下卷)，马元德译，商务印书馆 1982 年版，第 43 页。
③ 斯宾诺莎：《知性改进论》，贺麟译，商务印书馆 1960 年版，第 22 页。

在评说笛卡尔，因为笛卡尔发明了许多重要的方法，在这些方法的基础上，后来取得了高等数学上各种最光辉的成就。直到今天他的方法还是数学上的一个重要基础。这与他对学问的基础探究有关系。不过，我们所要讲的不是这些方面。他也曾经把形而上学应用到教会事务和清规上，这一点我们同样没有兴趣。我们要讲的是："在哲学上，笛卡尔开创了一个全新的方向：从他起，开始了哲学上的新时代；从此哲学文化改弦更张，可以在思想中以普遍性的形式把握它的高级精神原则。"[①]对现代性而言，"笛卡尔是一个新的开始，他提出了一种获得可靠知识的新的方法论；我们要把知识结构建立在这样一些实体的基础上，这些实体可以经受住彻底的怀疑主义的检验"[②]。我们关注的重点并不在于狭义的科学认识论或者科学方法论，我们更关心**笛卡尔主义对人文社会科学"根基"问题的贡献**。

笛卡尔是像培根式的现时代的奠基人。笛卡尔或许正是我们心目中的传奇英雄。他是一个天分很高的人。他在二十三岁的时候就发现了自己的新方法；而当他开始运用他发现的新方法时，他发誓要把它应用于其他学问门类上的问题。

这是一种什么样的新方法？这种新方法究竟与那一门学科最有关系？这些问题不怎么好说。除了刚才我们援用黑格尔的评论之外，我们还需要来看看海德格尔是如何看待笛卡尔的。海德格尔把笛卡尔看作"第一次把意识、把 res cogtans（我思者）确定为哲学的基本课题"的人。而我们从对笛卡尔的著作的阅读中看到，笛卡尔对自己的方法有很多顾虑。因为，**一方面，笛卡尔在自己的著作中展示了在当时看来是属于大逆不道的观点**。现代宗教史家波普金（Richard H.Popkin）说："在现代非宗教的进程中，其中主要的因素之一，就是应用笛卡尔的方法论与笛卡尔关于真正的哲学——科学知识的标准。"[③]笛卡尔自己知道，他提出的方法论原理与古老的原理是对立的。在西方传统的知识体系当中，所有学问的本原都来自哲学。如果我们假如叫笛卡尔来写一部哲学史，他就会说，哲学家就是指那些寻求第一因和真正的本原的人，也是从本原推衍出我们所能够知道的东西之所以然的人。但是，笛卡尔并不知道有哪些哲学家成功地完成了这个任务，他知道有两个哲学家看起来好像完成了这个任务。这

---

① 黑格尔：《哲学史讲演录》（第四卷），贺麟等译，商务印书馆1978年版，第65页。

② 莫里森：《法理学：从古希腊到后现代》，李桂林译，武汉大学出版社2003年版，第86页。

③ Popkin, Richard H. *Cartesianism and Biblical Cristicism*, Lennon, Nicolas, Davis, *Problems of Cartesianism*, P. 61.

两个哲学家就是柏拉图和亚里士多德。柏拉图和亚里士多德他们是师生，他们之间的区别仅仅在于：柏拉图坦率地承认自己不能找到任何确定无疑的东西，因此，在这一点上，笛卡尔是紧紧跟随苏格拉底的。笛卡尔是那个好怀疑的苏格拉底，就是那个发现自己无知的那个人。柏拉图似乎也是个怀疑分子，但是柏拉图又改变了想法，转而假想出一些本原，用来解释其他事物。在笛卡尔看来，亚里士多德不如柏拉图坦率，亚里士多德完全改变了柏拉图那个犹疑不决的讲述本原的方式，声称这些本原既真实又确定，即便是他内心里并不真的这样想。笛卡尔对亚里士多德也是一个彻底的怀疑者。而笛卡尔自己在学问上的方法论也具有怀疑的特性。它的具体步骤是：首先，科学问题上的实际研究都从假设开始，这些假设则由观测数据和实验数据得到确证；其次，这些假设自身作为推论产生于某些"首要的原理"，而笛卡尔却让这些"首要的原理"模棱两可。笛卡尔这一论调可以被看作怀疑论的集中体现。

在笛卡尔那里，哲学之"根基"是含糊其辞的。笛卡尔认为科学开始于假设，而假设可以从"首要的原理"推导出来。而在笛卡尔那里，这些"首要的原理"的一种可能性是从"上帝的无限完满"中推导出来的，但他不能以上帝和灵魂来解释世界。可以看到，形而上学的"根基"对笛卡尔的科学而言绝非成为"根基"。相反，笛卡尔想把自己的学问与毫不牢靠的哲学分离开来，从而想把学问上的问题变成类似于数学问题。在笛卡尔看来，数学的根基极为"牢固和稳固"。他相信，数学可以掌握解开世界奥秘的能力。在部队里多数早晨时间里，他总是留在营房里，读写数学。同时，他认为，几何学比纯数学更为强大，几何学掌握了宇宙万物的秘密。从笛卡尔开始，从数学定理成为一切的自我规定最高的基本定理开始，哲学才能够有体系和构造体系。柏拉图和亚里士多德都没有体系，更不用说古人了。但奇怪的是，竟没有谁在它们上面建立更宏伟的学问。这块闲置的稳固根基的荒地让笛卡尔想起了古代异教徒把道德的琼楼玉宇建立在流沙上的情景，他们的哲学原理一直就是各门学问的根基。我们且不论数学是"思维的一种最极端的经济"，它提出对复杂存在的去复杂化的问题，但是，思维本身却是"一件复杂的、不确定的事情。"①因而，后来的人们如维特根斯坦相信"自柏拉图以来，数学是一种主要欺骗，即形而上学欺骗的决定性支撑"，就有几分道理。②

笛卡尔的沉思也表明，"方法"意指通往某一目标的路径。在科学上，方法

① 罗伯特·穆齐尔：《穆齐尔散文》，徐畅等译，人民出版社2008年版，第25页。
② 阿兰·巴丢：《维特根斯坦的反哲学》，严和来译，漓江出版社2014年版，第78页。

是指这样一种路径，它以理性的，因而也是可检验和可控制的方式导向某一理论上或实践上的认识，或导向对已经有的认识的界限的认识。

那么，笛卡尔究竟有什么样的思想冲动呢？这跟古老的一个哲学问题有关，即什么事物可以在事物自身的基础上直接被认识？什么事物只能在以其他事物为基础的情况下才能被间接认识？答案是：以自身为基础而被认识的事物，为了被认识，不要求自身之外的任何东西，所以，它们的被认识是无可置疑的。通过自身而被认识，粗略地讲，就是"明证性"这个词所要表达的意思。依据笛卡尔的看法，从方法上讲，只有自我意识才可能被规定为不借助媒介直截了当地被认识。一个真理可以通过先验的明证性来演绎。可见，笛卡尔的思想冲动是：一个思想是自发产生的，遵守其内在的逻辑而从自身产生的。人是自发地思想，而不是被迫思想。

但是我们为什么需要自发地思想，为什么需要这种自明性？这丁点儿直接知识的价值在哪里？在与其他科学的关系中，它能够发挥什么样的作用？有什么样的功能？这一连串的问题都跟时代有关。我们知道，笛卡尔的沉思属于处于世纪转折点上的沉思。他以为"我思故我在"是为哲学或知识找到了一个新的、不可动摇的基础。对存在的各个领域进行理性的统一说明。这是一种信念，是认识论上对信念、确信的复兴。他们的工作有些类似爱因斯坦晚年做的统一场论的工作，把整个宇宙浓缩在一个数学公式里。他既想跳出用上帝存在来赢得世界客观确定性的传统基督教沉思，又想在这种经典的沉思中认识这个世界。此种现代性思维反映在很多谚语中——"一事成功事事顺利""毕其功于一役"等等。承认我思的欲望完全是以它自己为基础的，也接受了自身存在的偶然性，放弃了徒劳追寻来自外界肯定的努力。这和逃脱政治压迫者有些相似性。毫不奇怪，弄不好，哲学家已然摇身一变，变成追求思想统一性之公共的教授或国家官员。

二、两种确定性的意义

笛卡尔在探讨方法时，涉及从数学中得到确定性与传统形而上学所主张的确定性有什么不同的问题。笛卡尔既强调了绝对确定性，也表明自己缺乏这种绝对确定性。就在这一点上看起来是矛盾的地方，他引入了两种确定性：内心的确信和形而上学的确定性。比如，有些人不相信上帝的存在，笛卡尔就给他论证：认为更为完满的东西不可能产生于和取决于不完满的东西。你不相信上帝存在，那是你自己的怀疑秉性造成的。笛卡尔走出来对他们说：除了上帝和灵魂存在之外，所有其他的事情都不够确定——比如，我们拥有一个身体，存在着星辰和地球。那些怀疑者尽管可以怀疑它们的存在，可是我们可以梦到自己有一个不同的身体，可以梦到存在着不同的星辰以及一个不同的地球，你可以怀疑，但是永远没有人能够证明这种梦是假的，而且梦里的这些景象就如同我们醒时看到的身体、星辰、地球一样实在。有人说，我们人类的整个文明都是在做这样的梦。"对于怀疑的人来说，是没有什么标志可以使他把睡眠与清醒分清的。"[1]因此，我们在内心上确信我们自己有一个身体、星辰和地球这样的事情。而在形而上学的观点看来，物质世界的存在并不确定。

内心的确定是为了满足日常生活的需要，尽管上帝、身体和地球的存在并不确定。对于汶川大地震的罹难者来说，的确是不确定的。但是，在地震发生前一刻钟他们的日常观念仍然坚持这些事情的确定性。但是，人绝不满足于内心的确定，他们作为形而上学的冲动，希望追求形而上学的绝对确定性。这样一种从满足日常内心需要的确定性升级到绝对确定性实现的条件是什么呢？唯一的方法，就是假设上帝的存在。这种声明无疑等于承认形而上学的绝对确定性就是一个成见。

哲学不是成见，因此，哲学不会达到形而上学的绝对确定，但是哲学要经常跟那些心怀成见的人打交道，哲学难免会征用对方的确定性标准，并常常把它装扮成为自己的标准。这也解释了哲学为什么会到有些人手里变成了教条主义和僵化的木乃伊。因此，从这里也可以划分出宗教和科学的界限。科学追求的确定性源自于可能性和实用性，而宗教的确定性来自于成见。

三、如何理解哲学自身？

笛卡尔对自己追求确定性的方法决心应用到其他学问，但他又意识到自己是在威胁哲学所具有的至高无上的地位，这是因为，按照传统的看法，所有的学问是从哲学中获得自己的原理，但是哲学没有任何确定的东西。所以，笛卡尔认为在哲学中建立某种确定性是至关重要的。从历史上看，哲学自身的边界自古希腊以来就是主要的哲学问题。在它两千五百多年的历史上，哲学从来没有停止过审查它的边界并为它辩护。关于它的研究领域的划界，不断在哲学家之间展开的谈判或者协商，已经引起一些哲学家的怀疑。他们怀疑把哲学看成"某种东西"的名称是错误的。在这些哲学家看来，哲学不可能被看成为一个领域，而只是可以应用于不同事物、不同物质、不同概念的分析方法。

17世纪的笛卡尔就希望这样来解决令人烦恼的哲学的边界问题。他把哲学设想为一种深刻的"建构"技术，授权知识的大厦建筑在磐石般坚固的基础之

---

① 黑格尔：《哲学史讲演录》（第四卷），贺麟等译，商务印书馆1978年版，第68页。

上。这就意味着笛卡尔需要在真正牢靠的基础与摇摇晃晃的基础之间划定边界。笛卡尔解决这个划界的方法是：把"怀疑方法"应用于所有信念，在对所有信念怀疑过之后，留下那些我们不可怀疑的东西。笛卡尔相信，他的这个怀疑方法会使真正牢靠的基础与摇摇晃晃的基础之间的区别成为自明的，并且因此把我们从必须在可怀疑的信念和不可怀疑的信念之间划定边界的重大负担下解脱出来。最后，笛卡尔获得的最不可怀疑的信念是：我思，故我在。因为如果我醒着，入睡了或者做梦了，或者中毒了，或者产生幻觉了……我都仍然与某种思考相联系。

自笛卡尔以来，已经有一代代人绵延不绝地讨论这个问题。但是，这个论证也越来越不像当初那么有说服力。因为，它有一个"时间的缺口"问题，因为我可能相信，我只有在我进行那种思考时才存在。我不思考、我不做梦甚至我没有意识时，我就不存在吗？讲到"时间的缺口"问题，我想起了一个故事：有一次伯克讲他在日本买书的故事：为了原汁原味地进行时间问题的研究，他顺利地买到了所有关于时间主题的最重要的哲学著作，不料，在回纽约的途中却发现，他没有时间去阅读他们。像伯克的这种经验也许我们每个人都有。譬如，我现在正在对后现代马克思主义发生兴趣，可是，我有一个感觉，还没有等我们读完所有宣告后现代来临的著作，也许它就已经结束。所有人都像我一个正在做博士论文的朋友一样，要把自己认为与自己主题相关的著作读完，再来做一个综述，但是他们很可能失望。为什么会是这样，原因仍然是"时间的缺口"问题。

另外，产生那种不可动摇的基础才能批准的客观知识仍然依赖于其他的东西：认识者证明上帝存在的能力。所以，笛卡尔自以为牢靠的原理，却引来后人无数的追问。

从这个例子我们已经看到了哲学那种无休无止的追问，这种追问之所以是无休无止和没完没了的，就是因为它的所有回答都不应当信从权威。这样一来，哲学虽然从学科的意义上被捣乱得不成体系，在哲学的疆场上可以说尸骨累累，但是，那种不断提问和探究的精神却内在整一地构成了哲学的性情。或者像人们如列奥·施特劳斯所讲的那样，哲学是一种特殊的生活方式。

四、我们所认识的东西等于主观性所能够规定的对象

从思考问题的方法论上看，上述论题出现了某种类型的沉思。这种类型的沉思的特点是：在沉思中，确立世界的真实性，这种类型的沉思在方法论上具有的积极意义。

　　那么，从方法论上讲，这样的沉思如何进行呢？简单地说，就是把一切上帝所造之物统统忘掉，目的是逐步取消世界的内容（从无生命的到有生命的），这相当于把世界放入括弧内，最终是为了达到"超越的存在"。对于笛卡尔来说，"我"可以打消这个世界内容的确定性、客观性，使"我"在意向中体验到最真实的东西。通过反思的超越，笛卡尔即便未能让自己确信世界的真实性，至少也能让自己在沉思中认识这个世界，即让自己的思想活动局限在自己的内在世界中。至于外部世界的客观存在对于说明意识的客观性已经毫无帮助了，甚至毫不相干了。就好像我对博士生说，钻研，不断地钻研，问题将会顺利解决，你最终将发现一种方法，最终能够将你的所思所想从本质上清晰地表达出来。

　　再如，陀思妥耶夫斯基曾经探讨过人们为什么不敢自杀的原因。他认为，其原因之一是害怕"疼痛"。对于自杀还要考虑疼痛，这样的人是很理智的。但是，这样人很多，之所以不敢自杀的人，是因为害怕疼痛。陀思妥耶夫斯基说："你想想看，假如一块石头有房子那么大，从天上掉下来，正好砸在你的头上，你会感到疼痛吗？""石头有房子那么大？太可怕了。"但是陀思妥耶夫斯基不是问"可不可怕的问题，是问你会不会感到疼痛"。你想，"那么大的一块石头？砸下来当然不会感到疼痛"，"不过如果你真的就在这石头下面，你一定会非常害怕疼痛。所有的人都会害怕"。因此，陀思妥耶夫斯基得出结论，如果你能够战胜恐惧，你自己就成了上帝。这么说来，上帝既存在又不存在。"这正像石头砸下来并不让人疼痛，但在对石头的恐惧中让人疼痛。上帝是一种因恐惧死亡而产生的痛苦。一个人如果能够战胜痛苦和恐惧，他自己就成了上帝。"①

　　显然，陀思妥耶夫斯基的上帝沉思表达的其实不是事物背后的超越真相，而是意识的内在真相。这一点颇符合形而上学的超越性。从笛卡尔开始，哲学就有理由从世界那里搬家到意识这里，从物质那里搬家到意识这里。哲学试图说明的，就是我们所认识的东西就是主观性所能够规定的对象。在这一点上，就像柏拉图对理念的神秘看法是他的理念论不可少的预设一样，超验体验对笛卡尔同样重要，其中包含一种崭新的态度：由于**我们不是世界的缔造者，因此，我们只能规定它看起来是什么样的，而不能规定它就是什么样的**。这也就是为什么现象学的描述必须在"加括弧"的条件下进行。

　　笛卡尔表明，人类理解能力的来源就是人类的误解能力，反之亦然。可见，在笛卡尔那里，他的方法论不仅给胡塞尔的现象学以巨大影响，而且我们可以看见后现代主义的一些思想酵素。

---

　　① 陀思妥耶夫斯基：《陀思妥耶夫斯基自述》，黄忠晶等编译，天津人民出版社 2013 年版，第 104～105 页。

那么，胡塞尔心目中的现象学到底要干什么？这跟他之前的哲学存在的问题有关。传统西方哲学家那里有一个问题就是：个别和一般这样的哲学史问题如何解决？个别和一般意味着非常多的东西，不单单是哲学，就是整个学术思想包括人文社会科学在内，都存在个别与一般的关系。比如，在法的意识形态里面，就有普遍适用的法和特殊具体的法的关系。我说：中国的法律和德国的法律都是法，这是人人都能理解的。但是如果我说：法这个抽象一般的东西，在中国法律和德国法律中，即在这两个具体的法律中，实现了自身，那么它们之间的相互关系反而变得难以理解、变得神秘起来。因此，整个哲学史都是围绕个别与一般的关系问题来展开的。

个别与一般的关系究竟有什么关系？在胡塞尔看来，他之前的哲学家都没有处理好。比如，柏拉图说，它们之间是"分享"的关系。按照他的说法，这个桌子之所以存在，是它"分享"了理想的桌子的存在，沾了一般桌子的光。显然，在柏拉图这里，他更看得起的是"本质"。这是传统哲学的比较一贯的方面。到近代有所谓经验论和唯理论的争论。经验论认为，知识的真正起点是现象，但是这个现象只被当作个别的，与"一般"有隔阂，不来往。休谟就没有看到个别与一般的沟通，在那现象里头已经包含本质。康德则重新提出这个个别与一般的和解、沟通问题。在康德那里，直观处理的通常是个别的东西，而知性范畴处理的则是普遍的东西，它们两者靠什么联系起来？在《纯粹理性批判》第一版中，康德指出靠的是所谓的第三种认识能力，这是比直观和知性范畴更深刻的认识能力，他把它叫做"先验的想象力"。换句话说，先验的想象力是亦直观亦知性范畴、亦个别亦普遍的东西。也就是说，个别亦是潜在的普遍的东西。胡塞尔认为，这是一条解决个别与一般的关系的死结很生动的思路。胡塞尔作为现象学的开创者敏锐地看到了这一点。胡塞尔那里，有许多词，比如，"本质直观""本质研究"都是为了与"现象"沟通起来。因此，现象学在胡塞尔这里与在柏拉图那里是有根本区别的，与经验论也是不一样的。

简单地讲，胡塞尔讲的本质直观的本义就是为了搞好个别与一般的不相往来的关系，就是在个别中直接看到普遍，在现象中直接把握本质。后来，海德格尔在《康德书》（即《康德与形而上学问题》）中，很好地来解释他的《存在与时间》。可以看到，胡塞尔和海德格尔都非常重视康德的"先验想象力"，原本跟解决个别与一般的分裂有密切的关系。最后，逻辑学奠定了不同领域里规范规则的基础。胡塞尔那里，将逻辑学看成一种纯粹的理想真理和理想规律的科学，这些规律奠定了不同领域里规范规则的基础。也就是说，规范科学以一门理想真理的理论科学为基础，而这门理论科学就是逻辑学。胡塞尔的任务就是要阐明纯粹逻辑的本质目标。

胡塞尔立场的最重要内涵需要进一步解释。现在我们可以用几句话来讨论根本的实质问题：胡塞尔与笛卡尔的关系。有人认为，从笛卡尔、康德到胡塞尔哲学路线呈现为连续和中断，他们是在自我意识理论上组织起来的三大方位。胡塞尔自己似乎也认为，笛卡尔的《沉思录》是现象学缩略的不完美形态，笛卡尔的"我思"成为胡塞尔的"我思"的一种特殊情形。其实，我们不满意于这种把哲学的发展看成中断点和再连接点的解释。因为这种解释恰恰可能把哲学当成了科学，其实，在牛顿和爱因斯坦之间建立某种相互重叠的顺序也不会更令人满意。更何况，哲学史上出现星光熠熠的哲学家的名字，不仅不是让我们相信可以再次检阅他们之间所建立起来的某种相同的组成成分，而且我们也没有理由相信他们会愚蠢到把已经有人走过的道路重新再丈量一遍。我觉得，笛卡尔或康德或胡塞尔之间的区别可以用领域的原本性程度来阐释。

五、自我理论与胡塞尔现象学的出发点

众所周知，海德格尔的释义现象学与胡塞尔的现象学有完全不同的出发点。海德格尔是以此在的"平均日常性"作为分析的通道。海德格尔在《关于人道主义的书信》中提到赫拉克利特的一则轶事也说明了这一点：一群外来客去拜访赫拉克利特，看见他正围着炉子烤火，大惊失色，不知所措，因为他们原以为像他这样的大哲学家是不会像普通人那样生活的。海德格尔认为，一种特定的、与众不同的生存可能性、生存方式，对于任何此在来说都是偶尔为之的事情，都是瞬间的事情。他本人或哲学家"首先和多半"的生存方式是与平头百姓没有差别的"平均日常性"的生存方式。因为此在毕竟是存在者，不是存在本身。顺便说说，海德格尔在当年数字生存还没有完全出现时，也到邻居家看电视。当然，在海德格尔看来，此在不能理解为现成的存在者，否则就完全忽略了此在存在的意义。

胡塞尔以纯粹自我意识为哲学基础。想必胡塞尔在讨论人的本质时并不是从我们每天生活的常态出发，相反，他会将我们每日生活的常态忽略不计，他是从不食人间烟火的东西出发开始自己的哲学思考。他追求超越的无形之道。胡塞尔将意识态度区分为前科学和科学的意识态度。从胡塞尔的角度来看，我们每日常见的事情，始终属于前科学的意识态度或前科学的经验世界，它属于前科学的我们感性的经验世界。或者说，我们在进入思考之前不能用熟悉的概念范畴同化那尚待思考的东西。因而要首先打开此门，或剥离概念之间的粘连。可以说，现象学的悬置与还原就是要忽略人生最常见的事情，以便获得绝对的先验自我意识的存在基础。但是，在海德格尔的释义学的现象学看来，他的前

科学的我们的感性世界仍然是一个理论的世界概念，是一个不太自然的世界概念。在绝对的先验意识的存在基础上是不能看到普通人的自然生存方式的，相反，在所谓前科学的我们的感性世界中，普通人真正的自然存在方式是作为自我遮蔽显示出来。对我们而言，胡塞尔向起源的回归杳渺无稽，因而只能交付思辨去对付了。

六、胡塞尔的思想主题

正因为如此，胡塞尔似乎是在与世隔绝的状态中，展开了对现象学的描述。同时，在胡塞尔的课堂上也展现了这种特点。有些学生们争论一个邮箱如何显现。学生也用这种争论一个邮箱如何显现的方式去谈论宗教经验。你们可能认为，这听起来很不可思议，学生们竟然以什么主体，而不是以日常生活中普通人的存在方式为分析通道，因为一方面没有回答自我意识的存在基础问题；另一方面没有回答对于理解人的存在，主体意识是否是一个基本现象。它把科学方法的应用范围扩大化、无限化了，实际上也是把哲学当成一门科学。哲学作为严格的科学首先是科学，它"科学地"研究自我意识，本身却不是哲学。这就是真实发生在胡塞尔的学生身上的事情。据说，1913 年，在哥廷根，整整一个学期，学生就爱这样讨论。根据类似这样的讨论，认识论常常也被人解读为是胡塞尔哲学的主题，我们听到这种对胡塞尔的评论已经二十多年了。加之，胡塞尔自己似乎只注意事物意向的经验，胡塞尔自己自诩他的**现象学是一种寻找基础和奠定基础的哲学或基础科学**。他如同笛卡尔一样，自诩让哲学从一个没有任何前提的零点出发。这样一来，在某种程度上便容易造成让人"看得不明，说得不好"，起码会招致有些走样地去理解胡塞尔的现象学。

但是，一位伟大的哲学家居然在终其一生只是研究逻辑学、认识论，却没有触及最大的、根本的哲学问题，这是更加不可思议和难以想象的事情。在我们看来，总其一生，胡塞尔思想有三个主题贯穿着：一是普遍科学的理想；二是绝对真理目标；三是必然自明的仲裁。而这样三个目标恰恰是人文社会科学的前提性问题。

七、胡塞尔哲学的"蛋黄"和"蛋白"

那么，我们今天研究胡塞尔哲学的主题，应该特别注意的东西是什么呢？真正理解现象学的真实憧憬的人就会看到，**我们不能过高地估计胡塞尔哲学的近代"认识论的"出发点。**

用施特劳斯在他的评述中的话说，它们的重要性就像"鸡蛋壳"。[①]至于"蛋黄"和"蛋白"，则是对现代科学的批判。同时，胡塞尔对欧洲人生活的危机的批判是第一位的，这是一种我们简单的已知情况，是在欧洲人因为被相对主义的各种各样世界观所取代中，人们失去了生活方向中显现出来的理论动机。胡塞尔就像柏拉图、亚里士多德那样，想要通过找到确定可靠、普遍的永恒的基础——这意味着，哲学能阐明科学的最终统一和意义的起源，并把科学，包括像生活世界这样产生意义的普遍境域和短暂的、相对的意识形态隔离开来。

就此而言，我们甚至可以说胡塞尔对现代科学批判首先是针对欧洲人文学科被纳入以经济增长为中心的思维框架的，特别是对用量化分析的方法来对待人的生命的反动。量化的危害结果必然是对个性的悬置，把一切实践智慧和伦理态度用括弧括起来。这就导致胡塞尔所谓的"使我们将只不过是方法的东西认作是真正的存在"[②]。

八、胡塞尔坚持人文社会科学中处理的客观性

在那个著名的讲演中，胡塞尔还讲到，为了理念而生活的哲学家与保守派具有本质上的冲突。有人认为，这个带有政治哲学性质的论题，与胡塞尔现象学没有太大的关系。这似乎也有道理。照理说，胡塞尔现象学是立足意识的存在性质研究，也无需在那个演讲中挑明哲学家和政客一向不和这样的事情，也不必提到政治权力斗争会反映到哲学领域中来。人们认为，既然胡塞尔现象学的基本立场离不开主体的意向性，那么他如何真正能够研究生活世界的问题呢？因为，生活世界恰恰具有相对的多元性和历史性。这些疑惑多少不无道理。

当然，胡塞尔不同于康德，**他坚持人文社会科学中处理的客观性，应该用它们自己的术语，应该根据它们自己的"范畴"来处理**。值得注意的是，"范畴"是一般存在者的先天规定，而不是海德格尔此在的先天规定。海德格尔说，范畴属于"非此在式的存在者的存在规定"[③]。海德格尔的意思是"范畴"与现成的存在者相关，从范畴上理解的"客观性"，只能用于非此在的存在者之间的关系。但是，"范畴"（kategoriai）在希腊人那里，最初的意思是"公开告发，

① 恩伯莱、寇普：《信仰与政治哲学：施特劳斯与沃格林通信集》，华东师范大学版社 2014 年版，第 46 页。
② 胡塞尔：《欧洲科学的危机与超越论的现象学》，上海译文出版社 2005 年版，第 67 页。
③ 马丁·海德格尔：《存在与时间》，陈嘉映等译，生活·读书·新知三联书店 2006 年版，第 52 页。

当大家的面责问一个人"①。从这种非哲学意义的"范畴"我们就可以看到，在那篇论现代科学危机的论文（1935 年胡塞尔在布拉格作的演讲）中明显隐含着对现代人文社会科学批判之论旨。在那里，它坚持那种难以被近代认识论的隐秘憧憬所还原的客观性。

九、胡塞尔的先验自我论和灵魂问题有关

谈到胡塞尔现象学，必谈论自我理论。胡塞尔把现象学理解为本质上是"自我论"，它研究自我及其"自我经验"。但胡塞尔的自我不是经验自我，而是先验自我。先验自我不仅是经验可能性的必要条件，而且也是世界的可能性条件。

从我们来看，胡塞尔的这个先验自我，首先要恢复到柏拉图、亚里士多德那样的探究层面。它的事例完全符合柏拉图、亚里士多德关于灵魂（"努斯"Nous，心灵、灵魂）问题的态度："灵魂"是柏拉图、亚里士多德为了解决道德概念的普遍本质时找到的全新解释模式。它的要害在于在解释人事、社会现象时，否弃那种机械因果论而改弦易张采用目的论。胡塞尔的先验自我论、有关精神科学与自然科学区分的观点，都与灵魂问题有关。胡塞尔甚至说："即使世界毁灭，先验自我也能存在。许茨回忆在他与胡塞尔最后几次谈话中，当时胡塞尔行将就木，胡塞尔谈到，即使他死了，他的先验自我还将活下去。"②

但是，胡塞尔的自我理论的困境是难以消除的。这种困境是由于像胡塞尔这样的西方哲学家没有正确理解人的存在而产生的。要从人为"孤立的主体""证明""外在于我"的事物，不啻想抓住自己的头发离开地球一样。胡塞尔原则上要求一个"外部世界"的证明，虽然提供不了严格的证明，但是试图通过另一个途径，即信仰的途径来满足这个证明的要求。比方说，人们质问胡塞尔：当胡塞尔断言一个非身体的意识可以设想时，不正因为胡塞尔本人拥有了一个使他可以设想的身体才使他可以设想一个非身体的意识吗？一个纯粹的灵魂如何成了肉身？今天很少有人像胡塞尔一样，天真地为"灵魂问题"张本。

关于像胡塞尔的"纯粹自我"，的确存在一个海德格尔式的追问："这个自我必须先存在。"我认为，没有必要继续讨论胡塞尔的这种知性真诚与实际情况之间是否有别。考虑到胡塞尔自我理论的巨大困难，至少可以谅解胡塞尔本我

---

① 马丁·海德格尔：《存在与时间》，生活·读书·新知三联书店 2006 年版，第 53 页。
② 张汝伦：《二十世纪德国哲学》，人民出版社 2008 年版，第 151~152 页。

论的基础。因为，我们不能不想到那个著名的关于上帝的"存在论证明"，传统哲学当绕不开这个灵魂问题。在西方，不少人认为上帝的"存在论证明"是一个了不起的证明，一直到现代还有不少神学家用当代语言哲学的方式把这个证明细腻化、烦琐化，让你看不出有什么毛病，以至于像皇帝的新装一样人们对上帝的"存在论证明"同样能够证明恶魔的存在视而不见。实际上，证明恶魔是因为无与伦比的恶。它不是在现实中存在，只在观念中存在，它的恶就不是无与伦比的了。用来证明上帝存在的论据同样能够证明恶魔，你说这个"存在论证明"还有什么意义呢？所以，胡塞尔自然会觉得，**通过确证上帝存在这个路线来论证作为严格科学的哲学基础，不仅道路曲折而且业已失败**。这是胡塞尔的明鉴。

十、胡塞尔自我论的定位

在讨论胡塞尔的自我论的理论得失时，我们不妨从卢梭给我们的启示来看："在《论人类不平等的起源》里，卢梭显然有自知之明，不希望别人把他关于原初状态的猜想当做历史的真理；然而卢梭无法逃脱的命运，是把他用来烛照后来历史处境的假说当作规范意义上的起源。"[①]胡塞尔的命运是否也是如此呢？人们在对胡塞尔的研究中，都看到胡塞尔的悖论是不能解决的。但是胡塞尔自己却义无反顾地维护自我论。因为胡塞尔的自我理论是知识论的根基，是人性论的内核，是真理、价值的真正源头。胡塞尔之所以以自我去界定主体，是因为在胡塞尔看来，它是所有认识发生的最后根据，是所有价值与意义产生的最后保证。而且胡塞尔认为，哲学是一切科学的基础，是"科学的科学"，是"纯粹的和绝对的知识"的追求，这只能从考虑客观世界转到反思思维主体才有可能。换句话讲，客观性不应该从外部，而应该从内部去寻求。

可以说，胡塞尔的我本学乃是上帝存在论的翻版。当然，这里应该指出，对于上帝存在之证明的意义的解释，不能仅仅按照形而上学的假设来解释。有人认为，证明上帝的存在具有远比上述所说的更为严肃的至关重要的意义。如果纠缠于上帝存在的证据究竟是否站得住脚，你对上帝存在的证明的意义解释就会使人迷失方向。倘若我们不愿意捡拾胡塞尔的余唾，就会看到**用上帝存在的论证的证据也同样可以拓展并应用到某些不能被证明的问题上**。

简单来说，不是说这些问题证明不了，而是说它们绝不需要证明，因为那是人人都明白的东西。比方说，"不能践踏人的自由"，我们认为"人是自由的"。

①　汉斯·布鲁门伯格：《神话研究》（上），胡建华译，上海人民出版社2014年版，第49页。

这在哲学史上是"自明的"或"明证"的。这种预设尽管很难得到充分"证明"，但具有相当大的力量。这不是因为预设它们的主体，而是因为预设它们的主体的存在和真理。再比方说，几何学公理是任何人都明白的，而一系列定理又可以凭借公理不容置疑地获得证明，因此，它们原则上也能够为每个人知晓。但对几何学的两个基本原理我们就不能证明了。我们可以搪塞、犹豫，但它们不需要证明。换句话说，我们早已经知道，两个几何学的基本原理是否为"真"这个问题，"不仅用几何学的方法无法回答，而且它本身就是毫无意义的。我们不能问'过两点只有一条直线'是否为真，而只能说欧几里得几何学涉及一种被称为'直线'的形体，几何学赋予直线一种性质，即直线可由其上两点清楚地确定下来"①。我们不能因为这样两个基本原理不能证明而把几何学当作荒谬的东西。正如我们不能放弃行动，而行动也永远不能减少对世界基础的要求。既然如此，行动所求的是把握这个世界赖以奠基的"阿基米德点"，即所谓"阿基米德要求只有一个固定和稳定的点"。因此，我们可以这样来看，所有上帝存在的证明在经过康德理性批判之后反而显得不如它们表面那样悖谬。

第二节　人文社会科学的"开端"问题

一、精神科学与意义的探究

狄尔泰在《精神科学中历史世界的建构》中说，如果我们把生活中各种各样的关系用范畴进行抽象的话，那么这些范畴的数量是无法限定的。正如我们为了建立普遍命题，我们必须无止境地收集事例。尽管如此，依然达不到"无限"，因为它们不能简单化约为一种逻辑形式。但是有一点是肯定的，这就是"其他范畴都依赖于意义范畴。在对于生活的体认中，意义是一个无所不包的范畴"②。

就这个观点来看，如果我们不放弃对精神世界的探究，那么有关生活意义的问题就难以避免。同样，关于历史学、政治经济学、法学、政治学、宗教、文学、诗歌、造型艺术和音乐的研究，关于哲学世界观与哲学体系的研究，以

---

① 阿尔伯特·爱因斯坦：《狭义与广义相对论浅说》，张卜天译，北京大学出版社 2006 年版，第 2 页。

② 狄尔泰：《精神科学中历史世界的建构》，安延明译，中国人民大学出版社 2010 年版，第 211 页。

及心理学等科学的研究，就像一座座不同的高原，看起来漫无边际，但是它们都涉及同一个范畴：人类生活和它的意义。

怎么样解释这一点呢？人文社会科学思考的条件是通过一种居中的、直接可以理解的人类经验来揭示自己的特性的。它的基本要义在于探究意义问题。比方说，窗外一棵树，让宗教家想起的是中世纪关于造物主的讨论，文学家看到的则是一棵树的意义，哲学家黑格尔则在图宾根种一棵自由之树。虽然，在最初的知觉方面，他们和植物学家看到的也就是如窗外那儿的一棵树。但是，宗教家看到的是世界同一性，文学家之所以看见树不仅仅因为他有视觉，更因为他的视觉行为有一种人文赋义构造。正是如此，一棵树可以是一棵树，也可以是一棵梦中的树、一棵希望的树，如此等等。自然界的一棵树可以消失，但是这些意义不会消失，因为它没有实在属性。这是胡塞尔在《观念 I》中用一棵树为例子解释出来事物的意义，而意义当然也就成为严格的科学的研究对象。比方说，法理学、伦理学和哲学一样，其研究的真正对象并不是实存或在场的，而完全是意义，并不是存在，而是应然的存在。正如阿尔都塞所言："哲学没有真正的对象。它根本不思考对象。"或者说是"空的集合"，即"行动的空，操作的空"。①

二、"意义"之意义

那么，何为"意义"？有人说，"意义"通常被人们看作对事物的主观定义，其实不然。"意义"是事物作为存在的事物通过它可以得到理解。这是存在论的观点。狄尔泰说："意义是生活之中部分与整体的特殊联系方式。"例如，如果"意义"是指对一个可能事态描述来说，那么，"每个特殊语词都具有一种意义，将它们联系在一起，我们便可以获得句子的含义"。然后，人们才能确证这个事态是否"发生"。假如"一个不懂我们的语言的外国人，如果经常听到有人发出这样的命令：'给我拿块石板来！'他就可能会相信整个这一串声音就是一个词，也许相当于他的语言中表示'建筑材料'的那个词。如果他本人发出这个指令，他也许会以不同的发音来给出，而我们则会说：他发出这个命令的声音非常古怪，那是因为他把它当作一个单个的词了"②。针对这个观点，巴丢认为："不

---

① 阿兰·巴丢：《小万神殿》，蓝江译，南京大学出版社 2014 年版，第 55 页。
② 维特根斯坦：《哲学研究》，李步楼译，商务印书馆 2000 年版，第 14 页。

可言说的意义高于可言说的意义。"①狄尔泰会说："一个生活过程的部分与整体之间也存在着同样的关系。"②海德格尔则说："意义是事物的可理解性之所系，即事物因意义而成为可理解的，即使事物本身不为我们明显所见，更不会成为我们关注的主题，因为意义，我们仍然对事物本身不为我们有一定的理解。或者说，事物仍然对我们是可能的。"③

如果意义是使某个事物作为存在的那个事物可以得到理解的东西，那么，意义又是从哪里来的？意义的领域是否必须有终极的保证？大多数哲学家认为，意义来自我们的生活世界，或我们的世界，非常明显，这事关世界之意义的假设。至于维特根斯坦划分的"世界的意义"与"世界之中的意义"，此处存而不论。

三、什么是开端

世界本身是否实际存在？它表面上向我们呈现为什么样子？它拿什么保证这种可能的存在？实际上，这些问题就是作为思想中关于意义与真理之交叉的基础问题，即哲学的起点或开端问题。开端是什么？这本身就是问题。黑格尔说："有一种习以为常的自欺欺人的事情，就是在认识的时候先假定某种东西是已经熟知了的，因而就这样地不去管它了。"④在"什么是开端"问题上也是如此。亚里士多德把开端（arche）解释为引起变易的第一因或终极因。在笛卡尔和莱布尼茨之后，开端成了一个论证（argument）的原则："一个论证的起点、本原。"⑤西方大多数哲学家试图以"上帝""存在""自我"作为一切问题的开端、支点。自然是古希腊的原则：上帝是中世纪的最后原则，自我是近代的原则。革命是庸俗马克思主义的原则：有一种庸俗马克思主义，它相信能够提供一个关于开端的一般框架，能够在一个不变的、连续秩序中描写完全不同的诸阶段。马克思对因果关系做了重新理解，竭力证明一种有关人类未来任务的独

---

① 阿兰·巴丢：《维特根斯坦的反哲学》，严和来译，漓江出版社 2005 年版，第 60 页。
② 狄尔泰：《精神科学中的历史世界建构》，安延明译，中国人民大学出版社 2010 年版，第 212~213 页。
③ 张汝伦：《〈存在与时间〉释义》（下卷），上海人民出版社 2012 年版，第 864 页。
④ 黑格尔：《精神现象学》（上），贺麟等译，商务印书馆 1979 年版，第 20 页。
⑤ Reiner Schurmann. *Heidegger on being and acting.* translated from the french by Christine-Marie Gros in Collaboration with the author, Indiana University Press, 1990 p.113.

创性观念的合理性。

按照传统的想法，开端，作为至高的原则、根据、本原，它必须是唯一的。所以，这些开端是非常引人入胜的出发点。但是，今天看来，"哲学中的开端始终"是一个非常棘手的问题，因为开端意味着清除一切预想。这其实是可能性中的不可能或不可能中的可能性。

如此预想往往会忽略：作为开端的存在或自我，总是一个悖论。我们实际上无法先验地谈论这个开端，因为一旦张口述说它便将立刻消失掉。因为按照传统哲学的想法，开端是肇事者，它使得历史、时间都发生了，但它自身却在事件、历史、时间之外。它自身没有历史，没有发生。如此预想如果成功的话，那么它们就必须发展了一大套技术手段逃避多元性，或者将多元性收编于整体性之"一"当中。比方说，谋制一篇论文一般具有中心主题、适当的开头、中间和结尾以及一种能够使得我们在每一个开头都能够看出"结尾"的一致性。世界真的以这种谋制完好的故事形式在人类知觉中呈现自己吗？我们很容易发现这种方法具有某种危险性！"这些形式要么是没有开头和结尾的纯粹的事件序列，要么是仅仅中断而从不结束的一串串开头。"①

如果法律要保持它令人敬畏的权威性，那么它就必须消除这样一个事实，即它最初也是通过暴力的专横行为而强加给我们。或者说，法律的建立不可能是合法的，因为法律之前没有法律。但是，在通常的说法中，法律被说成是"公正与善良的技艺"。这样的设定当然是有意义的。因为人们可以从这些本身尚需要作初始界定的命题出发进行推理，以至于可以建立一个逻辑自洽的公理体系。拉伦茨说"现行法秩序大体看来是合理的"，这是"维持其法学角色"的必须假设。②但是，这个公理体系并不是真的能够建立的。因为刚才说的命题很难说就是"自明的""公认的"。所以，法律的工具化、相对化这两种现象涉及的是完全对立的法律用以适应日益加速的社会发展的两种形式。不断的立法修改、不断地科技化、不断地加强立法专业化与具体化，是为了以法律的形式自身寻求必要的适应性，以便不至于放弃法律的形式理性。这是我们笛卡尔理性主义末期的反映。换句话说，通常的法律体系并没有开端。从这个角度看，"应该特别注意后验的方法，因为这个方法凸显了在无限性全体中各部分的涉入问题。这个方法能得到上帝之诸多属性的知识，而这些知识的起点是被造物"③。

① 海登·怀特：《形式的内容：叙事话语与历史再现》，董立河译，北京出版社 2005 年版，第 32 页。

② 卡尔·拉伦茨：《法学方法论》，陈爱娥译，商务印书馆 2003 年版，第 77 页。

③ 吉尔·德勒兹：《斯宾诺莎与表现问题》，龚重林译，商务印书馆 2013 年版，第 33 页。

四、开端既是钻头也是钻口

然而，随着现象学的兴起，这种看法终于发生了变化。比如，同一个对象有进一步展示出更新、更多的视角的可能性，这恰恰是现象学上所展示出来的存在着的对象的超越性的表现，因此也是世界的超越性的表现。如果把开端理解为某个已经完成的现成什么，那么开端本身就是开一端这回事情。于是，"我思"始终可以选择其他开端，开端也不能被看作现成的存在者。这颇有后现代的意味。举例来说，古典和先锋音乐在美学上的一个区别，可以通过听众是否在一个乐章将要结束的时候咳嗽或坐立不安来加以说明。

比如，我们对某一个哲学进行研究，必然有从传统定义上先给定的"名字"，这个"名字"就可能是研究的"开端"。但是哲学史上我们常常看到的是"正名"，即拨乱（名）反正（名）。看来，开端的问题是，总有可能在开端处再塞进一个开端。你一给它下个定义，它似乎就失去了它的开端性。用德里达戏谑的话说，差异在意义中既是"钻头也是钻口"；或者像陀思妥耶夫斯基的《地下室手记》中的主角痛苦地抱怨说：我所有的任何主要原因立即会牵扯出另一个主要原因，而牵扯出的主要原因甚至更为主要。因此，在一种交织关系中，时而前者，时而后者扮演着支配角色，在某些倒转关系中，则结果反作用于它的原因，对它施加影响并改变它，以致循环往复，永无止境。

所以就像康德的第三个二律背反中的正题最后落实于斯宾诺莎的如下思考上一样——一切都由原因所决定，认为人们是自由的，那是因为原因过于复杂。但原因决非单纯。在社会科学研究中，对社会现象的解释难有唯一性的原因也在此。相反，自然现象的特征则是真相只能有一个。这就是我们在研究过程中发生的现象，看起来就是每一种观点都只是在那里为其他观点做准备。只有当我们理解到观点是局部的，实在仍然在它之外，它才是有理由的。今天，我们可以清楚，人完全把人抽象掉去，人变成抽象的人的主体（"主体"这个词意义之一就是位于底部的东西）发现一个纯粹客观的世界，去发现绝对客观的本源，只能是幻想。马克思说："五官感觉的形成是迄今为止全部世界历史的产物。"[①]可见，五官感觉形成的自我意识不是绝对同一的。例如，像笛卡尔那个"自我"也因为"时间"上不能处处在场而保持自我的同一性。这是进入反思状态的人都会遭遇到的状况。

---

① 《马克思恩格斯全集》第 3 卷，人民出版社 2002 年版，第 305 页。

五、反思与反常

无论如何，意义都与让人看事物和让事物被看的方式相关。如果用科学的眼光看事物，即使科学能够把事物说清楚了，有关生活的意义的问题也没有碰到。也就是说，科学是借助理念进行规定的。什么是理念？理念只是人类精神活动所构造的事物。如果根据理念来衡量和理解生活世界的意义，那就会导致理念与生活世界之间关系的倒置，导致人文社会科学基础的危机。就像人们用墙来画画，这个墙不是框架，它不是将画面圈定起来，而是直接将画面同外部关联起来。

在日常生活中，大多数人想得最多的事情就是思考吃饭，思考名利，思考荣辱。当你思考"我为什么要吃饭而不是绝食"、思考"我为什么要选择这种而不是那种可能性"时，你就会陷入根据理念来衡量和理解生活世界的意义了。所以，胡塞尔认为理念会导致遗忘生活世界，你就会给自己留的问题太多了；或者，你要找到真实原因的忧虑有一点儿病态成分了。这也说明，日常经验不应被理解为真理的对立面。

一方面，这无非是想将现实世界中呈现出的这种那种差异抽象掉，用所谓认识论和方法论的同一性将其抽象掉，找到的只不过是存在或我思之类的所谓开端的事实罢了。而作为这个开端的事实已经发生了。本来，如果没有对于基础的"危机"意识，"基础"奠定的论调就不会遭到怀疑。正如"危机"（经济危机）的事态已经发生，才有马克思的"政治经济学批判"。康德要为数学奠定基础的雄心，也是由于某种"危机"的存在。

另一方面，今天看来，反思之所以失常，是因为反思赖以建立的支点其实是没有支点的。他对世界的解释总是以自我为基础，为自己保留世界创造者的身份。但他并不一贯坚持这种立场。因为从个别的经验主体的角度看，这显然是不可能的空想。要么它是确定性给不确定性限制住了；要么它的前提是不完备的："我思"的纯粹自我看起来似乎是一个起点，仅仅因为它用所有的预想回指经验自我。自我反思即自我指涉。所以，反思性形而上学，人们常常会陷入孤独、无依无靠、无根无据的状态，这不是因为你的人际关系出了问题，而是思想基础出了问题。

六、所谓"描述"方法

哲学向来被看作各种科学的基础。既然这样，哲学就不能去吸收自然科学的从事说明的构造，也不能吸收别的人文科学和社会科学的解释性总结方式。如果这样做，就犯了范畴错误。当然，哲学也不能把经验论或先验论方法中的一种加以肯定，使其成为其他经验方法的基础，否则就会陷入把整体建立于部分之上的错误。我们似乎只能说，经验论也好，先验论也罢，它们都没有能够解释生活世界及其意义。

所以，现象学索性就把自己的方法说成是"描述的"。什么叫做描述？我们知道，动物也是能够通过感官解释世界的。比如说，四川剧种当中有一种变脸的艺术，它的起源就是为了人和动物相遇的时候，能够吓唬动物。这么看来，人和动物的区别的第一个层次，在于人不仅能够通过感官解释世界，而且我们还能够反过来解释这些解释。这就是属于第一层次的反思。人有语言，则可以进入第二层次的反思，即通过符号化行为，将感官引起的经验放置于一个更广泛的背景下，来加以确认的能力。这种能力就是通过文化得到传承的。而所谓"描述的"意思，就是要求我们的观念和理论不要去把可见的东西符号化，而是去呈现它，如事物表现在我们面前的那样去表现它们。

但是，人们有时候会担心：描述真的能够把现象学同自然科学和人文科学区别开来吗？无论是自然科学还是人文科学，它们都不仅进行解释，而且进行描述和分类。有些科学，如植物学、解剖学、语音学，它们的主要方法也是分类。有些科学，如解释学、心理学，它们的方法也有描述的方法。因此，如果把现象学规范成描述的，那么这里所讲的描述就是在反思名义下进行的。现象学给我们提供的描述，不是对事实的描述，而是对意向性经验的本质的描述。这就是说，"现象学反思的描述本身的语法不同于各类科学中的描述的语法：在反思中，行为与意义之间隐蔽的，但是在起作用的相关性不仅成为分析的领域，而且也成为反思描述的格式"[1]。

七、我们到底反思什么？

反思方法不是一种简单方便的方法，它是一种复杂的方法。顾名思义，即在思的基础上再对思进行思。但是，那种试图把一切问题思考个遍的哲学家，就不正常了。他的种种失常的表现都来自于思想自身。有人说，哲学家要么是天才，要么是疯子，天才和疯子也许可能在哲学家身上两面一体。思想会把思想自己逼疯。但是福柯说："自18世纪末开始，除了在诸如荷尔德林、纳沃尔、尼采或者阿尔托等人的言词的闪电中，神智失常的生活就再也没有显现自身。"

但是，哲学家为什么要反思？人类为什么要反思？无论如何我们总能够言之成理地声称：人是反思的动物！为什么？有人说，如果人类放弃反思，就是

---

[1] 道恩·威尔顿：《另类胡塞尔：先验现象学的视野》，靳希平译，复旦大学出版社2012年版，第71页。

没有道义担当，就是对生活不负责任。或者说，如果我们对我们的生活方式的基础发生怀疑甚至动摇，那么我们可能就不会按照我们这个社会的所谓"好公民"的要求做事情。这样说的人不免有些糊涂。

首先，不同的人，其反思有不同的作用。对于一个面临生死抉择的人，反思自身，我到底有没有病，很可能是危险的。对于想获得哲学博士文凭的人，反思自身，又是必要的。同样，对以反思为职业的哲学家而言，这却是可以理解的。所以，传统哲学家思考一切问题，把哲学弄成反思一切问题的方法论，把哲学理解为能够时时处处对任何问题进行反思的方法论，这又是很正常的。想想,谁不想解除自己的思想困惑？哲学家与普通人在这方面的不同之处在于，后者想解除一切由思想形成的困惑。所以，哲学家要找一个绝对靠得牢的思想基础的想法，也仍然不是不可想象的要求。

当然，这种要求会形成对哲学不同的理解。比方说，海德格尔试图以存在作为一切问题的出发点，把哲学的支点落在存在意义问题上。他在《存在与时间》中区分了不同的看的方式。他把看周围世界的那种看称为"统观"，而看其他此在的看则是"顾及"，看自己的看叫"洞察"。他"之所以要区分不同的看的方式，是要强调人在存在论上可以有许多不同的方式与世界相关"①。在这个意义上谈现象学，就涉及现象学与自然科学和人文科学以及先天科学的关系。

第三节　先验方法的失与得

在一些学术讨论中，我们真不知道怎么用中国话说话了，因为有很多西方哲学中的基本词语用汉语翻译时是很混乱的。其中争议比较大的就有关于"先验"与"超越论"的译名争论。是否应该把"先验的"（transcendental）这个通译名改为"超越论的"？我们都知道，我们从开始学哲学起，一直听和说的是"先验论""先验哲学""先验方法"和"先验现象学"，而如果我们改口讲"超越论的哲学""超越论的方法"和"超越论的现象学"，那不仅别扭，而且会改变讨论的语境。这里当然不是讨论译名的地方，我们只谈先验方法得失的问题。

---

① 张汝伦：《〈存在与时间〉释义》（上卷），上海人民出版社 2012 年版，第 239 页。

一、先验方法为什么值得一谈

先验方法（the transcendental）应该属于欧洲人的专利，因为从译名争论上看，100 多年过去了，中国学术界至今还没有形成"定译"。transcendental 一词有"先验的""超验的""验前的""超越论的"等译法，这多多少少说明了我们这些非欧洲人用非欧洲的语言不容易把握这种方法。比较起来，对于我们中国人，逻辑方法、经验方法更众望所归一些。然而，先验方法很值得一谈。

首先，先验方法不仅属于哲学的专利，而且看起来具有很神奇的能耐，它想给一切思想打好基础。我们人类刚好无法完完全全地逃避希望一劳永逸地解决思想的地基问题，因为我们的思想基础总是成问题的。比方说，人人都相信开拓思维的好处，但用的方法有的是康德的启蒙，有的是海德格尔的诗意，更有甚之有的用的是毒品（drugs）。[1]所以，传统哲学家很自然地想，我们必须想办法站在某个牢靠的地基上，就好像世界必须像我们自己站立在教室上的方式，也必须站在什么东西上面。因此，说白了，先验方法试图解决的是知识完整基础的问题，还要解决塑造我们生活的最深刻的东西的基础问题。

其次，不单单那些把知识看成演绎性的各种体系的哲学家在谈，而且那些超出知识论立场的哲学家也在谈。笛卡尔、康德、胡塞尔、海德格尔、德里达等这些具有不同立场和态度的哲学家，都在谈。就拿海德格尔来说，他的哲学就其开端而言，符合现代先验哲学方法来重新讲述存在问题。对于海德格尔来说，作为存在标记的此在的筹谋如果成功，就能够洞见存在的意义。存在对我们而言是无法领会的，故而只能通过此在。德里达在《马克思的幽灵》中实践准先验方法阐释马克思的共产主义诺言。[2]可以说，先验方法不仅是作为思想基础进行反思的主要技术，而且它也是西方传统中的一种主要的思想方式。这种思想方式通常被人们叫作本质主义或者基要主义或者本体论或者存在论的思想方式。

二、先验方法的路向

什么叫做先验方法呢？德勒兹在解读康德时说："'先验的'意味着普遍的和必然的。但'先验的'定义则是：独立于经验。'先验的'可以适用于经验，

---

[1] 在英文和中文的理解中，毒品也是可以入药的。它的意思并不是由科学定义决定的，而是由道德和政治的考虑（责任、社会和身体等）决定。

[2] 弗莱切：《记忆的承诺：马克思、本雅明、德里达的历史与政治》，田明译，华东师范大学出版社 2009 年版，第 112 页。

在一定情况下也可以只适用于经验；但它并不产生于经验。"①从定义来看，下面这样一些词就具有"先验的"意味：众所周知、全部、笃定、必然地等。这些词都不存在相应的经验。我们前面说，它是从柏拉图以来的本质主义追问方式和思想方式。也就是，超越感性世界，追随"共相""理念""本质""普遍"。所以，先验方法是在这样"形式在先"的领域寻根问底。我们怎么来解释这个论点呢？我们需要仔细了解笛卡尔—康德—胡塞尔的思想路线。但是，从后现代主义的观点来看，我们不需要像康德等哲学家那样笨拙地拿着很多行李，四处突围来解释它。交出行李，我们就可以轻松上阵了，而康德的先验统觉学说则是用吸血鬼小说来作为例证。

简单来说，先验方法的要义在于如何把某种东西证明为一种基础锚，证明为绝对无可怀疑的。过去，自然、上帝、存在、自我是世界的基础锚。而这些基础锚在传统哲学中一直是那么稳定的基础，它们成为其他存在者的条件。也许我们能够用先验验算的格式来表达一切思想的根据：ABBBAAB。拆开来说，就是 A 决定 B，是 B 的条件，而 B 反过来不能影响 A，则 A 就是超越 B 的。②这是美国学者安乐哲帮助东西方哲学家沟通而设想的一个关于"超越"的解释。比方说，社会存在决定意识。这里的"决定"其实就是"规定"。用《西游记》来说，孙悟空没有办法逃出如来佛的手掌心，但是这并不意味着孙悟空的活动是由如来佛决定的。

安乐哲所讲的这种"超越"关系很可能扎根于神学意义上的"超越"。他自己把它叫作"上帝模式"。在西方人心中，当然还应该有"存在模式"。

"上帝模式"和"存在模式"有些不同：如果 A 可能是 B 的形式条件，在形式上先在于 B，这就是人们所讲的本体论或存在论或本质主义的思想方式。③比方说，马克思在《哥达纲领批判》中表明"集体财富的一切源泉都充分涌流"④便是共产主义的先决条件，而不是共产主义的主要方面。再比方说，斯宾格勒的《西方的没落》的主导型隐喻很简单，不过文化作为有机体，会从产生到成熟到衰落到死亡。就所搜集的证据来说，他关于文化成长和衰落的图像

---

① 吉尔·德勒兹：《康德与柏格森解读》，张宇凌等译，社会科学文献出版社 2002 年版，第 7 页。

② 安乐哲：《和而不同：比较哲学与中西会通》，北京大学出版社 2002 年版，第 113 页。

③ 在柏拉图的理念论中，为了说明最高一般理念与特殊事物之间的关系，柏拉图举了一个著名的例子，即北斗星与在大海上航行的船舶之间的关系。北斗星相当于最高绝对理念，而船舶相当于在北斗星引领下行进的特殊事物。这个引路星辰不来源于船舶，却可以引领船舶航行；船舶可以在此星的引领下不失方向地航行，但却永远不能抵达这颗引路星。引路星永远高居于船舶之上，是船舶可望不可即的指南。

④ 《马克思恩格斯文集》第 3 卷，人民出版社 2009 年版，第 436 页。

不是根植于经验的观察。毋宁说是让人们相信他用来使得历史事实之流变得有意义的先验假设之一，不如说它是一个古老的、已被抛弃然而又复活了的对时间结构的构想。卢梭—康德的哲学类型。拿他们在讨论自然权利方式来说，他们的理论也被黑格尔叫做"形式上的"，意思是说，他们寻求的人的权利的基础不是从物质需要出发推断出来的。相反，如果权利是非常普遍的，那么它就必定是以超越我们在经验上有限需要的某种东西为基础。这种东西就是意志，但意志并不是那类人们可以通过日常经验的或科学的研究所发现的东西，而更像是一种必须被具有的绝对的先决条件，否则我们关于权利的讨论就是没有意义的。所以，诺齐克认为这种先验论证，即以某一经验的或实际的前提或意识的先验结构为开端，然后反推它的可能性条件。①它能够达到比先前的思想家们更高更抽象的层次。卢梭的"公意"概念对于如何获得具体的法律特征没有做任何说明，很显然要达到那种无与伦比的抽象性，只有程序上的形式主义才能保证不让法律被滥用。这与霍布斯、洛克他们提出以经验方式确定权利的基础不同。霍布斯从每一个个体都有权利去做为了保存他自己的生命所必须要做的事这一论断出发，引出了承认他人具有同样权利的义务，以及无论他人何时这样做都要寻求和平的义务。黑格尔认为，无论是经验的还是先验的方法都有缺陷。他认为只有把权利放置在历史的动态结构中才能找到正确考察的基础。

如果 A 可能在等级上高于 B，那么 A 就构成对 B 的支配和决定，这就是人们所讲的实存论或神学的思想方式。前一种 A 和 B 之间的关系是"先验的"，后一种关系是"超验的"。②然而，可以作为"超越"关系和"超越"路向，还有其他选项。例如，近代的"自我模式"。现在则是"文化模式"，甚至弄出了"恋母情结"诸如此类，已经成为日常用语的一部分，即成为基础。

另外，先验论证不见得只有上述几种模式。也许有人会说，文化不能成为一种基础锚，因为文化不稳定，而且文化种类繁多，文化相信地方性、实用性、特殊性，如此等等。但是，哪一种模式是稳定的？许多文化批判者发动对文化的批判的理由就是，我们需要站在我们文化之外的某个阿基米德点上批判文化。这种观点能够成立吗？不能！这种观点没有能够理解，任何反省都是人类自身的一部分，文化之于我们就如同水在水中的关系，对我们文化进行批判性反思，正是我们文化的一部分。因此，我们不能按照例如中国文化或它的缔造者们所

---

① Robert Nozick. *Anarchy, State, Utopia*, Oxford: Blackwell, 1974, p. 261~262.
② 孙周兴：《存在与超越：海德格尔与西哲汉译问题》，复旦大学出版社 2013 年版，第 130 页。

达到的或归于它的目标的成功或失败而对其进行讨论，因为我们正在讨论的并不是那些属于仅仅从外部施予解决社会难题的标准现象。在其中，人可以在正确与错误的解决方法之间作出选择，能够选择不同的文化策略，或者在用多少有些费劲或节俭的方法来达到事先指定好的目的。这样的目的也许是不缺乏的，但它们受到不可控制的与无目的的东西的阻碍。这个理解属于海德格尔的"在世界之中"的贡献。

三、先验方法的成功和漏洞

先验方法的运用有很多相对成功的例证。笛卡尔对我思绝对性的证明、康德对范畴和时间/空间形式的证明、斯特劳森对概念图式的证明、海德格尔对在世界之中揭示先天结构，等等，都很有说服力。

一般认为，先验方法作为对思想的基础的反思的技术，通常被人们叫做先验论证（transcendental argument），康德把它叫做先验演绎（transcendental deduction）。在康德那里，先验方法不仅是经验可能性的条件，而且也为自我的反思奠定基础。康德要解决的问题是知识的普遍和必然有效。他的大体思路是：先看看主观演绎。其论证是：我的思想确实属于我思，既然我只能"这样想"，"这样想"主观上就是合法的。不过，主观上合法是问题的一部分，这只是完成了主观的演绎，而不是解决知识普遍有效的方法，因为我所缺乏的不是主观眼界自身的圆满，而是我能够超越我自己去看看到底有没有更圆满的眼界。换句话讲，我只能"这样想"不等于我只能"这样看事物"就是正确的和最好的。证明我只能"这样想"，不等于证明我只能"这样看事物"，更不等于证明我只能"这样想"就是正确的和最好的。井底之蛙看见的天就井口那么大，但是天并不是只有井口那么大。所有这些都在主观演绎，只有达到客观演绎才是真正解决了知识的普遍有效性。这就要求从主观过渡到客观。但是，康德的客观演绎的思路好像就是要证明我的眼界就是可靠的眼界，也是最好的眼界。因为我们不能直接知道事物本身是什么样的，所以我就只能"这样想"了。康德就像赋予认识主体以总统般的行政权，认为"公意"可以由超越各个阶级利害的存在而得到代表，认为真理可以通过先验的明证性来演绎。

那么，康德的论证在这方面成功了吗？既成功了，又没有成功！为什么？一个答案就是，至少说康德在这里有成功的机会。一方面，我们不相信由笛卡尔、康德所激发的问题是无意义的问题。这一事实起码证明了我们是如何思考的。"认识主体，打个比方说，在这里是'在家'，在他所探索的世界中；任何他所探索的世界的部分都不超出他可能认识的东西的边界。这是由休谟、17 和

18世纪的自然法哲学家及他们的现代继承者社会科学家所珍爱的范式。知识是关于普遍规则的知识，它们为普遍化认识主体所拥有。"①康德的成功仅仅相当于亚里士多德逻辑和牛顿力学的成功，因为，康德所承认的知识基础大概就相当于亚里士多德的逻辑学和牛顿的力学。康德式的主体是按照逻辑学和力学规则来构造，这些规则确保它对过去的表象具有主体间价值。康德也因此超越心理学。因为他承认先天的东西，先天的东西没有发生的问题，至少没有经验发生的问题。在这个意义上，亚里士多德、牛顿和康德当然很成功，它们构建了现代世界。另一方面，随之而来的是相应的失败。失败这个术语必须从以下方面来限定：在拷问那个作为自在存在的物自体的时候，康德始终暗自居于一个旁观者的位置上，康德冒着只能找到一个为我们而存在的事物的危险。但康德或许认为这正是认识的本质。最终，他似乎就是通过证明我的眼界是唯一可靠的眼界去证明我的眼界的有效性和最优性的。②这与盎格鲁撒克逊人的思考方式不同，因为在后者看来真理只是根据与他者的协议而达成的某种暂时性的假说。这就是为什么在一种"超验"的主观性事实的问题之后，康德紧接着另一个更高的问题：关于权力的问题，"谁判断？"康德改变了这个问题，其合法化证明是循环论证。

康德的做法有些让人失望。从生存存在论的观点看，康德的成功就相当于仅仅因为我有思想，能够这样做，我就要将他人的思想扼杀掉。康德这里也冒出了德国哲学家当中那种似乎先天具有的思想专制性质。用康德的话讲，对世界的肯定就是将由各种各样原因所规定的命运当作一种自我为因的自由来接受。这是一种从认识转向实践的态度。如果我只能"这样想"，那么，在某种意义上将他人的想法、他人的存在逼迫成为论证的对象就是我思的本性。可是，"他人"并不需要证明。所以，如果不引入"他者"，普遍性便不存在。当然，这些观点所揭发的传统哲学具有的"丑闻"性质就是在哲学的生存存在论转向当中才能显现。存在论不可能眷顾特殊的存在者，不可能支持任何一种主观的观点，就像天空允许任何一朵云的存在，不可能偏爱那一朵浓一点的云彩或偏废淡一点的云彩。

四、意识内在性之瓦解

从以上分析来看，先验方法留下了一系列的难题：我思哲学喜欢说，有一

---

① F. R. 安克施密特：《历史与转义：隐喻的兴衰》，韩震译，北京出版社、文津出版社2005年版，第99页。
② 赵汀阳：《第一哲学的支点》，生活·读书·新知三联书店2013年版，第24~25页。

些最为根本的存在是"先验的"或"超越的"。问题是，到底什么是超越的？有哪些存在是超越的？这未必是清楚的问题。康德说，你需要一种全新的意识观念，康德把属于经验意识之中的表象叫作内在的，而将超越了经验界限的存在称为超越的。在理性主义传统看来，凡是理性做不了主或无法主宰的领域，凡是知识鞭长莫及的领域，凡是对人的思想自由构成限制的领域，都是超越的。

马克思说，对于现实的人而言，意识、观念本身就是问题。我思通过对思想内容的过度反省来证明我思的绝对性，这会留下漏洞。因为，我思的想法类似于彻底批判自己所处的环境，就需要脱胎换骨，似乎只有这样才算彻底的批判精神，但这样一来反过来危及我思本身。其实，从今天的观点看来，我们不必让世界有个坚实的基础，我们仍然可以利用我们环境中的许许多多东西来进行反思。我们也不一定只有置身于环境的外层空间，才能认识到我们种种环境中的不正义，因为我们的环境本身并不是和谐一致的、铁板一块的存在。环境有不同和矛盾的组成部分，允许我们对其他部分进行批评。同样，你可以为你的行为的这一点或者那一点辩解，但是你不能证明你的生活方式和整套信仰是有理由的。由于相对论、量子力学、哥德尔不完备定理、霍金理论、博弈论等等，粉墨登场，今天的知识理论更谦虚些。

有人认为，内部的批评容易导致不够彻底，而外部的批评则容易远离正题或者难以理解。我想，就这种深奥的说法而言，我们还不如海德格尔、马克思那样宣布与形而上学休战来得正确。海德格尔从"此在"出发，从而内在性被贯穿，"我仍在世界中寓于外部存在者处"[①]。马克思从实践学说出发，要求把存在物（事物、现实、感性）当作实践去理解。这里说的不多不少证明知识的先验基础如果事先存在的话，那么这个先验基础的丰富性会随着实践而发展。

---

① 马丁·海德格尔：《存在与时间》，陈嘉映等译，生活·读书·新知三联书店2006年版，第73页。

第二章　人文社会科学的逻辑

关于"人文社会科学的逻辑"，有两种谈法：一是从人文社会科学自身的规律、观点或道理谈，人文社会科学怎么来反思自身的特性，以完善自己的方法；二是从比较的角度谈，人文社会科学与自然科学相比较，它们之间在方法上能否缩小距离，或者说它们之间的距离有多遥远。

有人可能有疑问，如果把人文社会科学叫作"科学"，那么是不是在方法论思想上也要趋同于自然科学的方法论？不是的！首先，今天的"科学"概念不同于最早意义上的"科学"概念。历史上最早意义上的"科学"是在理论理性素朴而直接作用下形成的。其实，柏拉图的哲学或中华民族等民族古代类似文化产物的东西都叫做科学。其次，我们今日叫作"科学"的东西产生于柏拉图所奠定的逻辑学中，自此科学会从方法和理论的正确性上提出很高的要求。曾经作为方法的火炬、可能知识和科学纯粹原则的逻辑学自有其历史的使命。

按照西方理论家的方法论理论来讲，人文社会科学方法论的完善也是两个逆向的现象同时并生的：一个现象是用那些精确科学的标准来衡量人文社会科学的研究方法，也就是让自然科学方法无孔不入。事实上，人们一直在争论是否科学解释中揭示的规律在诸如社会学或历史学等所谓人文科学中有其对等物的问题。这是由于科学在我们这个时代取得的非凡胜利不仅激发了社会进程的研究者们努力建构类似于自然科学的一门社会科学，还加深了他们对历史的敌意。例如，如今建立实验室是其中最接近自然科学的方法，在考古学科、语言学领域需要通过科学实验获得相应数据。当然这与思想实验完全不同。

从理论流派角度讲，功利主义是最趋向于自然科学的方法。它的方法被称为"经验的"或"自然主义"的。它从所谓人类在自然状态下都具有的某种所谓的自然的或可见的需要出发。它的核心要义乃是敦促人们放弃有关价值和道德的哲学讨论，认为有关价值和道德的哲学讨论无异于虚幻的讨论，因而应该将人们的讨论热情转向以事实和科学原则为基础的政治立法和行动中来，只有这样才能探明造成人类痛苦的根源，破解社会难题。可以说，随着资本以及同时出现的民主化的意识形态，功利主义的方法论思想润物细无声地控制着如今地球上每一个地方的人的头脑。比方说，今天我们每一个人热衷于各种各样的考试，追逐各种各样的文凭，它说明当今社会对学习的狭隘化的理解：所谓学习就是一个人向其他有关的人证明他能学到某些东西。这是一个追求从个人确定性和与公共确定性联系在一起的确定性过程，它是适应全球化极其猛烈地追求量化的思维方式在知识这个观念中的表现。这种观念当然必然会反映到人文社会科学方法论的探究上。

世界上的事情总是物极必反的。自然科学思想方法霸权搞得过头了以后，从历史上某个时候开始直到现在，人文社会科学要求用独立的方法论探究，人们越来越强调自己在方法上的研究个性。基本的理由是："人文社会科学研究对象（人、社会、文化）（它们在内在性、相对于其环境的自律性以及通过行使某种意志自由从而改变社会进程的能力上都不同于自然客体）的性质，它们不能够发展成为真正的科学。对一些理论家来说，人类所具有的这种内在性、自律性和意志自由使得即便是对创立有关人、文化和社会的成熟科学的渴望也变得不仅不可能而且不合时宜。"

波普尔、阿伦特、德里达等人索性认为，在人文社会科学中以科学性自居会导致极权政治哲学的产生。[1]因为"科学的科学性，总是依赖于意识形态，一种今天的任何特殊科学，只要是人文科学，都不能够忽略的意识形态"[2]。这意味着，自然科学似乎可以通过获得一致见解取得进步，既定的科学家群体成员可以为科学数据、形式以及解释等问题，时不时地达成一致见解。在历史科学或精神科学中，没有或不曾有过这样一致的见解。历史科学仍然处于无政府状态。正如李凯尔特就此评论道："只有当人们考虑到道德和权利的历史形态，从而只有当人们不再试图达到一种普遍的、按照自然科学方法或者普遍化方法形成关于权利的类概念时，才能获得一些普遍有效的、内容充实的伦理规范或者权利规范。"[3]实际上，在人文领域中，在后现代主义的名义下，整个人文科学运动的主要特征便是支持一种向叙事的回归，在某种程度上也就是支持人文科学回归像历史学家讲那种故事的方法。

今天人们在两重意义上谈论着人文社会科学的逻辑：首先，今天的人们，尤其是年轻人感到，正在丧失与科学之间的源本关系。人们回忆起韦伯所引发的事实与价值之间关系的讨论时，就会对科学及其意义真正地产生怀疑。人们

① 海登·怀特：《形式的内容：叙事话语与历史再现》，董立河译，文津出版社 2011 年版，第 83～84 页。

② 雅克·德里达：《马克思的幽灵》，何一译，中国人民大学出版社 1999 年版，第 51 页。

③ 亨里希·李凯尔特：《李凯尔特的历史哲学》，涂纪亮译，北京大学出版社 2007 年版，第 234 页。

把韦伯的立场看作怀疑和无助的立场。一方面，它表明谈论缩小人文社会科学与自然科学之间的距离不再是可能的。另一方面，表面上具有最为稳固基础的科学本身也出现了地基的塌陷、滑坡和地平线的消失。或者说，科学也出现了一种使"整个学科朝向新的、更本源的基础转移的趋势"。其次，今天，由于历史的和现实的关系，人文社会科学处于"不安定的状态"。可以说，有多少种形而上学立场就有多少种"科学研究"观念。哲学文献不仅无限膨胀而且欠缺方法的统一性，不夸张地说，有多少哲学家就有多少哲学。我们不要像专业杂志的评论员那样理解这里的分歧，这种分歧往往只是产生在两个以上的学者之间。我们必须看到，笛卡尔那种寻求最彻底科学基础的尝试作为一个整体已经默默承认失败，说明历史解释的任务就是驱散关于那些共性的担心和顾虑。怀特说："历史绝不是'科学'，而是努力争取科学的名分或对过去和现在都假装采取'现实主义'视角的每一种意识形态的一个关键因素。""与自然科学不同，人文科学必然被迫采纳某种意识形态立场，这是其实践者在关于一种'客观的'人文学科的众多冲突理论中必须下的认识论赌注。"[1]"在文学史中我们听到温格尔的重要宣称：作为问题史的文学史。"[2]我们也听到海德格尔的重温黑格尔的观点，哲学就是存在论，而存在论不是哲学的一个分支学科。不仅如此，为了切中现实，各门科学都在奋力开辟新的道路。

第一节　道德科学[3]的逻辑

　　人文科学没有所谓的规律可言，但是，如果不停留在这个麻烦上，我们似乎就自信满满地认为我们在解释生活。在具有相同经验、从事相同职业的群体的反应中，它似乎有一条逻辑存在。比方说，我们去描述一个历史事件，说他

---

[1] 海登·怀特：《后现代历史叙事学》，陈永国等译，中国社会科学出版社 2003 年版，第91 页。

[2] 马丁·海德格尔：《时间概念史导论》，欧东明译，商务印书馆 2009 年版，第 5 页。

[3] "道德科学"（the moral science）在此被理解得十分广泛，即"社会科学"和"人文科学"。穆勒总是在这种广义地来理解这个概念。而德文所谓的"精神科学"，在消解了"从前作为'美的艺术'的一个组成部分的那个状态上"，它将成为英语世界中所说的"社会科学""人文科学"。可见，现代科学在其起源中呈现了技术风格。在今天，"要是没有大实验室的技术，没有大图书馆和档案馆的技术，没有一种完善的通讯设施的技术，我们就无法设想一种卓有成效的科学研究和一种相应的作用。任何对这些事实的削弱和阻碍都不外乎是一种反动"。参见马丁·海德格尔：《尼采》（上卷），孙周兴，商务印书馆 2002年版，第 259 页。

是个"笑剧",这种描述的合理性不是基于"事实",而是一种解释的逻辑与叙事的逻辑。把事件作为一种"笑剧"的特性等同于事实的确证,是荒唐的。什么逻辑可以支配把历史事件描述为"笑剧"呢? 只能是一种不同于自然科学的逻辑或者直接说就是比喻的逻辑。再比如说,美国大卫·哈维教授在1996年出版的《正义、自然和差异地理学》一书第二部分一开头,以若干年前一群巴尔的摩的一个校园集会言论开场,这个评论用来说明"环境"这个词语的空洞性,"环境问题"对不同的人必然具有不同的意味。[①]这一分析在今天显得更加真实:一方面,我们对北京周边譬如河北保定市成为首都副中心的渴望,并对房地产进行疯狂的、唯我式的投机,遵循着资本的逻辑;另一方面,现实以雾霾、两极分化以及各种疾病的形式追了上来。这就是为什么环境问题并不是一个自然科学技术问题,而要把社会跟生态系统联系起来。货币流通与商品流通,和捕杀鲸鱼、黄果树瀑布一样,它们都是环境问题。讨论如何保护自然实际上就是讨论如何建立良好的社会秩序。

当我们致力于解决人文科学的各种方法论问题,尤其是致力于解决关于解释性理解的问题的时候,我们无法回避下列情况,即人们从作为一个方面取向的自然科学的角度对某些问题的探讨,与人们从作为另一个方面的取向的文化科学的角度对某些问题的探讨,是完全不同的。我们看到,有关自然的知识只能从自然本身中推演出来,而完全不能去考虑什么是合度的、美的、完善的。同样,有关人类社会的知识也只能从人类社会本身提供的材料中推演出来。人们界定方法论探究至少是从两种立场出发的,我们在前面讲述有关事实和价值的关系时,已经呈现了人文社会科学方法论研究者所共同具有的困难:人文社会科学方法论与自然科学方法论的区别是什么?

有人认为,人文社会科学方法论与自然科学方法论的区别在于,很少有人承认前者具有自身特有的逻辑。问题的关键还不在于是否承认人文社会科学具有自身的逻辑,而是相反地赞同作为一切经验科学基础的归纳方法也是人文社会科学唯一有效的方法。可以说,现代社会科学及其理论基础是近代自然科学知识的推延,它基于两种类型的知识:归纳和演绎。前者是通过观察所得数据作出推论,后者是通过设立公理命题推论衍生命题。判断前一种知识是否正确,复核对经验世界的观察,问题就解决了;判断后一种知识是否正确,检察一下是否正确运用演绎规则、是否在推演过程中犯逻辑错误,问题就解决了。以这两类知识原则为基础,人们以为普遍适用的原则具有解释力,因为,借此"即

---

① 戴维·哈维:《正义、自然和差异地理学》,胡大平译,上海人民出版社2010年版,第133页。

便我们不知道一个既定问题的答案，也知道哪一种方法适用于探求其答案"①。

其实，普遍适用原则本身尚须解释。用海德格尔的话说："自然科学和精神科学当然不是两个不同的科学群类，其概念形成的证明方式都有差别，或者说，差别在于一个致力于硫化氢，而另一个忙于诗歌，作为自由地阐明此在随同其世界的形而上学本质的基本可能性，它们本身是统一的或同一回事。"②而且从语言的角度来看，精确性的语言固然有"证明"世界的功能，但是无论海德格尔还是利科等人，都认为科学的语言只能描述可操纵的对象组成的世界，它不能描述例如"焦虑的"世界，一个对此在更为重要的世界。而模糊例如隐喻同样可以具有"证明"世界在进行中的动态存在，或者说，一个好的隐喻能够证明一种真正的可能性。例如，"时间是乞丐"。时间与乞丐有什么共同点？至少不是刻在钟表上的时间，时间是有记忆的，有期待的。由于将时间视为乞丐，现在我们以新的方式与时间发生着关系。③在这方面，利科的解释学有很深入的探讨。可以看到，人文社会科学思维的不光是陷入自然科学思维的图景的危险，还有来自各种各样的错觉的威胁。

一、先验的标准何以必然的和普遍的？

人们通常认为，在一般社会科学研究方法中，研究者的工作主要是搜集资料，然后加以分析，再从所搜集的资料中，归纳出一些原理、原则来。归纳成为研究工作的重心。像这样的研究方法，在一般社会科学中都普遍使用。例如，赖帕特在《民主的类型》一书中，检视了 36 个民主国家的运作情形，而总结归纳成两种类型的民主，并比较两类民主在许多方面的表现。其所采纳的研究方法，就是以归纳为主的一般社会科学研究方法。归纳方法至少有这样几个特点。一是它是沿着"感觉的逻辑"走的。归纳方法即便不预示任何历史规律的话，但是也不能去掉现象的真实性。二是归纳方法搞出来的标准的公共性较弱。你想从中领会标准的公共本质吗？你可以想象有一个人说"但是我知道我有多高"，然后就把他的手放在他自己头顶上。你想了解真实和本体的奥秘吗？那么想象一下，有一个人为自己买了第一份晨报，为的是确认一下第一份晨报上说的是真实的。

---

① 伯林：《政治理论还存在吗？》//James A. Gould V. Thurshy：《现代政治思想：关于领域、价值和趋向的问题》，杨淮生等译，商务印书馆 1985 年版，第 407 页。
② 马丁·海德格尔：《从莱布尼茨出发的逻辑学的形而上学始基》，西北大学出版社 2015 年版，第 135 页。
③ 凯文杰·范胡泽：《保罗·利科哲学中的圣经叙事》，杨慧译，中国人民大学出版社 2012 年版，第 87 页。

大体上说，以归纳为主的一般社会科学研究方法属于经验方法，更准确地说，是经验的理性方法。我们今天所普遍承认的思想方法有经验的理性方法、先天方法和先验方法。这几种方法之间究竟是什么关系呢？

举例来说，"一切伟大的世界历史事变和人物，可以说都出现两次，第一次是作为悲剧出现，第二次是作为笑剧出现"①。这个观点是马克思对黑格尔的观点进行改写而提出来的。黑格尔的观点是"一切伟大的世界历史事变和人物，可以说都出现两次"。也许大家会认为，黑格尔观点具有"先验的"意味，因为黑格尔讲的是必然和普遍。从定义上看，并不存在与"都"这个词相当的经验。"都"也并不是一个比较级或一种归纳的结果，而是一种先验的规则。确切地说，经验从不给我们任何关于伟大人物出现两次的保证。如果你把每一个历史事件和人物都归结为悲剧或笑剧，那么以后除了不断地重复它，你很难知道还能够做点什么，至多每次用些不同的例子而已。当我们了解"都"这个词的意思，并运用这个词的时候，我们却说出了比经验给我们的更多的、超越了的经验证据。

这就是说，通过先验规则，我可以推论出历史上伟大的事变和人物出现两次。再比如说，马克思认为，资本主义的危机毫无疑问会发生，但是这不是历史的不断重复，而是这样一种可能性，社会也许在某一时刻从接缝处开始瓦解，就像智利发生的地震，那时它的左半部分就会散乱无序，因此也就无法控制自发的崩溃，并将其引导至有益的方向上去。与黑格尔不同，在方法上马克思似乎比黑格尔更有"经验"，或至少主张从根本上关注具体的历史现实，而非"方法论"。因此，从表面上看，马克思似乎是用历史唯物主义的经济原因解释历史现象，原因不过是一种"归纳"的产物，但事实上马克思的这个观点是建立在史实的翔实和对方法论和抽象理论的明显拒斥之上的，所以，这个观点重点在于：关注具体的历史现实，而不是关注一种"方法"的应用。

这里，我们主要考虑涉及经验的理性方法。我们要提出的问题是："道德科学"跟归纳法或经验的理性方法的关系是什么？什么是道德科学？道德科学跟人文科学是什么关系？那些适用于一般科学的研究方法也同样适用于道德与社会科学吗？

二、实验方法与道德科学批判中的关系

这些问题是我们从穆勒（又译为"密尔"）的《演绎和归纳的逻辑学体系》的第六卷中勾勒出来的。在那里，他所研究的是道德科学的逻辑。众所周知，

---

① 《马克思恩格斯选集》第 1 卷，人民出版社 1995 年版，第 584 页。

在约翰·穆勒之前，边沁面对由战争和革命所造成的创伤和动荡局面，提出了功利主义原则。边沁和约翰·穆勒的父亲詹姆士·穆勒等人组成（自称是）哲学激进派。边沁将"一切人都寻求快乐并避免痛苦"和"最大多数人的最大幸福"看作政治—历史领域的有效原则和正确方法。边沁认为，可以用一种"实验"的方法来建立道德科学。这一点似乎跟笛卡尔在《方法谈》中的一个著名的观点不谋而合。笛卡尔认为，最好不要通过思辨哲学来追求"所有人的福利"，而应该通过获得"对生活有益的知识"，从而"使我们成为支配自然界的主人翁"。

在这里，所谓的实验方法实际上就是演绎法。[①]边沁在《道德与立法原理》的导言中说，他试图"把实验的推理方法从自然科学扩充到道德科学"。那么，为什么可以把实验方法推广到道德科学领域呢？边沁脑子中所想的是从一个单一的统一原则中推演出道德科学的基础的规划。追求最大多数人的最大幸福这一假设是整个治国理论的基础。在边沁看来，一切人的快乐和痛苦是可以比较的，也是可以进行实验、计算和推理的，因此，功利原则可以凭借这个实验方法而进入政治决策领域。边沁看到，功利主义原则"尽管当严格考虑时它可能显得是虚构的，但是，一旦没有快乐的可加性假说，所有的政治思考推理就会陷入僵局"[②]，因而，它也不可避免地被运用于他那个时代的民主诉求。

其实，从边沁这里我们看到某种危险：规定精神满足的科学方法不等于物质条件改善的方法。使人做个好公民不等于让任何人享受特定的幸福（例如福利）。从根源上看，边沁遵从霍布斯的思想方式转不过弯来。好像每一个人都随身带着一个计算器，叽叽喳喳地谈论生产率，每一个家庭叫做需求最大化，而另一个卡通式的角色叫做码尺。功利主义似乎沦落为一种对统计学的无情迷恋。这样一种教条主义与康德那种伦理学截然不同。近代道德政治的实质，正如海德格尔揭示的那样，是以不损害自己的利益为原则的，它既是个人原则又是社会原则。日常生活中的人们将生活看作一门"生意"。怪不得，边沁提出所谓"快乐计算法"。

三、诉求一种统一性的德性知识何以可能？

边沁的想法不太可能得到不是经验论者的支持。换句话讲，从经验论的角

---

① "所有的人都有死"，这是一个典型的演绎法，但这个演绎法具有最初的前提。罗素说："我们实际所知道的并不是'所有的人都有死'；我们所知道的倒不如说是像所有生于150年之前的人都有死，并且几乎所有生于100年之前的人也都有死这样的经验。"正是这个后验归纳直观或有限的经验构成我们推论"苏格拉底有死"的理由。参见罗素：《西方哲学史》上卷，马元德译，商务印书馆1982年版，第257页。

② 肯·宾默尔：《自然正义》，李晋译，上海财经大学出版社2010年版，第253页。

度，边沁的原则才有说服力。边沁可以相信能够把一切事情化约为功利问题。他的功利原则一方面是伦理学说或道德原则，另一方面也是方法原则。如果确实存在社会评判，那么一切都成了纯粹的功利问题。对一切社会问题的解答都建立在这样的观念上，即一个结构可以被认为一些更加简单的结构的复合物。边沁似乎认为，可以对复杂的社会结构去复杂化，也即减化错综复杂的非独立的因素。但是，从功利主义或幸福主义那里生不出普遍的道德法则。我们知道，在英国，其时，个人主义对家庭、共同体、教会等强制形成的习惯性道德遭到了攻击。这表明，在个人利益至上的社会，"最大多数人的最大幸福"，可能由于对特定幸福的否定而注定是一句空话。比方说，打击血汗工厂一般被认为是好事，但是对奸商而言则不是如此。

曾经有一个国王，他察觉到了自己所有的痛苦，并为此而苦恼。因此，他召集了智囊，要求他们探究其中的原因。智囊充分地调查了此事，向国王汇报说，所有的这些痛苦的起因都是他自己。边沁的方法论内容与此差不多。这是因为功利主义所追求的幸福是为自然的原因所左右，是康德眼中"他律"的。而且问题还在于，人类个体的快乐和痛苦是不是真的可以比较？

从这个角度，边沁所谓"快乐计算法"遭到了人们强烈的反对。比如，托马斯·麦考雷对这种道德政治研究方法提出了简明而具有毁灭性的批判。他反驳说，这种方法是不正确的。错就错在他所依据的人性论。这是因为人的行为不仅仅由人对自身快乐的欲望所指引。更重要的是，保守派看到，人类个体快乐和痛苦是精神性的，也是不可比较的。在保守派看来，这不是严格不严格的问题，而是由人类个体的快乐原则推不出社会伦理。比如说，由我喝酒快乐推不出他人喝酒也快乐。而且，快乐从性质的区分上"有邪恶的快乐，也有高尚的快乐，还有既不高尚又不邪恶的快乐"，因而也就由此谈不上形成集体目标，也谈不上进行社会改革，更谈不上明确地诉求一种统一性的知识和民主的结盟。①作为英国人文化评论中比较乏味的陈词滥调之一，边沁的学说并不是条理清晰的学说，而是对形形色色的个人分类，而不是一个统一的信仰系统。黑格尔认为，人们渴望的，是从对其自身个人价值的普遍承认中得到满足。可以说，每个人本质上都希望自己"在世界上是唯一的，具有普

---

① 快乐究竟是不是一种可以被一个定义的东西？我们如何度量快乐？我们如何增添快乐？我们能不能用每一个人快乐的加总来取代我们自己个人的快乐？人际之间比较的必要标准是如何被确定的？我们应当怎么计算？据说后来的哈伊森使用基本的数学分析较为彻底地回答了这些问题。但是，我们确实应该知道的是另外一个问题，即快乐在古典政治哲学中的分量。参见肯·宾默尔：《自然正义》，李晋译，上海财经大学出版社 2010 年版，第 253～254 页。

遍价值"，"人们都希望自己尽可能与其他人区别开来；都希望自己是'独创的'"。所以，寻求"黑格尔式"的满足与功利主义无关。①

站在边沁的立场上，在有关环境问题上就遇到了难题。现在的人类为了享乐而投弃大量垃圾，其后果将由未出生的人来承担。其实，丝毫感觉不到责任的人是大有人在的。总之，激进派根据先验的最初原则制订一种同实践相关的理论不太可能。麦考雷认为，道德政治科学的正确方法应该是弗朗西斯·培根所倡导的方法即归纳方法。

四、穆勒的道德科学方法论：推己及人

边沁和约翰·穆勒的父亲詹姆士·穆勒等人组成自称是哲学激进派的功利原则遭遇到保守派的全力攻击。对此，约翰·穆勒深受触动。不过，他仍然站在他的父亲一边，站在边沁一边。因此，人们一般认为，约翰·穆勒为他父亲和边沁的观点提供了学术上坚实的基础。

但是，在这一点上，约翰·穆勒给我们的印象显然不止于为他父亲和边沁进行理论修补。尤其是，穆勒的看法包含对伦理规则必然力量的向往。他试图另辟蹊径，系统制订一种方法，试图以公正对待功利主义的原则和保守派的责难。他相信功利主义的理论主旨是正确的。穆勒对保守派反击的评论说，保守派"千方百计回避运用任何客观标准的义务，而劝说读者把作者的情感和意见当做论据本身加以接受"。

如果说人类为了生存而建立的游戏规则是创造性的，那么人是自由的。但自由对于人类建立制度秩序总是个问题。可以想象，在现实的政治—历史领域中，那种非理性的自由状态会将国家引向没有目标的非理性状态之中。约翰·穆勒似乎早已听到欧克肖特的声音。后者把国家看作一艘没有目的地、在大海中随波逐流的航船。"因此，身处政治当中的人们是在一个没有边际、深不可测的大海里航行，没有码头，无法抛锚，没有出发地，也没有目的地，甚至也不存在任何过往或者未来航行的痕迹。"②

面对此一根本性的困境，即便是推崇理智的人，也会建议身处政治漩涡中的人怀着一种永恒的宗教信念投身于政治—历史无穷变化当中。数学观念中提出的无穷存在的问题，所有道德科学都应当吸收。而道德科学在穆勒看来恰恰是让人相信政治—历史推理能力与人的行动能力是相称的或匹配的。他在《逻辑学》结尾处的"道德科学的逻辑"中说：个别人的自然差异总是存在的，这

---

① 科耶夫：《法权现象学纲要》，邱立波译，华东师范大学出版社 2011 年版，第 216～217 页。
② Oakeshott. *Rationalism in Politics*. London, 1962, p.127.

些差异所源起的物质环境的程度也总是不太能够确定的。但是，这决不会影响到我们从人性的规律里推导出一组假定的环境在人们身上形成的特殊性格。显然，如果穆勒从一开始就将一些道德准则偷偷带进了对人类本质的描述，那么要从人类本质的实际情况中衍生出道德准则就更容易了。简单来说，穆勒的方法论可以概括为推己及人。这与孔子强调伦理问题的方法论相似。但是儒家的推己及人主要重点在于"道德动机"而非"逻辑推论的动机"，尚未算得上"关于概念与方法的讨论"。①

我们有很好的理由认为，讨论人文社会科学的逻辑应从穆勒这里开始讨论。因为，穆勒所陈述出来的观点构成了当时社会科学家的态度的基础；或者说，即使穆勒身后的时代，人们迅速地不再相信穆勒的这一论说，但是他们也仍然承认自己所做的工作是对穆勒没有做好的事情的补救，而不是转身与他为敌。

第二节　"道德科学"的方法具体化路径

如果我们对"道德科学"的倾向有正确理解的话，单就穆勒所讲的"道德科学"这个语汇来讲，它就不是我们所理解的伦理学或有关道德的学说，它所指的范围要广大得多。道德本身就是个迷宫，甚至连社会科学都只能算道德科学迷宫的一部分。事实上，在柏拉图那里，有所谓"辩证法""物理知识"和"道德学说"三大类知识划分。受柏拉图影响，在西方哲学传统中，特别是在英国的哲学传统中，"道德科学"成为一个与"自然科学"相配对称呼的概念。Moral一词在英文里还有"精神"之义。所以，穆勒所谓的"道德科学"也可用"精神科学"这个概念互换。用今天的话来说，它实际上是指历史科学或人文科学或精神科学。凡是经由科学论证所获得的知识都是一种历史性知识。这一点特别得到了马克思的阐释。

关键问题不在于穆勒的"道德科学"概念韵律触发了众多的琴弦，概念范围有多么广泛，而在于它所激发的思想运动。

大家知道，人文社会科学在其发展中不断激发出对某种**新方法**的要求。如果从逻辑史的角度看，亚里士多德、培根、黑格尔、弗雷格是不得不提到的人物。继亚里士多德《工具论》之形式方面研究推理之后，穆勒就是培根之后把归纳法也纳入逻辑之中的重要人物。从培根到穆勒开始，出现了一个"新工具"，

---

① 韦政通编：《中国思想史方法论文选集》，上海人民出版社 2009 年版，第 174 页。

这就是归纳逻辑。归纳逻辑通常被看作探讨自然的自然科学的逻辑。穆勒提出的问题是：道德科学的探讨是否可以用这样一个"新工具"？那么，穆勒的意思是不是用来描述道德科学的方法与用来描述物理科学的方法实际上是相似的？要回答这些问题，就是要看穆勒是否承认人有意志自由。穆勒当然会承认这一点，而且一般人们都会承认这一点。毕竟政治—历史当中的生生死死、起起落落是出于某种意志的。而人类行为具有意向性特征，正是这个特征使得对人类活动的研究区别于对自然现象的研究。这一点似乎不成为问题。这些话谁都会承认，即便是一位有声望的实证主义者也会承认。譬如，穆勒曾经说：孔德要求生理学家认识到精神和理智现象的独特性。在孔德那里，心理学（或确切说心理哲学）几乎与占星术相提并论，认为心理学的对象和目标都是异想天开的。①所以，关键不在于意志，而在于意志通常被理性主义看作一种由病理学的方式所决定的东西。

一、诸原因的综合方法

穆勒有关方法和结论依赖于将演绎法区分为三种：直接的、具体的和逆向的。因此，他承认四种方法，它们都是科学的，但适用于不同的课题。显然，穆勒认为，要让人们看到有些方法能够用在自然科学方面却不能用在社会科学上并不难。比如，严格的归纳法可以适用于化学却不能适用于政治科学。从这些想法上来看，我们似乎就不该给穆勒扣上实证主义者的帽子。我们先不要急于下结论，因为穆勒把这些话说完之后，他就有勇气讲一讲，诸原因的综合方法是既可以用在物理学上，同时也适用于社会科学。

他的基本根据是，他在任何地方见到的一个人都是人。一个人成为单子状态时是人，与同样相互作用和结合在一起时仍然是人，依然保持个体的人的本性！在物理学中单个原子是原子，而多个原子不还是原子吗？这说明穆勒是深受他那个时代的物理学的影响，把精神分成感觉、知觉和观念这样的小单元。此前他还一直以为，这样的道理每一个人都知道。人们每天都可以说见到了每一个人，就是见到了人。因此，他不敢拿这件事小题大做。但既然人同此心，心同此理，是如此稀罕，他就很乐意地详细说说。

但是，穆勒显然错了，因为在物理学中原子不是通过观察发现的，而是理论的构造，而社会科学譬如心理学的那些原子式的小单元也是理论的构造。物

①　约翰·斯图尔特·密尔：《精神科学的逻辑》，李涤非译，浙江大学出版社 2009 年版，第 23 页。

理学中分解成原子的程序是合理的，因为在那里对象不是作为一个系统整体呈现于知觉，物理学是用理论建构的方法使得物理世界显出秩序。但是，在社会科学譬如心理学中这套分解程序不能用，因为精神现象始终是作为一个有自己的统一性的系统出现的。用今天的话说，人类的游戏规则不是源于自然法则，而是源于文明生活需要而创作的文明法。可见，穆勒的问题恰恰在这里。这种本质上是自然科学意义的方法完全套用自然科学的一般程序，用说明和构造的方法研究精神，造成了人为的片断。它根本不能把握道德科学的对象整体关联，因而也就根本无法成为精神科学的方法。

二、对穆勒方法之具体观点的评论

穆勒的观点无疑受到了他的英国同胞思想家的影响。在他写作《逻辑体系》之前，已经有不少伟大的思想家对人性、心灵规律和社会做了研究。但是，穆勒认为，这些研究似乎没有缩小道德科学与自然科学的距离。也就是说，道德科学并非像自然科学那么严格。

其一，从理论基础上看，这与他们持有的人性观大有干系。比如，休谟在他的名著《人性论》中指出："关于人的科学是其他科学的唯一牢固的基础，而我们对这个科学本身所能给予的唯一牢固的基础，又必须建立在经验和观察之上。"[1]休谟在《人类理解研究》一书中最后一段有关于"清理图书馆"的论述（亦即要烧掉一切不包含经验知识或数学知识的书籍）。在另外一个地方，休谟又说："德和恶这两种性质必然或者在于对象的某些关系，或者在于可以由我们的推理所发现的一种事实。这个结论是明显的。"[2]显然，休谟的错误就是没有从生命、精神本身的整体出发。不仅休谟本人，所有受他影响的说明心理学和哲学人类学的方法论倾向都有这种局限。

究竟是什么局限呢？穆勒道德科学的方法论基础还是笛卡尔式的。一个人如果没有问什么是历史存在，也没有指出人的社会关系，那么他就自外于真正的道德科学了。这就是穆勒的局限。所以仅仅讲人有意志是不够的。

其二，休谟认为，道德科学在于认识齐一性、规则性和规律性。齐一性和因果性是理解世界所需要的形而上学假定。齐一性原则假定这个世界是统一的、一致的和连贯的，世界处处相似、时时相似，因此事物的规律能够在这个世界

---

① 休谟：《人性论》上册，关文运译，中国社会科学出版社 2009 年版，第 8~9 页。

② 休谟：《人性论》下册，关文运译，中国社会科学出版社 2009 年版，第 503 页。

中普遍传递有效。关于自然界具有齐一性我们不难理解。比如，根据我过去被火烫伤的经验，我绝不会把自己的手放进燃烧的火堆中。但处理道德问题不可能具有齐一性。在此可以理解宾默尔为什么认为康德的伦理的绝对命令并不比他母亲的絮絮叨叨的教导更有道理。①

像休谟一样，穆勒认为，道德科学即使表面上有不严格的污点，但是我们没有办法祛除污点。我们做不到"使所有注意到相关证据的人对所获得的结果最终达到一致赞同"②。这是人性使然。

由此，他用了一个气象学的例子来比附人性的研究。在穆勒那个时代，潮汐学似乎比较气象学要更进步一些，因为潮汐学家的预报准确度比天气预报要高一些，但是，潮汐学家仍然没有如神仙那样预报潮汐。譬如，某一年中央气象台预报 8 月 18 日杭州的钱塘江潮是本世纪以来最大的潮，但是到那一天，许多观潮人都大失所望。原因仍然归咎于复杂的环境状况。穆勒拿气象学和潮汐学作比，却信心满满地断定"没有人怀疑潮汐学是门真正的科学"，关于"人性科学"应该至少发展到潮汐学的水平。用穆勒的同样的意思来说，关于"人性科学"符合统计学规律。比如，我们常常用百分比的形式来表达某一人群的综合素质，从中找出许多平均值。

穆勒大体上也像今天有些政治辅导员那样来看待人的心灵法则。他的道德科学将被改造成为世界观的道德教育工具。穆勒把他人理解为抽象的任意某人，而不是理解为具体情况下与我形成具体关系的具体他人。这与孔子讨论伦理问题时的方法论具有较大差别。他把性格学与心理学的关系比附为机械学与理论物理学的关系。对于那些管理部门的干部来说，某物如何发挥作用的问题是很值得研究的，说白了，通过这种研究，管理干部得到了具体实在的东西，还有希望让人按照自己的设想发挥作用。对于统计学，伽达默尔已经注意到，虽然统计学似乎提供的是客观的事实，但"这些事实回答的是什么问题，如果提出另外的问题又将由哪些事实开始讲话却是解释学的问题。只有解释学的研究才能判定这些事实所含意义以及由此而引出的结论的合法性"③。

其三，穆勒认为，就实践的目的而言，物理学的方法也是适用于社会的。因为物理学的方法或具体的演绎方法要考虑所有影响结果的原因。并对各种各样的原因作出综合。穆勒想，为什么物理学的方法不可以作为社会科学的方法

① 肯·宾默尔：《自然正义》，李晋译，上海财经大学出版社 2012 年版，第 2、67 页。

② 彼得·温奇：《社会科学的观念及其与哲学的关系》，张庆熊译，上海人民出版社 2004 年版，第 69 页。

③ 伽达默尔：《真理解释学》，洪汉鼎译，上海译文出版社 1994 年版，第 10~11 页。

的模式呢？比如，某一政治活动的背景状况是不变的时候，物理学的方法不是就完全适用政治科学吗？像拿破仑试图用《拿破仑法典》作为《欧洲法典》的基础一样，穆勒则将归纳法与演绎法结合建立起孔德所谓的对在社会范围内造成人类进步之必要的一般理论。因此，简单地说，在社会现象中，原因综合或合成（composition of causes）是普遍规律。

在穆勒那里，完整的社会科学应该有两个学科：一个是物理学范式的研究。这种研究是在"假定条件不变而新的或不同的要素被采用（例如政治经济学）"的情况下的研究。比如，当考虑目前欧洲或欧洲国家中某一欧盟金融支援希腊立法计划时，这种研究就是物理的；如果政治经济学是可以用物理学范式进行研究的，那么这等于把经济规律当作不变的规律，而且我们也就按照资本主义的自由放任的理想原则达到了永恒的均衡。在这种永恒的均衡状态下，人类某些人贫穷可能是上帝的旨意，也可能是自然的命令。这不就符合以进化论为基础的自然淘汰理论吗？马克思称这种政治经济学研究为"粗劣"，是因为它的方法论是非历史的。这一点即使在经济学历史学派的核心观点中也已经挑明了。经济学历史学派认为，作为科学的经济学的认识方法，即使不说完全地，起码来说在主要方面，乃是在于就具体的、个体性的历史专题所作的专题研究和以这些专题研究为基础所作的概括。所以，在穆勒那里，似乎还有一个社会科学的研究范式。这就是历史的研究范式。这是"试图确定条件本身是怎样改变的（例如历史哲学）的研究，比如，考虑特定的计划对尚无样板也没有清晰概念的未来阶段社会进步的影响时，这种研究就是历史的"[①]。出于这样一种认识，穆勒认为，一种社会学说，如果它是用实证的方法进行研究的，它就应当归属于科学的学说；如果不是，那么它就不是科学学说。它可以叫人文科学，但严格来讲，它不能被称为社会科学研究。

穆勒的最终看法是，那些适用于一般科学的研究方法，也同样适用于道德与社会科学。穆勒的寥寥数语就清楚地表明：他的《逻辑体系》一书第六章的标题虽然是"论精神科学或道德科学的逻辑"，但其实穆勒并不真的相信有一种"道德科学的逻辑"。更确切地说，道德科学的逻辑与其他科学的逻辑并没有什么不一样。

三、穆勒的"道德科学"方法论的当代回响

自然科学在 19 世纪的空前胜利，造成自然科学的霸权地位，以致人们一

---

① 列奥·施特劳斯、约瑟夫·克罗波西：《政治哲学史》（下），李天然等译，河北人民出版社 1998 年版，第 908 页。

提到科学，首先想到的是自然科学。直到今天，英文中"science"这个词，若没有特别的限定，它指的就是"自然科学"。人文科学完全受自然科学模式的支配。通常从事社会科学的人会关心在什么样的条件下具有科学知识的思想体系才是可能的。很直接地来看，只有社会科学满足了科学性的实证标准，如普遍性和证伪性标准，这种知识才是可能的。最后，我们终于看到在穆勒那里的实证主义面孔。我们应当怎么样看待这张面孔？如果我们将穆勒的实证主义视为某种英国制造的粗浅的哲学理论，那么我们就无法理解实证主义。相反，只有当我们在这种实证主义中看到一种改变世界的企图时，我们才能明白穆勒思想的新意。

穆勒的"道德科学"在某种特定的意义上是有道理的。其中一个深刻的意图，就是回应那种认为功利主义是一种浅薄、粗俗的人生观。而且，今天看来，穆勒的"道德科学逻辑"能为控制市场和媒体的幻想提供规则的沟通的普遍适用原则，它用个体心理学对社会状况的变化加以说明，具有主体间性理想主义色彩。但是，现代人总觉得比起近代人来是真正拥有自我的人，是完全自我解放的人。可是，与这种通常的印象相反的是，他们的"我"根本就不存在。所以，穆勒的道德科学的方法论的自然科学化诉求也不仅不会给"道德科学"添加荣誉，而且在所有学科里制造普遍适用原则，只是静观的错觉、沉思的错觉、沟通的错觉、推论性错觉等等的互为因果的产物。穆勒的"道德科学"被这些错觉重重包围着，营造出一种类似于思维的海市蜃楼。它们应归咎于穆勒的某种关于"社会的自然科学理想"。它是一种按照个体学来对社会发展历史状况作出解释的理想。

但是，在许多领域内，这一理想为什么能够取得卓有成效的研究成果？我们只要想一想大众心理学就知道了。就在不久，我们的社会把网瘾患者归属于精神病范畴。这一下可不得了，照这样一种统计学的思路，我们不少人说不定会归为老年痴呆症、自闭症患者的行列了，而拟定这些病症标准的"道德科学"往往最容易在这些雾霾中迷失了方向。我们看到，传统哲学知识并不是一开始就脱离其经验根源的，那是后来慢慢发生的事情，最后因为它离开了源自发生的最初需要，变成为只是从属于理型要求的纯粹思辨的东西。由于不愿意成为传统哲学的附属部分，人文社会科学之所以称为"科学"，意在关注研究成果的可理解性、说明力和预测力。这些智慧能力都是在科学时代之后形成的，在这个意义上，现代人文社会科学的母亲的确是自然科学。但是，我们只能间接地看待自然科学与人文社会科学的这种联系。传统人文学术如果仍然欲用"科学"这个词，就不能不反思自身的特性。正如德谟克利特的原子论不能成为现代科学认识论的基础,《史记》也不能成为历史科学的基础。人文社会科学百多年来一直在寻求较为适切的概念和问题系统,因而也就是寻求新的思考单位和对象规定。20 世纪 60 年代以来法国的理论变革首先体现在提问方式和表达方式的改变,随之产生了可运作的方法论。

这里有这样几点值得注意:一是需要通过把自然科学图景作为衬托来限定研究者的立场。譬如,某个人文学者说,这些分析方法只适用于社会科学,自然科学是完全不同的。沿着这样一种思路下来的是对自然科学的相对标准的、准实证主义、经验主义的描述。比方说,在谈论自然界的事物时,让我们来谈一块石头,人们可能坚持认为,它相当于一块五百年前或者一千年前的石头;也就是说,那个时候的石头与现在的石头具有相同的意义——它们都是石头。但是,从自然界的事物那个循环运动中解脱出来精神实在而言,人们却不能说精神实在始终在那里存在,因为所谓精神实在是在由历史决定的那些人类个体和共同体的意识之中,它是以我们今天体验这些现象并从概念上理解它们的方式存在的。二是胡塞尔在《现象学的观念》的讲座中说:"现象学:它标志着一门科学,一种诸科学学科之间的联系;但现象学同时并且首先标志着一种方法和思维态度:特殊的思维态度和思维方法。所有要求作为一门严肃科学的当代哲学,都认为一切科学,包括哲学,只有一种共同的认识方法,这几乎已成为一种流行的共识。这种信念完全符合十七世纪哲学的伟大传统。这种信念认为,对哲学的所有拯救都依赖于这一点,即哲学把精确的科学作为方法的楷模。首先把数学的和数学的自然科学作为方法的楷模。与这种方法上的等同相联系的还有对哲学与其他科学内容上的等同,当今人们还得把下列观点看作一种占统治地位的观点,即哲学,确切地说,最高的存在学和科学学不仅与所有其他科学有关,而且也建立在它们的成果的基础上,就像科学是互为基础的一样,一些科学的成果可能作为另一些科学的前提。"[①]

第三节　弗洛伊德精神分析学的"两栖性"

众所周知,三个伟大而永恒的人类问题:生计问题、性问题和救赎问题是

---

① 埃德蒙德·胡塞尔:《现象学的观念》,倪梁康译,人民出版社 2007 年版,第 22 页。

分别由马克思、弗洛伊德等伟大的思想家要解决的。问题的指向本质上就是解决财产、女人、权力问题，即颠覆那种让社会屈从于财产、女人和权力秩序。的确，单就精神分析来说，自弗洛伊德以降，将人的生存放置于歇斯底里的标志下，就是对人的最重要的再开启。这种开启就是许诺人的另外一种生存。在当代批评中马上将会出现比滑铁卢战场上还要多的"身体"。

在这个意义上，弗洛伊德的命题是笛卡尔的反题。在笛卡尔那里，儿童不过就是从狗到成人的一个过渡阶段，为了人成为像成人那样的人，为了获得人的资格，就必须毫不犹豫地对儿童的这个过渡阶段进行驯化和惩戒。在笛卡尔看来，少数真正的人只依据理性来行动，而大多数人只是根据自己的欲望和纪律规定来行动，根据法律习惯来思考和行动。所以，大多数人就像机器一样。但是笛卡尔相信，人可以通过宏大的训练计划来控制自己的情欲。就像警犬听到枪响并不害怕，人也可以通过训练培养习惯。所以，笛卡尔是第一个敢于把动物理解为机器的思想家。尼采说："我们整个自然学都在不辞辛劳地证明这个主张。"尼采还说："和笛卡尔不同的是，我们按照推理没有把人排除在外：我们今天对人的认识，恰恰足以使我们把人理解成机器（《敌基督》，条14）。"然而，笛卡尔没有把人排除在机器之外，他只是把少数真正的人排除在外。实际上，他把人要过理性的生活看作一场漫长的斗争。但是，如今儿童的权利已经得到普遍的承认，如果有些父母仍然有家暴可能打孩子的话，那么会吃官司的。童年不仅在"童言"上无忌，而且还在"身体的"自由使用上童年"无忌"。这在弗洛伊德那里早已经预先讲过了。

但是，还要讲精神分析吗？对有些哲学家和心理学家来说，"精神"仍然是一个性感概念。从西方传统来说，所有的东西都已经讲过了。而20世纪整整讲了一个世纪，我们似乎讲得有点迟了。在今天，在思想上，在女性维度上已经开创了清晰解释性变态史，我们也愈来愈难以区分书店里的文学理论和软色情作品。用伊格尔顿的话说，我们拥有的也不是像苹果一样丰满的诗歌，而是像腋窝一样的世俗化文本。还有，从弗洛伊德预见同性恋构建了每一个人类主体的或明或暗的创造源泉，到今天同性恋也找到了恰当表达他们的思想的环境；从需要秘密和不太喜欢的环境谈论性，到如今可以高雅地谈论性，这之中究竟发生了什么转变？在这里，我引出精神分析，将其放在思想方法层面。

首先，我们援引的这一个哲学案例是确认我们内在方法的分析的基础，它是最著名的混合的话语案例之一。

一、关于精神分析学的三种解释

精神分析学是一门什么样的科学呢? 我觉得有两个想法需要摆明。我们这个社会,懂弗洛伊德的人和不懂弗洛伊德的人,恐怕都只能是在反对或赞同什么样的弗洛伊德或弗洛伊德主义的意义上,对精神分析学作出理解。

比方说,哲学家他会认为什么是精神分析学呢? 我觉得会有这么三种:比较流行的说法,一个就是说精神分析学不是自然科学意义上的精确科学或实证科学,而是一种寻求意义和解释的科学。[①]也就是说,在思想和性之间去发掘某种关系,即所谓的"思想欲望的不可抗拒的性化(sexuation)"。[②]。这一点是由弗洛伊德开创的。后来,拉康把精神分析叫作"猜想的科学"。拉康有一个有趣的说法:"性关系根本不存在"。这是什么意思? 拉康从心理层面分析认为,在性爱中,两个人合二为一只是一种图像、一种想象的表象。快感只是把你和他人远远隔离。当网络里人人都在说谁跟谁的"性关系"时,拉康却说"性关系"根本不存在。不过,拉康不是说爱情是性关系的伪装,而是直接说性关系不存在。毫无疑问,这样一种解释在形式上是"文学的",但不能看作科学的或非科学的。在这个意义上,"文学科学"并不是一个矛盾的说法。就是说,只有发现隐藏在事件之内或背后的规律,才可以说是科学的。福柯认为,精神分析学和人类文化学,是 20 世纪诞生的两门伟大的"反科学",这两门科学证明了关于人的真正科学是不可能的。福柯所谓"人的消失"也因为由这两门科学把人向下和向后拽,向下拽到"人性"荡然无存的水平,向后拽到"人类"还没有出现的洪荒时代。所以,德里达则把精神分析叫作弗洛伊德在世界历史舞台上演出的"书写戏"[③],弗洛伊德洞见了语言阻碍人文科学的顺利进行,索性只能在文学性上走得太远。利科把它叫作"欲望语义学"[④]。在另一个地方,利科则把它作为"批评的社会科学"来看待。[⑤]所有这些说法的弦外之音就是

---

① 值得注意的是,弗洛伊德在 1918 年已经发现业已运作的阴谋。他要求我们警惕一种诠释学的阴谋,这种阴谋"试图回到将欲望同化在文化、神话、宗教等中预先决定了意义的欲望对象的相互关联之中。这个阴谋的长远目标在于重新导入意义并用之来取代真理,在力比多中注入'文化'因子"。弗洛伊德认为,这是对精神分析成果的狡猾的否定。参见阿兰·巴丢:《世纪》,南京大学出版社 2011 年版,第 3 页。
② 阿兰·巴丢:《世纪》,南京大学出版社 2011 年版,第 77 页。
③ 雅克·德里达:《书写与差异》(下册),张宇译,生活·读书·新知三联书店 2011 年版,第 412 页。
④ 保罗·利科:《解释的冲突》,莫伟民译,商务印书馆 2008 年版,第 204 页。
⑤ 保罗·利科:《解释学与人文科学》,陶远华等译,河北人民出版社 1987 年版,第 25~26 页。

要阻止精神分析学摆向自然科学。我觉得这些说法都成为对弗洛伊德的特定解读。这是一个想法。

另一个想法就是精神分析学这个东西，我们承认它可能也有意义，但是它有什么意义呢？弗洛伊德的方法不就是毫无顾忌、开诚布公地谈论性嘛！这个意义只有我们把它当作获得"成功"的手段和一种谋求"幸福"的方式来讲。因此，有人会把精神分析学看作 "一种技术，是现代世界许多技术中的一种"①。无论成功也好、幸福也罢，或许由于语言的不透明性，这个意义上的精神分析学都只有少数人知道。对于我们大多数人来说，不知道一点关系都没有。事实上，每一个普罗大众对自己的性没有一点点"想法"，因为那不过是本能。

还有一种想法：因为有人死活不同意要阻止精神分析学倒向技术世界，认为弗洛伊德的著作就是讲有临床"医生"的知识一类的东西，虽然这是远远不够的，但是，这完全是因为它不关乎一丁点思想、不关乎一丁点认识。按照这里的推论，如果它是客观的，那么采用医学上的客观性标准，去求助于医生一直记录着身体与性；或者，心理咨询就应该是有价格的，而且越特殊越昂贵。反之，如果其是主观的，花费就不存在，而且越主观就越不需要花费什么。这是一般的学者和普罗大众对精神分析学的三种可能解释。

二、精神分析学之为"猜想"

按照这些观点，弗洛伊德可能有好几张面孔，有所谓弗洛伊德 I、弗洛伊德 II 甚至可能还有弗洛伊德 III。有人还会说，弗洛伊德的作品是一个整体，假如我们把他的思想从诞生地抽离出来，那么便是在曲解它。这个论证有一种相当大的力量。实际上，它对任何其他思想家也一样有效。但是，它在弗洛伊德这个例子里特别有力量，因为我们实际上难以整合他的思想。换句话讲，即便我们狂热地说弗洛伊德那里有一种总体性，我们仍然没有可能对弗洛伊德作一种哲学解释。因此，对弗洛伊德文本的重读是一种比较好的策略。

但是，弗洛伊德自己曾说："我一生只有一个目标，就是推论出或猜测出精神装置（即结构）（或心理器官）是怎样构造的，究竟是什么力量在其中相互作用和相互制约。"②弗洛伊德的说法使我们了解到，他的目标是要**猜测**哪些因素在精神装置中起作用。

---

① 保罗·利科：《解释的冲突》，莫伟民译，商务印书馆 2008 年版，第 219 页。
② 张一兵：《不可能的存在之真——拉康哲学映像》，商务印书馆 2006 年版，第 49 页。

为什么需要猜测呢？因为就实践而言，不论我们把精神分析学看作一种治疗的手段或者教学手段，还是一种探测主体真相的手段，它都只有一个媒介，那就是"病人的语言"或"梦的解释"。从理性主义的角度看，"病人的语言"或"梦的解释"，类似于"捕风捉影"和"道听途说"。"捕风捉影"既可以理解为根据事物的痕迹来追索事物，也可以理解为"接受众人的理解"。这一事实显而易见，但是并非可以忽视。因为，20世纪以弗洛伊德和精神分析学为代表，再一次用一种比较明朗化的方法使得所谓心智健全和精神错乱之间的区别弱化了，而两者之间的相似性得到强调。福柯将弗洛伊德尊称为第一位"聆听"疯人说话的现代人。在疯癫中发现方法，也就是在疯人的无理性中发现理性。譬如，变成治疗技术或社会控制技术。在《事物与秩序》里，福柯由此把人文科学归结为一种形而上学历史所阐明的求知意志的建构力量。其表现为反思主体无限的自我扩张。这里就会产生这样一种理性自身容易产生的幻觉：人运用理性的活动逻辑上包含人被理性所运用的活动。这里就存在着理性与疯癫之间的可能的转换关系。也就是说，理性被理解为普遍时，就被理解为不可分化的东西，不可分化的东西被包裹起来，而把它包裹起来的东西在分化时必然改变性质或形式。或者说，理性就依然还是可以渗透的，疯癫则成了具有一种镜像功能。说白了，精神分裂症患者就是没有普遍原则的人：他只有在成为别的什么时才是什么。我们常常听人们说：他以为他是什么什么人（譬如，拿破仑）。福柯有见于此，根据理性与疯癫之间的转换关系赋予时代更深的意义，认为"人文科学话语和它的应用实践一起融合成为一种不透明的权力关系，面对这种权力关系，任何一种意识形态批判势必束手无策"①。福柯认为，人文科学之所以是而且一直是伪科学，原因在于人文科学无法超越"自我关涉的主体"被迫既当立法者又当司法者的双重困境，这就好像一只手在洗涤另一只脏手。换用黑格尔的话说："他利用别人，也为别人所利用。"②福柯偏偏既不想被人利用，也不想利用别人。哈贝马斯看到，福柯的立场的异端性，乃是抛弃人文主义话语。

回到弗洛伊德。在方法上，由于弗洛伊德仍然尊崇无理性这一至高无上的权力结构，因而无法相信在疯癫和心智健全未分化之前，是一种"寂静"的存在。德里达评论说："假如说将梦译成另一种语言是不可能的话，那是因为在心灵机制内部，从来就不存在简单的翻译关系。弗洛伊德告诉我们，用翻译或转

---

① 哈贝马斯：《现代性的哲学话语》，曹卫东译，译林出版社2008年版，第333页。

② 黑格尔：《精神现象学》（下卷），贺麟等译，商务印书馆1979年版，第98页。

译来描述潜意识思想通过前意识向意识的转化是错误的。"①从这一意义上，这正是拉康称精神分析学为"猜想的科学"向我们做的解释。

三、精神分析学之为"科学"

那么有人就会疑惑地说，"猜想的"怎么可以叫作"科学"？我们认为，"猜想的"实质是不确定，但这种不确定不是由于此在的一时错误，而是由于此在的存在方式。通常我们自己都有这样的体会：在日常的相处中，关于性，人人都可以随便说些什么。我们看上去像是真正理解了、掌握了、说出了性与性问题所展现出的灵活多变的意识。但毫无疑问，人们很快就无法断定什么东西在真实的体会中掌握了而什么东西却不曾掌握。一切看上去似乎都真实地体会了、说出来了，其实不是如此，或者一切看上去都不是如此而其实却是如此。一切都那么真实，却又那么可疑。不仅摆在那里的事情和摆在眼前的事情，人人都已经大发议论了。被别人事先猜想和感到的事情，我也都总是先已猜到和感到的事情。②在关于性、意义和真理的关系中，毫无疑问，是那些不可名状的东西支撑起精神分析的理论大厦，但弗洛伊德告诉我们那些不可名状的东西的确是我们真理中不可缺少的要素。当然，这绝不是从意义上来说的。所以，作为一个方法论原则，性对于精神结构确实存在着一定的因果联系，但直接研究精神结构也是可以的，而且若从精神结构出发解释性，要比反过来研究更有效。因而，人们特别是以"捕风捉影"和"道听途说"这样带有模棱两可的方式触及了性。

我们可能不会承认"猜测""两可"是一种"科学的态度"。一方面，科学，比如，物理科学能跟猜测打交道吗？我们知道，物理学的解释跟梦的解释有很大不同。物理学解释应当使我们能够成功地预见到某种事情。物理学必须预见到房子不能倒塌。另一方面，弗洛伊德的梦境分析法，是一种非常独特的解释方法。说独特，是因为梦境分析法彻头彻尾地类似于某种古代埃及的科学，这就是"占梦术"。或类似于我们今天的人对甲骨文的辨识。甲骨文是祖先留下来的原初语言，辨识之困难是难以想象的。最困难的是，做梦的人自己发明其自己的语法。

因此，维特根斯坦认为，弗洛伊德有非常聪明的理由来说他想说的一切。

---

① 雅克·德里达：《书写与差异》（下册），张宁译，生活·读书·新知三联书店 2001 年版，第 381 页。

② 马丁·海德格尔：《存在与时间》，陈嘉映等译，生活·读书·新知三联书店 2006 年版，第 201 页。

实际上，他不是发现了意识下面的潜意识的存在，而是劝说你相信它的存在。精神分析学不同于伦理学。稍微有常识的人都知道，某种学问除了说理，还有各种各样的方法例如煽动、引诱、反讽等方法让别人接受。比如，假定有人喜欢弗洛伊德强调性动机的重要性，那么人们常常有充分的理由把性动机隐藏起来。这是意识狡辩：它想说的与它实际说的不一样。它想说的与人们以为它所说的不一样。精神分析学表明"我们都有过精神失常的经历，只不过看不出来而已，但也说明了我们看起来疯狂而实际上并不疯"①。就是以这种方式，弗洛伊德使你承认在所有情况中性动机都是动机。这就明确告诉我们，弗洛伊德之后就不再可能有透明的反思的主体那样一种东西了。

维特根斯坦曾经设问："梦境是否是思想。做梦是否在思考某个东西。"②维特根斯坦自己回答说，弗洛伊德精神分析法最有价值的地方在于，在似乎不可说的地方，即使说错了也"有东西要说"。在这里，维特根斯坦的哲学思考也体现为头脑清楚。这对我们是一个有益的启发：从方法论角度看，哲学就是使人聪明的学问；也就是使人思想能够清晰起来。

四、精神分析的重大意义

那么，精神分析的重大意义是什么？精神分析学是对人性的一次革命性的态度变革。用弗洛伊德的观点说，这是第三次亦是最严重的对人性的打击，它造成了心理学上的创伤。我们可以这样来理解它的重大意义：假定人们或弗洛伊德猜想和感到的东西有朝一日付诸实施，那么，在日常实践中即控制了某个存在者，人们或弗洛伊德就会不再对它的存在感兴趣。对它也就没有什么好说了。我们常常有猜谜语的体会，一旦谜语被猜到，反而感到气愤，因为这剥夺了继续猜想的机会。在这个意义上，不可被思维的东西却应当被思维。弗洛伊德曾经这样思维过一次，就像基督仅仅现世过一回那样，不过这一次的目的却是要表明不可能的事情的可能性。为什么说精神分析学使得不可能的事情变得可能了呢？我们且看精神分析学家如何展开工作。

比方说，如果你接受精神分析，你就相信你能很正常地说话，你不需要去精神病院，并且"因为这一点你会愿意付钱。但你没有一点谈话机会。精神分析学的整个设计就是为了防止人们谈话，就是要剥夺真实表达的全部条件"。精

---

① 陈永国等主编：《哲学的客体：德勒兹读本》，北京大学出版社 2010 年版，第 194 页。

② 维特根斯坦：《维特根斯坦论伦理学与哲学》，江怡译，浙江大学出版社 2011 年版，第 110、104 页。

神分析学家为完成一项精神分析学任务而组织了一个工作小组:"阅读精神分析学报告,尤其是儿童的报告;只读这些报告,把它们分成两个栏目,左边是孩子说的话,是他们自己的叙述,右边是精神分析学家听到和记录下来的话(始终是'被迫选择'的卡片诡计)。""这是一次惊人的较量,好比相差悬殊的两个量级的拳击比赛。"①

因此,维特根斯坦批评弗洛伊德的精神分析,认为我们不可能从它那里得到智慧的东西。弗洛伊德对梦的解释并没有标明哪里有正确的解决方法,因为弗洛伊德连哪里是梦境初始分析的地方都从来没有说明。他有时说,正确的解决或对梦的正确分析,就是满足病人的东西;他有时说,医生知道对梦境的正确解决或分析,但病人并不想知道:医生可以说病人是错了。弗洛伊德写道:"病人必须发掘勇气去注视其病态的表现,必须不再把他的疾病当作某种令人鄙视的东西,而应该把他的疾病看作值得尊敬的对手,看作他自身的一部分,他的疾病的存在有充分的理由,并且他未来生命之珍贵的材料都适合于从他的疾病的存在中获取。"②这跟物理学把明确叙述原则看作自己的原则根本不同。换句话说,他为什么把某种分析叫作正确的分析,其理由不明显。在这个意义上,弗洛伊德心理分析与其说是一门科学,还不如说是一种推测。弗洛伊德经常声称它是科学的,但是它给出的东西却是猜测。

五、精神分析学的"科学性"

精神分析学作为"猜想的科学"向我们所作的传达的,意味着否认精神分析学具有科学特征,而且根本就不存在着有所意味的心理规律。齐泽克说:"精神分析最多只是对我们大脑工作方式的一种有趣而引起争议的文学比喻式的描述;它肯定不是一门能够清晰地说明因果关系的科学。"③

然而,有人会对这个观点提出异议:首先是弗洛伊德本人会说"我发现的是研究无意识的科学方法"。弗洛伊德讲到早期的精神分析方法,就是"宣泄法"或者也可以称为"把问题讲出来的疗法",都具有科学的特质。它们都是以决定论为基本理论基础的。弗洛伊德自己说:"我仅仅是按照性的原本样态命名了它而已,我用它们的名称来称呼性之类的事情,我说得非常坦率。"这个说明虽然

---

① 陈永国等主编:《哲学的客体:德勒兹读本》,北京大学出版社 2010 年版,第 192 页。

② 保罗·利科:《解释的冲突》,莫伟民译,商务印书馆 2008 年版,第 223 页。

③ [斯洛文尼亚]斯拉沃热·齐泽克:《快感大转移——妇女和因果性六论》,胡大平等译,江苏人民出版社 2004 年版,第 3 页。

简单，但它表明了弗洛伊德方法的特殊性。这种特殊性就是直接开诚布公地谈论性。这种"开诚布公地谈论"，直接涉及思想与性的关系。

比如，在少女杜拉的案例中，弗洛伊德认为，关键在于去聆听（跟随其中的文字）这个女孩如何述说性，而不是去与她"讨论"。所以，弗洛伊德的原创性在于开诚布公地谈论思想和性。人们不会认为，这就是"科学态度"，但它至少是以"科学态度"为底本的。在这一点上，人们认为，他的精神分析学就是要探求作为行为动力意义上的心理原因。在这个意义上，精神分析学与科学，甚至与物理学有排斥性的亲密关系。这种主张主要反映在生物主义的弗洛伊德和心理主义的弗洛伊德之中。

比方说，弗洛伊德的许多概念、术语甚至研究方法都留下时代风习所感染的生物学和生理学的痕迹。在 20 世纪末，脑生理科学和脑化学相结合，出现了一种新的科学，关于他人心灵的科学：实验心理学。尽管弗洛伊德当初创立精神分析学的时候要反对以刺激—反应模式来勘定主体的知觉状态，进一步来勘定主体与现实的关系，但是，当有人把精神分析学纳入心理学的范围，并用一个学院式的框架把它包装起来的时候，精神分析学就摇身一变成为经验主义的、实证主义的或者行为主义的东西。就是在新康德主义讨论中文德尔班、李凯尔特、柯亨那样，认为将自然科学与精神科学区分是个不幸。他们向现代自然科学竭力推荐康德的方法性反思。在伦理规范的论证问题上也主张回到康德去。心理学也就可以作为一门自然科学来进行研究。这两类科学之间的不同，在于它们作为自身皓的的知识的性质；一类科学寻求规律，另一类则寻求事实。①

也就是说，同样的内容常常可以用二者中的任何一种方法来进行研究。在有些人看来，精神分析学的学科只可归于将来。在将来，精神分析学会被更精确的药理学所取代。所以，哈贝马斯曾说"把精神分析自我误解为一门自然科学"是正确的。哈贝马斯所使用的心理分析预设了一个前提，即对精神分析的应用表明科学需要社会的反思。因为，与占统治地位的社会制度相一致的社会意识支持它的强制性。哈贝马斯抓住这种意识是苦于一种社会精神疾病，它类似于个体患者的精神疾病。

六、对精神分析学的评论

在我看来，精神分析学跟自然科学既同舟共济，也同床异梦。它们是 19

---

① 格奥尔格·G. 伊格尔斯：《德国的历史观》，彭刚等译，译林出版社 2006 年版，第 193 页。

世纪的婚姻，既离不了，也恨死对方。因此，我还要指出一点，哲学家对弗洛伊德的读解有两种态度：一种是"特定的读解"，另外一种是"哲学解释"。

在有些人的心目中，精神分析学与哲学是两回事。然而我们并不这样认为。当我们衡量精神分析学究竟是哲学还是科学时，所要看到的哲学与科学的一条区别是很重要的：它们对待混沌的态度是不同的。哲学接近混沌的方式是，在给予潜在的东西（譬如，潜意识）一种本来就属于它的现实的坚固性的同时，能够保持其迅即消失的无限速度。而科学则不同，科学摒弃无限速度，以便能够获得使潜在的东西（譬如，潜意识）突显化的参照系。①

对待混沌的态度之不同，促使科学不承认弗洛伊德要解释的心理现象的存在，而无意识又处于科学的疆域之外。但是，现代社会对精神病人的治疗却披着"科学"的外衣。因此，人们自然会质疑，当现代社会以某种科学的态度，通过某种司法来界定精神病，是否与一种在法律上摆摆样子的姿态、实现统治的需要有关？对此我们需要有一种洞见。有趣的是，德勒兹曾经将精神分析学比喻为"自慰"。谁是自慰者？自慰者"仅仅是制造幻觉的人。精神分析学恰恰是一种自慰"，"一种普遍化的、组织化的、编码的自恋主义"。②福柯则把根据生物科学等等来区分为"正常人"和"异常人"的基本策略，看出现代性的一个时期所谓人的自由和权利的虚伪性。

当然，这种虚伪性有许多实际的例证。比如，法国的卡特琳·梅耶尔编辑过一本书，名叫《弗洛伊德批判——精神分析黑皮书》。用了许多反面材料披露所谓精神分析的"伪科学"性质。其中的一个"狼人"的治疗案例：有一个原名叫瑟吉厄斯·潘克杰夫的人，他是弗洛伊德的主要患者，后来在90高龄接受访谈时，根据记录，他最后唉声叹气地说："实际上，整个故事类似一场灾祸。我现在的状况和我第一次去找弗洛伊德时是状况一样，而弗洛伊德已经不在人世了。"他还说："精神分析专家不是对我有益，而是对我有害。"③德勒兹则带有戏谑说："精神分析学家就好比新闻记者：他创造了事件，是修辞华丽的八卦而已。无论如何，精神分析学为它的商品做广告。"④

---

① 吉尔·德勒兹、菲力克斯·迦塔利：《什么是哲学？》，张祖建译，北京大学出版社 2002年版，第 366~367 页。
② 陈永国等主编：《哲学的客体——德勒兹读本》，北京大学出版社 2012 年版，第 210 页。
③ 卡特琳·梅耶尔主编：《弗洛伊德批判——精神分析黑皮书》，郭庆岚等译，山东人民出版社 2008 年版，第 63 页。
④ 陈永国等主编：《哲学的客体——德勒兹读本》，北京大学出版社 2012 年版，第 196 页。

七、精神分析学的颠覆

如果情况真的如此，那么当某些医生以号称通过"合法性"的治疗方法来医治精神病的时候，也完全可能割裂了精神病人和正常理智的人之间存在着的可能沟通，索性精神治疗把疯子们在其疯狂状态中隔离起来。这就好像是现代社会的一项精神分裂一般的使命：尽管患有精神紧张症和抑郁症，但是患病的是那个人，不是普罗大众，而是身患重症的医生，是精神分析学大师。被当作精神分裂而被隔离的完全可能是一个哲学家，因为人们常常不正是把哲学跟精神分裂症相提并论吗？

马克思说，当社会制度不合乎理性时，预防恶的社会制度便是一种恶。正如"人体生来就是要死亡的。因此，疾病就不可避免。但是，人们为什么不是在健康的时候，而只是在生病的时候才去找医生呢？因为不仅疾病是一种恶，而且医生本人也是一种恶。医疗会把生命变成一种恶，而人体则变成医生们的操作对象。如果生命仅仅是预防死亡的措施，那么死去不是比活着更好吗？"[1]

可是，精神分裂症患者毕竟不是哲学家！精神分裂症患者是从思维里看到无法思维的木乃伊，而哲学家是一个要求独立思维者，他只不过是被现代社会看起来也具有病患的特质。在西方科学话语当道的今天这种悲剧总在上演，今天势所必然地会发生的事情，就是压抑一个生命并盗走他的思维能力的悲剧。在这个意义上，人文科学在一定意义上成为扭曲人的本能自然意向的帮凶和合谋。

对待混沌的态度之不同，促使哲学家不但承认精神分析学中有哲学，而且当代西方哲学家还认为恰恰是精神分析学能够成为反西方传统人文主义和批判现代性的锐利思想武器。这一点也决定了首先不能将精神分析当作自然科学按照所谓客观逻辑来把握，而是应该以其自身无可预测的偶然性、断裂性、突发性和自然性逻辑来把握。

---

[1]《马克思恩格斯全集》第1卷，人民出版社2001年版，第177页。

第三章　逻辑学的基本问题和关于思想的规则问题

　　有人曾经批评卢梭：他的作品缺乏统一，条理不顺，各部分之间的联系也不紧凑。"像卢梭的政治思考那样有时竟能悲惨地被演绎到完全相反的方向上去。"[①]这里的问题是，卢梭的思想很混乱，而且也缺乏方法的统一性吗？究竟谁是够资格的作者呢？在当今严肃从事思想活动的人中，没有谁不本质性地受过卢梭的恩惠。在我们看来，人文科学家或精神科学家，他们的生产方式就是思想。他们的活动就是判断思想，不是一般地判断思想，如这个观点正确、那个观点错误之类的，而是以思想本身的基本规则来判断思想。也就是说，通过一定的方式形成、排列、连接并符合理性的目的观念地判断思想。

　　然而，思考需要一套规则，这套规则就是逻辑。所以，胡塞尔认为，我们要谈真正的知识、真正的科学和真正的方法，就是要谈逻辑观念。"逻辑观念是关于'真正性'的观念。"它因为完全摆脱一切经验领域而成为"先天科学理论"[②]。人文科学要够得上担当大任，就需要借逻辑学来促进思想方式的精密化。我们在这一章主要讲逻辑系统性思维方法。特别通过胡塞尔现象学作为入手。如果前一章主要涉及英国归纳经验主义的话，它是相关于自然和社会现实的研究方法，那么这一章要讲的德国胡塞尔的演绎逻辑基础主义，它是相关于逻辑系统性的思维方式。英国和德国分别形成了不同类型的理性主义思想系统。胡塞尔将自己的逻辑研究的目标之一看成发现各种观念对象，发现意向性研究的意义，克服自然主义心理学的谬误。在胡塞尔看来，只有在这个基础上才能获得哲学、伦理学、美学等学科合乎目的的发展，也获得所有这些学科的真正的方法。

---

① 彼得·拉斯曼·罗纳德·斯佩尔斯编：《韦伯政治著作选》，阎克文译，东方出版社2009年版，第1页（中译者前言）。

② 胡塞尔：《形式逻辑和先验逻辑——逻辑理性批评研究》，李幼蒸译，中国人民大学出版社2012年版，第21~22页。

第一节 预备性思考

一、逻辑与思想法则

人人都要思考，人人都要推理，人人都要论证。但是，并非人人都有思想自由，也并非人人都有思想平等。那么，思想的自由和平等需要什么条件？需要诸如法制化的公共领域的建立、自由市场经济和宪政上的言论自由和平等的保障，等等。但是，具有这些条件，思想自由和平等不一定得到保障，思想自由和平等，还需要某些思想自身方面的条件。

比如，你可以想象思想是什么形状的，你也可以想象思想是什么颜色的。你还可以想象马克思很可能等同于某种意大利面。但这是文学化想象。按照传统西方人的想法，思想自由和平等必须建立思想规则或"逻辑"。逻辑对于人文科学关系重大。罗素有一个看法经常被引用，他说："由于我们思想混乱或者缺乏分析的缘故而未能对于我们所知的东西加以最好的逻辑的使用。像'什么是正义'这样一个问题，显然是适于以柏拉图式的对话来加以讨论的。我们大家都在随便地使用'正义的'或'非正义的'这些词，只要考察一下我们使用这些词的方式，我们就可以归纳出来最能与习惯相符合的那种定义。我们所需要的，只是关于问题中的这些词如何使用的知识。但是当我们探讨得出了结论时，我们所做的只不过是一桩语言学上的发现，而不是一桩伦理学上的发展。"[1]可以看到，分析哲学家的手术刀就是逻辑或语言分析。对忙于语言分析的哲学家们来说，人们表述的："A=A"（因此指的是 100%的一致，绝不是本质上有相似的趋势），"非 A≠A"，难道还可能有超越过这种说法吗？难道还能发现新的思想规则而推翻老的规则吗？

而对于胡塞尔来说，只有对逻辑学作深思，才能看清楚人文科学或社会科学自身具有的实证主义片面性。因为逻辑所承认的方法是最严格的方法，它是普遍必然的因此完全可靠的，逻辑方法也就是先天（即德文"Apriori"）方法。比方说，人是会死的。这样的先天命题对于任何一个可能的世界都是真的。人文社会科学研究必然面对真理问题，而逻辑学关涉真理问题的处理。

二、逻辑是"有罪的"抑或严刑酷法

什么是逻辑呢？是形式逻辑，还是先验逻辑？是逻辑学的客观侧面，还

---

[1] 罗素：《西方哲学史》，何兆武等译，商务印书馆 1982 年版，第 130 页。

是逻辑学的主观侧面？是亚里士多德的形式逻辑学，还是胡塞尔的主体逻辑学？是维特根斯坦的"图像逻辑"，还是"游戏逻辑"？是哲学逻辑学，还是心理逻辑学？这些概念我们都来不及"深思"或"深析"。

我们暂且粗略地说，逻辑是在一个给定的系统中的自我封闭关系中，研究我们应该如何思想和激发思想的规则和方法。如果思想本身可以是真或假，那么思想的真假就是由特定的思维规则所规范的。思想的自由需要有逻辑的约束。如果你注意一下自己就会发现，你自己的思想过程即使并非由正确和一致的规则规定的，也不能否定人们对某种正确和一致的规则承担着责任。这差不多也就是承认，思想要求普遍性，同时也要求彻底性。所以，有人认为："有了逻辑学我们就知道了事情得到了怎样正确或错误的思考。"[1]反之，如果违背逻辑，你的思想便失去合法性，也就变得不可理解。按照莱布尼茨的想法，逻辑和数学即便是造物主也是不能违背的。即使造物主违背了逻辑和数学它也无法前后一致做事情。在这个意义上，逻辑是造物主为人类设立的严刑峻法。或者更准确地说，逻辑学的形而上学始基包含前面所描述过的意义上的"存在论"和"神学"的统一。

这种观点清楚地表明，逻辑是人类思想头上高悬的天平或仲裁，它是人类思想之合法度的判定者。但是，持相反意见的人认为，逻辑岂能担当这样的名义？所谓逻辑的客观性只是人们迫切地需要希望，但绝对客观性的希望就其本质而言是虚幻的。它已经将西方人引入了一条人的异化和集体野蛮主义的道路。陀思妥耶夫斯基甚至认为，"二加二等于四"是死亡的开始。[2]这好像认为，每一个说出的话语，按传统的逻辑学概念上说是关于某物的陈述、判断，所以必然不是真就是假的。当然，这是我们还要深入思考的问题。换言之，对同一件事情有许多种不同的说法，总是比只有一种说法好，这一点也适合自由主义。也就是说，如果指望一个"有形的""专名的"一般思想法则或规范，就会导致思想极权主义。而之所以如此，是因为逻辑也是统治阶级的阴谋！逻辑本身是"有罪的"。这个话与利奥塔说的似曾相识。他说："我们想摧毁资本，并不是因为它不理性，而正是因为它理性。"[3]

然而，那些赞成和反对传统逻辑概念之特性的人们都忽视了，我们是否在真正的意义上通过逻辑学而学会思想？这取决于什么呢？直到今天，人们

---

① 彼得·特拉夫尼：《海德格尔导论》，张振华、杨小刚译，同济大学出版社 2012 年版，第 94 页。

② 陀思妥耶夫斯基：《陀思妥耶夫斯基自述》，黄忠晶等编译，天津人民出版社 2013 年版，第 196 页。

③ 特里·伊格尔顿：《理论之后》，商正译，商务印书馆 2009 年版，第 70 页。

对此问题的描述仍然还是："它是科学研究的前期准备，同时也是进入哲学之导引。"[1]所以在这里，人们依然还是把逻辑学等同于关于思想之形式规则的科学。由此我们甚至看到现代逻辑的有趣的发展，即逻辑与思想（考）无关。逻辑问题不是思想问题，而是语义问题。这件事情我们现在还暂不讨论。只是我们不能忘记，一般人需要逻辑，不超过他在小学所学的。即使那些苦苦钻研的逻辑学家想把人类思维的规律按部就班就绪之后，另一部分逻辑学家也会阵前倒戈，声称在整个思维的根基上，某些东西是绝对无法理顺的。这些怀疑之所以是有道理的，是因为这些怀疑不是随便来的，要小孩子脾气，我就怀疑你，你讲东我偏要说西，这不叫怀疑，这叫跟人过不去，跟人家找茬。

真正的怀疑是建立在对问题透彻分析的基础上的。你既然说，从前提到结论不是随便进行的，那么你这个前提是从哪里来的？你要求一般思维原理的确定性，你这个确定性又是从哪里来的？所以，对逻辑学的研究，即使马克思也没有为我们留下太多的见解。马克思留下了《资本论》的逻辑"，这是他那个时代的"世界哲学"。当然，"幸运"也好，"厄运"也罢，我们仍然处于全球资本主义时代。因此，《资本论》的许多观点要么就是我们的天赋观念，要么就是（资本）逻辑。人们的一个总的感觉是："逻辑学似乎是这样一门科学：它在形式方面规定了理性生物'人'不论何时何地进行思维的那些规则。"[2]但是，这些规则不会是一般法则，而只能是在具体法则中。只有通过具体法则的划界功能才能让一般法则在其上虚拟地显现出来。

三、语言法则或上帝意志

假如我冷不丁地问你：为何会有逻辑？你肯定会陷于迷失。你会觉得这个问题无从找到答案。其实，关于"为何"的问题曾经是无可置疑的、今天问起来却是有些茫然失据的问题。

有个故事说，维特根斯坦经常半夜三更造访罗素，如果得不到答案的话，他将"走出房间就自杀"。罗素则问："你是在思考逻辑呢，还是你的罪？"回答："两者都是。"[3]看来，维特根斯坦有个挥之不去的情结：人类的存在需要严酷的思想法则并强迫自己遵守。因为，如果违背逻辑，就无法确定什么是（is）什么，晃动了是（is）就晃动了在（being）。因此，违背逻辑等同于违背上帝或

---

① 马丁·海德格尔：《从莱布尼茨出发的逻辑学的形而上学始基》，赵卫国译，西北大学出版社 2015 年版，第 7 页。

② 彼得·特拉夫尼：《海德格尔导论》，张振华等译，同济大学出版社 2012 年版，第 96 页。

③ 谢尔兹：《逻辑与罪》，黄敏译，华东师范大学出版社 2007 年版，第 1~4 页。

存在。但是，逻辑法则毕竟是逻辑学家的思想构造，还是造物主的意志的产物？按照马克思主义的观点，逻辑学也是经过科学家世世代代的实践形成的。自由和约束是辩证统一的。更准确地说，思想的约束或合法性本身预设着人的自由。因此，维特根斯坦的有些不近人情的思考，已经打开了我们应该怎么样思考逻辑学的基本问题的大门。

从这个语境出发，历史上的逻辑学有它的不足。那么，什么是逻辑学？那些相信逻辑学自亚里士多德开始就进入的科学的安全轨道的人，很自然地有疑问。现在很流行的说法是，"归纳不是逻辑"。我们不准备回过头去讨论亚里士多德、培根为什么认为归纳不是逻辑，也不讨论现代归纳逻辑为什么以概率理论为基础等这些问题，而是把注意力集中关于"逻辑学为什么或如何被作为真正科学的方法论"这个问题的批判性分析上。

从方法上讲，传统的论证逻辑的方法是规定存在者的方法。从"逻辑"这个词来看，它是以"逻各斯"（Logos）为词源的。[1]这个词源自古希腊斯多亚哲人的爱命运（amor fati）理论。它又从赫拉克利特处援引而来。其最基本的意思就是构成必然的变化的量的法则。它应当与"讲话"（Legein）这个词有关。

那么，"讲话"是什么？按照传统的论证逻辑，"讲话"是指按照"一种顺序推论、前后连贯的言语"。但是，按照"一种顺序推论、前后连贯的言语"只是一种"讲话"的方式，至少在对"讲话"这个词可以想象的最广的意义上就是这样。海德格尔宣称，"讲话"是"对已然消散的存在之痕迹的收集、收获、聚敛和复原（即回忆）"[2]。所以，"讲话"根本上不是去讨论存在，而是去"追忆"、去回忆存在。而"追忆"或"回忆"是"前逻辑的"。卡尔·巴特对语言和思想采取粗暴矛盾的修饰方法，最著名的是其关于神圣性的遮蔽与启示的辩证法，而几乎与此相同的方法也出现在海德格尔关于真理的论述中。

在这个意义上，传统的论证的逻辑方法显然不能用于存在，因为存在不是存在者。由此可见，思想的第一法则不是某个逻辑法则，而是存在法则。这意味着人们可以以不同的方式进行思想，如原始思维不同于现代思维因而遵循其他规则。

---

① "逻辑学"最初源于"逻各斯"一词。胡塞尔指出，在语言发展后，特别是与科学兴趣相关的意义，逻各斯有时意味着理性能力，意味着形成正当概念的能力；意味着言语能力，与言语同时进行的思想，以及思想时所指称的被思想者。胡塞尔：《形式逻辑和先验逻辑——逻辑理性批评研究》，李幼蒸译，中国人民大学出版社2012年版，第14~15页。

② 乔治·斯坦纳：《海德格尔》，李河等译，浙江大学出版社2012年版，第192页。

四、逻辑的基础在哪里

现在我们讨论"逻辑本身有没有基础"这个问题。对于这个问题的回答实质涉及逻辑的哲学基础问题，触及逻辑学背后假定的精神状态的存在或性质。人们认为，逻辑学是"追求真"的普遍和根本的方法论。既然如此，就必须研究科学命题的意义来源，研究包括在科学命题里面的这个逻辑的意义来源。也就是说，"凡是有关逻辑自己的本源以及它要求对思作权威论断的权利这类事情，逻辑本身都还需要得到解释与论证"①。而传统逻辑学有一个缺点，就是它从来没有考虑这些问题，没有考虑逻辑的有效性建立在什么样的认识根子上。海德格尔当时就笑了：逻辑"自古以来它就教同一内容"②。"也许直到今天依然如此。认识论一直没有理解：一切判断理论从根本上讲都是表象理论"，"它的基础完全是浅薄的"。③海德格尔的意思是，存在的遗忘的结果之一便是强调逻辑的长处和对一般思维方式的拟制。

当我们准备给逻辑找到基础，使得逻辑不会出错，使得逻辑是可能的时候，不同的哲学家会到不同的地方寻找这个基础。有些哲学家会走符号分析的路子，有些哲学家则会走从人的生活本身的冲动以及形式来考虑问题。有些哲学家走了一两步就走不下去了，有些哲学家则认为神秘中的神秘才是真的源头。结果是人们今天追寻科学方法的力量恰恰表明了一个事实：方法尽管很有效力，但其实只不过是一条巨大的暗河的分流。人们今天热衷于科学方法，是为了开辟道路，为了绘制通向暗河的那条道路的轨道。一切都是道路。④

我们知道，近代哲学所走的道路就是：在认识论范围内来探讨为什么会有逻辑，或者说，逻辑的有效性具有什么样的认识论的根据。这个认识论，就是指把为什么会有逻辑这个问题跟我们的意识联系起来。这完全不同于马克思所谓"原来逻辑范畴还是产生于'我们的交往'"⑤的立场。从笛卡尔到胡塞尔，都是把一切知识的基础奠定于对意识的解释。按照休谟的一个说法，任何存在

---

① 海德格尔：《形而上学导论》，熊伟等译，商务印书馆 1996 年版，第 122 页。
② 海德格尔：《形而上学导论》，熊伟等译，商务印书馆 1996 年版，第 120 页。
③ 海德格尔：《存在论：实际性的解释学》，何卫平译，人民出版社 1999 年版，第 75 页。
④ 孙周兴选编：《海德格尔选集》下卷，生活·读书·新知三联书店 1996 年版，第 1101～1102 页。
⑤ 马克思认为，只有从"我们的交往"实践譬如"耕作"、人们"建立村庄的方式"出发，我们才能重新认清逻辑范畴的真正来源。参见《马克思恩格斯文集》第 10 卷，人民出版社 2009 年版，第 258 页。

的东西总在我们意识中存在的东西，否则就是一种空洞的思想可能性。内在性是非有不可的，但是必须内在于一个超验的事物，此即观念性。因此，当近代哲学家在思考逻辑跟我们的意识有什么关系、我们的意识是怎么构成了逻辑的那些对象的、我们的意识构成的逻辑对象是怎么使得逻辑具有确定性的时，这些问题马上让人想到心理学。

对于休谟这样的哲学家来讲，数学和逻辑意义上的那种因果之间的必然性不过就是一种虚构的观念，或者说仅仅只是一种经验上的相互关联。从心理学的角度看，它只不过是一种习惯。就像你在做数学的"1+1=2"，刚开始你借助于无数经验譬如 1 个苹果加 1 个苹果的例子，终于有一天你悟到了"1+1=2"这不会错的，绝对不会错，而且你还学会抢答了。但是，这个确定性虽然毫无疑问，但解决不了经验科学问题。

在休谟看来，数学或逻辑推理仅仅表明某一命题是从另一命题得出的。经验科学所研究的是实际发生的事件，或者实际事件之间实际发生的各种相互关联，这应该说是两码事。在休谟看来，社会领域里面的许多东西，譬如正当、正义或功利等等之类的东西是一种"约定俗成"的东西。它们的源头与其说产生于理性，不如说更多源自想象或人的"杜撰的习性"。休谟的这种带有怀疑主义色彩的技术观的要害在于，把人的认识当作一个舞台，在这个舞台上让理性和想象力扮演各自的角色，并且把它们当作两股势不两立的对抗力量，互相厮杀。[1]一方面，给理性明确划定范围，一越界就变成荒谬。在理性的范围界内，只有观念和观念的比较可以得出确定意义上的真理，这类真理应当只存在于数学的有限部分之中。由于它的全部推论都意味着："假设一项命题为真，那么另一命题也必然为真，所以也就毫无必要去追问该项前提是否为真了"[2]。另一方面，没有任何实在存在世界的东西，被休谟指派给想象力的地盘。当想象力依据心理学的法则，特别是依据观念联想的和习惯的法则，非法地超出界限，就产生虚构的作品。在这个过程中想象力按照它的规则性，"首先构成一种荒谬的东西，然后为了使第一种荒谬的东西有吸引力，另外再编造新的荒谬的东西"[3]。

众所周知，不同于休谟，胡塞尔试图将无限丰富的生活世界和经验表象尽收理性或逻辑的囊中，它指向的是先验世界、可能世界和模态世界。这种

---

① 胡塞尔：《第一哲学》，王炳文译，商务印书馆 2010 年版，第 237~238 页。
② 乔治·萨拜因：《政治学说史》，邓正来译，上海人民出版社 2008 年版，第 290 页。
③ 胡塞尔：《第一哲学》，王炳文译，商务印书馆 2010 年版，第 238 页。

探讨当然难以避免绝对主义。比如说，伦理学赖以成立的前提就是他人的存在，也就是说他人作为他人总是规范着我的行动的意图。因而，伦理学的规则显然不同于逻辑学的形式规则。在传统逻辑学中，对任意一个对象的陈述都具有一种单纯形式的"正确性"。当你希望用论证的一贯性来推导人的行为，在伦理学领域随即出现了非人的事物。可见，"逻辑学所表达的思维规则在伦理学以及同自然的联系中都有效"，正因为如此，"无论伦理事物还是物理事物在逻辑中都显得无关紧要。表面上看来逻辑学对于伦理学和物理学具有一种优先性"。然而，这种优先性将导致机械论和"工具化，人最终将自己也移交给了这种工具化"。①

那么，逻辑学本身的基础究竟在哪里？对于胡塞尔来说，回答这个问题需要从"主体学"这个路线思考。这里的主体不是自然人的主体或心理学主体，而是先验主体。它是主观理解本身的明证性，即直观明证性，相当于直觉主义。

胡塞尔认为："'逻辑的东西'必须到直观内在体验中寻找其隐秘的起源，这就把逻辑的东西的范围延伸到了前谓词的经验领域，使逻辑真正成了从经验中自身层层建构起来的真理。"②显然，胡塞尔在探讨逻辑谱系的时候，一方面强调唯我论的原始经验是最基本的出发点，另一方面发现了这种原始经验不能够真的是原始的，所以它只能把它作为一个临时的出发点，它只是向真正的出发点、向超出唯我论的那个先验逻辑回溯。但是，对我们来说，不论是先验主体还是经验主体，都难以逃脱"唯我论"。因此，逻辑学本身的基础在哪里？这个问题本身给你的感觉是：他是一个武功最高的高手，你想抓住他的时候他就利用你抓他的力量来躲在你的背后，或者闪在一旁，你就完全没有希望抓住他。于是，逻辑给你的感觉是，它从来没有基础。③

众所周知，即使形式逻辑具有一种不可征服的力量，形式推理也只能保证内在的逻辑性，而不能保证事实的正确性。"哲学思想应该解释世界存在的事实"。如何解释呢？"要知道，在世界上还存在着像偶然性、随意性和自性

---

① 彼得·特拉夫尼：《海德格尔导论》，张振华等译，同济大学出版社 2012 年版，第 96~97 页。

② 胡塞尔：《经验与判断》，邓晓芒译，生活·读书·新知三联书店 1999 年版，第 3 页。

③ 胡塞尔因此说："要从现象学上对逻辑学进行奠基，我们还须克服这样一个困难：[一方面，]逻辑学想澄清许多概念，[另一方面，]它自己又必须在阐述中运用几乎所有这些概念。"参见埃德蒙德·胡塞尔：《逻辑研究》（第二卷第一部分），倪梁康译，上海译文出版社 1998 年版，第 14~15 页。

这些东西。所以，这里又提出一条原则：现实自身就是一切存在和存在的不可能性。"①如果你不这样想的话，那么真是把逻辑学当成近代以来的那种方法论、工具论意义上的东西了。

那么，我们应该如何来看待逻辑呢？老实说，我对逻辑心存畏惧。我有一种被强制思想的感觉：在尼采关于"强力意志"的格言中有这样一条注释："上帝的真正创造行为在于，上帝创制了语法，这就是说，他把我们放进了对我们的世界掌握的这种图式化之中，以致我们不能破解语法。"②这里"图式化"正是指一种"本源逻辑学""先验逻辑学"，而不是方法主义意义上的准形式逻辑那样的逻辑。在这方面，我们感到思想不得不依赖逻辑的这种强制性，它相当于"上帝的意志"。但是，逻辑相当于"语言法则""数学法则"，它是根源于范畴活动中形成的。在胡塞尔那里则是根源于生活世界的明证性。

在全球化的今天，我们感到这种强制性必定会随着数字技术文明的到来而达到无以复加的地步。比方说，人类今天制造了足以把整个地球毁灭上百次的核弹头，人类却又不得不签署一张禁止使用核弹头的条约。这是好奇怪的事情！不过，它是符合形式逻辑的。这里就充分看到，亚里士多德以来的传统的形式逻辑作为真理的纯形式的条件是消极的。我们不得不反躬自省：这一切都是命中注定的吗？而且，今天的数字技术文明是某种现实的东西，而不是哲学家灰色的图画，当我们环顾四周的时候，当代许多逻辑学家的理论譬如弗雷格的量词理论、罗素的摹状词理论、哥德尔的不完全性定理、塔尔斯基的真之理论、克里普克的可能世界语义学等，都是整个欧洲文化图式化的回响。你们去看分析哲学，只要与逻辑有染，里面就充满了逻辑符号。特别是有些逻辑学教授推崇现代的逻辑方法，我看其逻辑定理的证明，尤其在所谓模块理论中，不知是从那个旮旯中汲取来的各种方法。我们已经不再能够用西方哲学从前那种自明性口气说话了。可以说，传统逻辑本来就不是人类在思想海洋中自由畅游的灯塔。

今天，对哲学来说，最震惊的莫过于对由概念构造起来的权势欲望对现实经验的基本引领缺乏应有的震惊。从胡塞尔的理性主义来看，如果我们能够从"大处着眼，小处着手"，则一定能够为今天重建人文科学指明方向，遏阻后现代主义非理性主义的泛滥。在这个意义上，胡塞尔的理论为我们提供了重建人文科学的"基本材料"。当然，我们对胡塞尔的解读应该是既推崇他的立场，又对他的理论进行批判性解释。对于我们这个"后逻各斯"的时代，成为问题的

① 列夫·舍斯托夫：《思辨与启示》，方珊等译，上海人民出版社 2005 年版，第 41 页。
② 严平：《伽达默尔集》，邓安庆等译，上海远东出版社 2003 年版，第 178 页。

是：逻辑学作为有关"真理的科学"和真正的科学方法论，究竟是一门什么性质的学科？逻辑规律究竟是什么样的规律？在数学中适用的逻辑工具或"数学法则"，与社会科学中适用的逻辑工具，存在着怎样的关系？心理学和逻辑规律究竟有什么关系？归根结底，我们有兴趣研究为什么会有逻辑、逻辑的基础在哪儿这样的问题，而不是具体的逻辑方法问题。

第二节　逻辑学的本质和有效性问题

一、传统逻辑主要在"必然地得出"这个方向上考虑问题

有哲学家认为，逻辑分析方法是知识论研究中唯一的或主要的方法，而且传统逻辑学应成为真理的方法。人们也的确期许传统上的逻辑学应该满足最高的方法论上的要求。不过，这里的逻辑学是指中世纪和近代以来的那种方法论、工具论意义上的逻辑学，而不是海德格尔那里与存在论有联系的"本源逻辑学"或"哲学的逻辑学"，后者大概是指作为一个"'系统的'解释哲学文本的导论"。而传统形式逻辑长久以来被人们叫作纯无矛盾性逻辑，或者称作纯一致性逻辑。胡塞尔又把它叫作"纯粹分析学"。

形式逻辑又叫普通逻辑学。它有什么普通的理论意图？我们用问题的方式来表达它的意图："首先，在进入实质性主题之前，我们在自己的判断中如何能够避免陷入'矛盾性'、不相容性？它们仅仅是由形式决定的吗？然后，如何发现适当的形式的法则规范？"①因此，一般来说，真理要在判断中发现，而且要把真理和"同一性"并论。

目前清楚的是，所有这一切都要假定，传统的逻辑的方法被人们普遍承认为是最严格的思想方法。这样的思考形成了在判断或关于判断的学说中揭示逻辑学核心的诉求。这里我们重复前面已经说过的话，即假如有造物主的话，连造物主也不能违背逻辑，因为造物主也要保证他做事情的一致性和连贯性。这是说，形式的科学理论应当为一般可能的科学表达出一种"先天性"。逻辑学必

①　胡塞尔：《形式逻辑和先验逻辑——逻辑理性批评研究》，李幼蒸译，中国人民大学出版社 2012 年版，第 278 页。

须给予所有的科学可能以前提。当然，我们不是真的相信造物主的存在。如果上帝有存在的潜能，那么，她就不存在，这就与她的永恒相互矛盾了。我们的意思是说，在这种态度中，逻辑学最后就成为规范技术性的学科了。

当然，说逻辑学是一门规范技术性的学科，就是指"工具论"，这不全对。关于概念、关于判断、关于推论的学说，作为一种教规而固化的部分，是在后来学院式消化亚里士多德哲学的过程中发生的。比如，学院逻辑学家可以说，我们实际上是完全依赖着逻辑学这门科学的结果而生活的，我们修高速、造房子以及谈情说爱都是通过逻辑，作为工具，逻辑具有最普遍的可应用性。不仅在自然科学，而且在人文社会科学中，逻辑也得到广泛的应用（比如，有人声称，现代逻辑在分析哲学中的应用，它使得哲学的研究方法发生了根本性变化）。但是，我们对此总有疑虑：为什么对逻辑自身而言，反而变得越发无所谓了？我认为，这里最重要的问题是逻辑本身有没有基础。

于是理论发展的反面出现了：逻辑学现在的最大问题就在于没有一个普遍接受的定义。有人是这样认为的。"逻辑"是个外来词，无论在概念上还是在学科上都是有歧义的。人们对逻辑的严格性产生不同的意见。"逻辑之父"亚里士多德并没有使用"逻辑"这个词。密尔认为逻辑不好定义，他在探讨逻辑定义中提到了"追求真"。尽管他认为这样扩展的定义成问题，他还是由此继续讨论。后来，人们把逻辑视为正确思维的一种艺术、一种技术和人类思维的规范科学。逻辑是一种普及的理性语法的硬核。由此，强调逻辑对一般思维方式的限制。但是，这一切依然要假定，科学的思想是需要规则的，对于科学、对于形而上学来说逻辑学是必要的。但是，在规则那边不受干扰地被坚持的东西又在科学（形而上学）的可能性中顽固地得到论证。于是，有人说，思想规则不太可能被拒绝，决不会受规则之使用的干扰。也有人说，思想活动的条件优先于思想和规则的使用。①进而言之，从思想和存在的关系角度看，"存在论的差异引致质料逻辑（思想语法）的差异，或反过来说，质料逻辑（思想语法）的差异引致存在论的差异"②。直到今天，争论还未达到明白清楚的程度，连"逻辑学的对象是什么"这样的问题仍然在讨论。

---

① 马丁·海德格尔：《从莱布尼茨出发的逻辑学的形而上学始基》，赵卫国译，西北大学出版社 2015 年版，第 147 页。

② 刘小枫：《辩证法与平等的思想自由习性》//吉尔比：《经院辩证法》，王路译，生活·读书·新知三联书店 2000 年版，第 3 页。

　　但是，从逻辑学史的角度上看，方向性的东西还是有的。比如说，亚里士多德的逻辑主要考虑演绎推理，由此规定了逻辑主要在"必然地得出"这个方向上的考虑问题。密尔则通过增加归纳推理的内容来发展逻辑，把归纳看作比演绎更重要的逻辑内容，这与亚里士多德逻辑具有方向上差异。密尔因此坐上了古典归纳逻辑的集大成者这把交椅。笛卡尔则把自我"看成"世界的一角，通过运用逻辑上可靠的演绎程序对世界其他部分进行推理。有人认为，人们习惯上所说的逻辑的形式特点，主要也是由亚里士多德开辟的。我们倒是感谢康德让我们知道这一点，因为我原来只知道逻辑学"详尽地阐明和严格地证明一切思维的形式规则"，没有想到逻辑学"自古以来"就走上了一门科学的"可靠道路"。①

　　逻辑所谓可靠，也就是因为它的技术性很强，它所做的无非就是从给定条件"分析地"或"机械地"推理出必然结果，既无可置疑也毫无惊讶。因为它就是先天方法所具有的排除任何意外或奇迹之类的东西，以致康德说，自从亚里士多德时代以来逻辑学就没有必要前进一步或后退一步。严格的形式逻辑概念很少或根本没有在原理方面发展起来。这就是海德格尔的讲座所包含的观点。

二、逻辑学没有任何进步？

　　我们暂且不管康德上述那番话究竟是褒还是贬，我们不得不反思这种见解，这是逻辑学的光荣吗？只要我们想一想经院逻辑，就可以清楚了。人类向必然发出的最苦涩的责问，就在于它对道德价值的绝对冷漠。西蒙娜·薇依说："义人和罪人同受阳光和雨露的恩惠；义人和罪人还同遭暴晒和水淹。这样一种冷漠，基督邀请我们把它看作天父的完美无缺的表现，并加以模仿。……我们永无可能证明，赞同必然这样一件荒诞的事是有可能的。我们只能信。"②逻辑能够两千年不动，完全维系在人们习惯上所说的逻辑的形式特点。它似乎不需要考虑保证思想内容的正确性，其语言可以构造出一种系统性的内在性，不必求助于超越的或不可限定的东西。它们在本质上是一种同语反复。这就是说，形式主义往往跟"不动性"（亚里士多德的不动推动者）结盟。

　　但一门学科怎么可能站在那儿不动呢？就像一个教师一辈子教的是相同的

---

① 康德：《纯粹理性批判》（第 2 版前言），韦卓民译，华中师范大学出版社 2000 年版，第 6~7 页。

② 西蒙娜·薇依：《柏拉图对话中的神——薇依论古希腊文学》，吴雅凌译，华夏出版社 2012 年版，第 83 页。

东西，奉守"重复主义"，它为什么能够站在那里不动？我想，只要大家从今天所讲的"学术工业"到各种各样的学权制度再到学术圈子、学术规范不断地得到加强就能够看清楚，原来这是一种从远处迫近的人类的自我戕害。不过，这种戕害有点"姜太公钓鱼，愿者上钩"的味道。用海德格尔的话说，是此在的存在方式。

最后，海德格尔接过康德上述的话说："不仅看来是这样。事情就是这样。因为逻辑学即使经过康德与黑格尔都在基本上与开端上未有任何进步。"①归根到底，康德等人坚持把形式逻辑学看作具有其自身自足的基础。所以，康德不会像胡塞尔那样提出形式逻辑范围的先验性问题。胡塞尔认为，康德的先验逻辑不是真正意义上的先验逻辑，它是形式本体论，因为它不能单凭自己来构成对象，而要依赖于感性经验。海德格尔则对西方逻辑的批判是与对亚里士多德存在论的批判联体的。逻辑史的复杂性早已说明"形式"逻辑的根本不是"形式的"。正如从认识论上看，固然应该区分认识和认识的内容，但是从存在论来看，认识与认识内容同样出于认识的那种存在，也就是人的存在。

三、形式逻辑的不堪重用

形式逻辑的局限性促进哲学家深思逻辑为什么对于思想来说不够用。很显然，单纯的形式推论对德国哲学家而言向来没有太大的兴趣。海德格尔指出，那种形式论证不再是思想的工具，而是建立符号之间与时间之间的客观关系，"其实是把此在当作现成的东西，在它前面有尚未现成的东西在移动。那种论证并没有以一种真正生存论的意义来把握尚未存在和'先行'。"②海德格尔虽然不像英国经验主义那样看不起形式逻辑，把形式逻辑看作毫无价值的经院哲学的残余，更不像经验主义用心理主义的精神来剥夺形式逻辑独特真正意义，但是，他说得很清楚："从亚里士多德起，哲学其实就不再理解真正的逻辑问题了。"③这种批评有这么几个意思：

第一，亚里士多德把柏拉图的辩证法变成一种纯粹的推论思想的技术，逼迫人们不能怀疑逻辑，似乎要驳倒逻辑还要用逻辑。可是，在亚里士多德之前的思想家不知道"逻辑学"是什么玩意，他们也不知道什么叫作排中律之类的东西。但是他们不是不能思想，他们的思想也不是非逻辑的。相反，他们的思

---

① 马丁·海德格尔：《形而上学导论》，熊伟等译，商务印书馆1996年版，第188页。
② 张汝伦：《〈存在与时间〉释义》（下），上海人民出版社2012年版，第640页。
③ 马丁·海德格尔：《对亚里士多德的现象学解释——现象学研究导论》，赵卫国译，华夏出版社2012年版，第20页。

想具有在后世一切"逻辑学"那里都不可能达到的深度和广度了。然而，在海德格尔对西方形而上学的此种批判性消解中，如果分析进行到终点，我们是否能够像海德格尔那样思想到在没有任何文字记载以前数千年希腊之作为语言结构和世界态度而培养起来的东西呢？这是一个在这里应该提出的问题，以此才能说明像排中律等逻辑规律虽然一直被认为绝对普遍有效，但是它的成立是有条件的。它具有人文性质、精神性质、历史性质。"如果有人向你证明说，你是由猴子进化而来，你不要皱着眉头表示反对，就接受下来好了。还有人证明说，实际上你身上的一滴油贵重得要命，而所有道德、责任之类的东西只有在这一基础上才能得到合理解释，你也就接受吧，因为没有办法，二加二等于四，这是数学啊。有人喊起来：'根本就不可能反驳，因为二加二等于四呀！大自然并不需要获得你们允许，也不管你们是怎么想的，不管你们是否喜欢它的规律，你们不得不接受它，因此，也不得不接受它的结论。例如，墙就是墙'……但是，当我出于某种原因不喜欢自然规律和那个二加二等于四时，自然规律和数学跟我有什么相干？"[1]陀思妥耶夫斯基的观点提醒我们：数学这样铁板钉钉的自然科学也是自然解释，而单纯明了的知识是不够的。所以，非拒绝如今已经声名狼藉的把逻辑与本体论和价值论分离的盎格鲁-撒克逊人的做法不可，并在一定程度上重新恢复在"形式"科学和"经验"科学之间的结盟。这也就是说，不能仅仅说"必然得出"这种性质是靠天才才能把握到的。如果让人们抓不住这种性质，那么哪一个天才提出它都是没有用的。这样一种思想的重要性在于：形式逻辑作为一种思想的语法，它是要以思想和概念的精确性、可靠性来说服人或统一人的思想，因而它是知识公共性理论的奠基石，个人虽然可以具有自己的天才而加以特殊解释，但这个奠基石是不能动摇的。

第二，问题的关键在于是什么保证了"思想"。在传统哲学家比如康德和胡塞尔那里，是"理想主体"。但是，以不矛盾律为例，我如何知道命题 p 并不与命题 q 不一致？如果我能一起思考 p 和 q 而不违反任何推理规则，我说 p 并不与 q 不一致。因而，逻辑规则的规定以我有生存理解为基础。由此可以看出，传统逻辑中的"此在"与海德格尔哲学不同，它仅仅被理解为"存在者"，它不是由此而引向存在，而是由此引向普遍的本质、逻辑。或者说，传统逻辑学的本质与此在之间缺乏"存在"这一纽结，因而像胡塞尔的原始经验具有的自欺欺人的性质，无法获得解释学循环的那种本体论生命张力，终归只是成为生存论、存在论作为一种描述方法的权宜之计。有人是这样认为的。我们假如承认

---

① 陀思妥耶夫斯基:《陀思妥耶夫斯基自述》，黄忠晶等编译，天津人民出版社 2013 年版，第 196 页。

逻辑的内在机制就是这样不矛盾地"必然地得出",如果也承认逻辑的这种独特性固然是一大长处,那么如果碰到更复杂一点的逻辑问题,譬如,把一个无穷级数累加起来,要保证那种"必然地得出"的逻辑机制继续有效,这又如何做到的呢?帕斯卡曾经提出过"无穷小"和"无穷大"这两个根本无法解释的深渊。它针对的是那种人类掌握和控制自然和历史的雄心和方法。在帕斯卡看来,面对这两个深渊,人只是被抛在宇宙角落里的可怜的芦苇,而不是斯宾诺莎和霍布斯宇宙和自然理论中富有进取精神的创造性主体。对此,帕斯卡指出,斯宾诺莎和霍布斯心目中的理性并不能解决人与深渊之间的矛盾,这在根本上是因为人并不具备认识整体的能力。因此,承认哪怕极其蹩脚的描绘一幅自然的整体和世界的总体性认识的图景都难以成功。

现在我们先回避这个困难的问题,简单地说,如何做到呢?它是通过现代逻辑构造形式语言和建立逻辑演算来保证"必然地得出"。

然而,在逻辑的力量方面,有太多像头脑简单的小孩想象的那样,认为由一或两个诗人可以造出第三个、第四个……正如俗话所言:"想到头"。此外,所谓"想到头"也有特殊难处。毫无疑问,亚里士多德有权围绕"必然地得出"建立起叫作逻辑的这门学科,后来的人们也完全可以质疑这种至关重要的性质。至少从逻辑"有效性"一词上讲,人们自然会怀疑:亚里士多德,你凭什么把一部分规定下来?A 为什么不能等于非 A,或者说,A 为什么只能等于 A?换句话说,亚里士多德逻辑的有效性,只能管辖到前提和结论之间的联系上,至于前提和结论在事实上的真假它管不了。对于这一点,亚里士多德有充分的认识:他谈到过质料追求形式的欲望。他做了一个巧妙的比喻:这种欲望就如同女性追求男性的欲望。女性是通过她的模样和可见的光彩的魅力来影响男性的。然而,作为未见者的质料却要忍受这样的痛苦,即仍然不在任何形式那里显现,只是欲求达到一种显象形态。同样,按照亚里士多德的观点,"质料本身据此依然是未知的"[1]。

黑格尔就瞧不起这种形式与内容分离而不具有彻底性的东西。他要为逻辑创造一个兼具形式和内容的新起点,这种逻辑要处理的不是论证的形式结构,而是存在自身的本质。他认为,研究形式的逻辑推理本该是孩子所做的事情:"所谓规则、规律的演绎,尤其是推论的演绎,并不比把长短不齐的小木棍,按尺寸抽出来,再捆在一起的做法好多少,也不比孩子们从剪碎了的图画把还过得去的碎片拼凑起来的游戏好多少。"[2]这足以说明黑格尔觉得以推演为学科特

① 让-吕克·马里翁:《可见者的交错》,张建华译,漓江出版社 2005 年版,第 37~38 页。
② 黑格尔:《逻辑学》(上卷),杨一之译,商务印书馆 1966 年版,第 37~38 页。

性的逻辑学教科书就是想入非非地拼凑的。拿逻辑学教科书来说，"所谓的方法那里，却又一点没有想到过进行推演。其编制大体就是把同类的东西摆在一起，把简单的东西放在较复杂的东西之前，以及其他的外在考虑"①。显然，这些论点也有过分看轻形式逻辑的意思：狭义的形式逻辑从来不被认为是理性的最高形式。黑格尔使用的"逻辑"具有很强烈的"超逻辑"色彩。黑格尔的《逻辑学》论述的是作为存在论的逻辑，是以存在问题作为主要任务的著作，多少带有浪漫主义的成分。他对逻辑教科书的论述方式非常不满意，形式逻辑的局限性也被他充分看在眼里。他甚至嘲笑建立数理逻辑的尝试，认为人类既然已经有自然语言这样丰富的思想表达手段，根本用不着费心去建立一套以人工符号为基石的逻辑。或者说，在语言使用与存在的接触关系上，数理语言因其被精确地使用，于其中完全不符应于任何存在。当然，看轻形式逻辑的并非黑格尔一个人。让我们来设想一下，任何时候翻开一本新书，我们都会有这样一个问题，作者在书中运用的材料是靠什么串起来的？有人说应该是逻辑！我说这只是你的猜测。写得最聪明的书会让我们不停地猜测，这就是我们喜欢复杂难懂的书的原因，这种书让我们始终处于悬念之中。还有人说，逻辑是最有力量的，可我觉得不尽然。有人连续地下判断，并将判断一个接一个地排列起来，使已作出的诸判断对它内在地继续有效。在这种情况下，多种多样的判断构成的排列就具有这样一个特点："一种判断的统一贯穿到所有个别的诸判断中。"例如，每一个 A 都是 B，并且每一个 B 都是 C，那么，每一个 A 都是 C。这就是亚里士多德关于推理的论述。这种情况下，结论句并不是一个单独的判断的产物，而是一个由前提产生的判断。或者说，一部分是规定下来的；另一部分与这部分不同，是推出来的，它们之间的关系是"必然的"。就像我们在写文章的时候，有一个体会：一篇文章要一气呵成，文脉要贯通。一气呵成或文脉贯通，不就是一篇文章中存在着的多种多样陈述构成一个整体吗？然而，要做到这点肯定不容易。我们并不是记忆力不好。相反，一篇文章如果毫无"精神"可言，把属于思想本身的逻辑一贯性当成自己的一贯性，或者把作为这种逻辑的基础的思想方式当成自己的思想方式，那么，各种判断之间的联系就仅仅只能是部分规定的罗列。它们之间的过渡只能是：现在是第二点；或者说，我们现在来讲下一个问题，如此而已。在这里，人们就是这样以随便某种线性的推论来曲解一贯性和思想方式的！

但这一切都与追问真理的本质没有任何关系。因为"以判断为引线把握真理之本质的尝试，不是立刻就会成功；无论如何都不会有明了的结果。只是，

① 黑格尔：《逻辑学》（上卷），杨一之译，商务印书馆1966年版，第34~35页。

我们到目前为止仅仅是把一种理解和另外一种进行了调换，那样一种理解也同样涉及陈述：表象之连结相符合"①。

　　第三，逻辑学的主题并非这个或那个思想正确或不正确。逻辑的规定应当按照揭示为人的自由的这样一个根本问题来规定。逻辑规则是由我能作什么不能作什么决定的，不是思维过程决定了逻辑规则，我能不违反推理规则是我"能"干。正如莱布尼茨说，"拿出纸和笔来算一算"，否则就无法做到"必然"。这也说明，逻辑必然性不能是思辨而不着边际的，而必须是清楚能行的、可以一步一步实现的。即使像 1+1=2 是必然得出来的，这对孩子来说也要掰起手指计算的。"掰起手指"意味着"必然地得出"总要有物化的表现形式才行。否则如何进行计算（研究）呢？孩子的逻辑是要"掰起手指"，成人的理性当然也可以借助语言这种物质外壳进行研究。此外，1+1=2 的计算过程是心理活动过程，但是只有当心理活动不再进行的时候，1+1=2 才会有效和可靠。计算结果所要求的有效性与哪个聪明还是愚笨的大脑进行计算这一点毫无关系。谁进行了计算，或者谁完成了逻辑演算，谁就分享了"超主体"的"精神"。在有些人眼里，逻辑的内在机制就是这样"必然地得出"，逻辑从未停止发展，就是因为我们紧紧抓住了它。也有人认为，煮沙做不成饭，因为除了认为沙不能做成饭外，人不能用任何其他方式思考这件事。这里讲的"能"意指存在的可能性，与主体的认识能力无关。海德格尔的这个看法很重要，他一改传统认为逻辑只与思维规则和形式相关，与存在不存在无关的看法。

　　所以，海德格尔认为"理想主体"根本不能成为"真理"的基础或根据。"当然，这里的'根据'自然要理解得比传统 ratio（理智）的概念广泛得多或更为根本。"②我们也会承认，理智不会因此在判断中占有特殊的地位。任何洞见到了真实存在之根据的话语、判断都是智力的表现。但是，谁会因此说话语、判断就代表真理呢？真理本身是不会说话的，会说话的只是人。所谓"理想主体"不过是通过幻想理想化的主体。在柏拉图主义的传统直至胡塞尔，逻辑规则成了事物本身、准客体，甚至道德规范的内容也成了价值本身。但是，所有这些事物本身都要在"理想主体"中得到明证。这仍然依从了古希腊以来的理论哲学传统。如果可以比较的话，老子的"道说"就比今天的"学院哲学"思考得更深更广。但是奇怪的是，学院派仅仅宣称要预见一幅创作，禁止创作从未见状态突然出现，而且，从一开始就指定它的形象。然而，"logos 从不意味

---

　　① 马丁·海德格尔：《从莱布尼茨出发的逻辑学的形而上学始基》，赵卫国译，西北大学出版社 2015 年版，第 175 页。

　　② 马丁·海德格尔：《从莱布尼茨出发的逻辑学的形而上学始基》，赵卫国译，西北大学出版社 2015 年版，第 303 页。

着 reason（理性）"。从生存论—存在论的角度去理解，这个世界远远不能还原为确定的形象（逻辑）。相反，逻辑学根植于由存在论差异所规定的存在之领会。海德格尔的这种想法表明，思想必须先于"逻辑学"，可以不知"逻辑学"，却也能够真正地思想。

第三节 心理学和逻辑学纠缠在一起的结

一、反柏拉图主义妨碍人们对真正先验哲学的理解

逻辑学是要为判断、陈述寻求某种根据，但是，我们对逻辑学的一般看法是，在每个判断的表达或进行中，获得其确定性的根据不是某判断拥有某种心理学根据，而是存在概念之普遍性。

胡塞尔的《逻辑研究》发表半个世纪以后，波兰的逻辑学家卢卡西维茨认为，通常人们所理解的"形式逻辑是对思维形式的研究"这个定义是从"逻辑学是思想规律的科学"这个逻辑学定义得来的，但这个定义是错误的，因为"研究我们实际上如何思维或我们应当如何思维并不是逻辑学的对象，第一个任务属于心理学，第二个任务类似于记忆术一类的实践技巧"[①]。因此，把逻辑学和思维研究联系起来，等同把逻辑学交给哲学心理学。或这个问题干脆转变成：心理学能否构成逻辑学的基础？大家知道，如黑格尔看到，近代人在逻辑中掺进了心理学的内容。[②]如果说心理学也研究思维，也研究感觉、知觉、记忆、思想、情绪、意志这一系列心理过程中的心理活动，那么，所谓逻辑学也就没有什么特殊的地位和意义。于是，在解决思维的心理联系如何过渡到思想内容的逻辑统一这一关键问题上，一天比一天困难了。胡塞尔认为，他在《算术哲学》中栽跟斗，原因就出在他的心理学方法身上。

逻辑学的基础不能建立在心理学上，但是，逻辑学在根据方面如何区别于心理学呢？这是一个复杂的问题。思想家似乎一直在苦苦挣扎。因为逻辑学和心理学纠缠在一起，有许多结难以解开。假如心理学不能够与逻辑学根本相区分，那么亚里士多德所说的"必然得出"不就泡汤了吗？

首先，人们一般认为心理学是一门事实的、经验的意识科学，而逻辑学本质上与经验事实不相关，用黑格尔的话说，它是"真理的绝对形式"，"作为纯

---

① 卢卡西维茨：《亚里士多德的三段论》，李真等译，商务印书馆1991年版，第21~22页。

② 黑格尔：《小逻辑》，贺麟译，商务印书馆1980年版，第73页。

粹真理本身"。①我认为，这是今天最广为流传的一个信念。这一事实表明，心理学跟主观侧联系在一起，而逻辑学跟客观侧难以分离。这意味着，从言语、思想和所思者的关系看，心理不是陈述、判断的根据，心理也不能赋予陈述、判断以意义。维特根斯坦早就认为出于心理的判断是不能正确谈论事物的。他说，假如你们的深层心理冒出了一种感觉，于是你们取名为"酸酸的"。一会儿，这个感觉似乎又冒出来了，于是你们就用"酸酸的"来称呼它。这样一来，"酸酸的"这个词的意思就是那种感觉所赋予的。但是，维特根斯坦问：你们怎么知道后来的感觉就是前一种感觉呢？根据是什么？标准是什么？不过就是前一种感觉回过头来感觉了后一种感觉吗？问题是，感觉能回头吗？不能！感觉有没有回头的时间吗？没有！再怎么样长长一连串感觉感觉印象，也无法通过归纳逻辑达到先验统觉。作为存在的"它"何以原始地与时间关联！

我们知道，自康德以来，至少已知内容知识的有效性并非先验的，而只是后验的，因为它并非建立在纯思维而建立在经验之上。胡塞尔批判康德的先验逻辑尚不具有真正"先验"的意义，原因在于康德的先验逻辑要依赖于感性经验，它的"一切范畴形式最终都要由判断中的对象来承担"②。"先验"这个术语的使用仍然不正当或缺乏合法性。如果我们对这样一个抽象的道理作一种较平庸、流俗的理解就更清晰了。比方说，你在跟女朋友正在热恋之中，维系你们热恋状态的是什么？是双方的爱恋，而不是性（感觉）本身。这才是必然的。正如精神分析发现的，性（感觉），无论多么精彩，一旦结束就会进入某种虚无。性（感觉），就这样作为一种空洞而平庸的现象展示在精神世界之中。

所以，常常有人说，从事逻辑研究的人最讲究证明和论证。可是，事实上是，现在的逻辑学家知道形式推理学说只能保证内在的逻辑性，而不能确保事实的正确性。由于逻辑学家的自然主义、经验主义或反柏拉图主义思维作怪，他自己却禁不住诱惑，全用心理学来论证。这也说明把观念形成物作为对象来研究很困难。

胡塞尔清楚，反柏拉图主义极大地妨碍了对先验方法的清晰理解。反柏拉图主义的影响很大。比如说，像胡塞尔这样的大哲学家，他最初是一位数学家，他攻读的是数学研究领域的博士。他一生都在追求客观的理想存在物，追问种种"先天"的本质可能性，理解本质研究方法，费心去追问如何在主体性中获得客观性。但在这个问题上他看起来也有过反复。这一点不能不被人提起：胡

---

① 黑格尔：《小逻辑》，贺麟译，商务印书馆 1980 年版，第 64 页。

② 胡塞尔：《形式逻辑和先验逻辑——逻辑理性批评研究》，李幼蒸译，中国人民大学出版社 2012 年版，第 25 页。

塞尔的《逻辑研究》第一卷立场坚定地批判和反对心理主义,可《逻辑研究》第二卷常常让人觉得回到心理主义。造成这种误解的责任有一半归咎于胡塞尔自己。因为在第二卷的引论中胡塞尔自己做的事情容易被人误解。他说,现象学是建立在描述心理学的基础上,纯粹逻辑学最终也是建立在心理学的基础上。[①]这就是说,人们一度误以为,胡塞尔也有误把逻辑学和心理学纠缠在一起的结,他没有以快刀斩乱麻的凌厉之势了结当时的心理主义。此外,这种误解当然也怪胡塞尔自己的表达方式十分艰深。这时,在他那里,"逻辑"才不能不摆在引号中。最终,胡塞尔不得不致力于捍卫逻辑学的非心理学的有效性,决心将自然主义的心理学这只鼹鼠置于死地。

二、基于"思想的规律"解构"思想所经历的心理过程的规律"

看来,胡塞尔的问题乃是近代哲学的基本问题。所有这一切已经在近代涌现。假如人类只能任其心理过程的自然规律发挥作用,而没有对心理性的东西作规范,思维如何可能有效?除了一种纯粹的理想真理之外,胡塞尔就不知道任何其他手段。可是,胡塞尔发现,他那个时代的逻辑绝没有这样的责任担当。胡塞尔在《逻辑研究》第一卷"前言"中说:"我分析得越深入,便越意识到:抱有阐明现时科学之使命的当今逻辑学甚至尚未达到现实科学的水准。"[②]胡塞尔之所以有此担心,原因在于,不论是自然主义形态还是实证主义形态,它们都看重实验心理学。因为它是所谓精确心理学,并企图把逻辑学、知识论、美学、伦理学以及教育学奠基在实验心理学之上。在心理主义那里,什么东西都以知觉为基础,比如情感、信仰等,所以就有一种感觉主义的嫌疑。那么,摸一张桌子的感觉和一个人失恋的感觉是否相似?或者说用描述物理对象的术语,比如用滚烫的水来比喻滚烫的心是否可行?对于冷和热、爱和恨等等的感知,一切熟知的客观形式,如空间、时间、因果性、能力、个人、社会、国家、法、道德,等等,必须借助这种物理—心理学来解释。总之,用带有物理术语又仿照的是那些用来解释物体的术语来描述心灵或理性,结果导致"自然主义"的错误。

胡塞尔指出,建立在经验实证主义基础上的心理学是不能够发现现象学所发现的那个巨大的领域。所以,以往在心理学中,并且如今仍然在所有以自然科学为导向的心理学中,对心灵生活的理解占统治地位,这种理解将心灵生活

---

① 胡塞尔:《逻辑研究》(第二卷第一部分),倪梁康译,上海译文出版社1994年版,第15页。

② 胡塞尔:《逻辑研究》第一卷,倪梁康译,上海译文出版社1994年版,第1页。

不言而喻地看作一种与物理自然的发生相类似的东西，看作不断变化着的各要素的复合。"物理学就是寻求一种能够精确地描述那些人们无法用肉眼看见的事物的方法，进而能够越来越近似地去解释那些人们可以用肉眼观察的事物。最终，通过微生物的方法去描述人们的心理活动并且通过对语言机制的因果关系的分析，我们将能够知道物理学家们不断积累的有关这个世界的真理，就像这个世界本身是这些人们无法用肉眼看清的事物相互作用的结果一样。"①这种用心（物）理学来解释一切存在和一切科学的最终结果就是：整个客观世界不过是虚构的，是在主观性中按照心（物）理学法则虚构的，科学则是主观性的自我欺骗。

令胡塞尔惊讶的是，所谓实验心理学或所谓精确心理学，实际上并未超出生理学的界限。它设定的是心理学可以通过心理生理学的具体化来建构意识事实的企图（比如，它设定精神状态和大脑状态或感觉和刺激物之间的相似性）。在胡塞尔看来，所谓精确心理学一点也不精确，因为它不得不不断运用源于日常经验的概念，至于这种日常经验的概念充分不充分，它不曾做过考察。通过这种比较，我们首先体会到："人们过分地急于追求心理学的解释性成就，即效法自然科学的解释楷模，因而他们很快地滑过了纯粹直观的领域，滑过了由内在经验构成的纯粹被给予性领域。"②

但是，心灵的自然化在笛卡尔那里也是显而易见的。因为，他把灵魂看作一种不同于肉体的实体。在胡塞尔看来，虽然观念对象是在意识中被构造的，但仍然有它自己的存在、自为的存在。意识的综合完全不同于中性要素的外在联合；意识生活的本质在于，它在自身之中所隐含着的不是那种空间性的相互外切、相互内含和相互交错状态以及空间性的整体，而是一种意向的交织状态、一种动机的被引发状态、一种意指的相互包含状态，并且这种隐含的方式在形式上和原则上都与物理之物中的隐含完全不相同。③

胡塞尔的《逻辑研究》第一卷的总体想法是，科学，至少从理想上讲，它应该有一套理想的真理，所谓理想的真理是不能还原为物理世界中事实发生的东西。只有这样，当现代逻辑从构造的公理到定理的证明才不会被巨大的非连续性打断。我们也从康德或新康德主义那里了解到，科学的有效性问题根本不同于其心理学起源问题。康德得以超越心理学是因为他承认一种先验；而先验没有起源，至少没有经验性起源。

---

① 理查德·罗蒂：《哲学、文学和政治》，黄宗英等译，上海译文出版社 2009 年版，第 1 页。
② 倪梁康选编：《胡塞尔选集》（上卷），上海三联书店 1996 年版，第 310～311 页。
③ 倪梁康选编：《胡塞尔选集》（上卷），上海三联书店 1996 年版，第 317 页。

近代思想有一种根本倾向，这就是把一切关于知识的问题作"心理化"处理，也就是从方法上把心灵趋向"预期对象"的意向性，还原为心灵的纯粹心理性质或状态。也就是说，逻辑那种"必然地得出"的性质不是别的，它首先是一种心理特征，是一种心理状态。

换言之，什么叫逻辑呢？我们把思想的规律当作心理的思维过程的规律、当作心理的思维事件的规律加以把握，这种把握的方式就叫做逻辑。所以，19世纪产生了著名的心理主义，和洛克、休谟想到一起了。①

胡塞尔认为，这种看法是令人困惑的。首先，这种看法没有区分"思想的规律"和"思想所经历的心理过程的规律"。而对于海德格尔来说，确定必然性的东西不是一种心理状态，而是此在的一种存在方式。

一是说，"思想的规律"不是相对于人而言的，更不是相对于特殊的人而言的。它关涉的是知觉、判断、感觉、命题、事实、规则等等的本质本身，而不是在这个或那个动物有机体上来考察它们。对于海德格尔来说，"我们是否在真正的意义上通过逻辑学而学会思想，这取决于，我们是否以足以领会了思想其内在的可能性，也就是说，着眼于合法性、真理、根据、概念、存在和自由而去领会"②。所以，人们把心理学的内部经验与那种由我思按照先验方式所要求的明证性经验混淆时，也就犯了概念转移的错误。有一句俗话说，即使没有人去思考它，真理本身是不变的，逻辑规律是亘古有效的。也就是说，理想的存在物有一种不可还原的客观性：如果把休谟所认为的只有当下知觉领域中的东西假定为可靠的前提的话，那么超出知觉而说某种东西是不可理解的，不许可说这样的东西。而作为数理逻辑规律不同的思想家可以把握同一客观意义而不管他们的心理知觉过程会有怎样的差别。换句话说，心理学是不可能成为它的基础的。在胡塞尔看来，心理学属于事实科学，或者仅仅是独断论的科学，而逻辑学属于本质科学，是由绝对的正当性证明而来的科学。正因为如此，我们无法从事实科学中推导出本质科学，从心理学中推导出逻辑学。但是，反过来，本质科学却对事实科学具有奠基作用。心理学在胡塞尔看来仍然是没有经过本质科学奠基的不成熟的科学。

二是说，由于思想的立场与思想的语法可以分离，不同的思想家的心理过程会有很大的差异，但是，他们可以把握同一个客观意义。所以，平常我们说"人同此心，心同此理"，这句话不是从作为人类学分支的心理学层面讲的，而

---

① 胡塞尔：《第一哲学》，王炳文译，商务印书馆 2010 年版，第 55 页。
② 马丁·海德格尔：《从莱布尼茨出发的逻辑学的形而上学始基》，赵卫国译，西北大学出版社 2015 年版，第 29 页。

是从理想意义上讲的。胡塞尔借此是在继续古代和中世纪把知觉和意义加以区别的学说。也就是说，可以变的是"思想所经历的心理过程"，即使是"思想所经历的心理过程的规律"，也是可以变化的，它也是属于千变万化的经验性定见。所谓"人是万物的尺度"正是这个意思。与此相类似的提法还有："存在就是被感知"。因此，胡塞尔提出疑问："人的物种的一种变化，人的认识行为的事实性规则过程的一种适当变化，也能引起并且一定会引起逻辑法则的变化"吗？[①]人类主义认为，真理都是人的真理，没有人类，谈什么真理！胡塞尔认为，类似于这样的康德式的人类主义真理论，与其说是矛盾的，不如干脆说"没有真理"这句话是真的！今天，人类社会中无可置疑的原理越来越少，正是人类主义题中应有之义。如果人类可以放弃逻辑法则的绝对有效性，那么结果会如何？或者说，我们把逻辑法则仅仅看作对人类思维本身起规范作用的规律，而不是自身具有客观效用的规律，我们会不会陷入严重的困境？

三是说，在人类思想史上，"思想的规律"和"思想所经历的心理过程的规律"的这种区分，具有重大意义。这个意义就是：从"思想所经历的心理过程的规律"中分化出来的所谓"思想的规律"演化成了一种心灵的方法或习性。这意味着，我们不应该混淆"心理的判断过程"与"被判断的东西"[②]，也就是不应该混淆"心理行为"与"逻辑内容"，不应该混淆一个符合真理的判断与判断的真理。一个符合真理的判断是主观行为的结果，判断的真理则是客观的理想存在物。我们认为，胡塞尔的这种想法不可小觑。因为胡塞尔的研究不是从构想出来的问题出发，不是从别人那里借用过来的问题出发，而是从自己所具有的先验现象学基础上来哲学思考的。

具体地说，他所从事的是对当时的人们混淆心理学—发生论的问题与逻辑学的问题的原则性批判。

那么，方法呢？现象学分析的根本方法是现象学还原。所谓现象学还原，一般来说，就是排除一切因袭的传统观点、自然观点和理论构造，从而达到"回到事情本身"。也就是说，现象学还原的目标是：回答我们的认识如何可能，也就是如何切中它的认识对象。在胡塞尔那里现象学还原有两种：一是本质的还原，一是先验的还原。所谓本质的还原，即用纯粹现象学或本质现象学排除事实，从而达到对本质的把握的方法。具体来说，它对所与对象（现象）进行双重还原：首先抛开事物的存在而完全专注于对象是什么，专注于它的"所是"；其次，必须从这个"所是"中排除一切非本质的东西，仅仅分析它的本质。在

---

① 胡塞尔：《第一哲学》，王炳文译，商务印书馆 2010 年版，第 91 页。
② 马丁·海德格尔：《时间概念史导论》，欧东明译，商务印书馆 2009 年版，第 156 页。

这种还原中，不仅对象而且主体也会被悬置起来，它们的有效性受到怀疑。所谓先验还原，就是先验现象学的还原，它是用先验现象学排除实在之物，从而达到对先验意识、纯粹自我或先验自我的把握的方法。

现象学还原的第一层次含义是悬置或中止判断。对对象的预先设定的存在进行加括号，中立化，不作判断。但是，这只是还原的第一步，在去掉这些存在设定后，还原还要进一步使得被认识者只作为显现者显现出来。还原的后果就是，它把一切都逼入纯粹现象的范围，让现象自身显现是如何可能的。张祥龙先生作了一个比喻：加入 WTO 以后，有些国有企业要变成私营企业，这个时候，你的存在全靠你自己了，全靠你自己的本事了。你能够如何显现，你就如何存在；你显现不了，你就没有存在，现在谁能够事先保证你的存在？这样还原，在最后就直接向你显示出认识是如何可能的。

这里要注意：还原并不是把一切东西都去掉，它去掉的只是这些东西的事先设定的存在性。即使存在设定被去掉了也没有关系，只要它能够显现出来，我们就讨论它。比如，现象学的还原就像我们爬得高楼以后把梯子撤掉，这个人会怎么办？他全靠他自己，最真实的地方只能靠自己，用各种办法，有的甚至很残忍。有一个禅师，别人问他什么问题，他就竖一个手指头。他有一个小徒弟，经常跟他学，他一讲经的时候就举手指头，淘气。他就把小和尚拽过来，拿了刀一下子把手指头切下来，小和尚痛得往外跑，刚到门口，禅师就叫了一声"止住"。小和尚一回头，禅师又把手指头一举，小和尚一下子就大悟。他那里没有了，但是某种意义上还有。禅师用各种各样的方法让你感到一种人的生存，世界的生存在最原本意义上靠自己的生存呈现、维持。它根本上就是由没有给情感或知觉因素留下任何"逻辑关系之网"。

然而，我们必须追问：真是这样吗？逻辑学是否作了不可简单的简单化的事情？简单化是否就是逻辑学的本质？还是它偶尔为之的事情？逻辑真的就像一个"瓶子"那样很有用却载不动哲学的许多"愁"（情感、情绪）？

三、对绝对真理前提的进一步批评

但是，客观地看，这样一种批判成功了多少？这取决于我们能否解决有关逻辑的根本难题。《笛卡尔沉思》表明，有关一种绝对的以完全空的方式预设的存在者的探讨是很困难的。其中的逻辑的难题总是发源于存在与意识的关系问题，发源于存在的含混性与这种含混性所指向的可建设的单义性——明确的知识性理解意图（整理集中任何出现的东西）之间。前者意味着与质料融贯在一起的世界的多样性和可感性交织，后者专门考虑纯形式。

当然，现在我们知道，胡塞尔所坚持的绝对主义立场也是问题重重的。首先，当逻辑学要求涤除主观性的时候，可能导致它借机想独大，把原本与哲学分享的概念独霸为己有。比方说，在美国，逻辑学的科系巨大无比，现象学的科系微不足道。从逻辑学方面来说，那些不属于形式科学的概念是不允许存在的。许许多多现象学或哲学的概念，比如，"生灵""肉体"等等，是否可以允许存在，则要看它们的剂量是否符合现象学的顺势疗法。换句话说，只有现象学的这些概念不再与传统认为它们属于心理学产生概念联系，这些概念才能被允许被纳入逻辑之中。换句话说，美国人赞成把概念单单编入逻辑学。这种逻辑占上风的局面，为我们消除了本来应该费心去追问思维的本质的一切努力。有一位逻辑学家对逻辑的霸权看得很清楚。他说："关于概念的分析属于哲学，关于归纳的研究属于科学方法论和认识论这样的领域，而关于定义、划分、区别、论证等等研究属于方法论。这些研究都可以使用现代逻辑"，"但是它们都不是逻辑。如果认为逻辑应该包括所有这些内容"，"我认为是没有意义的"。[1]因为，它们规定只能谈论一种意义上的存在。而存在不是一，而是多。就亚里士多德而言，其学说中符合这种多的地方真是微乎其微。

因而，真正要意识到的问题是：逻辑学想要什么、应该怎样、它是什么，这些无论如何都必须清晰可靠的。对于胡塞尔来说，思维的根源在于知觉—情感的内在融合。具体地说，一个先验主体首先是一个充满客体的感性世界，然后是一个充满他者的主体间性世界，最后才支撑起一个充满了科学、数学和逻辑构成的共同的观念世界。这是思维赖以奠基的三大根源。也是逻辑学和心理学赖以奠基的根源。现象学由此把知觉和情感交给我们，因为我们生于斯、长于斯。而且，现象学对于某种卓越智慧和"严格的科学"的需要从未如此迫切，表明在我们寻求这个世界的基础。

四、理性能绝对自主吗？

心理主义最重大的后果就是导致怀疑论的相对主义。这个指责在 20 个世纪初应该是很严厉的。与过去不同，某些论点或教义被挂上怀疑论相对主义的标签时，人们反而更易接受。

胡塞尔发现，一个命题可以是错的，但它却有意义。比如说，"圆的方"它的意义可以那么荒谬，可它还有意义。胡塞尔的意思是说，世界上除了实在存在的事物，如山川人兽外，还有另外一种如"圆的方"那样的对象领域。"圆的方"表现的是"无"，然而"无"作为一种想象或纯粹名称已经是我们的意向对

---

① 王路：《逻辑的观念》，商务印书馆 2000 年版，第 205 页。

象了。因为离开了意识，世界的一切均无从谈起。此外，"无"作为一种想象，也就是"与自己较劲"而不去瞄准以任何方式呈现的对象。这种想法难道是认为逻辑学的主题是关于虚无的思想？不！它的革命性意义在于，扭转关于符号的心理主义假定。心理主义的传统认为，符号必须有所指，符号是所指的再现。比如，四季如春，有人说应该改叫成为三季如春，近水楼台先得月，有人说应该改成近水楼台得到的是假月。这是中了心理主义的圈套。如果一个人想接近理性的本质的话，一切关于存在的假定就必须予以悬置起来（不是否定）。

为什么一个命题可以是错的，但它却有意义？为什么一个表达式是假的，在心理主义者看来，意味着它说的东西根本不存在，可不存在的东西却有意义呢？这到感觉里头找很困难，原因在于意义这个东西太原本了，你能了解、理解、言语任何一个东西的前提就是，它对你有意义。这是原初定见而非事实的描述。我们定见的原型将成为这个世界的基础。在胡塞尔那里，这种意义也叫做"本相"（eide）。各种意识活动，比如意愿、欲望、记忆、想象等等都有各自不同的本相结构。我们通过探究事物的各种各样的可能性来认识其"本相"，这些可能性在想象的工作空间中被探究。利科指出，现象学"最偏爱的技巧是想象及其变体。只有在相同的本质结构中变更可能的实现方式，基本的清晰度才得以呈现"[1]。胡塞尔以桌子为例，对意义或本质作出描述。胡塞尔认为，通过"自由想象变体"，我们能够改变桌子的形状、颜色和质地。通过观察这些不同变体中的共性，我们可以决定桌子的本质。当然，桌子不仅仅是我们感觉到的那样。我们可以想象桌子的其他可能用途：我们在桌子边吃饭；我们在桌子边看书，等等。这些变体没有呈现出来，但这些想象是可能的。我在某一活动中实际意欲的对象或意义不可能与我相信为我意欲的对象或意义属于完全不同的种类。因此，胡塞尔不同意某种心理学的还原。比如，有些心理学家认为，当我所意欲坚持美德的时候，我实际只是在表达被压抑的动物欲望。这太不"正常"了。胡塞尔对理性的解释捍卫了关于正常思想的"常识现实主义"观点。

另一方面，由于胡塞尔对现代科学基础和方法感到不满，他对理性的解释远远不是为了捍卫关于正常思想的"常识现实主义"观点。相反，他发现，常识的观点需要伴以物理主义心理学的天真。他主张一种特别激进的理性绝对自我作主的观点。他认为，理性的特征是规范的或立法的，不可能是任何别的。所有科学都依赖于真理的"观念规范"。因此，反心理主义者把逻辑规律看作认识的规则或思维的规则，也就是对思维进行规范的规则。

---

[1]《保罗·利科哲学著作文选》//凯文杰、范胡泽：《保罗·利科哲学中的圣经叙事》，杨慧译，中国人民大学出版社2012年版，第25页。

现代性的最初方案是由哲学家设计的。这套方案的目标只有一个：为了人的利益而征服自然。但是，人本身是否具有某种天性自然的东西，某种不变的本性？有！人们发现征服自然也要求征服人性，改变人性！首先就要质疑人性的不可变性。改变人性，说的是什么意思？说的是人的自然需要再也无法继续引导其对自然的征服。人们不得不从理性而非自然，从合理的"应当"而非中立的"是"中寻求指导，从而研究"应当"或规范的哲学、逻辑学、伦理学、美学就逐渐与研究"是"的自然科学分道扬镳了。

此时，人们却发现，与哲学相分离的科学无法教人以智慧。一方面，自然科学不断成功；另一方面，理性不断丧失声誉。它们之间前后多么矛盾，即使某种临时凑合的平衡也无法找到。人们在使用那种力量时已然无法区分明智与愚蠢、正确与错误。因此，我们仍然不妨扪心自问："社会科学和心理学一旦达到物理学和化学的水准，这种困境就会消失？""这个信念毫无道理。因为社会科学和心理学无论多么完善，作为科学，它们只能进一步增强人的力量。它们会使人更轻而易举地操控他人。社会科学和心理学同物理学和化学一样，很难教人们如何使用自己之于人类和其他事物的权力。"①但是，有些人仍然相信，这无异于痴人说梦！

精神乏善必流于单纯的快感，感性表现缺乏美必流于幻觉，定见本身就流于诡辩！这种对比看来跟我们批评心理主义所做的事情是完全恰当的。

我们从休谟的个案中可以看到，心理主义试图去解决为什么会有逻辑，为什么逻辑具有"必然地得出"的性质这些问题时，好像给我们指出了地方，给我们带来了希望，但是没有把这个问题给解决了。或者说，又把问题挪了挪位置。这样一种问题的转移显然是荒谬的。究其原因在于，传统哲学骨子里按照某种心理学法则来进行追究逻辑和数学的基础问题时，他们禁不住怀疑论的诱惑。就拿休谟来讲，他好像是一个不可知论者，好像承认实际上有一个没有被认识的超越世界。他似乎叫我们必须把这个没有被认识的世界作为背景，或作为我们意识过程的原则。因此，胡塞尔认为，休谟是自相矛盾的。他的怀疑论的效果，太像一位为了获得美学效果而故意在一些地方搞错造型的艺术家。"如果休谟作为怀疑论者是前后一贯的，那么他就根本不可以说任何东西。"②

---

① 刘小枫编：《苏格拉底问题与现代性——施特劳斯讲演与论文集》（卷二），华夏出版社2008年版，第10~11页。

② 胡塞尔：《第一哲学》，王炳文译，商务印书馆2010年版，第240页。

五、理智主义的危机

海德格尔认为，我们试图为思服务而争取的东西，恰恰就是通过"逻辑"趋于消失的那个东西。[1]因此，他曾经提出"生产性逻辑"的概念。它与形式逻辑是不同的。问题在于，为什么逻辑学只关乎形式概念与命题关系？因为逻辑学家愿意为了少许确定的知识而牺牲丰富的或然的知识。但海德格尔认为，这绝不是逻辑学家的一种心理状态使然，"而是此在的一种存在方式"[2]。德勒兹则说："逻辑学总是被自己所战胜，也就是说，被那些用来充实自己的毫无意义的答案打败了。"在这方面，逻辑规律遭遇的批评非常之多。

让我们根据某种对比现象来阐明这一点。比方说，生物学中的进化理论似乎已经表明，逻辑形式也是随着人的智力进化而形成和变化的。而且计算机科学的发展似乎也在挑战那种逻辑规律性的"实体（时间中持存的同义词）含义"。比如，一道人们原本就无法解决的运算，例如一个无穷级数加起来，人们的工作仅仅通过在电脑键盘上操作便可在顷刻之间完成。一个大学讲师能够轻而易举解决的难题，而在 200 年前，为了解决这些问题，那时的教授也得到伦敦去请教牛顿或到汉诺威去请教莱布尼茨。我们今天可以看到，计算机和鹦鹉可以更迅速得多地找到一个"正确的答案"。

从某种意义上讲，胡塞尔所面对的危机也是今天我们面临的危机。比如，由于网络和媒体，当今社会中的真品和赝品已经鱼目混珠。由于赝品从来就以真品的名义出现，真品存在与否已经无所谓了。真品和赝品之分已经无法使我们从"某人认为"的范围里头脱身。比如说，有人模仿齐白石的画风自己画了一幅叫做《夕阳下的含羞草》的水墨画，宣称那是齐白石的作品。尽管在此之前没有人听说齐白石作过这样的画，只要有人相信这种宣称，那也无碍这幅赝品资格的形成。因为，现代人出于理智主义，其原初的信念已经无法把我们提升到坚固的概念。感觉和触觉已经变成了俗套，情感和愿望则变成了注册商标。

在西方社会，由于强调逻辑的长处，强调逻辑对一般思维方式的规范，理智主义的诸多赘瘤得以产生。跟知觉和情感的俗套斗争，这是理智的事情。海德格尔说："如果我们要反对理智主义"，"我们必须认得对手"，理智主义不过就是两千多年西方"用形而上学的手法建立起的分店与支脉罢了"。但是，今天"搞了半天"，"理智主义的地位丝毫没有动摇"。[3]我们有理由相信，我们必须思考这样一个问题：从什么时候开始，人们所说的"知觉"只是被另

① 海德格尔：《形而上学导论》，熊伟等译，商务印书馆 1996 年版，第 121 页。
② 张汝伦：《〈存在与时间〉释义》（上），上海人民出版社 2012 年版，第 27 页。
③ 海德格尔：《形而上学导论》，熊伟等译，商务印书馆 1996 年版，第 123 页。

一个物体所引发的一种物体的状态；所谓"情感"则成为由此物态向彼物态的过渡，成为潜能—能量在其他物体的作用下的消长情况，而逻辑成了学院教授的事情。

第四节　逻辑学与数学的关系

一、逻辑学的前景

传统逻辑学只是说出了关于保持无矛盾之条件的法则（"我们现在假设任何事情都不可能同时既存在又不存在"）。但是，人们总是觉得有可以违反矛盾律的情况，这种情况是不确定的，致使当代逻辑学形成一道分水岭：一个是直觉主义逻辑学，它只承认建设性证据，接受中介。另一个是古典逻辑学坚持矛盾律，排除中介。它是通过反证论法证实理性。所谓反证论法，也就是对每一个话语坚持形式一致性的必要性要求。比方说，A 是一个人，B 就不能是一只猫吗？明明走过来的你，是一个人，却要问你是不是一只猫？这种反证论法，也多见于英语或美语中。从这里可见端倪，当前的语言学转向最终只能保障英美普通语言哲学的暴政。与其说这种说话方式是一个作着陈述的理性人的方式，不如说是一只试探着前进的狗的方式。从解释学看，"其实，这并不是在说话。我们的说话只有在我们容许冒险去建立某种东西并倾听其含义时才说话"①。

此外，逻辑学要求话语一致性，相当于在干这样一件坚持验明真身的猎奇冒险。逻辑学之所以担负起这种猎奇冒险，乃是防御心理学的侵害。从方法上讲，逻辑学要实现普遍性的要求，须让心理学和逻辑学各司其职。比如，让心理学采取内省方法、案例分析的方法、实验的方法，而逻辑采取分析、抽象、演绎的方法。重复胡塞尔的话说："心理学所研究的是思维的自然规律，逻辑学所研究的是思维的规范规律。"②问题是，在这样进行所谓分而治之的时候却必然照猫画虎地强迫思维就范。看来，逻辑研究思维这一说法问题严重着呢！还有一个，如果逻辑学获得一种可构造性能力而局限在验明真身的公设之中，它很快就将问题变成像是一场电视节目中的抢答游戏。从中看到，谁认为逻辑因其无可争议的权能就可以代替思和智慧，那他就低估了人类生活形态主导的物质力量。

---

① 严平：《伽达默尔集》，上海远东出版社 2003 年版，上第 183 页。
② 胡塞尔：《逻辑研究》第一卷，倪梁康译，上海译文出版社 1994 年版，第 45 页。

　　所以，传统逻辑的毛病有很多。我认为对这一点的意识已经相当广泛。问题是，根子在哪里，如何克服？关于此，各有不同的看法。按照海德格尔的说法，要使得"逻辑"这样的东西有效，就要谈到"反对'逻辑'"，但是，"反对'逻辑'"不是转而让"冲动和感情的任意性占据统治地位"，把"'非理性主义'当作真实的东西"。海德格尔清楚，那些"津津乐道逻辑和理性"的人有一套自己的逻辑："凡不是肯定的东西就是否定的"，"由于我们谈到反对'逻辑'"，人们就以为要"否弃思想的严格性"。①对于海德格尔来说，像康德那样强调逻辑的长处，强调逻辑对一般思维方式的限制，也就是把逻辑当作对存在者有效掌握的技巧，谋杀了思和诗，造成存在的退隐和遗忘。所以，如果说康德要把逻辑局限于先验与经验之间的巨大隔阂，②那么，就像海德格尔要实现地球的翻转一样，他要把逻辑局限于对总体存在进行虚无主义固定的技术过程之中：逻辑的前景在于一种永远处于即将来临状态的思想纯粹的可能性。

　　海德格尔就克服"逻辑"的方案只能从存在论角度去理解，好像他从自己这本关于未来的"小说"中发现了存在之外的可能性。所以，海德格尔后期不再谈论存在，因为存在让位于一种存在的可能性。这种存在的可能性的凸显，可以用飞机来代表。飞机代表了它的全部零部件都有飞翔的可能性。在将来，人类凭借技术这种存在者，向一种存在的可能性迈进。然而，我们很难认为，海德格尔是准备要搞出个无可争议的结论来。至少，在分析哲学家看来，克服传统逻辑这样的东西，需要增强它的能力，这靠三段论肯定不行了，它处理关系的能力不够。但是，数学里面充满了关系，分析哲学家就想到可以利用数学研究方法，这时候就出现了数理逻辑。

　　如果说在海德格尔那里，一种永远处于即将来临状态的思想纯粹的可能性的出现与技术有关，那么分析哲学家则将数学技术看作"逻辑"的"升级"。"在所有已知的科学探求中，只有数学是成功的。因此，新的教条主义哲学必须按照数学的模式来建立。人们所能获得的唯一确定的知识并不关心目的，而是'只对图形和运动进行比较'。"③

　　然而，对于思想来讲，今天把逻辑与数理逻辑并置，这究竟意味着什么？如果数学最终战胜了逻辑，这又意味着什么？如果坚持认为数学方法给逻辑以巨大的推动力，这又意味着什么？

----

　　① 海德格尔：《路标》，孙周兴译，商务印书馆 2000 年版，第 408~409 页。

　　② 康德：《逻辑学讲义》，许景行译，商务印书馆 2010 年版，第 9~14 页。

　　③ 列奥·施特劳斯：《自然权利与历史》，彭刚译，生活·读书·新知三联书店 2003 年版，第 175 页。

二、数学是横亘在通向存在的逻辑之路上的障碍

数学，特别是几何学形式与逻辑究竟是什么关系？把神、自然或实体本身看成是一个严格地遵循因果必然性整体，跟一个数学意义的理性演绎系统是一致的吗？

为此，我们可以指出两点：

其一，在历史上，逻辑学的主题在于理想的意义，而不在于实际意义；在于我们应当怎样思维，而不在于我们实际怎样思维。人们承认，理想的意义对于思想来说是必要的。而在数学中有一种思考"第一原理"的倾向，它不是使用日常语言，而是使用理想的概念文字。随着解析几何公式化表达和代数函数理论的出现，随着牛顿和莱布尼茨对微积分的发展，数学不再是一种依赖记法，不再是一种经验的工具。它变成了相当丰富、复杂、有力的语言。数学进入现代，开始显示出强大的自主观念。正如人们经常指出，一门科学，只要能用数学方式结构起来，就标志着进入真正的科学状态。

一些逻辑学家正是看重这种倾向，认为逻辑学的理想的意义在数学中看到了近似的实现。这是数学与逻辑学直接有关的形态，其中数学主要是为逻辑学服务的。而现代科学的特点，借用胡塞尔的话说，是"将自然数学化"。[①]在伽利略那里，早就表明自然或宇宙这本大书是"用数学的语言写成的"。这要求我们进一步追问把逻辑和数学区分开来的东西究竟是什么。我们现在知道，即使数学最深刻的基础也是不牢固的，"数学里的公理是起点，其自身是没有依据也不需要证明的，但为其他步骤和命题提供依据和证明'选择公理，需要选择一些基本的专门术语而不给之下定义，因为要想给所有术语下定义，就会导致不断回退。'""关于公理的现代讨论取决于假设和任意起点的问题。"[②]而我们曾经以为一定会有一些话可以说是无条件真实的，就像我们曾经以为天体是在一个根本原点的坐标系统中运动。我们现在知道，那个假定的原点，那个假定的形而上学总体，不过就是人们希望还能将一切理顺的希望，而且两千年前阿基米德的希望仍然是我们的希望。

这就是人们今天所说的所谓追求"逻辑的完全性"。我们能够在公理系统内证明许多定理，可以达到"必然地得出"。然而，我们为什么不可能证明所有由

---

① 胡塞尔：《欧洲科学的危机与超越论的现象学》，王炳文译，商务印书馆 2001 年版，第 33 页。

② 王逢振主编：《詹姆逊文集：新马克思主义》，中国人民大学出版社 2004 年版，第 322 页。

这个公理系统所证明的定理。比如，即使依据的推论形式是正确的，我们也可以得出一系列错误的论断呢？所以，这里肯定有某种传统逻辑形式系统以为抓住实际上并没有抓住的东西被现代的人们洞见了：我们能不能保证这个系统证明的定理是有效的呢？

其二，数学完全与逻辑本身的问题或追问无关。有些真理是人们确实知道但不能逻辑证明的。维特根斯坦就认为，美和善是不能用逻辑命题去表达的，因为美和善不是对象的一个特性。美虽然要有一个对象，但是通过知识了解的存在其中没有一个成分叫做美的。维特根斯坦认为语言——逻辑分析——有助于画出一张思想的"地图"。不过思想的地图（相当于很好的语法——逻辑概念系统）还不够，还需要有一张"资源图"（相当于价值性概念系统）。逻辑学甚至没有能想到最重要的东西。这些东西的合理性远远地超出了逻辑学规定为正当的东西。从本质上讲，整个传统逻辑学，"并不是真正关于真理的逻辑学，而仅仅是一种无矛盾的逻辑学，一致性的逻辑学，推理的逻辑学。更准确地说，这是在数千年间发展起来的合理的理论"[①]。这种理论与数学的联系，或许是一种权宜之计。所以，康德有意强调逻辑的长处和逻辑对一般思维方式的限制，这虽然与海德格尔完全相同，但是海德格尔说，他的这种对逻辑长处的强调的目的是要表明存在的遗忘，而其结果之一就是逻辑的形式自洽。根据这种看法，逻辑的基础是由哲学规定的。[②]现代逻辑作为一个数学学科的逻辑，完全在于人们习惯上认为逻辑的形式化特征，即巴丢所谓的一种主体的"操作性结果"。[③]而数学是不是一门形式科学呢？至少，康德不会这么看。在康德看来，所有数学判断，即便是最简单的数学判断，也是综合的。它不同于分析式的逻辑判断。如果形式化体现了现代逻辑的基本精神，那么这种精神就不可能由数学来体现。即使有这种体现，也不是一种哲学思想的必然体现。这有多重意思：

第一，现代逻辑让数学与逻辑纠缠在一起，完全是机缘巧合。人们认为现代逻辑比传统逻辑具有无可比拟的力量，恰恰是因为它也用于日常语言的分析。而数学只是一种类似奥数比赛的正规游戏，一种语法，一种"按规则做出来的符号游戏"[④]。这种游戏之所以流行，完全是因为现代形而上学之确定性追求。

① 胡塞尔：《第一哲学》，王炳文译，商务印书馆 2010 年版，第 50 页。

② 因此，海德格尔说："目前本质性的事情仍然是，去描画普遍的视域，哲学的逻辑学必然活动于其中——这种视域，恰恰要通过以哲学的方式具体地探讨逻辑学的基本问题。"参见马丁·海德格尔：《从莱布尼茨出发的逻辑学的形而上学始基》，赵卫国译，西北大学出版社 2015 年版，第 20 页。

③ 蓝江：《从元结构走向类性真理》//阿兰·巴丢：《元政治学概述》（代中译序），蓝江译，复旦大学出版社 2015 年版，第 10 页。

④ 阿兰·巴丢：《维特根斯坦的反哲学》，严和来译，漓江出版社 2014 年版，第 79 页。

自从柏拉图以来就把数学当作一个确定性模式。当代法国哲学家阿兰·巴丢在 1988 年发表的《存在与事件》中，认为本体论是与数学相一致的，存在最终可以用数学中的"集合"理论来加以解释。当然，巴丢不是说存在就是数学、就是集合。存在与数学的同一性，所指涉的并非世界，而是关于世界的论述。数学在它的历史发展的不同形式中，表达了"存在作为存在"。此时，"确实性的需求就会与它的真正对象交汇。由于神的仁慈，数学没有沦落为简单技术。因为，谁若局限在技术层面上发展数学，那么他连在技术层面也不可能成功，苏联的经验就是如此。比起纯粹科学，技术应用只是一种附带生成的东西，直接去找是绝对不可能找到的"①。存在问题的悖论在于提出问题的哲学家不解决问题，存在问题的答案似乎是由数学家提供的。

但是，如果让海德格尔来看，数理科学根本不可能进入存在，恰恰相反，它只能导致存在的遗忘。譬如说，玩"奥数"的人并不思考存在问题。罗素曾经说过："数学是一种话语，在这种话语中，没有人知道自己在说什么，人们所说的东西也无一真实。"②维特根斯坦认为："数学是'盲目的'计算，因为它从一个等式到另一个等式，方法只是简单的替代，而丝毫不考虑其他。"③对阿尔都塞来说，就人文科学而言，它与数学的关系，"无论整体还是部分，都显然是外在的和无机的关系"，"是应用的技术关系"。一些哲学家质疑人文科学数学化的可能性本身，另一些哲学家则质疑这种应用的技术形式。④

从哲学与科学相互分离的角度看，由于形形色色的实证主义和经验主义存在，因此并不能把数学看作一种思维。"逻辑实证主义都主张，科学是一种技术，数学为其提供语法。"这样看来，"奥数"不过是一种普遍的技术。我们把这种技术称为"不假思考地操纵存在"⑤的技术。说白了，玩奥数的人，好像是在演绎推理，其实不然。对于他们来说，唯一重要的是在做各种各样的组合、结合，找到规律；他们之所以能关怀某种确定性模式，是因为他们在此处或彼处遭到撞击而掉落于此。⑥

在这里可能想到下面的问题：数学会不会遭遇像其他有些科学那样的厄运，被分割成许多孤立的分支，数学家之间也很难相互理解？这是否意味着人类能

---

① 西蒙娜·薇依：《柏拉图对话中的神——薇依论古希腊文学》，吴雅凌译，华夏出版社 2012 年版，第 66 页。
② 陈永国主编：《激进哲学：阿兰·巴丢读本》，北京大学出版社 2010 年版，第 9 页。
③ 阿兰·巴丢：《维特根斯坦的反哲学》，严和来译，漓江出版社 2014 年版，第 80 页。
④ 陈越：《哲学与政治：阿尔都塞读本》，吉林人民出版社 2003 年版，第 27 页。
⑤ 阿兰·巴丢：《哲学与数学：无限性与浪漫主义的终结》//汪民安主编：《生产》（第三辑），广西师范大学出版社 2006 年版，第 250~251 页。
⑥ 吉尔·德勒兹：《批评与临床》，刘云虹等译，南京大学出版社 2012 年版，第 329 页。

够得到的所谓最确切的知识也只是相对的？为什么我们不可以倒过来想，"数学是最不严密的科学，因为它最容易通达？"精神科学所假定的科学实存比数学家所能达到的不是多得多吗？[①]

第二，从"数学不思考"这一观点就可以看出，不能把数学方法转换到哲学中去。古典和现代时代的浪漫主义代表人物，如黑格尔、海德格尔等，他们都保留了哲学的思维理想。他们反对数学在适当普遍化之后变成哲学的标准，这是与他们反形式理性相关的。在新康德主义者比如文德尔班那里，他要超越康德。康德通过严格的方法将认识论秩序带给了自然科学和数学，文德尔班要对人文科学做同样的事情。他希望提供某种价值逻辑以便维护人文科学的独立性。现在的问题是，他们如何追问数学因素的一般合法性和局限性问题。黑格尔讲过，哲学是在思想中被把握的时代，后来海德格尔把它变成"哲学是'存在的绽露'"。这个一般出现在海德格尔主义背景的哲学教授写的哲学导论中。它说的是，无限的真正存在只能通过其时间性来理解。而数学的思维理性是非时间性的。此外，它还表明柏拉图的形而上学体制是与作为范式的数学体制为伍的。这不失为一条能够洞悉那种要把数学因素展现为一切思想尺度的现代时代本质。当代哲学反柏拉图主义的精神之一是，数学仍然被哲学家放逐和疏忽。海德格尔使之反实证主义而把哲学转手给诗歌。所以，"从经验上看，数学家总是怀疑哲学家没有充分认识到数学已经赢得了说话的权利"[②]。

第三，我们曾在前面提到，科学在于认识齐一性、规则性和规律性。总的来看，由于科学的理念很可能是现代生活中最强大的理念，因而确实没有什么能够阻止如休谟的观点，即道德科学在于认识齐一性、规则性和规律性的凯旋。在类似这样的观点中，德勒兹立刻看到，这是科学跟宗教有染的表现，科学上所有那些为追求整齐划一和普遍化的尝试都可以看作对宗教狂热有加的表现。它们都寻找唯一的法则、唯一的能量、唯一的相互作用。然而，如果有人真诚地赞扬科学，他就一定懂得科学的整齐划一和普遍化是不可能实现的。假定从某一既定的事态出发便可掐算出未来与过去，那他为什么不直接把自己说成是上帝或科学观察家呢？

在科学史上，这个上帝或科学观察家的角色是由像拉普拉斯所说的"妖精"承担的。这不是质疑科学家们的天赋，而是科学所具有的独特性质。可以说，麦克斯韦尔、爱因斯坦等科学家仿佛曾经受过《西游记》的启发！他们都有"妖

---

① 马丁·海德格尔：《存在论：实际性的解释学》，何卫平译，人民出版社 2009 年版，第 76 页。

② 陈永国主编：《激进哲学：阿兰·巴丢读本》，北京大学出版社 2010 年版，第 11 页。

精"这个提法。比如，麦克斯韦尔设想过能够区分混合物中的快分子和慢分子的"妖精"。海森伯的"妖精"能够同时测量一个粒子的速度和位置。伯格森说到过乘坐相对论的炮弹的旅行者。值得注意的是，"妖精"不是心理体验，也不是科学观察家的象征，与此相反，它代表事物本身当中的一些视点。问题不在于"妖精"有多大能耐，而在于他们那种不可为而为之的积极的方式。无论对于哲学还是对于科学来说，"妖精"都是一个很出彩的概念人物，它"并非是为了表示超出我们能力之外的什么东西，而是正好用于那些非有不可的居间调停者当中的常见类型"①。其实，他们都是局部的观察家。比如，登泰山而小天下的诗人，就相当于通过透视法将一只眼睛置于一个锥体的顶端，从而把握了大地的轮廓，但是他不能把握大地的绵延起伏的性质，而这种绵延起伏的性质只能由另外一个处于不同位置的观察家所把握。由于透视，不可见的凝视释放了可见者的混沌状态，将其安排和表现成和谐的现象。简单地说，"妖精"可能是理论上统一化和简化可能性的前设，或者说，"妖精"是思维的一种节约。

然而，我们不禁要问：假如理论上的任何对立都会妨碍任何统一化，假如任何简化均不可能，那么如何能够设想"妖精"们那种彻底的积极方式呢？

数学通常被看作一切精确自然科学知识的基础。而且，数学首先是一种自然科学，甚至可以说，数学是最杰出的自然科学，独一无二，其他科学只是数学的特殊应用。有些数学家相信，数学中的每一步进步都与有力的工具和更简单化的方法的发现密切联系着。对于数学工作者来说，只要掌握这些有力的工具和简单的方法，他就有可能在数学上找到前进的道路。并且，概念通常在科学和逻辑函数里取得了一种貌似严谨的地位。作为 20 世纪数学的揭幕人，希尔伯特认为："如果一个概念具有矛盾的属性，那我就认为这概念在数学上不存在，比如平方等于 – 1 的实数在数学上是不存在的。而倘若能证明：这概念所赋有的属性在经历有限的逻辑过程后绝不会导致矛盾，我就认为这概念（例如满足一定条件的数或函数）在数学上的存在性得到了证明。"②但是，当出现概念不是科学函数、不是逻辑命题、无法用数字体现的情况时，逻辑学还有什么出路？如"伟大""秃顶""公正"等概念，它们不是一个定义明确、界分得当的集合。人们无法断定它们当中的某些元素是否属于整个集合。如何来界定这个组合？或者说我们能不能为这样的组合提供一个清晰的名称？显然，我们不可能在现成的基础上给予其命名。而且，人们也对付不了涉及"无穷"的问题。因而，

---

① 吉尔·德勒兹、菲力克斯·迦塔利：《什么是哲学？》，张祖建译，湖南文艺出版社 2007 年版，第 383～384 页。

② 希尔伯特：《数学问题》，李文林等编译，大连理工大学出版社 2009 年版，第 52 页。

例如他已经是"伟大"的了、他差不多完全秃顶了等判断，就不是科学语句或逻辑命题，而是某一个主体的经验判断、主观评估。这表明逻辑学处理不了知觉和情感，更处理不了艺术的感受和感知物的概念。因为它涉及无穷变化和无穷进程，逻辑学恐怕力不从心。似乎有两条路摆在逻辑学眼前：要么选择重构科学的或逻辑的函数，以便使模糊集合再次数量化，要么指望哲学来承袭位于模糊的或含混不清的集合地带的概念。康德早已阐明了如何使得经验判断在哲学概念里找到栖身之所，必须使哲学概念与心理经验发生联系。"即使几何图形也有情感和知觉"，"否则连最简单的问题也会变得不可理解"。①

第四，逻辑学家在接纳哲学概念方面并不显得大度。逻辑学对哲学具有的敌对情绪表现为：在取代哲学的欲望驱使下，逻辑学使命题脱离所有心理学层面，从而迫使思维远离体验的世界，导致概念的死亡。

所以，胡塞尔在《逻辑研究》第一卷"前言"中说到，数学的基础在今天也出了问题。大家知道，数学是西方知识体系的拱心石，数学是由于在柏拉图辩证法中完成的主观的、方法论的准备工作，才获得它的专门科学的特征。纯粹数学的第一位经典的系统化者是欧几里德，他是著名的柏拉图主义者。他把几何学构想成奠立在一般方法论之外的符合合理性理想的科学。它按照纯粹理念的直观创立其基本概念，形成理念法则和本质法则的第一门科学，这些法则是绝对确定的。

数学哪里会错！1＋1=2 能怀疑吗？像欧几里德那样的"老傻瓜"想自己搞明白什么是可理解的、什么是不可理解的，什么是合理的、什么是不合理的。关于数学严密性的绝对性很久以来一直支配着科学，在此处不赘述。在古希腊人中，那时他们相信可以找到普遍的知识。这当然是一个错误。因为，数学家所要求的一切至少要有另一个数学家承认其证据的可靠性。当然，数学的真理是讲给所有人的。只要一个人无法获得数学的严密性，他就会灰心丧气。自从非欧几何学出现后，人们逐渐察觉到欧几里德几何学这个庞大的公理体系并非天衣无缝。"新傻瓜"同时对一切心存疑虑，就连 1＋1=2 也要怀疑。"新老傻瓜"显然不同了，发生了变动。数学的客观性，几何学形式法则的绝对有效性就动摇了。这一点连康德都没有预料到，看起来康德也属于"老傻瓜"。为什么在这个似乎是绝对确定、必然和唯一可靠的所谓精密或严格科学的领域还会出现岔子，出现不同的或不相容的系统？为什么过直线外一点可以作出不止一条平行线？为什么两点之间不一定就是以欧几里得理解的"直线"为最短？

---

① 吉尔·德勒兹、菲力克斯·迦塔利：《什么是哲学？》，张祖建译，湖南文艺出版社 2007年版，第 386～387 页。

　　对于这些问题可以有两种回答：一种认为，数学的客观性以及所有科学的客观性只具有单纯经验的、人类学的有效性，那种从始到终给所有科学原理提供正当性的东西，即逻辑学原理和数学原理本身依赖于人的事实性。另一种则认为，数学的基础是牢靠的，我们可以用数理逻辑来论证数学的基础的牢靠性。非欧几里德几何学的出现不过只是那最原本的欧几里德几何学基础的不同表现而已。如果人类提出理由来怀疑 $1 + 1 = 2$，那会带来不可名状的恐惧。人类将会陷入不可逆转的衰退。于是，有希尔伯特的形式主义方案或弗雷格的逻辑主义方案。但是，希尔伯特的形式主义方案被天才的哥德尔不完全性定理[1]证明不可行。哥德尔不完全性定理多多少少证明了先天论的奠基幻想，多多少少证明了建立思维正当性图景的努力中将经验论和先验论对立是可疑的。一些人已经在如下意义上阐明了哥德尔的结论："所有思想的形式主义姿态都有一个残余物，因此，作为其结果，这个世纪追求单义性的梦想必须要抛弃。未被契约化或不能被契约化的残余物，必须被形式化，它们无法得到明确的解释。我们必须回到纷繁复杂和模糊不清的解释学古老路径中来思考这个问题。"[2]弗雷格的逻辑主义方案则要把数学还原为逻辑的努力也并未达到目标。相反，在这个对数学基础的探讨中却发现了悖论。我们可以看到，弗雷格也好、维特根斯坦也好，他们绞尽脑汁试图在数理逻辑甚至在逻辑背后再找出点理由来。结果他们发现，这个理由就像幽灵一样，只要你想去找它，给出一个答案去把握它，它就会马上利用你给出的现成答案躲到你后面去。逻辑学除了点明这种窘境之外，在命题中从来把握不住它。

　　在一些逻辑学教授的眼中，逻辑是一门数理学科。逻辑是可靠、可信的工具或方法。如果一个人不能学会构造公理和证明定理的方法，学会从公理到定理的证明，就不能算懂得现代逻辑。按照这种标准，在这些人眼里，即便像黑格尔这样的哲学家也不能算在他们的圈子中人。比如，英语语言哲学的"分析"学派把古典哲学的大部分命题说成是无意义的，或局限于某种语言游戏。有逻辑学教授认为，"黑格尔不是一位逻辑学家"[3]。在他的眼里，由于哲学研究要么采取思辨的方式，要么采取分析的方式。就像思辨和分析是两种不同的方法

---

① 哥德尔不完备定理认为，公理系统的一致性、相容性是该系统内部无法证明的。
② 在巴迪尔看来，这个观点并非哥德尔自己的论证，相反，思想的本质力量通常寓居于形式化之中。参见阿兰·巴丢：《世纪》，蓝江译，南京大学出版社 2011 年版，第 133 页。
③ 王路：《逻辑的观念》，商务印书馆 2000 年版，第 155 页。

一样，辩证逻辑与形式逻辑在方向上根本不同，前者是对后者的克服，两者不能共存共荣，因而辩证逻辑不是"逻辑"。

　　显然，这种判断未免突兀。我不是要指责他们抛弃了自己的逻辑，因为他们确实不知道。严格来讲，在黑格尔时代，只有辩证法才完全是名副其实的"逻辑"。它是质料性的思想语法。他们也不知道，黑格尔和恩格斯都认为辩证逻辑比形式逻辑是更高级的东西。他们不知道，静态的逻辑必然会同时间性的、动态的、不断变化的现实性形成一种张力。由于黑格尔和马克思的努力，作为古代或然性知识的辩证法变成了客观世界的必然运动规律。他们更不知道，要掌握马克思的思想，就要掌握其思想语法。辩证逻辑正是马克思哲学的思想语法。

第三篇

理解的命运

人文科学到底是干什么的？一位哲学家说，人文科学说到底让人理解三个道理：一是理解他人的不同之处，二是理解自己与他人的共性，三是通过结合同中求同、异中求异更好地理解自己。简单地说，人文科学就是理解他人，并让他人理解自己。或者说，通过理解陌生者而理解自己本身的理解。①在这个意义上，人文科学就是"理解的科学"。它反映的是人生中无所不在的普遍事实。

---

① 保罗·利科：《解释的冲突》，莫伟民译，商务印书馆2008年版，第18页。

第一章　理解之为人文科学奠基

保罗·利科说，在所有人文社会科学中占统治地位的问题是："如何得以接近他人的思想"①。如何接近呢？譬如，海德格尔究竟怎么样接近和对待他的恩师胡塞尔呢？对此我们难以回答。因为在一般情况下，理解和解释并非专门用来满足理论兴趣的。所以，我们接近他人的经验告诉我们，我们不是自己作为"主体"对他人作为"知觉客体"的"认识—显现"。基于今天习惯于面对他人进行一种主体对客体的关系认知方式，我们很难理解人在人中间还有别的应有的在场方式。

生活中我与他人的关系是无所不在的，这一关系已经构成了解释学问题产生的背景。甚至可以说，它是人文现象至为重要的方面。我不是随时在看你吗？事实上，跳出主体哲学，我始终被神看、被他人看。所以，我会害羞、局促，我讲课的时候会抬头看天花板以避免你们看到我眼中的眼泪，如此等等。我们都是在寻求理解。就像一个英文作品翻译成为中文总可能会有不同的翻译一样，我们也会陷于多种解释。但是，人们很难不相信力求得到实现的作品的形而上的固执性，对作品而言其创作者的生命只是工具，只是志愿和不志愿的牺牲品。

从观察范围的广阔程度看，社会科学由于受历史学的清算也普遍赞同解释学。比方说，在 19 世纪，历史学家的意识里已经开始出现了一种有益的变化，那种客观的、统一的、同质的、合乎逻辑的认识过程概念已经遭到深深的怀疑，主要是遭到尼采的怀疑。但是，这种怀疑所具有的方法论后果在尼采死后很久才被历史学家所知晓。我们现在正生活在一个解释学意识的时代。我们可以看到，德国和英美解释学都往往声称为我们提供了历史学家关于过去的经验的理论论述，而不是关于有幸流传至今的来自过去的"材料"。似乎可以这么说："解释学的目的与其说是认识历史经验的重要意义并且加以论证，不如说是消除历史经验。"②因此，在历史学领域里有所谓"后历史"（posthistory）的转向。

整个 19 世纪西方对于哲学处境的评判，已经表明哲学有两种出路：要么用

① 保罗·利科：《解释学与人文科学》，陶远华等译，河北人民出版社 1987 年版，第 54 页。
② 安克施密特：《历史与转义：隐喻的兴衰》，韩震译，文津出版社 2005 年版，第 24 页。

依据天上和人间的划分，依据"地上"的法则构成的实际性科学如经济学、人类学、语言学、社会学等取代哲学，要么将传统哲学评判为百无一用的知识而扫地出门，韦伯所谓的价值中立不过就是用社会科学代替哲学，这也是社会科学对解释学发生兴趣的思想史背景。我们在接下来的若干章就打算展现这种历史精神流变。

第一节　在何种意义上理解是人文科学的方法

我们可以讲，相互"理解"是我们的命运。理解"理解"就是理解我们自己。假如一个人不理解别人，或者别人不理解他，那么他不是可笑，而是孤苦伶仃，十分可怜！这就是说，解释学的这种那种理论兴趣和应用在向不同的方向分化之前，理解就是人的存在方式。

什么叫理解？到底什么算是理解？有的人把死记硬背下来的东西，也叫"我理解了"。这个不对！我们是否将现在此种言语者的言语称为理解，是否将此种外在言语的语言表述或传达称为解释，这向来是成问题的问题，与语词泡沫飞溅没有任何不同。对此，我们首先须对"理解"的最初意思作出把握。

第一，理解的可能性在于，所有精神性的生命都以多多少少固定的形式表示自己。这些形式表达事物、意指事物。譬如，表情、艺术作品、历史行为等都是人类表达精神的形式。我们之所以说理解是必要的，是因为这些表达精神的形式所表现的东西，都是个别的、一次性的、唯一的事物。对于人文现象的理解，重点必须放在一个给定的同一性的丧失之上。一般的规则、普遍的规律对它们用不上或不够用，因为我们不能对它们进行理性的、毫不含糊的、完备的解释。为了充分地掌握这些精神的表达形式，我们就将理解确立为人文科学的方法，从而解释也就变得必要。

在《哲学史讲演录》中，黑格尔则把理解当作人文科学的工具。今天，在我们学哲学的人看起来，解释学至少占了当代哲学的半壁江山。狄尔泰曾经说："在认识论、逻辑学和精神科学方法论的语境中，解释理论成为哲学和历史科学之间的重要联结，成为精神科学基础的主要部分"[1]。狄尔泰这里讲的其实就是解释学与人文社会科学之间的紧密关系。人文社会科学特有的方法论就植根

---

[1] Dilthey. *Gesammelte Schriften*, Bd. V (Ciöttingen:Vandenhoeck &Ruprecht, 1957), s.331.

于解释学。用伊瑟尔的观点来说，对文本的阐释是人文科学的主要关注对象。[①]
按照伽达默尔的说法，现今人们将解释学作为我们这个时代哲学的真正的"共通语"来看待。在将解释学建立为人文社会科学的方法过程中，有很多思想家作出了贡献。他们都把解释学的创立看成人文科学的胜利，试图使人文科学借助于解释学同自然科学具有同等地位，争得在科学殿堂中的位置。施莱尔马赫、狄尔泰、海德格尔、伽达默尔、利科、施特劳斯，这些哲学家都被认为是富有创造精神的重要的哲学家。他们都认为自己的哲学具有解释学性质。当哲学家把天才般的无意识创作置于自觉的理解水平上，或者当哲学家天才般地表现其创造也是判断才能时，人们关注的重心随之会从他们的创作转向解释，而那时理解天才的非自觉创作，无疑是一般解释学的重要目标。

那么，究竟是什么造就了富有创造性的哲学家？或者，是什么培养了一个海德格尔或施特劳斯？是他们掌握了其专业方法吗？不是！方法作为工具可能总是有用的，但是我们也发现那些没有多少创造力、从未提出真正具有启示力的解释的人，也能够很好地掌握专业方法。从这样的意义看，以人文现象为研究对象的精神科学的创造不存在什么方法的掌握问题，而在于对于问题以及问题所要求于我们的东西的敏感。"这实际上就是一种不可论证的机敏行为，即抓住了正确的东西"，并对普遍性的应用"给出了规范，而理性自身是不能给出这种规范的"。[②]有人说，与其说是方法的掌握，不如说是"解释学的想象力才是富于创造性的精神科学家的标志！"[③]因此，在解释学眼界里，理解既是人的命运，又意味着同样的必然逆转。如果理解和解释互为表里，两者都关联于辩证法的话，那么，我们就会像拉尔夫·沃尔多·爱默生那样提出这样的问题：被误解是很糟糕的事情吗？毕达哥拉斯被误解了，还有苏格拉底、耶稣、路德、哥白尼、伽利略、牛顿以及每一个曾经使人耳目一新的纯洁和睿智的灵魂。从天才的非自觉创作的决定这一层面上说，要想伟大就要被误解！

第二，理解的可能性实际上跟人类存在自身的进程挂钩。因为，理解是对事物意义的认识。人类存在自身即理解的进程。当我们谈到理解时，我们指的是一种与适用于自然对象的方法论极为不同的理解过程，即这种理解是具体的、历史地发展起来的。

比方说，我们对一个人的理解始终就是具体的、历史的。它是在一个不断

---

① 沃尔夫冈·伊瑟尔：《怎样做理论》，朱刚等译，南京大学出版社 2008 年版，第 1 页。

② 汉斯-格奥尔格·伽达默尔：《真理与方法》（上卷），洪汉鼎译，上海译文出版社 1999 年版，第 51 页。

③ 伽达默尔：《解释学、美学、实践哲学：伽达默尔与杜特对谈录》，金惠敏译，商务印书馆 2005 年版，第 10～11 页。

发生的事件中遮蔽/解蔽的过程。不是像现代人在现代性的框架里，根据你的名片、头衔、身份之类的既成的东西来理解的。马尔库塞的"单向度的人"、萨特所谓的"透明人"仿佛一切就那么简单、就那么确定，这不是真的理解人，而是在敌视人。因为，人都被同质化了。理解人的问题，对于狄尔泰而言，乃是恢复我们自身存在的"历史性"的意识问题。对于海德格尔而言，理解是一种生存论的要素。对马克思而言，理解是人的生存的实践活动，而不是主体的意识活动。

应该看到，由于解释学一直建立在人文科学的基础和中心上，解释学的经典作家并没有对自然科学的解释学意义作出充分的评价。但是，这种情况早已经在康德那里得到了提示。

康德曾经讲，在自然科学中，不存在人们怎样才能学会正确运用规则的规则。他的意思是说，自然科学成果的理性地运用于生活实践并不是由自然科学方法来完成的。这也意味着自然科学的研究也存在翻译和解释的问题。自然科学知识的形成过程中，也有一个解释学的结构。这是因为，在自然科学研究中，并不存在一个以某个既定的东西为基础开始研究。换句话讲，没有一个东西直接地摆在自然科学研究者的眼前，自然科学家对他的研究对象的研究绝不是像看见一个钟表的指针的运动那样，也不会像出现在显微镜下面的样子那样一目了然。在进行研究的过程中，总是经过了理解这一中介，才获得他的研究结果。因此，自然科学领域的认识论无法避开解释学的批判。

此外，科学认识并不是对对象不附加任何外来成分的纯粹客观把握，也不是对"人之外的客观规律的精确关照"。哈贝马斯在《认识与兴趣》一书中批判了实证主义科学观的客观主义。他认为，在科学活动中，必须重视"参照系"的作用。而兴趣先于认识，指导认识，是认识的基础。但是，指导认识的兴趣不是"经验的兴趣"，而是"纯粹的兴趣"、理性的兴趣。或者说是指人类先在的普遍达到的认识兴趣或认识构成的各种背景因素。而库恩也认为，科学探索是一种开放、灵活并以历史为重心的理解活动。伯恩斯坦则指出：库恩"传授给他的学生的格言是一种我们几乎可以在任何解释学讨论中都能找到的东西：读着一位重要思想家的著作时，首先要寻找文章中显而易见的谬论，并问自己，一个明智的人怎能写出这样的东西。当你找到一个答案时，继续这样问，当这些段落讲得通时，你可能发现更多的先前以为自己理解了的中心段落，它们的意思也变了"[1]。美国学者科克尔曼则讨论了现代自然科学的解释学本质。他

---

① 伯恩斯坦：《超越客观主义和相对主义》，郭小平译，光明日报出版社 1992 年版，第13 页。

认为，自然科学在每一方面都具有解释学的成分；科学家并不说明某物是什么，而只说明在一定数量的假设下它将有什么表现。因此，科学家的工作总是从典型的预先把握、预先洞察和预先构想解释学局面开始着手的。另一方面，所谓的"自然规律"，总是依据一个意义框架来阐明的。而且，在一定程度上，这种框架与所观察到的现象是没有关系的。经过考察可以知道，即使这些有独创性的世界图景也是以一些源于以前的理论或构想的要素为基础才得以构成的。科学家虽然穷尽了一些真的东西，但是，并没有一劳永逸地穷尽关于"那是什么"的真理。①

这里，具有重大意义的是在哲学家方面。例如，海德格尔等哲学家也已经表明，解释学不仅适用于艺术、法律、历史和文学等领域，而且涉及人类与世界所有交往的领域。

第三，一旦人理解人时就能够产生一种真正的交互性，但是，在范畴层面上，交互性关系不是理所当然的。卢梭讲："一旦他人承认某个人是一个有感觉、有思想并与他相似的存在者，那种与他交流情感和思想的欲望和需要就会使他寻找种种交流途径。"（《论语言的起源》）

这也意味着，理解需要解决方法论的贫困。在人文科学研究中，通向解释人、理解人的道路所出现的主要障碍，本质上往往归结为生命的体验自身的特性。我们说自然科学是方法的大国，人文科学却是方法的小国。但是，适用于自然对象的方法论，对于理解人类现象是难以胜任的。比如说，围绕"沟通"和"他人问题"，哲学解释学面临着方法论的贫困。一方面，自然科学方法基于数学而高歌猛进，人文科学基于历史而几乎停留在远远难以完成的状态。另一方面，在方法论方面举步维艰的同时，它还必须避免教条主义，也要避免彻底的相对主义。

比如说，胡塞尔撰写《逻辑研究》花费了整整12年时间，至于这其中遭遇到的一连串的思想挫败，就根本不是个别的例子。在这方面，狄尔泰可以说是与胡塞尔惺惺相惜。他把胡塞尔的《逻辑研究》当作康德《纯粹理性批判》以来的第一次伟大的科学进步，当作寻求一门关于生活本身的基础科学。狄尔泰以嘲讽的口气批评"在洛克、休谟和康德所建构的'认知主体'的血管里，流动的不是真正的血液"。狄尔泰开始研习胡塞尔的《逻辑研究》的时候，他已经达到70高龄，换作别人，尤其是从事自然科学研究者，这是一个应该算对自己长时期研究的体系感到自信而满足的年龄。②这同样说明狄尔泰即使到了耄耋

————————

① 黄小寒：《"自然之书"解读：科学诠释学》，上海译文出版社2002年版，第264～265页。

② 马丁·海德格尔：《时间概念史导论》，欧东明译，商务印书馆2009年版，第28页。

之年也没有寻求到令人足以自满的人文科学方法论途径。而海德格尔本人虽然对胡塞尔的《逻辑研究》有很高的期许，但他认为，我们每次都要从头到尾重新阅读这本书。否则，对这本书的内容概括都有可能是一种误解。这是由海德格尔对现象学研究的本质所决定的。他所理解的现象学也称为解释学现象学。这也是海德格尔的哲学首先给予胡塞尔所强调的"严格科学性"批判的一种托词。这同样是说理解作为人文科学的方法非主观努力所能够决定的。

以此来看，在当代，知识王国里并不缺乏建筑大师。他们的伟大设计促进了科学的发展，并为子孙后代留下了值得永久赞美的纪念碑。但是任何人都不能奢望自己成为另一个波义耳或者另一个西登纳姆。在这样一个产生了诸如伟大的惠更斯和无与伦比的牛顿等大师的时代，有幸成为一个清扫道路的小工——清除一些知识道路上的垃圾——那也已经相当有抱负了。①洛克在这里把哲学看成认识论的"低级劳工"（under-labourer）。按照这种思想，哲学自身无法对理解世界提供任何肯定性的知识。它所能够起的作用就是在理解的发展道路上做清道工的工作。这一带有经验主义的哲学观在很大程度上把哲学家与"大师—科学家"对立起来。这种观点显然是把哲学看成"寄生在其他学科之中的。哲学没有自己的问题，哲学仅仅是一种技术，用于解决在非哲学的研究过程中产生出来的问题"。或者说，"哲学是由于它的方法而不是由于它的论题而区别于其他艺术与科学的"②。这个哲学观首先说的是哲学自立性和相应态度在哪里。用最精简的话说，相对主义是洛克的一种原则。它断言，哲学在运作上较个别科学"更精细"，但这并不意味着，比起其他科学来，哲学所涉及的是"较重要"的事物。

第四，人文科学研究能不能设想一种客观有效的知识可能性，这是问题的关键。因为，人的本能就是遇到不理解的东西总要给它说明，通过说明使得不理解的东西变得可以理解，说明就是对事物有所理解的揭示。但是，它凭什么能够说明？不理解的事物怎么能够通过说明就能够被理解了？对于这些问题，不同的哲学家会有不同的回答。当亚里士多德区分解释和逻辑，以便区分作为命题分合显明意义的解释与作为命题之间推理关系的逻辑时，我们现在则倾向于把他所讲的解释归在逻辑学中。海德格尔说："人们如今提出的著名原理，即，我在某物上清楚或明了地感受到的无论什么都是真实的，或都可以作为它的表

---

① 洛克：《人类理解论》序言"致读者的书信"，关文运译，商务印书馆1959年版，第13～14页，译文根据原著有些改动。康德将哲学传统的分析技术形容为"整洁严厉的家务活"。

② 彼得·温奇：《社会科学的观念及其与哲学的关系》，张庆熊等译，上海人民出版社2004年版，第4～5页。

述，这一原理一点也靠不住。因为那些看起来对人清楚和明了的东西，当他们急于下判断时，常常是模糊的或混杂的。所以这条公理是无用的，除非我们所设想的清楚和明了的标准是适用的，或除非观念的真理被确立起来。"①

回顾解释学的谱系，本是由解释理解《圣经》的神学需要滥觞而出，解释学开始的时候就是借用这个意思，指理解为把《圣经》等圣典中蕴涵的上帝的意图，通过语言的解释和注释，发现和理解那已假定蕴藏在圣典中的上帝的意图。我们知道，《圣经》由于是通过人的手、用人的语言书写出来的，因此不可能是上帝之言。但是，在基督教神学中，解释《圣经》居于首要的地位，学习《圣经》的目的在于通过上帝之"道"去认识他的原旨，正所谓"读主言，入主心"。因此，《圣经》的作者实际上有两个：一个是上帝，另一个是凭借圣灵的启示的记录者。《圣经》的成书过程历时一千多年，有许多人参与了它的写作，它是名副其实的集体智慧的结晶。20世纪新教神学家卡尔·巴特在《上帝之言与人之言》一书中写道："《圣经》是由一个古代种族的宗教以及一个近东古希腊教派所产生的文学作品。作为一个人类的文献，如同任何一个其他文献一样，对于特别的关注与思索而言，《圣经》并不能产生任何先天的教理宣称。这是今天万口都承认、万民都相信的判断，因此我们可以将之视为理所当然的。这是一扇已经敞开的门，我们不需要再继续试着破门而入。因此当我们很严肃但可能不是那么热情地来关注《圣经》的客观内容时，我们不应该刻意去招惹那宗教狂热主义和科学的愤慨，以挑起另一场反对'固执的正统'与'字句中已死的信仰'的战斗。因为这实在太明显了：当《圣经》中属人的、属历史的，以及心理学上的特质被作出评判，并置于我们之后时，一个对于《圣经》的有智慧、有成果的讨论才开始。我们高等及低等学派中的老师们，以及同他们站在一起的已被建立的我们诸教会中的开明牧师们曾经打过的那场战斗，现在已经打完了。这份人类文献的特殊的内容、值得注意的某种东西，正是这些故事的写作者们与那些站在他们身后的人们所关心的，即《圣经》的对象。这个问题，在今天将吸引我们之关注与投入。"②

因此，后人在读《圣经》时就会遇到一个困难：我们这个时代中的许多人已经公开接受全能的上帝不存在。《圣经》不是上帝的作品，它是人类心灵的一

---

① 马丁·海德格尔：《从莱布尼茨出发的逻辑学的形而上学始基》，赵卫国译，西北大学出版社2015年版，第95页。

② Karl Barth. *The Word of God and the Word of Man*, trans. Douglas Horton. New York: Harper & Row Publishers, 1957, p60-61.

部作品。如果《圣经》是人类心灵的作品，就要像阅读其他作品，比如荷马、柏拉图、莎士比亚的作品一样，不仅对其满怀敬意，而且也得愿意同作者争论，要么反对、要么批评。相反，如果《圣经》是上帝的作品，我们就必须以一种与我们阅读人类作品完全不同的方式来阅读它，必须以敬畏和聆听的精神阅读《圣经》，至少后人必须对《圣经》是上帝的语言和人的语言之间的相同和差异有所知晓。如何解决《圣经》既是上帝的语言又是人的语言的关系，《新约·伯后》第1章第20～21节和《新约·弟后》第3章第16～17节上有说明。在基督教系统内部支持这样的观念：《圣经》的信息来自于上帝，因此是绝对无误的；而《圣经》的文字表达形式是人为的，受个人文化水平高低等诸多因素的制约，因而是可能有误的。正因为如此，消除误解，把握《圣经》真正的作者——上帝的原意从一开始就成了《圣经》解释学理所当然的任务。

但是，"我们且不谈过去的一切哲学毫无例外地全部被神学家指责为背弃基督教，甚至虔诚的马勒伯朗士和受圣灵感召的雅科布·伯麦的哲学也未能幸免"[1]。说到底，不可理解的事情就是不可理解。所以，我们经常只能用比喻等方法说明它。但是，无论如何，人文科学中所讲的"知"并非发现某个事实，而是置身于某种生存的可能性。理解需要对情感、需要之类东西进行驾驭。因为，人的内在生命的原动力是一个认知、情感和意志的综合，它们不遵循因果性准则。因此，我们常常见到，有这种情形，很可能导致即使关于沟通的理论已经触及关键问题，人文科学仍然不能以为找到了最后的奠基。

这里有几个问题：这门学科到底是什么？你怎么来判断？你找出来的那个东西叫人文科学吗？你最后还是要有一个判别标准。这个判别标准，你说是普遍的，你把它叫作"共识"。你的意思不就是说学术界的"共识"有助于保证你强调的东西或结果是真实和正确的？当普遍接纳的历史或文学的方法所显示的结果，获得诚实而审慎的学者所承认时，我们就有信心说那是正确的？

但是，我们仍然要提防前设的影响。也许所谓"共识"不过是奶酪、泥巴、毛发之类的东西。这个时候，这个"共识"不过就是"空"的。这样一个印象对于哲学解释学来说是十分重要的。换句话说，人文科学所揭示的东西，不是在主体对客体的对象表象中。你强调的人文性质、精神性质不是"货币""商品"之类的"物象"，因而，同对象化的对象的确定性、明晰性一样，是完全不能适用于对它的理解的；即使人本身要像商品那样成为"物象本身"，人还有隐藏着的东西需要解蔽。即使能够创造"共识"，我们认为用"共识"仍然不能解决理

---

[1]《马克思恩格斯全集》第1卷，人民出版社2001年版，第213页。

解的方法论问题。譬如，我们有时听到人们谈论某一几何图形的内在之美，人们谈论所凭借的标准却是从科学那里假借过来的。科学的"共识"徒劳地召开圆桌论坛来讨论美的问题，这个论坛的主题总是千篇一律，如比例匀称、非对称性，等等。这种美其实不具有美学性质或内容，这一点康德早已经说明过。其他学科的情况与此相同。每个学科都驻足于自己的领地，运用特有的方法。

在我们看来，人文科学很难采用自然科学方法。对于"哲学"的由"自己"的"人"来说，"科学的"如实验心理学的方法是一门属于自然科学的学科方法。把解释学和实验心理学缠在一起，只得落入穷于应付的境地。在此，对于解释学来说，离开自然主义的说明，应当另想办法，这乃是事实上的迫切要求。

毫无疑问，科学、哲学、艺术等学科当中有同样多的作为思维经验的实验，它们之间因为具有难以确定的相互干扰而变得难以区分。狄尔泰曾经感觉到，要提供一种像自然科学那样有效知识的精神科学，就必须让心理学来奠定基础。人们以为在康德的意义上并且超越他就能为精神科学做同样的事情。在这种情况下，他们以为主要的事情就是划界。在这里，自然科学成为一种否定的尺度。即便是扎根于历史和神学的人物狄尔泰，显然也在模仿康德的问题将精神科学表述为"历史理性批判"。对此，稍后我们将会更全面地讨论。

第二节　哲学解释学性质的若干断想

一、面对"哲学解释学"不易解决的张力

大家知道，解释学的问题探讨曾经局限于某种特殊学科范围内，如神学解释学、语文解释学，司法解释学，等等。正因为如此，解释学一开始属于特殊学科性的东西，是分门别类的解释学（称为"分门别类"，是因为它们并未针对实然的全体，而是只针对一个部分领域，即使此部分领域有非常大的范围，如法学领域、法律），与哲学或普遍解释学并无多大关系。我们耳边萦绕着施莱尔马赫的话："目前所见的只是各种特殊解释学，作为理解艺术的普遍解释学尚未出现。""特殊的解释学只是一些观察的积累"，"它寻求非反思的理解，只有在一些特殊个案中才求助于规则"。①造成这种情况的原因在于，各种学科领域不

---

① 李河：《巴别塔的重建与解构——解释学视野中的翻译问题》，云南大学出版社 2005 年版，第 57 页。

同，对各种学科的对象处理方法根本不同。

例如，诸如法律文献、宗教经文或是文学作品，存在差异是毫无疑问的。一部法律是一种公共或团体的行为，但是其实施时亦同样困难。人们无法知道，在制定法律时人们下决心要做的是什么。对于有些人来说，正义只是"人类的一个美梦"，我们不知道也将永远无法知道正义是什么。还有一些用来解释多种多样疑难问题的规则和建议，它们是专门为古代希伯来语、希腊语和拉丁语文带来的特殊语言与历史疑难问题量身定做的，它们包含许多可以像技术手册一样遵循的解释规则。我们要有几本专业的字典，正如在听《圣经》讲座之前先选修一门释经学一样，在研读法律文件之前先向律师请教。由此，在这个各个学科中，也容易形成一种可鄙的宗派精神。而且，凡是在宗派意识存在的地方，为了达到巩固宗派所适用的方法，它的适用性总是有限的。在一般解释学出现之前，这些个别学科的解释学方法之间没有交融，否则很容易被视为学科稳定进步的捣乱分子。有人甚至承认，在古老的解释学中，它整体上不能自身统一，它自身以文本的不同类型和各自不同的重要问题的分化呈现出来。

在施莱尔马赫看来，要改变这种情况，就必须像康德对知性的批判一样，将"理解"也变成一种普遍的批判对象。直到 19 世纪头 10 年，人们才相信建立一门理解的科学的必要性和可能性。由此，施莱尔马赫将一般解释学理解成这样一门学科：它不同于研究解释技术，而是关注理解，理解是解释技术的基础。因为此时，人们信仰一种人类的共同理解，相信理解并不只是在特殊的学科中孤立发生，相信各个学科尽管有其解决特殊问题的理论工具，但是在这些差异性底下还存在着更为基础的统一性。比如，理解法律和理解宗教都要求一种人类共同的理解。人们相信一种它们之间存在着可以被叫作人类的共同理解的东西。比如，法律的理解和宗教的理解涉及具体的、实际的情况。正如我们下面将看到的，寻求客观有效的知识和发现理解的规律和原则，就被看作为哲学解释学的任务。带头将解释学从单一专门的解释技艺提升到作为人文科学普遍方法论的哲学的人，是施莱尔马赫。

现在我们知道，解释学不再是解释本身，而是一门关于解释的条件、对象、方法、传达和实践应用的学说。实际上，解释学被理解得这样广泛，人们把自然科学称为自然解释不就是在海德格尔等人的著作中所完成的世纪绝响吗？

今天，我敢肯定，没有哪一个从事人文科学研究的人没有琢磨过这个解释问题。在某种意义上这个问题非常简单，因为"每一个人都知道"解释是什么。比如，也许每一个人都知道某些日常生活的日子比另外一些日子美好或重要。我们就可以把这理解为一种解释学经验。理解为某些解释者希望情况如此。但是，这绝不是说，我们已经在最需要提出问题的地方理解了什么是解释学。从人物上讲，除了伽达默尔或狄尔泰经常提及的克莱登尼乌斯或施莱尔马赫，还应该提及克尔凯郭尔，它是法国解构理论的源头。据说，伽达默尔准备把《真理与方法》的手稿付印时，他原先打算使用"哲学解释学"作书名。但出版商认为，这对于读者没有任何意义，于是"哲学解释学"这个术语被放置到了副标题。想必，在出版商眼里，"哲学解释学"这个术语在 1960 年代有时仍然是费解的。我猜测这一情况到今天也还没有改变。我试举三例。比如，在平常与人交流的谈话中，有些交流是推动与人内心深处的交流；有些交流则是浅尝辄止的交流。常常有这样的经验：假如你比较理解某个人本身，那你也能够理解他所说的话，但是，你又是通过他说的话了解他是个什么样的人。从这里看，似乎跟解释学打上交道的主要应该是语言。但是，这只是坚持解释学的语言意义的人的看法。问题是，这里还要面对一些不易解决的张力。例如，解释学中的循环问题，便是困惑传统解释学的不解之谜之一。这个谜也可以说是柏拉图的美诺问题。苏格拉底相信，假如人们知道了德性是什么并且知道德性是有益的，那么人们就不会做坏事。可是，事实上人们苦苦思索的结果是无法知道什么才是真正的知识，于是，柏拉图假设美诺指出：苏格拉底呀，你凭什么去研究你本来一无所知的东西？即使你碰巧遇到了它，你又怎么能够知道那就是你不知道而又想知道的东西呢？解释和理解必须先由部分（如历史之事件、作品之章句等）开始，而要理解部分，又必须首先理解整体（如历史之背景、作品之整体意义）。因为部分只有在整体上，才获得了意义和理解的可能，而解释和理解又只能从部分开始。从逻辑上推导，在理解整体之前，解释者应无法理解部分，而解释者离开对部分的理解，又无从把握整体的意义。解释似乎陷入了一种逻辑上的恶性循环，而实际的理解过程，又是在这种循环之中。这就是困扰着传统解释学的解释循环问题。

从总体上看，解释学循环体现了解释学与辩证法的联系，因为只要我们进行阅读，进行理解，无论自觉还是不自觉、意识到还是未意识到，我们都会卷进解释学循环，都必然受到整体与部分的辩证法的支配。显然，解释学的循环并非逻辑形式上的循环论证。值得注意的是，海德格尔对这种逻辑根本不感兴趣。①所以，说到人人交流，便存在为什么在你们友好的交流中交谈，却不知

---

① 证明、正确性等等，都不是解释学真理的本来意义。"人们认为，艺术是什么，可以从我们对现有的艺术作品的比较考察中获知。而如果我们事先并不知道艺术是什么，我们又如何确认我们这种考察是以艺术作品为基础的？但是，与通过对现有艺术作品的特性的收集一样，我们从更高级的概念作推演，也是同样得不到艺术的本质的；因为这种推演事先也已经有了那样一些规定性，这些规定性必然足以把我们事先就认为是艺术作品的东西呈现给我们。"可见，所有证明总不过是基于前提的后补的事情。孙周

"解释学"为何物的问题。因为交流是在不自觉的情况下,对于所听心领神会的。你光理解说话的人的语言,却并非了解说话人的心灵过程。因为,"只有通过我们身上以及他者身上那种仍然潜在存在的东西,我们才能与他者交流,而任何交流如本雅明在语言那里觉察到的那样首先并不是共通物的交流,而是可交流性本身。……在我有能力的地方,我们总是作为众人而存在的,就像在,如果有语言也即言说之力存在时,不可能有且仅有一个说这种语言的存在"[1]。按照解释的恶性循环法则,把解释学与存在问题联系在一起,这对于老欧洲人是不言而喻的:海德格尔因此在现象学的需要而自觉地将"具有历史学性质的人文科学方法论"植根于"作为历史学在存在者层次上之所以可能的条件"意义的解释学。[2]即便另一些人,如伽达默尔、利科也这样做过。

但是,使他们相似几乎达到可混淆的地步的东西是一种生存领会和理解所经历的升华过程。这个过程不论在此还是彼手中都着眼将主客观对峙诗化:与我内在遥远和陌生的东西,对方可以向自己说明、表象,但不能理解它。有时,他沉默无语。沉默是一种基本的但意义并不单一的表达方式,它可以表达默许、同意、反对、保留、鼓励、暗示等丰富的意思。这些表达功能似乎与其说沉默是一堵墙,不如说它是一扇窗,因为它们都是以生存在世的大框架之理解为基础的。无疑,除了这些精神状态之外,人际交流还有各自的烦恼和困惑。我们怎样才可以确保更透彻的理解?答案在于,我们要采用一个深思熟虑的方法去解释。这就是为什么有人认为,解释学似乎不应该着眼于语言,而应该着眼于说话的人的心灵过程。通过将感情、意志、自由、动机这些概念纳入心理学的关联整体让精神性的生命把握到,是狄尔泰提出不同于自然科学的心理学的心理学的初衷。

二、解释学的问题与理解的可能性是不可分离的

然而,将解释学变成心理学的东西,变成一门重建心灵过程的艺术,一门旨在深入研究说话人的言辞背后的意图和心理过程,一句话,专注于对话的心理条件,并不是万无一失的。我们后面将会看到,因为传统心理学本身是一门非历史的科学,要提出一种不同于作为非历史的(或自然科学的)心

兴选编:《海德格尔选集》(上),上海三联书店1996年版,第238页。

[1] 汪民安主编:《生产(第7辑):生命政治:福柯、阿甘本与埃斯波西托》,江苏人民出版社2011年版,第49~50页。

[2] 马丁·海德格尔:《存在与时间》,陈嘉映等译,生活·读书·新知三联书店2006年版,第44页。

理学的心理学，总有千万种不同的理由。你说它是确定的，也说它是不确定的。关键在于时间的决定性和人类生存的界限不得不打破"去看""去感知"之类的思维方式。

比如，你在平常阅读一篇哲学论文时，要么会用一种抽象的、逻辑的、很技术化的方式去阅读这篇论文，你多半没有什么感觉，因为你在空间、时间、数字等范畴中几乎看不到理解作者的内在生命的可能性，你没有在生命的关联中进行理解，你可能把这篇论文当作自己重新经历作者的体验过程，特别是你很容易关注作者某一句话所发生的心理过程。问题是，你自己重新经历作者的体验过程与作者创作某一作品的行为并非一回事。也就是说，我们必须区分作为心理过程的判断和作为观念内容的判断。比如，你对于马克思《资本论》的理解行为，与马克思创作这一作品的那部分行为迥然不同。因此，完全可能发生这样的情况：在这样一种重新经历作者的体验时，却不知你在理解这部著作时究竟发生了什么。从根本上说，这是因为一种思想的复合整体不可能仅仅由心理分析来说明。无论如何，语言因素、心理学化的因素，都曾经充当过人文科学的认识论基础，但是我相信，解释学的问题与理解的可能性是不可分离的。

其实，早在中国古代思想中就已经充满着此种对解释学的理解。《庄子·天道篇》中就记载着这样一个故事。有一天桓公在堂上读书，工匠轮扁在堂下修车轮。轮扁看见桓公读得津津有味，十分投入，就放下工具走上前去，问桓公读的是什么书，为什么读得如此入迷。桓公答曰：读的是圣人之言。轮扁又问：圣人还在吗？桓公回答：圣人已死。听到这话，轮扁就说：主公，非也，你读到的充其量不过是古人的糟粕罢了。桓公听罢大怒，定要轮扁给一个说法。于是，庄子就借轮扁之口，说了一通。在桓公看来，流传至今的圣人之言、圣人之书与作品本来的意义之间是没有鸿沟的；相反，这些圣人的书乃是后人在今天通向作品本义的唯一可靠桥梁。而轮扁则认为，一个文本的真实意义并不能毫无妨碍地通过作者的言谈和书写保存并流传开去。作者的书、作者的言论非但不能成为判断作品原来的意义的最后根据，而且它们往往成为阻碍我们达到文本的真实意义的屏障。

三、"学习"究竟是怎么一回事

这里我们也触及解释学对"学习"的理解这样一个核心问题。因为，人类的理解不是与学习活动相割裂的某种纯智力活动。例如，在课堂上，我们本身就是在展示一门聆听者理解的艺术。从方法上讲，理解却存在着各种各样的困难。人们常常提出这样的问题：具有一种什么样的能力才算是一个好的老师？

有人说，他能够辨别出什么时候学生在理解上有困难，才算是一个好的老师。那么，具有一种什么样的能力才算一个好的学生呢？有人认为，一个好的学生应该具有恰当地提出问题的能力，因为提问本身构成了理解的一部分。有人甚至说，学问的唯一可被认可的结果是让学生对问题有所意识，从而在解惑方案之间思考哪一种更加贴切人类处境本身。这就是所谓"入思"和"启蒙"。

我们还要问：为什么学习是一件很困难的事情呢？这里起码有两个难题。首先，因为延续着一个长期的破坏性实践，学生只接受某种老师提供出来的东西。学生上课是为了寻求老师提供的东西。比方说，齐泽克装扮成一位导游叙述一个导游的故事：这个导游带着一些游客游览了在莫斯科举行的一个艺术展览会，他们驻足于一幅标题为《列宁在华沙》的画前。画中并没有任何列宁的标志；相反，它描绘了列宁的妻子和一个年轻的共青团员躺在床上。一个困惑不解的游客问道，"但是列宁在哪里呢？"而导游平静地回答："'列宁在华沙'。"[1]我们去看画展，我们总是眼睛盯着画的标题，希望从标题中对作品获得理解，如果一张画无标题就会令人犯难。但是，真正的"欣赏"却不是这么回事。只有当我们感受到自己所取的东西是自己根本上已经拥有的东西，并从存在者之中发展出令人意想不到的新东西，我们才达到欣赏或学习。换句话说，学生如果没有某种浸淫于生存活动之原初的理解，学生就不能学，甚至学生就不知道"学"究竟是什么。比方说，我告诉一个从未读过海德格尔著作的学生说，海德格尔哲学和存在主义相仿。我认为，这并没有抓住海德格尔哲学的真正意蕴，但是，这种原初理解起码会使这个学生尽可能地通过自己知道的存在主义来想象，直到自己读过海德格尔，终于"知道"海德格尔并非一个存在主义者可以比拟的为止。否则，学生就把常人的理解当作自己的理解。

其次，对于教师的"教"这个方面来说，"教"无非让人学习，也即激发相互间的学。不能激发相互间地学，不能与学生分享地学，就不能算"教"，或者至少是算有缺陷的"教"。但是，对于教师的"学"方面来说，学比"教"更为困难，因为是"学"使教师的水平在精神上大大高于所有以往的"教"的水平。只有真正能"学"的人，才真正能教。[2]"学"和"教"之两种力量合力使之达到这种超越。这就是我们俗话所讲的"学生"总是会超过老师。我们有一句简单总结："如果最初没有一种对存在的一般把握，这里怎么可能存在一种特殊的理解学说或理解方法呢？"[3]也就是说，我们理解的基础就是"基础存

① 斯拉沃热·齐泽克：《意识形态的崇高客体》，季广茂译，中央编译出版社2002年版，第217页。
② 孙周兴选编：《海德格尔选集》（下），上海三联书店1996年版，第854页。
③ 乔治·斯坦纳：《海德格尔》，李河等译，浙江大学出版社2013年版，第136页。

在论"，而不是专门领域之特殊存在论。

这里，我想讲个西方人读《圣经》的故事。一位神学院教授提过，有一次在一个关于如何解释《圣经》的原则研讨会上，一位学生的哭声打断了研讨会进程。教授担心自己在某方面冒犯了该学生，于是便询问出了什么问题。那学生一面哭泣，一面回答说："我哭，因为我替你感到难过！"教授大惑不解地追问："为什么替我难过？"那学生回答说："因为对你来说，理解《圣经》竟然是如此困难的，我只要去读，神就会向我显明其中的意思。"学生的这种说法其实包含着解释《圣经》的方法。这就是马丁·路德所认为的《圣经》意义自现，是"自己的解释者"。①同时反映了当事人对神的信心，虽然有些简单化，但是学生也完全可以成为一个优秀的研究《圣经》的读者。因为唯有以生命来面对经文的人，才有可能从经文中获得生命。同理，一个老师或一个学生竟敢谈论某某老师或某某学生愚蠢之类的先入之见，在解释学语境中是很危险的。他可能会被解读为狂妄自大，他也并不知道，一种个体性的能力永远不可能穷尽一个单一生命生存之分化的丰富性，因而"教"与"学"是一个人进入另一个人的思想的艺术。如今，我们相信马克思是一位难懂的哲学家，但是早期阅读马克思作品的读者却不这么认为。我们现在可以发现马克思作品的深度和微妙之处，但与马克思同时代的读者却发现他像一盘剥开的牡蛎那么轻松易懂。人们可能会将这两种看法看成相互对立的，而且恰恰在今天更要重新提出两者相互矛盾的本质：这两端的解释往往被解释为不确定的东西和确定的东西。我们可以认为这两端的解释是从整体和部分的角度来强调理解的可能性。

四、解释学是一种用来避免误解的方法论吗？

究竟什么是解释学？我们不可能直接从字面上判断它的意思，也不可能随便问身边的某个人便能够得到答案。不过，我也同样不想忽视一点，即解释学是一门有关如何通过解释增进理解的艺术。虽然，有时即使是最直接的沟通也不是简单明确的，但我们相信，至少在人们的交谈中就包含一种人类共同的理解。

我们在与人友好的交流当中，你能理解他人，就能够比他人做得更好。也许你很容易指出谁在哪里误解了谁，谁又在哪里是个好的倾听者，如此等等。人们就是以这种类似"歪打正着"的方式，即误解的方式增进理解的。马克思在世的时候，也意识到，他的思想被那些装作门徒的人歪曲了。在某种意义上说，凡是伟大的思想家都会遭遇知名度与被理解度的反比关系。所谓最著名的，

---

① 张隆溪：《阐释学与跨文化研究》，生活·读书·新知三联书店 2014 年版，第 19 页。

同时又是被理解的最少的。萨特说:"自 1848 年起[……]大家都认可了这种事,即与其出名还不如默默无闻,假如艺术家有幸在生前获得成功,那只能解释为一个误解。"①我想,这一情况只能从解释学角度看才是有所意谓的、有意义的。因为,解释学意识,按照在斯宾诺莎那里已经初露端倪而在施莱尔马赫那里更加明确的理解,是一种用来避免误解的方法论。一般来说,人们喜欢梦想一种没有误解的交流。

虽然要求避免误解,但不知道如何真正避免误解。海德格尔认为:"表象、欺骗、糊涂、迷误都处于一定的本质出现关系中,这些关系自很久以来就由心理学和认识论使我们弄不清楚了,因而我们在日常此在中就几乎不能以相应的透视眼光来把这些关系经历与承认为力量。"②这是阻碍将解释学提升为一般理解艺术的拦路虎。而这只拦路虎最可能源自语言。人们也喜欢这样猜疑,认为那些脑子灵光的人会阻碍使用一种毫无歧义的语言,并且从事误解的交易。例如,读马克思的著作时,我说你误解了马克思。有人会不服气,说这是主观判断,就如同是心理过程那样的殊心之论的东西。如果真正把心理过程的东西当作理解与相互理解之关系的衡量标准,那么就根本不会存在误解不误解的问题。因为,对心理既不能照相,也不能描绘。或者说,因为心理学看似某种过分理性的东西,以致人们绝不敢相信,在通往理解的道路上没有不可逾越的障碍。这就得求助于语言。问题在于,语言和思想只是交流的不完善的手段。而双重意义的言语、故意让人理解本该理解的意义的反面言语、话语的二元性本身(亦即它同时既是言说,也是言说之考量依据)、说话者彼此说话,如此等等,当然也会经常出现在任何一个作家的作品之中。

因此,仅仅说"你读了马克思"和说"你误解了马克思"有什么不同呢?我们认为,前者只是说马克思应该就是你理解的那个样子,后者是说你读得有点不是马克思"那个味儿"。可是,我们也知道,对话的理性不等同于说话者彼此说话的关系。首先,人们必须能够存在,才能去阅读马克思,并且才能注意到某种读法是"误解"了马克思。因此,在注意到某种读法"误解"了时,"误解"也是一种理解和解释。"误解"不是由于主观认识出错了,而是由于此在的某种存在方式。人们首先必须能存在,才能把马克思的意思读歪并且注意到这点。因此,在注意到"误解"了时,那种误解也向我们揭示了关于我们自己是谁的一些情况,也就是揭示了我们的意义。

① 雅克·朗西埃:《文学的政治》,张新木译,南京大学出版社 2014 年版,第 46 页。
② 马丁·海德格尔:《形而上学导论》,熊伟等译,商务印书馆 1996 年版,第 110 页。

第三节　狄尔泰解释学的心理学指向

一、"生命"之于人文科学

按照通常的判断，解释学或诠释学根据其传统的意义，就是一种系统性的原则研究和解释方法。像施莱尔马赫、狄尔泰、海德格尔、富克斯（E.Fuchs）、艾伯林、伽达默尔和利科等重要学者，都是用较哲学性的意思来运用解释学一词。识别某些过去了的事物在今天有何种"意义"（mean），或在现代世界中变成具有存在的意义（existentially significant）。狄尔泰的出现，推进了解释学的发展。海德格尔曾经指出："狄尔泰的研究是通过不断追问'生命'来取得发展的动力的。"①狄尔泰自己则说，今天解释学必须寻找对"历史科学的未来可靠的进步""这一普遍认识论任务之关系，阐明历史世界关联的知识之可能性并且找到实现此知识的手段。理解的奠基性意味得到澄清，而这就有效地从理解之逻辑形式出发向上规定了理解中普遍有效性可达到的级别"。②这个关键的指认，恰恰就是支配 20 世纪之初的本体论问题：什么是生命？

在狄尔泰哲学解释学登台的年代里，德国大学校园内热烈讨论的话题是生命与文化的关系。这个始终纠缠着这个世纪的问题式是什么？它又反对什么？它反对的是实证主义的哲学观念。"从严格科学的观点来看，生命的概念根本就没有意义。彼得·梅德沃和让·梅德沃告诉我们，在生物学中，关于生命与死亡等词意义的讨论是低层次对话的象征。这些词并没有本质意义，因此，这样的意义也不可能在更深刻更细致的研究中得到澄清。"③

因此，狄尔泰指出，一是对人文科学应当独立地探求其方法；二是他确立自然科学的说明与人文科学的解释之间的差异；三是他把这种认识论的差异奠定在生命的根本特征上，也就是奠定在主体有能力置身于陌生心理生活之中；最后，由于狄尔泰提出问题的方式和表达问题的概念还是像笛卡尔那样，狄尔泰哲学的方法论基础还是笛卡尔式的。因而，他未能使心理学成为人文科学一种确定的基础，但却为之提供了某种定向框架的东西。

具体地说，狄尔泰的哲学解释学所展现给我们的，是一门梦想"哲学的"解释学，梦想解释学中有"自己"。有自己，就是有哲学。对哲学来说，"自己"

---

① 张汝伦：《〈存在与时间〉释义》（上），上海人民出版社 2012 年版，第 157 页。

② 狄尔泰：《历史理性批判手稿》，陈锋译，上海译文出版社 2012 年版，第 32 页。

③ 汪民安主编：《生产（第 7 辑）：生命政治：福柯、阿甘本与埃斯波西托》，江苏人民出版社 2011 年版，第 48 页。

即"自由"，本身在一定程度上是在历史世界的影响关联中自己决定的。科学平面内无"自己"，科学所谈论的东西，借用熊伟的话说，比如，"自行车""自来水""自动洗衣机"虽然有"自己"这个字眼，但是，各种各样的自动机器的自动，归根到底还是被动，不是"自己"动。所以，所谓有"自己"就是应该根据"自己"的课题进行探究。

在狄尔泰之前，布伦塔诺在他的教师职务资格论文里就表达了这一关键思想。他的论文名叫《真正的哲学方法无非就是自然科学的方法》。初一看，这篇论文是讲怎样把自然科学方法移植到哲学中。但其实这恰好颠倒了它的意思。这篇论文实际上说的是：哲学在它的研究领域之内必须恰如自然科学那样行事。这就是说，自然科学的方法也不能粗糙地移植到哲学中，相反，必须排除自然科学方法。哲学解释学必须根据自己的课题取得它的概念和方法。这一思想深刻影响了狄尔泰。在1894年《关于一种描述的和分类的心理学的观念》中，狄尔泰试图发展获得"内在生命表达"的解释学方法。当时，狄尔泰认为，心理学能够成为人文科学的基础科学。

二、狄尔泰为人文科学奠基性工作的基础

在狄尔泰看来，人文科学的存在论基础就是生命及其体验。如果要找一门学科能够代替旧形而上学，给人文科学奠定基础，那么这门学科也必须以生命及其体验作为它的对象。然而，狄尔泰愈熟悉现代科学，他就愈强烈地感觉到作为它的根源的基督教传统和现代生活所解放的历史力量之间的冲突。这样，需要某种确实稳固的东西来抵御生命的不确实和不可靠的特征。他希望对生命的不确实性和不可靠性的克服不是来自社会和生活经验所提供的稳定性，而是来自于科学。

在狄尔泰看来，尽管生命具有最终的不可探究性，就像作为整体的自然那样，但是，人类的自然科学毕竟具有某种限制性，但其确实可靠地使得控制自然成为可能，人类精神科学的知识也同样给予其防卫和安全。所以，一段时期，他在追问历史科学的现实的同时，也提出了认识本身的结构问题，而他的著作《人文科学导论》"在根本上就是以科学论为指南的"[1]。海德格尔的评论是恰当的。狄尔泰自己在给胡塞尔的一封信中谈了研究阅读《逻辑研究》一书的感觉时说：我跟你的工作就像是从一座山相向的两面钻探，通过这样的一种钻探，我们彼此终于把同样一座山峰打通了。[2]这里有两个意思：一是从19世纪下半

---

① 马丁·海德格尔：《时间概念史导论》，欧东明译，商务印书馆2009年版，第18页。
② 马丁·海德格尔：《时间概念史导论》，欧东明译，商务印书馆2009年版，第28页。

叶哲学的发展形势来看，当时有一个口号喊得很响，叫做"经验事实，而不是思辨和空疏"。这个口号相当明确地表明，19世纪中叶的哲学是"科学式的"，哲学前面冠以"科学的"，也就是说，那时哲学即便是描述心灵生活，方法的运用也是自然科学的。二是心理学被认为与"严格的科学"相矛盾，同样也与"哲学的精神科学"相矛盾，可是心理学、精神科学的这种组合却立即以从19世纪的语境转向20世纪的语境的范例，在狄尔泰身上作为有机的现实展现在我们眼前。照这么看，能够为业已存在的具体的人文和社会科学奠定认识论和方法论上共性的这门学科一定是心理学。

那么，心理学为什么能够成为人文科学的基础科学？狄尔泰为什么朝这个方向想呢？

狄尔泰认为，心理现象与物理现象有最为关键的区别，这个区别就是"对象之物内在地寓居于心理现象之中"。狄尔泰敦促笛卡尔的信徒接受他对内在感性经验或体验的历史扬弃，以便接受另一个同样历史的外在感性经验。众所周知，自笛卡尔以来，"外部世界的存在从我出发才能达到"。人们一直在架这座桥梁，但是这是一项没有希望的事业。因为，从思维—表象行为出发只能导致意识哲学，不能超越意识达到一个现实的实在关系；而狄尔泰自己把生命整体作为哲学出发点，强调各种具体的人文和社会科学都在"意识事实"中有其认识论的根据。在生命之外没有实在，因为我们能够思考、感受或想象的一切归根到底植根于我们的经验，也就是植根于我们的生命。这就使得狄尔泰走上了用生命关联整体取代思维关联整体的道路，也避免了将我们对全部精神科学的理解建立在假设上的窠臼。这是狄尔泰哲学的对精神科学特有的方法论上的贡献。

众所周知，在传统哲学中，意识是一切存在的保证。意识也是它自己和在它那里出现的一切存在的保证。这似乎有一些道理，比方说，社会发展与人的主体意识分不开，因此，精神科学所依赖的基础一定要到意识中去寻找。一切精神科学就要去分析我们内在经验的意识素材。19世纪最后数十年里，哲学探讨主要扩展到意识现象上，因此，在心理学中出现了这样的要求：真正的意识科学应当为认识论和逻辑学提供前提。然而，作为经验科学的心理学，却成为认识论的基本前提。不过，狄尔泰心目中的为人文和社会科学奠定基础的心理学与当时的实验心理学或说明心理学仍然判然有别。

比如，近代兴起的实验心理学就是研究如何科学地刺激人动起来。这种"动"中就完全没有被刺激而动的人的"自己"。这种实验心理学在当时很流行，因为它很"科学"。也就是说，正因为科学中无"自己"，一切被动，科学才能操纵一切。对哲学来说，"自己"即"自由"，本身在一定程度上是在历史世界的影响关联中由自己决定的,完全是"哲学的",而不是"科学的"(自然的)。科学平面内无"自己",科学只能像谈论"自行车""自来水""自动洗衣机"一样谈论"自己"。但是,各种各样的自动机器不是"自己"动。许多人虽会动,到底不是"自己"动。所以,在我们没有"自己"的时候,便随波逐流,完全被动,体现为一种自然的、生物学意义上的生命。实验心理学的感知、判断、感情、意愿等等的确是针对自然现实的动物生物之实体状态而言,也正因此而够不上"哲学"。

关键是要看到,人们希望哲学具有科学性,恰恰要放弃以科学为标准,哲学不是科学,而是产生科学的能力和动力。它也应该根据自己的课题进行探究。因此,在狄尔泰看来,这一心理学既不是自然科学的心理学或生理学的心理学,也不是认识论课题意义上的心理学,而是将"生活"的结构本身作为历史的根本现实加以考察的心理学。那看起来最为多重变更铭刻在个体之内的经验,现在在狄尔泰那里似乎成了生命不确实性之宗教般救赎自身。

三、生命意义解释学的方法论要义

从方法上讲,就必须把说明心理学的方法排除,并采用描述心理学的方法。什么叫做狄尔泰描述的方法?首先这是针对黑格尔哲学形成的形而上学传统来说的。黑格尔的形而上学是怎样来阐明它的对象的?一言以蔽之,是概念地、思辨地阐明,它的基本方法是推测或推断。这实际上承诺了思想的先天必然条件,预设了在各种具体的人文和社会科学之外的哲学体系。其次,是针对当时的说明心理学来说的。大家知道,说明心理学的主要代表人物是英国的休谟、哈特利、穆勒父子和斯宾塞。在方法论上,说明心理学是以感性知觉为出发点,完全套用自然科学的一般程序,用抽象、分析和假设,用说明和构造的方法来研究人的精神。

而狄尔泰的描述方法却反其道而行之。他追问生命本身的道路以发展了的精神和它的全部功能为出发点,这种描述心理学绝不是用概念的、思辨的方法阐明它的对象。而且,它撇开了所有关于人的心理本质的假设。因为,在狄尔泰看来,每一个发展的人类精神生命是不能推测或推断,而是被经历的。知识不能是抽象原则演绎的结果,而是经验的产物。狄尔泰的结论是:所有社会和历史科学(最好叫做"精神科学")都需要某种将心理分析和历史分析结合起来的方法,它们不得不建立一门心理学、一门关于意识的科学。狄尔泰认为,今天人们才认识到,人文和社会科学的问题需要完全不同的手段来把握。至此为止,我们可以看到狄尔泰为克服生命和知识、生命和认识的断裂所作的努力。

在这个意义上，海德格尔基本肯定狄尔泰的描述心理学。海德格尔对狄尔泰有过这样评论："狄尔泰的最终兴趣不在于历史方法论，而在于'历史存在'。""狄尔泰的真正问题是关于历史的意义，这与他的下述倾向是一致的，即从生命本身理解生命，而不是某种其他的实在……他已经表明并强调，生命的基本特征是它的历史-存在。"[1]在这个意义上，描述的方法又叫"纯粹经验的"方法。正如黑格尔指出的："所有知性范畴整个来说在生命范围内不再成立一样，因果关系在这里也失效了。如果说这些范畴终究还可以使用，那也必须把它们的本性颠倒过来，这样我们就可以说，有生命的东西是它自身的原因。"[2]

回顾历史，心理学的转折是从实验方法和说明方法转向描述方法和解释方法开始的。毫无疑问，存在于哲学之中的现象学对此提供了强劲有力的推动。实验方法和说明方法的基本错误是用某种证明事实的方法揭示自己。而这些证明方法有个特点就是基于主体的看法，也就是主体知道什么是什么。狄尔泰看到的是，人和社会的基本结构是"生活/生命"。但是，生命的存在只是在欲望和意志关系中赋予的，而绝不是首先在思维中。因此，我们当然只能在生命之中认识生命，我们不可能深入到生命背后认识生命。生命也不可能被我们带到理性的审判庭之前认识生命。这也说明，狄尔泰从生命本身出发研究人文和社会科学，也就是从精神活动的内部来研究精神本身，它不再像说明心理学那样指向心理要素和原子，不再试图用它们来拼接起有灵魂的生命，而是以生命整体和种种形态为目标。毕竟，完整的一个人，与可以分析、量化、抽象的一个物体不可同日而语。

正是在这个意义上，狄尔泰把科学划分为自然科学和精神科学。他明确指出自然科学的研究方法是"说明"，精神科学的研究方法是"理解"。两类科学方法非常不同。显然，在狄尔泰看来，理解不是指理解一种有如某个数学问题的理性观念，而是指心灵把握其他人的精神活动。诚然，这会引起一个重要问题：为什么自然科学的研究方法是"说明"，精神科学的研究方法是"理解"？对于狄尔泰来说，人能够认识自己的创造物是哲学认识论的基本原理和前提，根据这个原理和前提，一切对我在此存在的东西，都是在意识的一般条件下存在的。

---

① 安东尼·弗卢等：《西方哲学讲演录》，李超杰译，商务印书馆2000年版，第104页。

② 黑格尔：《自然哲学》//梁志学：《自由之路：梁志学文选》，商务印书馆2013年版，第457页。

因此，我们不能真正理解自然，因为自然不是我们自己的创造物。自然科学的说明方法，用来探究事物的外在显现，也就是探究作为类的表现的个别事物，它不是探究事物的内在个别性；人文和社会科学的理解方法把握的是个体内在和外在的形式。我们能够真正认识我们自己的创造，因此，我们可以进入心理的、社会的和历史的事物。

四、"狄尔泰分界线"

狄尔泰认为，自然科学是通过说明而不是理解来发展的，说明是遵循假说—演绎的路线。人们把这种划分叫作"狄尔泰分界线"，它将人文和社会科学和自然科学的模式、方法和结果区分开来。可以说，在大部分哲学中，甚至在当代世界中，"狄尔泰分界线"都已经作为前提而存在。

比如说，一个精神病医生给病人看病，他可能运用医学来进行诊断并对症下药，这基本上就是根据任何人体都会呈现的症状归类来加以治疗的过程。但是，精神病医生面对的对象毕竟是完整的人，对象是在意志和欲望关系中存在的。所以，精神病医生必须关注病人的生活情境，并反思自己的医疗行为的后果。对于精神病医生来说，要体验到病人的痛苦，仅仅通过面部扭曲的表情是不够的，他还必须知道他出了什么事。这就必须结合病人的欲望和意志，在欲望和意志实现时碰到了阻碍等情况。所以，一个高明的精神病医生就跟现象学家一样，在医疗过程中，把移情、同情和设身处地作为理解的辅助手段。但是，精神病医生应该不是在生理学和人类学的意义上理解病人的"欲望"和"意志"，而应该从存在论上来理解它们。因为，"欲望"和"意志"只有在在世存在的基础上才能起作用。只有在世存在的存在者存在于世，才有所谓"欲望"和"意志"，这一点佛教已经讲得很清楚了。狄尔泰由于没有深入存在论层面来区别"生命"，因而在海德格尔看来，狄尔泰的毛病同样在于在他的精神科学的自主性的幌子下，其理论基础缺乏存在论的规定。

但是，狄尔泰在解释学上的贡献在于，在移情与理解之间建立了密切联系。在海德格尔早期的讲课中，对狄尔泰有过一个评价。他曾说，狄尔泰的"生活/生命"在某种意义上接近他所要表达的"dasein"。或者反过来讲，海德格尔是在"此在"的意义上肯定狄尔泰的"生命"概念对解释学所作的贡献。对于他来讲，人的生活就是人的世界。我们不能逃避生活，也不能在生活之外进行观看和思考。从方法上看，狄尔泰的描述心理学被推回到心理直观的领域，只是"告诉它所发现的东西"，因此它是"无偏见的科学性"的前提。

第四节　作为人文科学基础之认识论的奠基

一、有关理解的存在特性

历史科学或人文科学最关键的特点不是思辨，而是生动性。您只要想想柏拉图的话就行了。他说，严肃的识见是"突然在灵魂中出现，犹如迸发的火花一样闪亮"时，他就采用了明喻。明喻、隐喻和神话，都不是精确界定现象世界的科学方法，而是提供给我们这些说话的人已经拥有而我们还未拥有的经验内容的大致想法。那些真正伟大的小说家，他们在追问现实时，仅仅一个极富艺术性的镜头和勾勒就可以形成答案。他们通常用情节来描述，含义只是朦朦胧胧地体现。

当然，这引发了新的问题：什么是人文科学本身的认识结构？什么是人文科学本身的研究结构？什么是人文科学本身的逻辑结构？这些问题只能出自于知性的头脑。比如我要问大家：人类社会的知识基础问题解决了吗？有人说，这个问题还没有解决，或者说，知识还没有基础。我相信，会有人这样说：形而上学作为科学不可能之后，人类的知识没有了基础。但有的人一定会说："这话特虚伪！知识没有基础，他为什么老说打好知识基础？他为什么还拼命掌握知识？"言下之意，假如知识没有基础，知识与生命也随之脱节和分离了！这样一种想法，正代表了狄尔泰为人文科学奠基的原初意图。对于狄尔泰来说，既然理解的方法是人文科学的方法，那么，我们就必须搞清楚有关理解的存在特性，解决人类理性自主性的根据问题。也就是说，为一切解释人类生命的表达的所有学科寻找基础。

二、反对那种建立诸社会科学的认识论计划

那么，如何寻找一切解释人类生命的表达的所有学科的基础呢？对此，哲学家并不是一开始就清楚的。英国的实证主义代表人物穆勒试图将自然科学的方法移植到历史科学之中。科学同样反对自身内部原信念式的属于科学的定见。但是，历史学派带来了"历史意识和历史科学的解放"，并没有带来遏制自然科学方法在社会研究中的实证主义的运用，因为它缺乏一个"哲学基础"。[1]而青年时代的狄尔泰就已经认识到这种移植是不可能的：人们根本不可能从实证主

---

[1] 格奥尔格·G.伊格尔斯：《德国的历史观》，彭刚等译，译林出版社2006年版，第177页。

义的因而也是自然科学的开端出发，为各种人文科学创造出一种方法论，因而各门科学就只能从自己出发创立切合自己的方法论。当然，问题是两方面的：我们不会从中得出结论，认为哲学不需要与其同时代的科学进行抗争。在西方近代的知识氛围下，古代局部解释学从认识论高度将方法主义倾向进一步强化和提升时，就暴露了来自外部的干扰。

利科曾说，我们常常"如同谈论其他能力一样谈论回忆的能力和承诺的能力"，但没有"同等地重视与它们相对应的无能"。[①]就像我们一生的经历只能靠记忆方式进行，而记忆无非让已经流逝的东西再停留下来，固定一会儿。它现在抓住本身就是抓住流逝的东西。要知道记忆总是与遗忘相伴而行。因此，通过保留对于整个人类来说是重要东西的记忆来理解自己，是一个巨大的迂回。文德尔班和李凯尔特对狄尔泰的问题作肤浅化的处理就证明了这一点。文德尔班和李凯尔特是怎么样来思考这个问题的呢？总的说来，他们认为，我们考虑给人文科学奠基，不是考虑如何通向丰富的、现实的途径，不是考虑现实本身的结构。而是对这一课题作科学式的表述，思考它的逻辑结构。一句话，他们的注意力只是被引向人文科学的知识困境，只是考虑如何从它存在的非科学的图式中产生的问题。所以，文德尔班和李凯尔特这帮人已经对狄尔泰的问题作了平凡和肤浅化的理解。之所以如此，这固然是因为狄尔泰本人一度还没有得到自己的独特方法，没有摆脱传统科学式哲学使然。在这个问题上，海德格尔将狄尔泰的解释学引向基础存在论的方向，真的要比他们深刻得多。[②]

此外，在达沃斯的那场论战上，海德格尔与卡西尔针锋相对。海德格尔坚决要反对那种建立诸社会科学的认识论计划和雄心。笛卡尔、康德以来传统的认识论的基本毛病，就在于脱离具体经验，将认识首先看成是思维和判断中给予的，而不是首先是一种存在方式和存在关系。那种建立诸社会科学的认识论计划和雄心消极的方面由此已经清楚了。就拿狄尔泰来说，在他那里，随处都具有一种确定的直觉，认为人类精神体现在历史中。他要深入精神隐藏的秘密，需求助于描述心理学。他认为，描述心理学之所以有资格成为人文科学中的基础科学，是因为它既是哲学的，又是经验的。照狄尔泰的论述，理解主要是意识行为，而不是存在行为。对于狄尔泰来说，解释主要就是专注于书写固定的文献。但是，这样的解释仅仅是理解，是从一个心理生活到另一个陌生的心理生活这个更宽广的领域的一部分。因此，解释学的问题被从心理学方面来看待：对于一个有限的存在而言，理解便是想象自己置身于另一生命之中。

① 保罗·利科：《承认的过程》，汪堂家等译，中国人民大学出版社2011年版，第93页。
② 马丁·海德格尔：《时间概念史导论》，欧东明译，商务印书馆2009年版，第18～19页。

三、狄尔泰的探求的意义迄今尚未看得清楚

如果这样来看，狄尔泰的努力就不可过分拔高。因为它始终处于一种危险当中。这就是说，它还有一些心理主义的阴影。近代人在科学影响下往往从心理学上来理解人的心灵或灵魂现象。当时流行的是对人的心理学和人类学研究范式，甚至从人的生理机制去说明心理机制。这就引出一个问题：对人的心理学和人类学研究范式能够成为对人的一切现象的一切研究的基础吗？

从现在的观点来看，心理学显然不能成为研究一般生命现象的基础。不仅仅心理学，人类学、生物学都根本不能用来研究人的存在。这不是否定这些学科实证工作的意义，但是这些学科不可能展示它们的存在论基础。例如，生物学家尽管可以大谈特谈生物的生长周期或繁殖规律，但是我们并不因此就能够从生物的生长周期或繁殖规律中了解生物的存在。这就像我们的生物基因并不能告诉我们的存在一样。事实上，生物学家在收集经验材料时，这些对象的存在论基础已经在那里了。所以，决定于人的不仅仅是它的现实性，还有可能性。

比如，就愿望来讲，按照一般的看法，愿望、希望，尤其是冲动和偏好，应该是心理学研究的。但是，把愿望看作心理现象的可能性在哪里？愿望的可能性就是它的能在，而不是被愿望的东西的可能性。一方面，人可以愿望他做不到或得不到的事，这说明恰恰**能**愿望做不到或得不到的东西决定了被愿望的东西；另一方面，没有人对被愿望的东西进行意义的投射，愿望根本不可能。这些话听上去很唯心，其实未必。例如，人们常常抱怨柏拉图的"理想国"并不具有现实性或并不存在，可是康德却指出，柏拉图理论最宝贵的东西就是理想国实际上不存在。康德的理由是，如果理想国实际存在，它将被它的存在所限制。如果它实际存在，它就不再是理想。这些话要从海德格尔主张的哲学就是存在论上去理解，就很容易了。在日常生活的心理学而言，人们常常看不到在世存在不仅仅是现实性，更是可能性。俗话说，手中一只鸟胜过树上的两只鸟，人们总是满足于现实的东西，认为现实的东西的价值远远超过可能性。其实，这首先是因为人的心理和生理，这只是满足于可以操作控制的主观心态而已。但是，这并不排除有人还把愿望看作是可能性的东西，不管愿望能否实现，这首先说的不是一种心理—生理能力，而是人的存在方式。因为，可能性的发生是源始的发生，是不可操作控制的。从愿望的存在论性质看，愿望就不首先应该从心理学研究，而首先得从存在论上去理解。

从愿望的存在论性质的分析可以看出，狄尔泰的《人文科学导论》是以"科学论为指南的"。海德格尔认为，尽管有如此缺陷，但是狄尔泰对人文科学独立

方法的探求的真正意义到今天还没有发挥出来。狄尔泰的历史理性批判的真正意义到今天才看得清楚。海德格尔主要肯定了狄尔泰的历史性原则，并且把历史性原则看作一种实际生存之历史世界观的源头。在海德格尔之前，赫尔德、黑格尔、马克思和狄尔泰都以自己各自的方式提出过人的历史性的思想。尤其是狄尔泰，在历史性原则方面对海德格尔有更显著的影响。以此去看，狄尔泰的描述心理学就可能提高到一种与自然科学的心理学完全不同的水平。

四、狄尔泰踏上追问"生命"的途程

那么，狄尔泰为什么认为描述心理学能够为人文科学奠定基础呢？这里有这样几个要点值得注意：

第一，描述心理学自身的基础是无可置疑的。因为，描述心理学是以整个生命关联为基础，而不是以原子式的表象和感觉看整个人。因而，它非以某种因果性观念为基础。比如，我们要去关心一个人，是去关心他的精神过程的某个方面，关心他某一次比赛失利，还是去关心整个人？狄尔泰回答说，当然是应该关心整个人。我们要把握他的生命的整体性，也就是从动态的、历史的把握。或者说，只有从整个人的意义上去关心，才能是以一种生命的观点来看待人。即使像家庭、学校、国家这样社会的外在组织，也只能从生命的整体关联中才能得到理解。相反，如果用自然科学意义上的那套心理学程序来关心人，则可能用抽象、分析、假设、说明、构造等方法，最终使被关心的人（的精神）变成一种断片，这是分析而非其他什么东西。笛卡尔—康德传统的认识论的毛病，即在于对预先给定的事实加以解释推理，脱离生动的具体经验。

因此，在这个意义上，狄尔泰认为，作为经验科学的描述心理学，可以成为认识论的前提。

第二，描述心理学是从内部研究精神活动。什么叫内部？什么叫外部？前面我们说，理解是人文科学的本质部分，理解就是把握生命整体。狄尔泰要理解人自我认识的过程，在海德格尔看来，这无疑是说，人的自我认识过程既包含世界的意识，也包括认识自我，这属于人的存在意义。比如，我们平常说"他的一生是富有意义的一生"，或"他的生活颓废""混日子"等等，这表明我们从一开始就在生命中突出了某些结构，并且把生物学甚至物理学的生命概念撇在一边。说白了，狄尔泰将人生命的意义放在西方哲学的中心，就是要通过"生命的表现"来把握"精神性的东西"。而且，在其中，"生命的表现"是外部的，

"精神性的东西"则是内部的。这种内部、外部区分人自身生命的表现。它没有任何中介，没有外在的强加。在体验中，没有原因与结果的数学关系，它们直接就是精神的事实。这种内部、外部体验不能分别用因果解释方法、实验的方法来说明，而只能用描述的方法。也就是说，应该注意内部、外部的体验与我们去经验物理对象时的体验进行比较定位。我们去经验物理对象要通过感性材料的中介，而物理世界的系统统一性却并不在这些材料中，而是由思想加于它的。

第三，描述心理学寻求从共同体的精神中获得理解的特点。传统真理观认为，陈述所要表达的如果要当真的话，必须得到证明，首先是知觉的证明。与这种真理观相一致，传统心理学有一个方法论上的个体主义的局限，它只研究个人的心理学。也就是说，近代的心理学和受心理学影响的哲学是把"移情"作为从最初单独给予的自己的主体达到一个最初完全封闭的客体的桥梁，并且寻求从最终要素——感知——中去建构实际生活。

例如，狄尔泰要用"移情"来解决如何理解古人和前人的文本问题。他提出"移情"的概念，就是设想自己就是要理解的对象，像他们那样感知和思想。可是，感知建构了什么？这个问题极为关键。是否通过感知就可以建构实际生活？显然，这样一种心理学有个基本缺点，即它没有办法提供出某种具有历史关系的人类知识形式。这遭到了海德格尔等人的批判。他们的观点认为，解释学即释义学，要理解的并不是一个陌生的心灵的习惯，而是要理解陌生表达的意义。此外，由于理解者与理解对象之间的历史—文化间距，这种心理学的移情概念没有什么说服力。于是，狄尔泰提出另一种"移情"概念涉及认识论的基本问题，而不是解释文本的问题。这个问题是：自己的感觉怎么样传达或投射到另一个人，我们如何掌握他人行为后面的意识经验。根据这种问题的提法，与他人的关系通过用我自己相类比的办法来把握和理解。由此，狄尔泰认为，人的存在是社会文化和历史的存在，作为精神科学基础的描述心理学，必须把范围扩大到非个人的心理关系中。所以，每一门人文科学都以"进入他人精神生活的原始能力为前提"[①]。

但是，当涉及对他人的理解时，它的根据是什么？

---

① 保罗·利科：《解释学与人文科学》，陶远华等译，河北人民出版社1987年版，第48页。

狄尔泰回答，理解他人完全不同于认识自然物。因为他人不是另一个东西，而本身就是另一个自我。对于现象学的移情理论来说，这是一种自我关系。他人实际上是我的自我，而不是作为他人的他人。因此，在人文科学领域，认识人，不管他人对于我们来说多么陌生，在自然的"物自身"不可认识的意义上，他人对于我们来说并不陌生。从根本上讲，人跟人是不陌生的，因为人表现了生存的标志，理解了这个标志就理解了人。

既然"人性总是一个样，生命体验的主要特征也就是一个样"，纵然我们去体验生命的基本处境时所处的条件并不相同。所有人都面临永恒变化的实在，"一切人类事物的转瞬即逝"和死亡所具有的神秘，"每个个体从他自身的处境出发都试图解决这些问题，并构建起一幅世界图景"。①人同此心，心同此理。如果理性对于所有的人来说是一致的，那么就承带了人文科学都是以"进入他人精神生活的原始能力为前提"。这就是说，描述心理学本身具有确定无疑的基础。我们甚至可以断定，"生命"本身就是接近黑格尔"客观精神"的范畴。

因此，对于狄尔泰来说，心理学不是关注自己心灵的内省，更不是从实验的途径把握经验，而是间接地考察精神，或者说，考察精神的创造物。所以，历史、文学、宗教、语言、神话等所有关于真实社会历史的材料都是心理学的材料。狄尔泰认为，人是通过历史来经验自己是什么的，即通过可以直接指向生命的内省，而不是通过在心理实验中反复沉思他自己来肯定自己是什么的。②

第五节　哲学作为"经历"的困难

我们认为，以现代生命哲学命名的狄尔泰哲学，是根据哲学的观点从事解释学研究，它"真的想要成为哲学"，而不是想成为学院式消遣的东西。狄尔泰在批评说明心理学的时候，的确发现了描述人的精神生命某些方法论的精华，并且已经感觉到自己应该从心理学中走出来。狄尔泰从心理学中走出来，转向

---

① 格奥尔格·G.伊格尔斯：《德国的历史观》，彭刚等译，译林出版社2006年版，第186页。
② Dilthey. *Gesammelte Schriften*. Bd. V. s. 180.

释义学，在这个转向中胡塞尔的思想帮了大忙。[①]胡塞尔对解释学是有很大贡献的。一方面，胡塞尔对客观主义的批判不仅间接地反对自然科学企图为人文科学提供唯一有效的方法论模式之认识论主张，而且更直接地质疑了狄尔泰要向精神科学提供一种与自然科学同样客观的方法。在这里，我们暂且搁置不表。但在狄尔泰发表《描述与分析的心理学观念》后，同样遭了猛烈的批评。这种批评可以说仍然围绕"关于其他人生活的知识是如何可能的"这一核心问题。

一、狄尔泰仍然陷于对外部世界实在性的信仰之中

狄尔泰生命意义的解释学阐述的第一个困境是：客观性问题。海德格尔认为，狄尔泰的困境是他还是从认识论中提出实在问题。这不能不影响他对人文科学研究的奠基。他基于主观生命体验，基于反省意识的认识论，仍然是从一个无世界的我思出发，仍然是以意识为根据来证明外部世界的实在性。对于狄尔泰来说，理解不是一个直接的行为，而是一个间接的反思过程。这样一来，狄尔泰的人文科学研究就存在困难。这个困难是，基于主观生命体验如何达成客观知识的可能性？

人们一般认为，自从笛卡尔以来，近代西方意识哲学的主要困难是认识论问题，也就是发生在心理之物越出自身而达到一种物理之物方面的问题。众所周知，自从笛卡尔以来，这一点就不为人们所承认。其次，在意向性中，还预设了这样一种假定：一种心理过程总是对应于一种实在的对象。人们原则上要求意识与空间内的对象有某种关系。然而，在种种错觉和幻觉中所显示出来的情况却与此相左。这里形成的这个问题，在结构上是二元的。它建立在两个基

[①] 张祥龙用蚕的生存方式很好地描述意向性思维超越而内在的特点。他说："蚕要造一个茧，不然就没法进行它的生命活动。它作茧自缚，它在里头，它把它的一切放在'意识范围'之内。它造这个茧是为了它自己在里边发生变化，变成蛹，变成蛾子。这里面出现了意向性思维，出现了蛹和蛾，这个蛾子最后咬破这个茧，然后飞出去。当然这并不意味着它飞出了所有意识范围，但毕竟意味着飞出了比较狭义的内在性领域……当然也飞出了实在的内在领域，而达到一种意向性的自由空间。"而在胡塞尔看来，意向性空间就可以解决认识论问题，即"本质"与"现象"或"一般"与"个别"本质沟通的问题。参见张祥龙：《朝向事情本身——现象学导论七讲》，团结出版社2003年版，第57页。显然，狄尔泰从心理学转向释义学是深刻地受到意向性理论的影响。根据意向性理论，精神生活本身不能被把握，但是我们能够把握它所意指的东西，能够把握客观的同一性和相关的对象，正是在其中精神生活超越了自身。利科认为，这种意向性思维正是狄尔泰援胡塞尔现象学来奠定他自己的精神结构概念的原由。参见保罗·利科：《解释学与人文科学》，陶远华等译，河北人民出版社1987年版，第49页。

本概念上，即内在与超越。内在，指的是我们的意识，它是一个封闭的整体，也就是说，它永远走不出自己，所以叫作内在。超越则是指意识之外的种种事物，它们超越了意识，在意识的彼岸，所以叫作超越。也正因为如此，内在是可以达到的，超越是无法达到的；内在是确定的，超越则是可疑的，甚至是不可知的。如何解决内在和超越的问题就成了西方近代哲学家最困惑的问题。海德格尔认为，即使相信外部世界的人往往认为超越的可能性不需要证明，事实上这个证明从来没有真正成功过。

如果我们在这一点上保持清醒，就不会沉迷于狄尔泰那种阐明人文科学的认识论基础的努力，似乎狄尔泰只要找到这种基础，即生命，然后再把包括自己在内的每一个个人表达往它上面一放就可以了。然而，恰恰是这种"神话"支配着狄尔泰的哲学解释学。海德格尔直截了当地指出，狄尔泰随处都有一种确定的直觉：他的生命体验与客观知识的联系，这也可以从神学上理解他："他必定只能借助不充分的方法性或概念性的手段来工作，通向根本理解的道路恰恰直接对他阻断了。"①

最终，狄尔泰把所有社会科学都化约成了主观主义。更确切地说，对于狄尔泰来说："我们意识的事实不是别的，而就是我们所意识到的东西。我们的希望和向往，我们的期待和意欲，这一内心世界本身就是物自体。"②

二、狄尔泰陷于相对主义

狄尔泰生命意义解释学阐述的第二个困境是：在与自然的规律性似乎是对抗的流动的经验领域，如何能够建立起概念来？具体来说，狄尔泰面临的困难是：一方面，他坚持认为所有理解总是相对的，绝不能完全完成的。另一方面，如果所有的理解都是暂时的、相对的，永远不可能有最后定论，那么以这样的理解作为运作方法的解释学，又怎么不会成为相对主义的牺牲品？又怎么能够成为"基础科学"？

熟悉狄尔泰源始问题的人不能不有这样的疑问。尤其是那些认为狄尔泰并未最终抛弃近代主客体分裂的认识论偏见的人，更会觉得狄尔泰解决这个困境的路数最终必然导致：用现代自然科学的精确构架铺陈的具有历史总体性的人文科学，实际上是对理解前提的静态关联。人们认为，无论在哪里，狄尔泰都要把握精神史的关联整体，可是我们的经历却总是以片断的方式进行。经历本

---

① 马丁·海德格尔：《对亚里士多德的现象学解释——现象学研究导论》，赵卫国译，华夏出版社 2011 年版，第 8 页。

② 格奥尔格·G. 伊格尔斯：《德国的历史观》，彭刚等译，译林出版社 2006 年版，第 179~180 页。

身就是在时间中的过程，每一个人的经历都难以在赫拉克利特之河中保持它的同一。我们怎么能够把握这生命本身的本质呢？描述心理学又怎么能够把握这个整体呢？人们或许由此会批评狄尔泰，认为只要像狄尔泰这样来强调"经历"，那么狄尔泰的哲学解释学的实践要么仍然是某种私人的认识形式，也就没有任何值得言说或描述的意义，要么就沦落为同时代的人通过随便什么手段就会带进这样的"经历"。比如，每一个在书籍中已经齐备了的东西，什么"话语的风格"之类的东西，风格仍然被认为打开作者个体性的钥匙，所谓"经历"全都按照所谓"时代的需要"来言说。可以说，这一情节表明描述心理学家狄尔泰与19世纪另一个有代表性的儿子——心理分析家弗洛伊德，最令人注目的文化和升华的一致性。

三、狄尔泰的自我辩护

面对批评，狄尔泰会如何辩护呢？狄尔泰会反诉人们的指控：现在让我们回到狄尔泰是否会陷入历史相对主义困境这个问题上来？人们指控狄尔泰无法实现给人文科学提供普遍有效的知识的初衷，这是由于人们没有理解狄尔泰的历史性概念的真正含义。

在狄尔泰那里，他所进行的是"历史理性批判"，因而他要追问的是"历史知识何以具有客观性"的问题。换言之，狄尔泰能否完成人文科学奠基，就看他是如何做到把相对的、历史的知识纳入一个更深的与普遍有效的东西中。

首先，我们看到，狄尔泰对于自己阐述中的困难是意识到的，但是他认为这种困难似乎是允许的。比如，就生命体验而言，一方面，生命以无数的形式呈现在我们面前，但它所表明的还是有同样一些基本特性。比如，生命本身的表现和精神生活总是会凝固在能够被别人理解的结构化整体中。如果系统的人文科学去分析这些基本结构，对人文科学的理解就成其为可能。归根到底是因为生命在诸如家庭、公民社会、国家和法律、艺术、宗教和哲学这样一些体制中"客体化"了它自身。作为生命和精神的产物，这些体制是可以被人理解的。

例如，一个天才人物之所以震撼和影响我们，是因为他用来概括他的体验的一系列思想和情感都在我们面前展开了自身。他留下来的著作比普通人通过自我观察来描述生命来得更可靠。天才的作品之所以成为我们理解他人及其生命的各种表达过程的很好的中介，是因为它具有一定的稳定性。很多人都说过，有修养的人之记忆力比得上一部活字典。甚至"人们可以像运输某种东西那样，使它脱离讲述者，变成理解者的财富"，"它并不需要我们回溯到它那心理脉络上去"，"任何一种真正伟大的艺术作品，都不希望表达有关创作者的任何东西。

它本身就具有真实性——它是固定的、有形的、长期不变的。而且，正因为如此，对于它的某种训练有素的和令人信服的理解才有可能"。①时间可能毁灭一切，只剩下一片思想废墟，但废墟并非等于虚无。

其次，人们的生活都依赖于相互沟通。他们必须使对方了解自己，必须知道其他人所需要的是什么。而人们之所以能够相互理解，就是因为理解过程具有一种基本形式。

狄尔泰把人们结合在一起的理解过程的基本形式，用字母表上的字母那样结合在一起作比。比如，一个语句之所以是可以理解的，是因为各种语词具有一定的意义，以及在各种句法安排下具有某种意味。"狄尔泰理论中的生命是书的宇宙，其中存在着无数的语句，每个句子都有一定意义。但是，生命总是不断地把这些分散的句子综合在一起，得到一个整体性的意义。精神的生命带给这些语句各种丰富的形象。当精神已经在文化作品中客观化时，如果我们不知道如何把僵死的精神从僵化的形式中复活，这种精神生活造成的形象看起来就会像骷髅地一般。"②他说："存在于一种文化内部的、已经固定下来的行为规则，使各种问候语和鞠躬方式有可能通过它们的细微差别，对其他人表示某种心理态度，并且有可能使这样的表达得到这些其他人的理解。"③狄尔泰在这里似乎也像埃里希·罗克哈特一样，认为"书面的完美形式总有一种独特的耐力，即一种独特的抗塑力量。书面墨迹很难被抹去。书面的完美形式一旦存在，就难以变更……白纸黑字，书面墨迹，以及附加在书面形式之上的可感形式，都获得了一种保护性效果。多亏它们具有此等特性，它们才在时间之流中稳如磐石，不会随着时间的流逝而失去生命力"④。显然，书面形式的稳固性是否稳如磐石不好说，人们所做的事情是否始终"就在它们之内"更不好说，但是狄尔泰认可的是，作为精神活动，它们要被人们理解，就只有通过某种主观的领会行动，通过体验、表达和理解，而所谓的历史知识的客观性就表现于此。

最后，这里的关键点还在于如何看待狄尔泰的"表达"观念：它究竟是个存在论范畴，还是一个认识论范畴？毫无疑问，它在狄尔泰那里是一个存在论范畴，因为表达根源于生命和生活本身所固有的言谈，绝非认识论的、逻辑的。所以，不管经验怎么随着时间流逝，表达总是具有生活的根源。它不会随经验而流逝，也不会被经验所歪曲。通过对表达的理解，我们就能够把握生活。因

---

① 威廉·狄尔泰：《历史中的意义》，艾彦译，译林出版社 2011 年版，第 74~77 页。
② 吕迪格尔·萨弗兰斯基：《海德格尔传》，靳希平译，商务印书馆 1999 年版，第 76 页。
③ 威廉·狄尔泰：《历史中的意义》，艾彦译，译林出版社 2011 年版，第 81 页。
④ 汉斯·布鲁门伯格：《神话研究》（上），胡继华译，上海人民出版社 2012 年版，第 77 页。

此，作为动词的"生命"尽管飘忽不定，而作为名词的"生命"却暗示着一个最终的、人们可以指涉的领域，"人们随着词语的使用，从来都自发地存在在那里，人们想要存在或要求存在于其中"[①]。

狄尔泰坚信客观的科学知识在精神科学的两个层面上乃是可能的。"虽然社会科学和人文科学无法超出对生命的研究，它们却能够理解历史过程中生命的客观显现。它们无法解决涉及价值问题的难题，然而它们却能够表明价值在各个具体社会语境和各种世界观之中的相关性。精神科学超越了纯然的历史研究，它通过比较的方法，可以将一切人类意识所共有的特质发掘出来。"[②]对狄尔泰来说，生命的表达实际上是生命的"客观化"，我们能够从中获得"客观"知识。像他批判自然科学一样，他也持有在历史研究中获得客观知识的理想。

在这里，有人必定会向狄尔泰提问：在超越生命的哲学活动中如何看待生命的重复？生命是简单重复的吗？我们认为，狄尔泰不必回答这个问题，因为他那里有一种不能表达的究极生命意义的悲凉感。

[①] 马丁·海德格尔：《对亚里士多德的现象学解释——现象学研究导论》，赵卫国译，华夏出版社 2012 年版，第 72 页。

[②] 格奥尔格·G.伊格尔斯：《德国的历史观》，彭刚等译，译林出版社 2006 年版，第 187 页。

第二章　解释学的存在论转向

　　哲学一个基本的主题是关注存在而不是意识，因为对不是由我们创造的世界这一定在（dasein）显出惊讶，正是存在论的本质，也是以客观现实性为导向的哲学的本质。

　　一般而言，存在（"自然"）是隐匿的，只有当人尊重蕴含于存在（"自然"）中的规律时，它才顺应于人。但是，对存在的追问既不是随意的，也不是从外部强加的，此种追问既是作为人存在意义的觉醒，也有其必然性。以此观之，认识论视角中的主体犹如一位魔鬼附体的教授，笨拙不堪，却又骄傲地以为自己比世界上所有存在者都要优先。接下来要探讨的一个基本前提是，存在性震撼为海德格尔勾勒出的并非"认识论"的立场，而是"存在论"的立场。当人被置于此在的"边缘境况""边际情势"之前时，存在性震撼侵袭着他。也可以说，当我们说存在性震撼提供的是"存在论"立场而非"认识论"立场时，并不仅仅局限于以下这个层面，即那是一种"关于存在的哲学"，而非一种"关于认识的理论"。这里的所谓"认识"，意指海德格尔对存在震撼问题的描述实际上是在揭示我们能够"知道"什么，而非"存在"什么。这样一来，存在哲学（作为自发成长过程的世界）就为传统认识论中的理解观提供了新的理路。因为海德格尔认为，解释学不是对人文科学的思考，而是对人文科学据以建立的存在论基础的说明。从刚才对存在论的描述来看，存在论解释学不是理论方法（而方法总是与理论联系在一起的。比如，我们总是讲，马克思主义哲学既是一种理论，也是一种方法），而只是关于在理解中才存在的那个存在者的存在方式的说明。

　　存在论，按照古希腊语的字面意义（ontologie）解释，可以理解为"存在者的逻辑"。它是由 onto 和 logie 两个因素组成。onto 是古希腊语"存在者"的意思，logie 与 logos 和 logik（逻辑）有关系。沃尔夫在 1729 年出版的《存在论》（Ontology）一书中首先将存在问题称为"存在论"。自此，"存在论"便成为"形而上学"的同义语。西方人文学科，就其与存在者的一切联系而言，方方面面都维系于形而上学。在海德格尔看来，必须摧毁的乃是遮蔽存在之意义的形而上学。而最适合做这一工作的哲学乃是解释学。解释学致力于通过解释以收集形而上学的残留或遗骸。存在论本身是需要通过存在的意义这个基本问题的研究为基础的。在海德格尔那里，解释学成为存在的解释学——存在意义的解释学。为了解构形而上学，存在的解释学自此宣示撤销了所有关于完善人文科学方法论的法案。它决心表明传统人文科学方法论没有基础，从而激起对"人文科学据以建立的本体论基础的说明"①。在解释学的存在论转向的种种特性当中，这一项或许比其他所有差别都更重要。

第一节　存在论解释学的基本理解

一、解释者的前设、前理解

什么叫理解？什么叫解释？对于一般人而言，理解和解释首先是语文课堂上遇到的事情。语文学在近代属于科学认识的范围②，科学认识要求有根据的严格证明。或者说，"科学论证不得把它本应该为之提供根据的东西设为前提"③，否则无法避免逻辑循环论证。

近现代以来，我们的理解是世界镜像。在构造这个世界的时候，我们就像图书馆的管理员试图整理书籍一样。整理书本的方式只有一种，即把书放在书架上、贴上标签、做好索引卡片。由此来看，近现代以来对解释学的理解可以用六个字概括：正确性、一致性。它主要指人有一种认识能力，指对事物意义的认识，它处理问题的方法是理论的。

当解释学在这种语境中被考察时，解释学的形态本质上属于近现代的。我们在前面对狄尔泰的介绍中，已经分明感觉到他把解释学当作"知识的理论"。他要追求的理论目标仍然是要为人文科学寻找客观化的基础，似乎要与自然科学比高低。归根到底，他的理论诉求仍然属于认识论范畴。他要在自然科学的

---

① 保罗·利科：《解释学与人文科学》，陶远华等译，河北人民出版社1987年版，第54页。
② 在19世纪末期，随着浪漫主义—理想主义冲动的减弱，人类科学各个分支赖以获得意义的对现实的洞见丧失了，与此相应，哲学退化成了认识论，在德国沃尔夫（Wolff）意义上的语文学退化成了语言学，历史编纂学退化成了历史主义和历史相对主义。
③ 马丁·海德格尔：《存在与时间》，陈嘉映等译，生活·读书·新知三联书店2006年版，第178页。

"说明"和精神科学的"解释"之间作出区分。这种区分仍然属于康德主义所热衷的方法论争论范围之内。

卡尔·曼海姆曾经这样评价:"狄尔泰的思想中也充满实证主义的成分,但是,这些成分在关键时刻却不能发挥卓有成效的作用。正是由于他的实证主义环境所产生的持续不断的影响,所以,尽管他具有有关心理学必须适应各种人文科学的真知灼见,他却仍然是一位心理学家,而且,他只是在他的思想发展行将结束的时候,他才意识到有意义的存在物以某种方式存在于心理学的领域之外。"[①] 1883 年,狄尔泰出版了《人文科学研究导言》。次年,他在给朋友约克的信中,也曾坦言他的真正旨趣是在人文科学研究方法论。他认为,比起认识论来,方法论对人生更为切近,更接近致用。由此导致这样一种看法:人们虽然看到人文科学不能完全采用自然科学的方法,但最终还是掩盖了经验的历史本质和科学的认知方式之间的差别,并欲使精神科学的理解方式与自然科学的方法标准相协调,这一点可以在人们为精神科学所确立的客观性概念上明确看出来。人们认为,历史中存在着一种共同人性,在这个基础上,共同的理解才成为可能。解释与理解历史之时,理解的客观性正是以这种共同人性来做保障的。人们用"客观精神""共见"等概念来表达他们所假定的共同人性,这种"客观精神""共见"体现在语言中,就表现为作为人的思想交际工具。由"客观精神""共见"所体现出的这种共同性,也为客观的知识与客观的解释提供了标准。因此,狄尔泰尽管在原则上区分了自然科学和精神科学,而且这种区分对他的理论至关重要,但是,他在进一步的论述中还是缓和了这种区分。自然科学的知识与精神科学的知识交织在一起。这就是说,自然科学与精神科学的各自研究对象在原则上是不同的。但是,每一个人都是生理和生物的统一体,人除了精神活动以外,当然还有生理功能,人还必须经常与自然相抗争,只有从这样双重的观察出发,才能正确认识人的生命。在狄尔泰看来,人的生命感情至少有一部分是建立在动物有机体的功能上,并建立在这种动物有机体功能与周围自然进程的关系的基础之上。

但你不觉得近现代解释学有什么不对劲吗?你不觉得整理书本的方式是可以多种多样的吗?你不认为图书馆中的书架、标签和索引卡片不就是来源于世界本身的要素并且是其中的一部分吗?对于这些问题,必须把理解从科学理论中永久地解放出来。用海德格尔的话说,理解归属于"此在"。

例如,在我们北京,大多数年份冬天总会落下雪来。几年之前,有一个来自赤道国家的留学生,在北京冬季初雪来临之时,竟然对着从天而降下的片片

---

① 卡尔·曼海姆:《文化社会学论要》,艾彦等译,中国城市出版社 2002 年版,第 228 页。

雪花看得出神，面露讶异的神色。那位学生从来没有接触过从天降下的真雪，他唯一对雪的认识，是观看杂志中的图片。

这说明，在这个留学生的解释里，他没有认识到我们在与世界打交道时使用的时间空间图式不是像康德所认为的纯然形式，没有看出它们本身是由世界提供给我们的。事实上，我们用来感知物理世界的眼睛本身是世界的一部分。所以，在他的被理解的对象中，已经有了阐释。或者说，被理解的对象不可能像自然对象一样，是未经阐释的。同样地，我们所有人因个人已有的阅历、训练和思想，都对身处的世界有一定的假设或推想，而我们就是以这些前设对我们的经历做出解释。这些前设可能正确，也可能错误，但都是此在存在的方式。

二、对作为意义整体的存在的理解

我们看到，20世纪重视生活世界并嘲讽形而上学的哲学家大都认为，理解绝不是狭义认识论上的理解，而总是以某种一定的方式理解事物，只有在作为存在方式的理解才成为可能。也就是说，解释学不是一种关于解释的技艺或解释本身的理论，相反，解释学的根基不同于认识论或分析哲学的根基，解释学也将走出黑格尔式的"对于绝对知识"的欲望的途径。

这意味着我们不应该把解释学看作理论上的东西，它是我们生活当中本来就有的东西。所谓存在论解释学，简单地讲就是非理论的方法的解释学。说白了，生活经验本身就是可理解的，就在解释着。

一个时期以来，我国各家刊物以相当多的篇幅讨论马克思主义哲学大众化问题。事实上，我们甚至不知道拿什么和用怎样的方法去接近大众。艾思奇时代也讲过这一事实。但如今表现得十分突出。且不说我们大家都心知肚明，我们所写的一切，大都不适合于给大众阅读。毛泽东的《实践论》《矛盾论》也许是试金石，中等教育水平的现代读者（例如大学本科生）几乎很难立刻进入其中任何段落。这一看法对不对是另一个问题。但有一些经验表明，专为大众而写的马克思主义哲学普及书都不成功，也未能在大众中传播开来。可以说，这首先是因为我们除了行政命令之外，没有具体可行的办法传播马克思主义哲学，大众对于我们来说，似乎是无法理解的蛮荒之地。我认为，我们必须承认大众实际上不能理解大多数的东西，承认即使是受过高等教育的知识分子对哲学的认识也是相当有限的。"大众化"却反其道而行之，参与此过程的人数的增长也是普及化的障碍之一。很显然，渗透到一亿人的任务是一个完全不同于渗透到十三亿人中的任务。马克思主义哲学的积极方面绝大部分与社会躯体传导影响的能力已经不再与它的这一数量相匹配有关。所以，我们论起大众化读物来，还只是个推理。如果说马克思主义哲学大众化读物是写给有文化的阶层看的，大众对它不以为然，这话恐怕有些道理。其实大众的确能教给我们许多东西。比如，可以教会我们如何根据生活来写书，怎样将实情表达得比较贴近实际。而这些我们都不会，我们的书里没有什么不是弄得像理论的东西，却有可能什么也没有说，只是有表面上的知识。我们这里可以感受到本体论的基础和认识论的基础之间的对立。

如果我们讨论的问题只是涉及适用于特殊对象领域，譬如自然、生命、语言和历史等领域的某些概念，那么它就仅仅是一个认识论的问题。而阐明这些概念则是科学的任务。科学所采取的方法就是理论的方法。[①]特别是在科学出现"基础危机"的情况下，科学就需要阐明这些概念。但是，当科学出现危机时，关于基础存在论的哲学就是要对那些关于它们的存在的本体论的阐明。这种阐明也就是我的生活经历之所以能够得到理解、得到表达的依据的阐明。所以，我知道，在欧洲（至少在某些国家），"本体论"这个词更倾向于与海德格尔的基础存在论有关，而不是与回到亚里士多德的《形而上学》的传统探究。海德格尔讲的解释学的根就是前理解、前科学的实际生活经验。把这个实际生活经验显示出来，他的解释学就是解释学。这里的"前"不是时间上"在先"的意思，而是非时间意义上的"在先"的意思，有"作为基础"的意思。这就是存在论解释学。可以说，它本身就是它的基础存在论。有人说，哲学史上最新的两个哲学——马克思和尼采的哲学，并非通常意义上的作品，而是发展于大学之外。我们不相信这样的结论。思想要得到真正的发展，逐渐地会有其严格的理论过程，那时也许能看得更深。然而，这种对哲学的限定，当然也是解释。或者按人们更喜欢的说法，是对存在者的某种经验（例如，通过向其他人学习）。

如果说传统解释学认为解释仅仅是解释，而非被解释的事物本身，那么，除了解释的现实之外，我们就没有其他现实了。其实，它仅仅是作为解释的基

---

① 海德格尔将非理论的方法的释义学的现象学与理论的方法相对举时，那种理论的方法可以理解为"观察"。或者说，理论的方法说到底就是观察。"观察必须与被观察者保持一定距离，观察者本身总是处于被观察的对面。也就是说，观察者总是在被观察者之外来进行观察。"观察就体现了一种对待事物的态度。参见张汝伦：《中西哲学十五讲》，上海书店出版社 2008 年版，第 199 页。以下关于海德格尔的理解参见张汝伦：《〈存在与时间〉何以重要？》《中国人民大学学报》，2010（2）。

本方式而存在，但是，这应当被看作以海德格尔为起点的现代解释学的创见。现在，我们可以说，海德格尔讲的理解主要是对作为意义全体的存在的理解，而不仅仅是对个别事物存在的理解。在海德格尔这里，获得哲学地位的解释学的主题不是解释的理论，而是解释本身。

三、传统意义范围内的理解概念

"现象学描述的方法论意义就是解释……此在的现象学就是解释学。这是就解释学这个词的源始含义来说的。"①海德格尔这里讲得中肯而真实。从解释学历史看，近现代解释学思想主要集中体现在这样的思维方式上：所谓思维就是操作性和技术性思维，是对观念与概念的操纵，而非创造性的活动；所谓解释本身则是对已知材料的说明和评价，而不是在处理一种必须阐明、尚且未知的东西。这与人的生存日常性相关。在日常生活中，人们的行动和思想都差不多，好像有一个统一的模式和标准。

例如，我们去解释一部伟大作品，就相当于进行文物研究甚至图书管理之类的工作。我们去解释作品仅仅在言说作者的意图，就作品本身谈论作品；我们去写一篇论文，就得想好自己写的论文是归属于什么学科的，是所谓历史学的、社会学的还是心理学之类的东西。这些解释学的理解方向有问题，换句话说，关于哲学的论题，不可逆转地变成了关于作为论题存在的论题。我们去解释一部伟大作品，就像解释一个生命那样，是要显现原初理解事件而非文物研究，否则就是对真正历史性的否定，是对我们立足于现在而对过去的一切理解的历史性否定。我们去写一篇论文，要对从来没有被这样说过的东西思考，而非看作与语法、修辞相关，按照某某学科炮制或量身定做；要去欣赏一件艺术作品，要将杜尚提交给美术展的马桶视为艺术作品，而非置放于日常性的关系之中予以思考。

在近现代，人们谈解释的问题主要是在一种技术性思维习惯中进行的，而其方法论注重的是形式上的，形式已经取代了内容的位置。存在者的所有领域都被技术—科学捷足先登。这种思维习惯是一种糟糕的漫不经心。这种漫不经心要对以下事项负不小的责任：由于已经成为方法的现代理论强行让对象就范去展示自身，内在于解释学本性的对存在的消息理解被掩盖了，所以靠各种知

---

① 马丁·海德格尔：《存在与时间》，陈嘉映等译，生活·读书·新知三联书店2006年版，第44页。

识，然后靠研究的干预，直至用"世界"观念来统合对象。由此，走向如今的人们为无限制的专业化敞开了大门。但此种漫不经心像个不速之客，谁也不知道它是从哪儿来的！只有时代知道！它既可能来源于传统的对象理论，也可能来源于技术崇拜和反复的训练；既可能来源于某某牌子的手机无可匹敌的质量，也可能来源于大学名次排行榜。

第二节　实际性解释学

一、解释学首先意味着带来消息和音信

如前所述，狄尔泰的困难是，如何找到一种方式，能够观看流动的生命体验，能够理解它，还能够表达它，而且同时这个东西还在流动。用一句话来说："只有历史告诉我们，什么是人；只有人告诉我们，历史如何才是可能的"。这就是说，他表达的是一个流动状态，是一个正在生成的状态，而不只是那个发生的结果。但是，胡塞尔没有解决好这个困难。如果说晚年胡塞尔惊羡于狄尔泰有关现象学与描述—分类的心理学之间的谐和性，那么，怎样找到现象学的方法对取得对精神生活进行现象学分析之进展？胡塞尔就是在这个问题上面临他的再一个"浪头"，并且提出"能激发在方法论上取得进展的和完全从另外的问题出发进行建构现象学的工作"的观念。他专门考虑了"生活世界"观念和狄尔泰的"历史的目的论解释学方法"协调问题。在这里，他所主张的历史和生活世界之为"普遍有效的认识和解释的可能性"的说法是有名的。但是，当我们把它和胡塞尔的几十年的现象学路线联系起来，并且揭露由"抽象实体建立起生活"的盲目性时，那会是什么样子呢？[①]

多么大胆的愿望啊！胡塞尔在这里否认是在追求一种不可实现的理想。他希望看到这种梦想在他的现象学中因为他的努力而得以实现，但总是落空。尽管这种希望非常虚幻，在他看来却是唯一的希望。而且，这种坚持到底并且体验"以现象学方式运思"即"'作为人类的执行官'而思考"的意向，具有某种特别感人的东西。在其中，"人的理性的自身负责得到实现"[②]。与胡塞尔后期

[①] 张庆熊：《社会科学的哲学——实证主义、诠释学和维特根斯坦的转型》，复旦大学出版社 2010 年版，第 49~50 页。

[②] 胡塞尔：《生活世界现象学》（克劳斯·黑尔德为编辑此书写的导言），倪梁康等译，上海译文出版社 2005 年版，第 45 页。

生活世界分析的先验哲学脉络相关的是生存哲学和解释学。尽管海德格尔的解释学深受它的影响,但海德格尔的解释学却不是作为人文科学方法论的解释学,而是一切研究的基础,包括对非此在存在者研究的基础。因为以此在的存在者为研究对象的区域存在论,它的基础在于此在对存在的理解。

如果我要讲海德格尔的存在论解释学,我会如何追随海德格尔来思考呢?首先,我们要从提问结构开始提出这个问题。大家知道,海德格尔对提问的重要性非常强调,他本人就有一种超强的预见他的听众将要问的事情(问题)的能力。这不是因为海德格尔知识渊博,更不是因为他认为听众只能提出有简单答案的问题。相反,在海德格尔看来,我们问一个问题总是关于某个事物的问题。我们问问题之前总是已经对所问的事情至少有一些模糊的理解。而且,一个人也总是只能在他所置身于其中的事物的基础上才能作出回答。

海德格尔在《存在与时间》中说,在普通的交谈中,我们有时用能够"理解某事"这样的说法,它的含义是"能处理某事""能胜任某事""能做某事"。但在作为生存论环节的理解中,我们所能之事并不是"任何'什么',而是作为生存活动的存在",即此在。①换句话说,它不必处处都带着问题的形式出现,比如,它意味着什么、它有什么意义,没有"什么",但它已经包含意义了。这就是海德格尔表示的理解概念的存在论性质。如果是这样的话,那么存在论问题得从事物是否存在的问题转换为事物的意义问题。例如,"是否有身体存在"的问题应该转换为"占有空间和能感受事物是什么意思"的问题;"是否有上帝"的问题应该转换为"崇拜一个最终崇高但不可言喻的事物是什么意思"的问题;"是否有外部世界的问题"得转换为"在世界上存在是什么意思"的问题。对于存在本身的问题同样如此。我们不问事物最终的本原,也不问何种事物真正存在,而是问存在究竟是什么意思。这才是海德格尔心目中的基本问题。它是一切其他存在论问题的基础性问题。同时,把一般传统的存在论问题转换为存在的意义问题,实际上是把理论问题变成一个实践问题,因为"存在"在语法上是一个动词不定式。"是什么意思"在这些问题中问的不是静态的状况,而是人的存在行动。我们不首先问"人是什么",然后琢磨它是什么意思,而是先问"是一个人"是什么意思,然后才能决定问"人是什么"。也就是说,人的存在行为,即他的"去存在",决定了他是什么。《存在与时间》之所以要从分析此在的在世存在着手切入存在问题,就是这个道理。

生存论意义上的理解不是指做某事的能力,而是指此在能存在。从生存论

---

① 马丁·海德格尔:《存在与时间》,陈嘉映等译,生活·读书·新知三联书店2006年版,第167页。

上看，人并不是像近代观念论所鼓吹的首先理解的是自己，恰好相反，人首先理解的是与他的生活最切近的东西，如什么事情可做、什么事情紧迫，等等。人不会首先去想"人是什么"这样的问题，而总是首先会想什么事情可做、什么事情紧迫，等等。每个日常生存着的人都在忙忙碌碌做紧急的事情。从这些忙忙碌碌中，我们看到一点：那些事的数量和可能性是无穷无尽的。我们生活世界中的一切都完全是不充足的，精神组织结构跟不上数量的增长。然而，对这些事情的理解也总是有根据的，即此在在意识到自己之前，已经对世界、对存在有所理解。套用马克思的观点看，没有一个人可以避免意识形态的影响。而从方法论上看，一个人在解释某事时必然采取某种进路、可能的取向，包括科学化、历史性的取向，等等。但是，海德格尔的实际性解释学视域与此不同：解释学不是技艺学和方法论上的，"解释学并不就是解释，它首先意味着带来消息和音信"[①]。也就是说，解释学不是一种哲学方法，而是一种哲学态度，是保存"消息意义上带来的音信"，为了聚拢原先隐匿的东西，从而对"存在是怎么样一回事"做出回应。

很难读到比这更好的文字了！只可惜说得稍微抽象了些，这样的实情应当表达更实际些。比如，海德格尔在哲学中使用"理解"一词，有其特殊的意谓。他的"理解"不是指一般日常语言中的"理解"。比如，不是表示明白、同情或认识等，也不是指心理和思想上的认知过程，更不是在解释作品时所表现为由语言而导入的心理转换，或类似于个人对他人心态的把握。所有这些"理解"都还是认识论上的观念，都不是他意谓上的"理解"。在他的解释哲学中，理解是指一种个人把握自身存在可能性的能力。这种能力是人处在他的世界中的方式。海德格尔在问理解已有什么的时候，实际上是在问理解处在什么样的存在状态中。弄清这个存在状态的构成，才能认识理解是什么。

二、从生命本身来理解生命

理解的存在论根源，首先是对生存的领悟。对此，我们可以首先从一种语言习惯获得领会处境。在德文中，"生命""生活""活着""生存""过日子"等等，都由"leben"这个词包含着。这个词是多义的。人们在用"生命"或"生活"这个词时，他们的基本意图的确不是一目了然的。但是，有一点是清楚的，用生命哲学来标榜的哲学虽然是较晚近出现的哲学，但不能把它视为为了赶时髦、出风头的哲学。好像它们是为了要开发某个新知识领域，然后强加给人们的。这正是传统的思想方法。那种总是用感觉、知觉之类的认识论态度处事、

[①] 海德格尔：《在通向语言的途中》，孙周兴译，商务印书馆 1997 年版，第 82~100 页。

做人，是一种带有"疏离化"的生活态度。这种思想方法因循反思的生命，而且是方法与我们的存在经历无关。因此，它跟我们总是将自身解释为如在"人民大学学习""为了"有个好前程而生活是无关的。但是，这种思想方法及其生活态度是非常普遍的，我们生活中遇到障碍的原委便在其中。也就是说，我们是这样生活的，但我们并不这样认识我们自己。我们虽然日用而不知地与我们生活中的事事物物相遇，但是我们的处理方法仍然是理论的方法。这样一来，"我们不是在生活，我们只是装作生活的样子"。但是懂得这个道理并不容易。卡夫卡说："大多数人其实根本不是在生活，""他们就像珊瑚附在礁石上那样，只是附在生活上，而且这些人比那些原始生物还可怜得多"。[1]如果做这样狭隘的理解，那么解释学就只能落入狭隘的或形式主义的。严格地说，哲学思考不是生活，生活也不是哲学思考。

　　这个说明很重要。按照人们的感受，存在论解释学恰恰与这样的意图对立。道理很简单，我们知道这种所谓的新知识之前，我们已活在这种知识之中。这是说，生活或生命是生命哲学的前提。存在的事实性是比人类意识和人类知识更为开端性的东西。重要的是，"追问某一存在为什么被称为是'活着的'，就意味着去发现'活着的'之所以属于这一存在的基础。这就是说，在'生存'这一用语的各种含义当中，其中一种含义必须从其他含义中分离出来并且贯彻始终，成为生命借以被归之于某一存在的原则"[2]。也就是说，存在的解释学，不像传统解释学那样关注文本的解释方法，而是关注对历史生命和意义的理解和解释。

　　比如，对古典文本和基督教《圣经》的解释，有个理解的基础，这个基础与人的存在一样是初始的东西。这个基础是什么？就是生命！而这个基础正是要从生命本身来理解生命，它与反思式的自我意识无关。那么，生命自身如何才能经验这样的生命？可以肯定，生命自身必须借助理解才能经验生命。如果我们不是从生命体验中揭示生命自身，便难以避免生命被概念化、空间化，也难以避免落入非时间性的观念中心论思考之范畴。

三、生命本身的存在方式

　　从生命本身来理解生命是毫无意义的，这些话不太好懂。毕竟，要理解生命，我们需要依据现实（至少是依据某种身体结构的潜能，比如，手意味着像

---

①　卡夫卡：《卡夫卡谈话录》，赵登荣译，漓江出版社2015年版，第58页。
②　吉奥乔·阿甘本：《开放性——人与兽》//汪民安主编：《生产》（第三辑），广西师范大学出版社2006年版，第144页。

海德格尔那样思想家的生活，一种靠手来展开有思想的生活）有机地描述生命。也许大家会说，海德格尔关于存在论解释学说的都是废话。生命是一个基本事实，这使得海德格尔谈论生命哲学变得微不足道。但是，海德格尔有他独特的解释。海德格尔这里不是在讲"海德格尔主义"。"海德格尔主义"这一概念本身就毫无意义。海德格尔不断申明："没有什么海德格尔哲学"。这既不是哗众取宠，也不是随口一说，而是清楚地表明，概括为他的问题的问题，即存在问题，无论如何不能造出关于存在的新论题，更不能产生随便某种新"世界观"。因为海德格尔要确定的是生命本身的存在方式。①

海德格尔认为，生命哲学实际上用"生命"概念来意指人的存在，这是不正确的。人的存在的整体性恰恰在死而不在生（命）。所以，把生命作为问题，而很少考虑死。我们只是想如何避免死亡，是目光近视。在这方面，康德就是近视的。康德把死者作为物自体来观察，这意味着把他者视为与我们无法获得共识或者无法"表象／代表"的东西来看待。而狄尔泰的哲学目标在于建立"生命"存在论，却忽视了"生命"和"死亡"的关联。海德格尔与此不同，死亡清晰地表达了生命。伊格尔顿曾经这样写道："如果说死亡清晰地表达了生命，那也是因为它象征着一种自我的遗弃，而这正是美好生活的典范。""要知道如何生活"，"你首先必须知道如何死亡"。"没有什么想法比'朝生暮死'存在的时间更长更有持续性了"。②伊格尔顿的阐释并不比海德格尔关于"死亡在最广的意义上是一种生命现象"③的阐释正确。海德格尔在《存在与时间》样书的旁注中有这样一句引文："刚一降生，人就立刻老得足以去死。"④他们于此深深地感受到生存论的分析与死亡的关系。

为何是死亡呢？在海德格尔那里，肉身性不同于物之物性，物是不能死灭的。不能死灭的东西，就愈加不能复活。所以，"也只有理解了死亡的整个存在论本质，才能够有方法上的保障把死后是什么这个问题问得有意义、有道理"⑤。支配死亡者，同时支配自身，与其所能相关，即存在。

也许有人会说："死亡在最广的意义上是一种生命现象。"这句话即便因其

---

① 有趣的是，尼采可能是最早拥有打字机的哲学家之一，但他几乎不用；海德格尔也拥有打字机，他自己也很少使用。其用意在于抵御各种对手的自由的威胁。

② 特里·伊格尔顿：《异端人物》，刘超等译，江苏人民出版社2014年版，第139~140页。

③ 马丁·海德格尔：《存在与时间》，陈嘉映等译，生活·读书·新知三联书店2006年版，第283页。

④ 马丁·海德格尔：《存在与时间》，陈嘉映等译，生活·读书·新知三联书店2006年版，第282页，脚注。

⑤ 马丁·海德格尔：《存在与时间》，陈嘉映等译，生活·读书·新知三联书店2006年版，第285页。

单纯性而蛊惑人心，也令人摸不着头绪。如果海德格尔必须透过其所写的作品才能拥有向死存在的权力，我们就可设想此意味着作品本身正是一个在死亡中的死亡体验。如此证实了此思考所谓的死亡，不仅限于死去当下，还包括在生时刻，也即处于"死去"的未定义之时。这是说，死亡并非一个结束，而是一个"尚未"终结的过程。海德格尔提到了雅斯贝尔斯把死视为引向他所谓的"边缘境况"现象的导索，而这一"边缘境况"的基本意义在于通达真实的存在，达到此在的本真。更深层地说，能存在以便能够死去—死去以便能够存在，这个关系把我们囚禁在它们周而复始的索求，迫使我们只能找寻"一种可能性的存在"。

例如，重要的历史人物，如英雄、伟大的思想家，也跟平头百姓一样，藏身于死亡的掩护之中，或者被民众或者被亲属缅怀。他们具有分量，首先是历史的造作。他们在世上的行动是对真理本来意义的醒觉，故而想要在死后仍然保有自我。"盘算着要支配死亡而减弱死亡的可能性质"是徒劳的：这不仅徒劳，而且有违可能性。"这种可能性根本不知有度，不知更多也不知更少，而是意味着无度地不可能生存的可能性。按其本质来说，这种可能性不提供任何依据，可借以殷切盼望什么东西，借以'想象出'可能是现实的东西，从而忘记这种可能性。"①从希腊时代的角度看，人应该做的并非依附在赞誉与尊敬的惰性永恒里，而要随现象之有"出现"与"退出"的本质指示，以求"处于恰如其分的在之本质中"：要"出场"无名，而非浪得虚名。海德格尔尖锐地说："在今天的人眼里，荣誉早已只是出点名而已而且如此出名已成非常可疑的事了，已是一种通过报纸广播这样吹吹那样吹吹分摊出去的收获——几乎是在的反面了。"但在希腊时代，"荣誉根本不是一个人获得它或者得不到它的事，荣誉是最高的在的方式"。②此时，死亡似乎肯定了一个更正义、更确实的胜利。

形而上学之所以是虚无主义的，是因为它忘了存在，更具体地说，忘了存在的意义。存在者之所以存在，是因为它被另一个存在者制造，最高的存在者（在基督教那里是上帝）是一切存在者的原因，因果关系成为人们用来解释存在者最普通、最粗鲁也最直接的东西。事物除了被产生和被支配外，没有意义，更不用说存在的意义。存在从我们的世界和生活中撤回了自己，或者说，存在者被存在抛弃了。"被存在抛弃是遗忘存在的基础。但存在者被存在抛弃有这样的假相，即存在者除了被掌握和利用外，再不需要别的了。""遗忘存在属于这

---

① 马丁·海德格尔：《存在与时间》，陈嘉映等译，生活·读书·新知三联书店 2006 年版，第 301 页。

② 马丁·海德格尔：《形而上学导论》，熊伟等译，商务印书馆 1996 年版，第 104 页。

种被抛弃。"虚无主义的本质就是被存在抛弃。由于我们被存在抛弃，我们忘了存在本身的意义，一心只想掌握和利用存在者。这就是西方文明的特征，也是现代的基本特征。所以，我们必须对此加以考虑：海德格尔所追问的存在意义，根本上就是历史空间，就是一切发生事件阐释的地平线和整体。

也就是说，此在的向死存在解释要谈论的是存在本身。有人说，存在本身有什么值得谈论的（尼采：存在是"一个空洞的字眼"，是一种"缥缈的轻烟"；黑格尔：存在是"不确定的直接"）？这一切都只不过是"观点"而已。不对！想一想，海德格尔为什么不会谈论一个手机能存在，为什么要谈论存在的人的能存在？理解自己的存在，理解存在的意义，成为你自己，所有这些看法，都反映了我们这一时代人的思想和感情。

四、理解是此在的存在方式

说到解释学基础，还有一个问题需要提出：传统意义上的解释学是奠定在什么基础上的？我们可以说，它建立在人类意识和人类范畴基础之上。解释是一个主体的理智活动。理解的可能性其实在于人能意识到他存在。与此不同，海德格尔称自己的解释学为实际性解释学。什么是实际性？这个概念与事实性有关。什么是事实性？我们知道，在海德格尔于 20 世纪 20 年代早期的课程讲稿中，事实性与事实性生命的观念占据了核心地位，其以此决定性地抛弃了意向性观念以及主体概念。世界上除了人（此在）以外，还有许多事物存在，如花草虫鱼。它们与人不同，都是现成存在于世界的东西，这是一个事实。海德格尔把这种事实称为实际性（tatsächlichkeit）。人（此在）也在世界上现成存在，但它不是以花草虫鱼的存在方式存在，而是在世之存在。这些说法并不是在陈述一个事实，而是在提供一个解释。

同样，当我们说"人是会死的"，这并不是在陈述一个事实，而是在提供一个解释。因为人确实可以有很多种死亡方式：英雄就义或跳楼自杀，等等。在国家大剧院表演一个人的死亡，就是在将事实转换成解释，从虚无中变出一些花样来。我们如何能够做到这一点并不取决于我们死亡时生理学事实，而取决于我们如何生活。正如卡夫卡所说："我们可以把自杀看作是过分到荒唐程度的利己主义，一种自以为有权动用上帝权力的利己主义，而实际上却根本谈不上任何权力，因为这里原本就没有力量。自杀只是由于无能而自杀。"[①]即使每个人都得到"好死"，我们仍然可以怀疑，人之死亡大体相同于消化或出汗这一类事情。海德格尔为了彰显这种义理，另外用了一个源于拉丁词的术语 Faktizität

---

① 卡夫卡：《卡夫卡谈话录》，赵登荣译，漓江出版社 2015 年版，第 40 页。

来指此在的事实性。①海德格尔的解释学被称为实际性解释学，是基于其所遭遇的事物之显现。解释是此在的生存活动，此在的生存活动就具有解释的特征。理解不是主观认识，而是存在本身。

这里包含一个很重要的思想：一般意义上的认识和知性意义上的思维是以生存理解为基础的。从这一点看，古典解释学与实际性解释学之间的区别在于：前者把"解释"看得比"理解"更基本，而后者则把"理解"和"本源的领悟"看得比"解释"更基本。在古典解释学那里，理解和解释是不同的两回事，是解释主体的两个不同的行动。理解不等于解释，解释不等于理解，但是理解和解释都是为了认识对象。海德格尔的实际性解释学与此有不同看法，认为解释和理解不是两回事，而是二而一的。解释就是理解本身。海德格尔说，从生存论上看，阐释以理解为基础，而不是相反。阐释并不是要认识理解的东西，而是要阐明在理解中所筹划的可能性并整理出来。②理解是前主题性的，理解是尚未将被理解者变为一个主题。而解释则是主题性的，它确定和规定所理解的东西。

所以，古典解释学与实际性解释学之间的区别，若举例来说就更清楚了。比如，大多数人认为，《圣经》的解释相似于古文献的理解。所以，直到20世纪40年代，解释《圣经》的释经学的核心工作就是考究《圣经》作者或编辑者所处的世界，由此而来的经文，以及那些经文原有的读者。换言之，当时对《圣经》的解释是针对经文历史场景的探索。然而，海德格尔认为，只有作为主体的我们，在自身的存在中进入《圣经》经文，并且经历它们的意义时，《圣经》经文才有意思。由此，海德格尔认为，理解就是"此在本身的本己能在的生存论意义上的存在"，这个存在在自身展示与它自己在一起的那个存在的所在。③海德格尔十分重视这个观点，可是这句话令我们颇费思量。面对这样的观点，我们只是做简单的诠释，理解不是主观的理智行为，而是此在的存在方式。理解作为人的存在方式，有两层含义：一是人存在于世界中是人类存在的一个最基本特征。这种状态不由个人理解或意愿选择，它是已成的存在事实。二是人能在理解中选择人的将来，并有实现的可能。从理解为人的存在不断开辟可能性的意义上讲，真正的理解与解释并不在于去烂熟精神已经有的思想，而是致力于揭示未知、扩大人存在的范围和可能。解释活动从人的存在意义上看，本应是一种扩大人的生活的创造性活动。解释学虽然仍然是理解的理论，但是它

① 乔吉奥·阿甘本：《潜能》，王立秋等译，漓江出版社2014年版，第314页。
② 马丁·海德格尔：《存在与时间》，陈嘉映等译，生活·读书·新知三联书店2006年版，第173页。
③ 马丁·海德格尔：《存在与时间》，陈嘉映等译，生活·读书·新知三联书店2006年版，第168页。

是从存在论上理解与解释人的存在。解释学由认识论向此在存在论的转变，用今天的话来翻译，就是生活只有在经历过后才能得到解释。

五、实际性解释学

海德格尔的解释学之所以被称为实际性解释学，是因为其强调生活之重要性。但是，对生活之重要性原本有不同的强调，因而也有许多不同的方法和相异的结论。如果对生活的重要性只是在哲学上和理论进行认可，那一定适得其反。这里面当然有很多使我们远离"生活"的例子。

比如，在海德格尔那里，理解自我就是理解世界，反之亦然。但是，在胡塞尔那里，理解不过是朝着某个对象的意向性活动。所以，胡塞尔的《逻辑研究》的问题意识是："对象性的东西在哪里存在以及如何在那里存在，逻辑学讲的是什么。"现象学的本质直观是有对象的，尽管胡塞尔可以说它的对象是意向对象，哲学仍然保持其为科学，一门"严格的科学"，一种"较高层次的经验论"。直观是根源于纯粹意识。一句话，胡塞尔的现象学方法，讲本质直观，是用来论证作为先验主体性意识。它把某种先验的东西放到此在的存在之前。这就产生一个认识论的困难：现象学可以说本质直观到的对象是意向对象，但对象必须有意义方能是对象，这意义是哪里来的，难道这意义是直观得来的？海德格尔认为，本质直观也只能建立在生存理解的基础上。否则，它还真不能洞开源始的生命经验的领域。

再说，狄尔泰的历史性原则被海德格尔看重，应当被看作对于科学未解决的生命之谜的反思性回答。他已经表明，生命的基本特征是它的历史—存在。同时，狄尔泰所设想的人文科学的一般方法论，将理解视为人的一种力量。凭借这种力量，生命才与生命相遇。生命哲学的这种努力是值得肯定的。但是，海德格尔明明是受狄尔泰的影响，他还是说到这是狄尔泰的"严重的局限性"。因为，哲学的研究对象应该是生命。但是，生命哲学的理论工具和方法不合适，无法达到源始的生命和经验。也就是说，狄尔泰的解释学之狭隘，只限于人文科学的领域，超不过一种方法的学说或"理解的规则"，或诉求"解释性的精神科学的方法论"之类的东西。他基本上没有逃脱笛卡尔的问题范围，他的解释学的问题始终被近代的方法论理想所控制，这个方法论理想就是通过方法保证科学的客观性。

在海德格尔看来，解释学不是一种方法学说，而是人（此在）对存在的理解。理解是人的存在方式。海德格尔在《存在与时间》中对这个命题做了结构性的说明。他不是把理解等同于人的存在，这样人的存在就成为一种意识活动。

这就是海德格尔眼中的实际性解释学。这种解释学绝不是像传统解释学那样，是一种主观的知性操作，而是此在的存在方式。实际性就是此在的存在，它不是直观的对象，而是承担一个任务，即为自己操心，这就是生存。

六、理解是在世之在的一种构成因素

从实际性解释学看来，有些人对某些事物拥有大量的纯粹客观的知识，这些知识的确能够满足他们的好奇心，但他们几乎不理解它们。为什么？生存理解不是知性的认识，也不是理性的直观，而是它们的基础。举例来说，有的学生在考一道题名为辩证法的"必然"和"偶然"这对范畴的意义时，能够一字不差地照教科书答题。但是，在这道题下面我还问他们："教室里面的墙被涂成白颜色是必然的吗？"回答当然是"不"。它可以被涂成绿色。因此，我们说，教室里的墙的颜色是一个偶然的事实，而不是必然的事实。但我们怎么知道墙的白色不是必然的？因为无论其表面如何，我能别样想它。它事实上是白的，但不必定是白的，因为我能以一种不被那实际情况决定的方式思考。可是，奇怪的是，有的同学竟然认为墙的颜色被涂成白色是一个必然的事实。

这说明，本源性的理解不能停留在对没有可能性的事实的把握上。比如，一个真正能够学习的同学，理解经验的认识绝不是背诵词汇之类的蠢事。相比之下，在今天的教育境况下，有些成绩好的同学，居然把理解当作对信息的收集，他是个信息传递员。海德格尔发现："其实哲学在开头的时候也并没有钉死在几条命题上。倒是历史上后来对哲学的叙述挑起了这种印象。这些叙述就是搜集整理式的，也就是说，是对一些伟大思想家的意见与看法的描述。但是谁去追查与搜索这些伟大思想家的各种看法与观点，那就靠得住，在他还没有搞出名堂来，也就是为一份哲学搞出公式或招牌来之前，就已经抓不准与走错路了。"[①]当年，布伦塔诺"在德国唯心主义中已感觉到了对哲学最深程度的破坏，这绝不是偶然的。只要学一年，一个人就能谈论一切，好像真是那么回事似的，而且读者自己也相信他真的掌握了某种东西"[②]。海德格尔将此叫作"常人"的存在方式。海德格尔深刻的地方在于，认为今天关于学术危机的谈论，就事情应当如何的问题已经谈得太多了，除此之外，"什么也没有发生"。当年凡·高画画，有没有学术规范对他提出要求？没有！为什么？他完全是发自内心。而且，凡·高一定是在与各种各样的学术规范争执中发疯的。凡·高在给他的弟

---

① 马丁·海德格尔：《形而上学导论》，熊伟等译，商务印书馆1996年版，第116页。
② 马丁·海德格尔：《存在论：实际性的解释学》，何卫平译，人民出版社2009年版，第52页。

弟写的信中就表示："我宁可自然地了此一生，也不愿在大学里等死。"①海德格尔说"实际性的理解范围不能预先确定"，理解根本也不是"领会和交流数学公式"那样一种任务，指的恰恰就是怎样为学和为人。"解释学并不是要获得知识，而是要达到一种生存状态的认识，即一种存在。"②从根本上讲，理解是在世之在的一种构成因素，是本体论意义上基础的东西，并且先于任何存在的行为。

七、此在存在论解释学具有反认识论和反逻辑的动机

狄尔泰以后，解释学发生了重大的变革，这种变革应当以海德格尔为起点。这是一种什么样的变革呢？

粗略地说，这种变革就是既不再在认识论层也不在方法论层面讨论解释和理解问题，而是在存在论层面讨论解释和理解问题，是对存在本身的追问和规定；它不仅不再忙碌于完善人文科学认识论的工作，而是与之相反，对这种做法进行怀疑、批判。它与人文科学是否能够借助于自己的方法论的完善做到与自然科学分庭抗礼的想法也无关，也与把解释学注意力放在人文科学方法论层面上讨论无关。这种转向是由海德格尔和伽达默尔开启的。这种转向具有的意义非同小可，堪称哥白尼式的革命。这种革命的意义是：解释学的诉求不是追逐文本知识，而是实际生活。这种解释学首先不是狭义的方法论，而是对人的存在的源始理解的自我理解，当然它也可以是狭义的方法论，但是那只是派生意义上的。反过来说，狭义的方法论总是以存在论意义的解释学为基础。

那么，这种革命是如何毕其功于一役的呢？利科讲，它是通过与所有关于方法的讨论相决裂，一上来就在一种有限存在的存在论层面上讨论问题的。在这个层面，理解应当恢复为"一种存在模式，而非一种认识模式"。因为"我们不是逐渐地进入这个理解的存在论中去的，我们不是通过深入研究有关解经学、历史或心理分析的方法论需求而渐渐接近这个存在论的，我们是通过询问的突然逆转而想象自己置身于这个存在论之中的。我们要用'一个其存在在于理解的存在者是什么样的存在者'这样的问题来代替'认识主体在什么条件下才能

① 马丁·海德格尔：《存在论：实际性的解释学》，何卫平译，人民出版社 2009 年版，第 40 页。
② 马丁·海德格尔：《存在论：实际性的解释学》，何卫平译，人民出版社 2009 年版，第 21～22 页。

理解文本或历史'那样的问题"①。前一个问题就是被狄尔泰广泛作为历史认识论的方法论的意义使用的解释学提出的，它是某种特定历史联系中的存在者把提问如何可能认识包容自己自身的联系或支持其他时代和文化的联系作为课题的学问。后一个问题则是海德格尔的存在论解释学的问题。从这一点看，《存在与时间》的激进解释学具有反认识论和反逻辑的动机。

八、理解总是在一个关系整体中进行的

对于海德格尔来说，不是此在（即"我们在那里的存在"）在理解，而是此在就是理解。否则，理解就是不可能的。莎士比亚曾经注意到：一则笑话的成功在于听笑话的耳朵，绝不在于讲笑话的嘴巴，而且，这样的情形绝不仅仅限于笑话。所有讲出来的东西或写下来的东西，其成功均取决于听众或读者，而不是讲述者或作者。再比如，我在写一篇文章，刚刚才开了个头，写到一定的地方就会完成。我怎么能够说，在什么地方我还没有完成，在另外一个地方我就完成了呢？有人说，老师教过，写文章有个转、承、起、合。但是，写作是我在写，我作为写文章的那个人，理解我此在的一个具体可能性。如果没有这种理解的可能性，我就几乎不能写文章。有了这种可能性之后，还需要解释来揭示理解中的这种可能性。单单理解老师的教导，仍然无法揭示这种理解，而且每一种解释都基于生存上的理解（试比较，我们在解释汽笛声时，我们总是已经知道什么是汽笛、什么是警报。海德格尔把这种先前把握叫作"前把握"）。一句话，写作仍然是一种存在经验，而不是写作者（主体）施于客体（文本）的方法论操作。

这就是海德格尔的实际性解释学要走的路。所以，我们要谈论海德格尔的实际性解释学，就不再根据文本对象中是否存在来自作者本人的"客观意义"之类的问题描述它，因为理解本身的一个主要特征就是在关系整体性中进行的。

事实是，"理解"在它成为认识方式、方法论之前，首先是人类的一种存在模式。有人认为，学界将 Hermeneutik 译成"解释学"或"诠释学"，应该翻译为"释义学"。众所周知，解释学的希腊文字源 Herm ē neu（ein）[动词]或者 Herm ē neia[名词]所表达的，含有三种意思：一是表达，二是解释，三是翻译。但解释学（Hermeneutics）要表达什么，解释什么，翻译什么？针对三个"什么"，将解释学翻译成"释义学"有两个好处：一是"释义学"能够冲淡"解释学"或"诠释学"过于浓重的方法论意味；二是"释义学"

---

① 保罗·利科：《解释的冲突》，莫伟民译，商务印书馆 2008 年版，第 4~5 页。

能够更好地崭露存在经验的核心内容——"意义"或"意蕴"。道理很简单，如果理解不是始终在一套已经被释义的关系中，它就不可能进行。

什么叫做"意义"或"意蕴"？这很难界定。有些概念可以解释，但不可能严格地界定。海德格尔的这个概念一方面同"世界的世界性"牵连起来；另一方面又对它构成"干预"，因此而牵连和干预着人生在世。也许我们可以追问，意蕴以什么方式展开活动？意蕴的创造以什么方式完成？在海德格尔看来，赋予某些事物以意蕴，与我们可能选择去做事情不可同日而语。即便我们可以像马克思那样承认人类创造历史，但是至少马克思仍然承认存在着人类无法控制的一种并发历史效果。这就是人类世界的构成必然"负载"着意蕴，而完全区别于科学操控和分析其对象的强制的千篇一律。①

比如，我们可以理解一个人再次偶遇随着岁月流逝没有年轻时漂亮的老情人的情形。因为，在那种情形下，双方同样能够理解，是什么东西让自己当年在她面前说话结结巴巴，而今天为什么大家彼此已经失去感觉。那是否与凡间事物的那种令人唏嘘不已的易逝性，以及与爱情那种令人扼腕的不稳定性有关？当然，两个老情人也完全可以相爱如初，20年过去了，彼此仍然感觉没有一根汗毛改变过，就像这20年是浸在福尔马林里的。可是，在今天，像这样的故事我们再也不能直接感受到其中的意义了，因为我们栖居在一个技术广为传播的世界，技术无处不在地遮蔽了这种对称关系出现的可能性。这种可能性正在于这些人跨越时间与空间而表现出隐性同一性。正是如此，在现实生活当中，有意蕴的事物完全不可能作为自然过程的产物出现。有关人文科学中本质性的东西，并不是"客观性，而是同对象先前的关系"②。所以，理解总是在一个关系整体中进行的。

这等于说宏观的、总体性的、根本性的和决定性的发生是存在真理的发生，任何对它的解释和讨论只能是它的一部分，而不能是在它之外的所谓"客观研究"。比如，我们常常用语境这个词汇来阐述有关的问题。不是说需要一个理论去负担起理解，而是说理论的东西如果没有不是理论的东西就只是一潭死水。凡说到理论，都是一种"旨在对预先给定的事实加以解释的推理系统"③。如果解释学仍然是理解的理论的话，就是因为假想了解释对象中已有现成意义。如果解释学没有脱离这样严重的局限性，实际性就没有觉醒，那么"解释学的历史再长，也不重要，所有关于它的谈论原则上就是误解"④。

---

① 汉斯·布鲁门伯格：《神话研究》(上)，胡继华译，上海人民出版社2012年版，第76页
② 伽达默尔：《赞美理论》，夏镇平译，上海三联书店1988年版，第68页。
③ 马丁·海德格尔：《时间概念史导论》，欧东明译，商务印书馆2009年版，第30页。
④ 马丁·海德格尔：《存在论：实际性的解释学》，何卫平译，人民出版社2009年版，第24页。

九、问题方式的转换

刚才海德格尔那个问题的意思是,我们不但要着重谈解释学的存在论维度,更要知道包括语言学、心理学、历史理论等等所提出来的人文科学方法论完善化是有前提的。说到这里面的问题的转换,我想,关于海德格尔对理解已经成为存在论面相,我们应该有一种自觉的把握。

以往人们谈解释学主要涉及的是"理解"和"解释",而曾经的问题是:"个别人的经验及其对这种经验的认识怎样提升为历史经验的?"这种问题的提法表面上是真实的,也就是说,揭示话题所及的存在者。但是,人们现在已逐渐习以为常,将对生活的意义和对它重要性认可的知识态度等同起来,特别是"概念"这层意义。因此,那种与生命、与生活的距离仍然明显存在。[①]现在需要追问的问题是:"只有在理解中才存在的那个存在者的存在方式是什么?"或者"存在和客观性的意义如何能够从此在的时间性和历史性出发获得证明?"在这两种不同指向的问题的描述中,我们称第一种为"错误的"描述:存在着主体与客体、意识与存在。这里所说的"错误的",并不是说它没有任何事实根据,而是说它让人来看的方式决定了把某种东西放到某种东西之前,从而使这样的东西作为它所不是的东西呈现出来。这就是传统哲学中经常遇到的自我反思理论的两难:如果"自我认识"是从自我出发的,那么自我把自己主题化去认识的话,就会被分裂成一个被主题化的自我和一个主题化的自我。这就如同镜子中的自我一样,陷入"认识自我"的无穷倒退。所以,传统解释学有一个本体论,那个本体论关注的是认识现成性存在者。第二种发问是本体论的,而非认识论的。也就是说,它存在于基本的人类可能性或存在的结构范围内。而海德格尔这里的实际性,不是现成、既定的存在,不是当下在手的存在,而是对人的实际性的去蔽,用实际生活打开历史之物的存在论。

第三节　对作为"理论的"人文科学的批判

一、哲学危机的落脚点仍然是"理论的"

我们知道,哲学总是处于一种危机的状态。但是,危机也是哲学发展的机遇。

---

① 马丁·海德格尔:《对亚里士多德的现象学解释——现象学研究导论》,赵卫国译,华夏出版社 2012 年版,第 73 页。

当我们回顾哲学史的发展时，往往发现，当一个哲学家或一种哲学思潮有能力提出新的问题，或暴露了以往哲学的致命缺陷时，就会引起整个哲学思想的转机。

海德格尔看到的哲学的危机究竟是什么？一言以蔽之，就是哲学的落脚点仍然在理论领域里，或者说，它的落脚点仍然是"理论的"。什么叫作"理论的"？伽达默尔指出，"理论"这个词就其本来意义而言是指节日的观赏者，"理论研究者"就是指"节日代表团的参加者"。他通过"同在而参与了庆典活动，并且赢得了他的神圣合法的称号"①。这里，古希腊的"理论"概念通常是指在官方宗教庆典中那些以官方身份巡视各地的人，从事理论活动的能力首先就是"由观看而来的入迷状态"。理论者（theoros）相当于旁观者（spectator）。

比如，现代形而上学的一个基本特点就是为认识论、哲学心理学和反思现象学所吸引。而这些所谓的"理论"就是干一件事：对全部前科学经历主题化，或者说已经设定好某种框架。比如，"我"与某物相关联时，这个人称的主体之"我"未必在意识，原本就还没有"我"，也没有"我"认识的对象。"我"综合各种感觉信息，把它作为一个对象认识是距"我的"直接经验甚远的认识。实际上，这种认识正是导致理论"脱离生活"的公开秘密。德曼从阅读的总问题的角度提出"抵制理论"这一主张。同样地，"理论也许只是又一个比喻罢了"，"据此，理论文本必然常常无法具有严格的理论性。然而，理论事业的功能要求'理论'自身不应该被看作是一个比喻，并要求理论文本将自身呈现为封闭的。理论的事业必然涉及抵制认出它自身的修辞状态"②。在这里，我们可以发现德曼对一些让人不安的理论观点的抵制。例如，一个关于"房子"的文本被看作与"房子有直接的接触"，而不是"阻止房子可以立刻地被经验到"，但是认为"我们直接通过语言去体验房子将会是一个字面主义的错误"③。因此，理论的目标越崇高，方法越优越，它就变得越不可能。

今天，人们不断地陷入对生活的某种理论解释和表达之中，陷入连锁解释之中，在经历种种解释这个意义上，人类大体生活在"被解释之中"。这就好像说，生活存在的根本意义竟然要借助公开的叫喊或理论的表达才能对抗它的衰竭，这是十分奇怪的黑色悲观主义。按照海德格尔来看，最高声呐喊的形而上学和现有的哲学作为我们时代把握存在的框架，完全没有进入世界，没有进入前理论的生命领域。而这总是遮蔽了真正的存在。

那么，海德格尔的存在论解释学鼓吹的非理论的方法，不就等于说，你只

---

① 汉斯-格奥尔格·伽达默尔：《真理与方法》，洪汉鼎译，上海译文出版社 2004 年版，第 161 页。
② 马丁·麦克奎兰：《导读德曼》，孔锐才译，重庆大学出版社 2005 年版，第 63 页。
③ 马丁·麦克奎兰：《导读德曼》，孔锐才译，重庆大学出版社 2005 年版，第 64 页。

要活着、经历着，浑浑噩噩地过日子，自然就对原本生活的意义了解了？我们怎么还用得着某种方法呢？海德格尔会郑重地回答说，它的存在论解释学不正是克服理论方法的方法吗？正因为方法就是我们存在的一种经历，所以不需要到存在经历之外构造一种方法。如果说它的存在论解释学是一种方法的话，那么它针对的目标就是明确的。这是提醒我们早已经忘记了我们的存在本身，也是事到如今我们总是采用理论化的态度的历史效果。比如，胡塞尔要想回到前理论的领域去，但他的理论方法使他实际上并未达到他的理论目标。但是，这种说明是最要紧的事情。海德格尔举例子说："从哲学上讲首要的事情就不是构造历史学概念的理论，也不是历史学知识的理论，而且也不是历史学对象的历史理论；首要的事情倒是阐释历史上本真的存在者的历史性。"[1]因此，海德格尔就存在论解释学说了一句根本的话，即"只可在派生方式上称作'解释学'的那种东西，亦即人文科学的方法论"就植根于作为"此在的存在之解释的"解释学。[2]

二、讲台体验解说

理论性构造世界，为什么只能是某个天真而乏味的传统所为？为什么它使得海德格尔心烦意乱？海德格尔这些说法，究竟是什么意思？

伽达默尔认为，《存在与时间》中的真正问题，"不是存在以怎样的方式才能被理解，而是理解是在什么方式下存在的"。我们来解释一下，所谓"存在以怎样的方式才能被理解"，是说理解外在于存在，只有存在的某一种方式（以怎样的方式）才能被理解；相反，存在的某一种方式或存在本身归根到底是不能理解的。这种存在的绝对客观性远离人的此在，表现出对人的此在的冷漠式遗忘，是传统形而上学迷误的源头。所以海德格尔转向"理解是在什么方式下存在的"，即理解是在此在之在世的地位、情境中发生的。这些都只是有关生存论的范畴解释的开场白。

关于这一点，通过海德格尔讲的讲台体验的例子就可以说明这里的问题究竟是什么。讲台是我们最熟悉不过的东西。我们一进教室，每次上课都会看到讲台。我们是如何对讲台进行解释的？海德格尔为此为我们提供了一个现象学的"看"的态度和理论性的"看"的态度的区分。首先，理论性的"看"的态

---

① 马丁·海德格尔：《存在与时间》，陈嘉映等译，生活·读书·新知三联书店 2006 年版，第 13 页。

② 马丁·海德格尔：《存在与时间》，陈嘉映等译，生活·读书·新知三联书店 2006 年版，第 44 页。

度是用下面这种方式解释讲台的：它是以各种感官为中心的。因而，就讲台而言，"它是黄色的，黄色是一种颜色，颜色是真正的感性数据，感性数据是心理学过程的产物，心理性的东西是第一原因；这种原因，这种客观的东西是一定数量的以太波。以太核裂变为简单的元素，在简单元素之间存在着简明的规律性。元素是最终的东西，元素是某种最基本的东西"①。可以说，在理论上，对讲台体验就是积累单纯的感觉最终认识眼前的物体是讲台。胡塞尔一定会认为，我们先有纯粹的知觉和被知觉到的纯粹桌子，然后才对知觉和桌子作出阐释，使它具有后天赋予的意义。尽管胡塞尔为这种拙劣阐释起了个好听的名字，比如，"本质直观"或"阐释的明见性"，但正如前面讲的，现象学讲的本质直观的对象尽管叫意向对象，但是对象必须有意义才能成为对象，这个意义是直观不到的。

这说明理论性的世界构造有一个抽象的、逻辑上无穷退行的遁点。我走进教室，看到一个可供哲学演讲的讲台，整个过程好像是我给讲台一步步地对对象的客观复制，然后再贴上（意义）标签。不论从哪一方面观看讲台，我都事先预设了些什么，假定了些前提，知道能认识什么、不能认识什么。

我们对讲台的源初理解是这样的吗？哪里可能是这样的呢？讲台哪里可能是一个正正方方的立方体呢？从这种分析还原过程看，任何我们在具体"逗留"中与世界打交道的内容根本未出现！

为什么？因为所有这些都是理论反思性的认识，都是理论观点的变形。从古希腊的第一哲学、形而上学开始，到近代哲学的先验哲学、知识学、意识现象学等等，它们或者把人作为一个灵肉综合的精神存在看待，或者依据这个理论性态度建立起人文科学和人类学哲学，但恰恰缺乏生命在其本真性中的自我理解和解释。

三、小小的讲台，大大的世界

我们为什么不可能按照这种理论态度解释？从一个进行感觉的自我到对象再到逐渐注意到这个对象的几种特征，这只有给最没有精神性的人以最大的兴趣。在现实中，我们可不是以这样的方式与物、与人打交道的。因为，我们从一开始就是理解地与讲台而非桌子相遇，因为我们只能在作为意义全体的世界中与讲台相遇。我们与讲台相遇的方式，如知觉，一定是理解的，因而被遇到的讲台，也总是被阐释为"作为"讲课用的讲台。例如，当我们说"这里有一块黑板"时，我们当然已经理解什么叫"黑板"，否则无法说出这个事实。"如

---

① 吕迪格尔·萨弗兰斯基：《海德格尔传》，靳希平译，商务印书馆 2007 年版，第 144 页。

果有人在这间教室里做陈述说：这块黑板是黑的，更准确地说，在直接被给予的问与答的关系中这样说，那么，我们通过陈述之理解所指向的是什么呢？难道是指向宣告吗？或者指向进行陈述的表象，语音是其中的'标志'吗？不，而是指向在这里、在墙上的黑的黑板本身！在对这块黑板的知觉活动中，或者说，在回忆中，在对它——这块黑的板，而不是其他东西的思想中，我们随之或随后进行陈述。在陈述中首先给出的，就是陈述之表述所关涉者。"海德格尔认为："我们始终已经面对围绕着我们而存在着的诸物。并非陈述活动首先实现了关联，而是相反：陈述只有在始终已经潜在地与存在者相对待的基础上才得以可能。陈述着的自我，此在总已经在它所陈述的存在者'近旁'了。"①

同样，关于讲台体验本身，海德格尔给我们提供了一个现象学的"看"和描述的真切性。一个讲台实际上具有历史性，在讲台中整体性地展开着自身的各种生命和各种经历关系。我们如果在讲台上不放电脑而放一床棉被，就会觉得突兀。在讲台旁边我们曾经进行过交谈，其间有其他同学在场，讲台的黄颜色总是我们已经习惯了的某种颜色。我想，在德国海德格尔给学生讲"存在论：实际性解释学"课程的时候，一个教室全坐满了人，学生最后侵占了讲台的空间，海德格尔连转身都很困难。兴许来听课的人的理解多少只能靠体验带动解释活动。所有这一切在那张讲台的此在中存在着。在这样的显现中，讲台和周围的东西从最初开始就作为有一定意义的东西呈现出来。

说到具有意义的东西，听起来似乎是人赋予物以意义，其实并不是这样。从最初开始，在各种意义关联中各个物就在显现。请大家思考一下如下情况：有一个父亲想考验三个儿子的生存能力，给他们每一人 100 元，要求买能够装满整个房屋的材料。结果，一个买了稻草，一个买了棉花，都装不满。另外一个儿子则买了一支蜡烛，只花了两元钱，就充满整个房屋。对于我们的问题来说，这意味着什么呢？为什么房子要由光来展示呢？这完全不是不言自明的事。因为这将意味着，在光作为光的现成存在中有这样的事情，光似乎把作为房子的房子展示给了它。我们在前面已完全在牵涉揭蔽活动来讨论基本的理解问题了。

海德格尔在他的讲稿中对这种体验之理解提示了两个特性：一是非人称的经验状态，即使用"我"这个人称，此生的"我"也是"历史的我"；二是把这种非人称的经验状态称为"原体验"或"环境体验"，②原体验、环境体验也可

---

① 马丁·海德格尔：《从莱布尼茨出发的逻辑学的形而上学始基》，赵卫国译，西北大学出版社 2015 年版，第 177～178 页。

② 海德格尔在后来不愿意用"体验"一词，但这种发生的想法本身一直保留下来。

以叫"历史性"。也就是说，我们与周围的各种物相关联的时候，那里历史地形成的各种意义和解释在发挥作用，我们自身的态度和意识也在被历史地形成。因此，此在恰恰并不意味着要成为经过理论科学还原后剩下的某种东西。或者说，对象性的认识不过是二次性的经验。我们对讲台的体验，总是在一定的意义世界中与各种联结物相互联结，带有我们所经历的讲座的"当下性"和"逗留"，并且人之此在自身也常常作出意义被显现，所以被叫作"此在"。

在这样的显现中，此在恰恰并不意味着要成为一个知识的对象。①大家想想，我们与讲台照面时，我们讲课时的兴趣，包括我们的愉快，不就是如其所是地在其显现中展示着，不就把整个世界（连结物）都收入眼帘了吗？精简地说，小小的讲台，大大的世界！

四、理解和解释总是基于实际生活存在本身

小小的讲台、大大的世界，这倒不是说我们的心胸有多么宽阔，我们的理解及感官的能力范畴的确限制了我们对世界的理解力；也不是说我们在看见讲台时，都会有这样一种强烈的"世界着"的体验。"我们就是缺少任何可以获得关于这个'世界'的'知识'或'真理'的器官。"②但谁也不能否定生命自身的生存活动，你看问题、想问题，都要求"世界着"。再说，即使斗大的字不识一个的人，他从来没有走进过教室，他叫不出这个是讲台。而在他走进教室之际，他也不会超然地成为无动于衷的观察者。譬如，如果让一个农民来看的话，他不会像我们那样把它看作"讲台"，而是"教师的位置"。他把这个对象看作有某种意义的东西。而如果让一个侗族的农民来看的话，也许会把它看成是与巫术有关的东西。不管怎么样，决定事物是什么的不是任何"基本实体"，而是意义，而意义从来不是孤立的，它只有在意义整体中才有意义。他在面对现存"过去的东西"时，必定献身于存在的特定处境中，这处境包含整个世界，他也因此被投入其前科学的经验世界，他也决不会进入一种理论的态度当中看待这个讲台。

---

① 海德格尔在"实际性的解释学"这一讲座中以他家中的桌子为例，向我们具体描述了现象学的"看"的运用，我们从中真切领悟了作为一种工作哲学的现象学方法的运用。参见马丁·海德格尔：《存在论：实际性的解释学》，何卫平译，人民出版社2009年版，第88~93页。

② 尼采在《同性恋科学》中说得很清楚，这是他从众多的关于生理视角及知识状况的论述中得出的结论。参见阿伦·D.施瑞夫特：《视角主义与语言学之间：作为阐释学的谱系学》//汪民安主编：《生产（第四辑），新尼采主义》，广西师范大学出版社2007年版，第161页。

在这个理解者身上，理解也是用某一个自己的生活重构曾在的过程，解释也总是基于某一个实际生活存在本身，是某一个释义者担负着的生活中特定的可能性。一句话，解释学不可能是脱离实际性生存的解释学理论。

五、实际的生活是前理论的生活

我认为，没有必要继续讨论这种解释与实际生活之间是否有别。海德格尔在思想上是如何考虑的？据说，在《存在与时间》之前的战时研讨班上，海德格尔开设的"哲学的观念和世界观问题"这门课，都是围绕讲台体验来进行的。有人认为，"哲学的观念和世界观问题"奠定了海德格尔一生思想的基础，这并非为过。然而，大家不会认为海德格尔真的是要关注讲台的本质之类的问题，我们不能不想到当时战争的形势。就像重复19世纪后期出现的、去发掘现实的现实性运动那样，海德格尔真正关注的是，所谓学问介入直接生活意识，关注方式转变的可行性。

按照海德格尔的观点来看，理论性科学的不幸在于它的看的方式，在于它对前科学世界经验的茫然无视。从柏拉图开始，西方哲学家就赋予"看"在各种感觉中的优先地位，西方哲学在很大程度上是以"看"这种感知方式为基础的，而作为纯粹看的纯直观地位最高。纯直观在认识论上的优先地位与现成事物在传统存在论上的优先地位相适应。传统哲学执迷于要到存在之后、人生之外、生活之外去寻找更本质的存在。在历史中存在的人，却在思想中肯定了人的超历史的存在。在海德格尔眼里，传统哲学观念的问题是与传统形而上学的问题连在一起的。传统形而上学把一切事物看作被表象者，即现成存在的静止的对象，而哲学就是一种理论，它的功能就是如自然科学一样，观察和认识事物，把握事物的真理。这种作为理论的哲学，并非生活本身的一种基本方式，显然与事物本身只有外在的关系，只盯着事物静止的现在，因而无法揭示事物的存在，因为存在并不仅仅是现在。同样，传统解释学首先考虑的是如何有效地运用理解这个工具。运用理解这个工具的主人，是人的主体意识。传统解释学分析理解，总是由分析主体意识开始，理解成为主体认识或表现的工具，它或是表现思想的方式，或是认知存在的手段。因而，实际生活进不了理论构造的领域，实际生活不能是理论抽象化的生活，而是前理论的生活。

也就是说，一定是实际生活"解释"在前，理论概念的把握在后。生活经历过后才能得到解释。这也意味用释义学现象学的方法论处理方式，才是实际的生活解释学。释义学现象学认为，最当下直接最源始的东西不是感性知觉，而是有意义的事物、意蕴。从这个角度看，理论的统治地位是意义、意蕴被掩盖的根源，感性知觉是理论科学与两千多年的西方哲学取得谅解的基础。

六、理解是前主题性的

我们最直接遇到的是意义，还是感性知觉呢？这里问题的关键在于能否回到事情本身。如何回到事情本身？我们认为，不能用理论的方法回到非理论的事情本身，对事情本身的确切认识是海德格尔的一大重要贡献。

我们研究海德格尔的不可否认的激情，与偏心没有关系。因为，正是由于追求非理论地把握非理论的事情与非理论方法的结合，我们开始对世界的看法不同于两千年的传统。海德格尔用来看待的这个世界的，是一双含有诗意的眼睛。他的老师胡塞尔的反思现象学的眼睛实际上有一个缺陷。海德格尔认为胡塞尔做出的回到事情本身的决定，这只是一个次要的，甚至是错误的决定。因为在他那里，他将非理论的东西变成理论的对象，使得回到事情本身完全只有字面意义。海德格尔所愿看到和描绘的胡塞尔，应该从根本上对生活的意义加以把握。这就需要一种方法的改变，但这是一种悖论式的方法的改变：它不允许任何其他理论方法介入。

这究竟是一种什么样的方法呢？比如，仍然拿我们对讲台的关注方式来说，正如我们已看到的，我们对周围世界加以把握，并非在一种深思熟虑的分析性凝视中揭示世界的存在，它是在世界的全部功能语境关联中隐藏的东西突然浮现出来这一刻被揭示出来的，是在我没有把某物当作研究题目或反思对象之前某物"所给出"的样子被揭示出来的。也就是说，理解是前主题性的，理解尚未将理解者变为一个主题。值得注意的是"'给出'这种说法本身就包含了太多的理论成分"[1]。好像按照纯粹智性的理解，"给出"也就是将世界作为客体来把握的一切科学尝试。海德格尔十分清楚，在科学理论的彩粉框框中是找不到可以借来表达实际性解释学的。呈现这种理论区别、分化以前的新的地平线，他就不能再做胡塞尔式的体验。他认为，那种先看见桌子的面，再通过联想把知觉材料综合起来成为一个桌子的概念，完全是理论的态度：好像我们可以将桌子独立地置于眼前作为理论关照的对象那样。完全当下在场的一个桌子，是能被称重、能以属性划分、能予以形式化的"普遍性"，也能与其他桌子进行比较的某种东西。那张实际生活中的桌子，恰恰与这种把握保持距离，哪怕是损毁了，不能用，也能立刻表明桌子是什么东西。胡塞尔式的体验阻碍了对周围世界经历和经历的周围世界的解释学理解的通路。

所以，方法论问题对于哲学来说实在是个重要的问题。事实上，你的解释

---

① 吕迪格尔·萨弗兰斯基：《海德格尔传》，靳希平译，商务印书馆 2007 年版，第 140 页。

总是从平日的常人状态开始的，像胡塞尔那样从事理论活动的意识中所给出的那种立场，恰恰是我们在周遭世界的体验中的例外。解释学不是要获得一种知识，而是要达到对人的实质在他的生存状态的认识。认识在此不是一条知觉之流，而是一次发生、一个事件、一种境遇。因为，甚至连"人""生命""生活"这些范畴都根源于生存的言谈，根源于生活本身所固有的言谈。

七、给研究的东西自行"显摆"自己的机会

这个结论当然不是随意得出来的。所谓"理论的"思维实际上就是科学思维和认识论、哲学心理学、反思现象学对全部前科学经历的主题化。它发端于范畴的理论解释。它的具体表现在于，把哲学上最初的东西看成是有预设的，预设所谓客观的解释或"不带预设"的解释。比如，我们平时所讲的那种最初、最原始的东西其实都是我们事先用自己看事物的方式和接近事物的方式预设出来的。但是，"理论的"思维完全不知道，这样预设出来的东西就绝不可能是最原始、最根本的。相反，它只能是派生的。表现在我们的思维和行为上，就是我们总是把我们打交道的事物作为"对象"、作为"客体"、作为现成的东西来看待。

海德格尔认为，理解只能由"前理解"开始，这个观点很重要。它意味着从哲学上否定了主体可以在认识前处在清明状态，或者可以通过自觉意识方法去涤除先见的可能。主体或者理性不能从没有先见的精神状态中开始认识与理解。传统哲学追求从认识主体的清明无染状态中开始认识与理解，本身就是反历史性的。它在追求"客观"知识的同时，忘却了主体在"前理解"状态中的存在。对于传统的解释学来讲，如果人们没有理解某个文本的某个特殊段落，那么他们就不得不求助于解释，因为解释的自然目的就是要能理解。所以，首先是解释，而理解是它的结果。海德格尔的存在解释学颠倒了这种目的论的次序。现在首要的事情是理解，而解释只不过是发展或扩大这种理解。

它像我们前面讲的那个讲台一样给你一个充满意义的世界，你感受到的都是意义。不需要经过可认识的物体层的中介。所以，实际生活经历本身，既是过程，也是我们和事物相遭遇的基本方式。既然海德格尔的现象学号召要回到实际生活经验本身，那么你在没有理论化你的生活之前，你就处于实际生活状态里头了，你已经感受到原本的生活意义。一句话，你的经历，也就是显示原本生活意义的方法。解释学所要反对的是人们做出的解释并不是他们自己的，而是现成的可以利用的解释，从而解除了他们自己的自我阐释的责任。你要把握你的实际生活意义，方法不在你的实际生活经历之外，而是你的实际生活经

历本身的方式。

经常听到有人提问：在一个"对象"的研究中，除了找到对象的类，即它的现成的存在之外还能期望什么呢？分子的存在特征不就是组成它的元素、它的化学反应形式、它的组织功能等等吗？动物的存在特征难道不是在解剖中、在它们的行为中、在它们的进化中发现的那些东西吗？一个人的责任感不就是当某种复杂的生理过程发生于他的大脑中时，他的意识中就出现了责任感吗？而对海德格尔来说，这种对存在特征的思考和提问方式已经太不彻底了。如果要在方法论选择上思考彻底，就应该让研究的东西自行"显摆"自己的机会。谁曾经看到过自己的大脑，看到他所假定的在大脑中所发生的生理过程，看到责任感的现象呢？谁看到包括所有我们从其他来源或借助推理而认识的东西呢？当我们去面对人文社会科学最原始、最根本的因而也是最基础的东西时，像通常的那种人文科学方法论那样通过推导、演绎、外部描画来奠定基础，显然无法进入前理论领域。①

第四节　生活之丰富性与释义学现象学

一、徒有其名的亚里士多德课程

19世纪，生命哲学登上了西方哲学史的舞台。但如何理解生命哲学？如何在本体论上界定理解？不同的思想家的理解是不同的。需要指出的是，把"生活"从理论科学的僵化中拉回来，是海德格尔的释义学现象学的任务。那么，这个任务是如何进行的呢？施特劳斯曾说："现象学意味着重建亚里士多德主义的一个决定性步骤。"②这话是针对海德格尔通过亚里士多德摆脱胡塞尔的影响，走上了他自己的思想道路而言的。

话说1921年冬季学期，海德格尔开了一门"对亚里士多德的现象学解释"的课程。众所周知，亚里士多德是伦理学的创始人，按照伽达默尔的看法，亚里士多德赋予"实际性"以荣誉，强调实际性"是构成我们生活体系的一切概

---

① 吕迪格尔·萨弗兰斯基：《海德格尔传》，靳希平译，商务印书馆2007年版，第168～169页。
② 海德格尔：《对亚里士多德的现象学解释——现象学研究导论》，赵卫国译，华夏出版社2012年版，中译本说明。

念细节之总和"①。海德格尔的这门课程目的就是要深入挖掘亚里士多德实践哲学的思想。或者更确切地说，以实践哲学的亚里士多德来反对形而上学的亚里士多德。有意思的是，有学生听不明白，为什么在听亚里士多德的课堂上听到的不是亚里士多德，而是"现实生活"？

其实，亚里士多德是把人类日常的行为和活动作为基础的动态性的存在把握的思想家，他想以制作行为为线索构建伦理学和存在论，这些都对海德格尔产生了影响。海德格尔就是从我们日常世界的理解来追索在理解世界时的解释现象。海德格尔对亚里士多德积极评价并非以文献盲目憧憬或受知识兴趣的驱动。海德格尔的目的是，弄清楚某种一定的把握存在的方式，并弄清楚我们自己的基础。

让学生真正感到意外的是，海德格尔虽然从一开始讲课就穿着农民的便装上课，但讲课不再是那样原初质朴，那样有乡土气了，而是"掀起了模糊性和问题的风暴"，"课程已经过半，海德格尔下面的话让听众仍然处于一片黑暗之中：'只要人们懂得了，现实生活总是对原则的一种逃避，那么回归现实生活的倾向并不是'现成存在'的就毫不奇怪了'"。②

二、释义学现象学要探寻生命的整体表达自身的种种基本处境

海德格尔对"现实生活"的讨论，为什么云绕雾罩？"也许海德格尔思想的特征可以由它所无法达到的东西间接地描述出来，它很少结合社会实践，也很少结合对科学成果的解释来理解自身。"③这是由他的破解—阐释的释义学方法决定的。"'理解'对海德格尔来说，具有本体论的意义。它是一个被抛入世界的存在，对可能性之发现的反应。"因为人类是这样一种存在，"他们可以在可能性中把自己投射到'自己之前'"，所以海德格尔能够说："'此在总是比''他实际的存在'更'丰富'。"④

问题的关键是，我们常常对"生活""生命"本身的丰富性感到惊叹：一方

---

① 海德格尔：《存在论：实际性的解释学》，何卫平译，人民出版社 2012 年版，第 30~31 页。

② 吕迪格尔·萨弗兰斯基：《海德格尔传》，靳希平译，商务印书馆 2007 年版，第 156~157 页。

③ 哈贝马斯：《海德格尔的伟大影响》//罗尔夫·魏格豪斯：《法兰克福学派：历史、理论及政治影响》（下册），孟登迎等译，上海人民出版社 2010 年版，中国人民大学出版社 2012 年版，第 772 页。

④ 凯文杰、范胡泽：《保罗·利科哲学中的圣经叙事》，杨慧译，中国人民大学出版社 2012 年版，第 32 页。

面，这些词在哲学讨论中很模糊。有人说，生活本来就是一个意义模糊的领域，因而不容易准确把握。但是，海德格尔认为，这也许只不过迎合了实际生活本身的懒散；而当人们主张因为模糊而不再使用这个"术语"时，那就懒散到极点。比如，逻辑实证主义者宣布，所有不准确的语言仅仅是情感性的，它只不过表现了如诗人内心的状态，跟世界无关。这种认为模糊的语言如诗的语言不具有证明功能的认识论观点，为很多文学评论家所坚持。例如，弗莱他把"文学"从其他叙述类型中区分出来，因为文学是向着作者内心的，而非向着外部世界。"希腊哲学，海德格尔认为，将人从神秘的恍惚的地洞中解放出来；但此刻，世界历史重新陷入非真实的朦胧之光中，它又返回柏拉图的地洞。"[①]另一方面，与对"生活""生命"现象更加明确的表达活动一起获得的是"世界"这个术语。具体地回想一下，从娘胎里出生到今天你所形成的世界看法，不可否认，你解释世界的基本过程并非发生在逻辑断言和理论陈述之中。

比如，你总是感觉到你是"为了"理想、"为了"父母、"为了"生存而生活的，你是"从"某某"出发"而生活。这里讲的某某是你生活的由头，它指涉"生活"的多样性。看起来，这些"某某"只是偶然抓过来作列举性的表达，就好像你跟你的父母原本也被你偶然抓来一样，但这其实指涉了"世界"这个术语的规定性。任何逻辑断言和理论讨论只能是存在真理发生的一部分。海德格尔把释义学现象学理解为生命的元科学，它要探寻生命的整体在其中表达自身的种种基本处境。换言之，为了理解"生活"，就要理解对它进行理解时的这个开端。"回到事情本身"，即回到生命本身，意思是说生活本身与世界相关联。

三、生命的方法论处理方式必然是释义学的现象学

这里，我们先从海德格尔著作语言的特点谈起。海德格尔著作的语言"怪异"是出了名的。当然，主要原因在于，依据海德格尔，作品已被理解为"存在者的真理自行设置入作品"[②]。这是什么样的资格？是什么使得海德格尔如此确信？是否他是为了不死而书写，为了依附作品而幸存？这使得思想家不敢稍纵片刻地攀附着才能。或者套用海德格尔晦涩的句子——"非同寻常之处就在于作品竟作为作品存在"。也就是说，海德格尔要彻底抛弃形而上学语言。他在解释学上的成就需要通过与人文科学和哲学人类学区分来衡量。他把生命看作自己哲学的主题。为了斩断人类学理解，为了过渡到西方思想的第二开端做

---

① 吕迪格尔·萨弗兰斯基：《荣耀与丑闻——反思德国浪漫主义》，卫茂平译，上海人民出版社 2014 年版，第 396 页。

② 孙周兴选编：《海德格尔选集》（上），生活·读书·新知三联书店 1996 年版，第 256 页。

准备，海德格尔的存在史之思必然是一个解构的释义学过程，用他自己的话说，"解释学就是解构！"①这里的"解构"实际上就是他在其他地方说的"去蔽""让显现"。易言之，在经过历史中的种种解释，向平均性常识堕落下去，只有解构一种方法。对生命的方法论处理方式也必然是释义学的现象学。

这种说法的具体意思是：首先，《存在与时间》中表明，此在是人之存在的方式，即"在其存在之中与这种存在相互关联的存在者"。此在的这个定义的一层意思是："此在在与各种物相互关联之际经常把最终回归自己的可能性那样的意义与目的的关联抛到自己的前方。""此在经常关心自己的存在样态，是提问自己的存在方式的存在者"，②即理解存在。理解存在不是人的主观的理智活动，而是指人被投入到世上存在。"在解释学，正是这个投入显示它自身；而且，此在在其本身中为此而觉醒，但也就是为它自己而觉醒。"③也就是已经向存在敞开，或使存在在"此"开显。

理解存在的"理解"，就是此"投入"的意思。比喻说，一块石头被投入湖面，投入浮萍遮掩的湖面，开显一片视域。投入者首先是被投者。被投才能投入。但是，海德格尔后来看到，如果人们预先看不到存在的陌生性和独特性（不可比性），那么，很容易认为此在与存在的关系对应于主客体关系，甚至将它们等量齐观。但是，此在克服了一切主体性，存在也不是客体。《存在与时间》被人误解为"人类学"，在很大程度上与人们没有看到释义学现象学确有根本接近"前理论""前理解""前科学"的东西的可能性，同时，没有看到此在与存在实际上是一体的有关。④

四、前理解的含义

众所周知，讲海德格尔的存在论解释学必须了解他的前理解。海德格尔对所谓理解的前结构的洞察是很著名的。

什么叫作理解的前结构呢？一般来说，解释就是要揭示事物的作为结构。在利用世界某些部分的方式中，这些部分得到理解，或者说，它们的作为结构变得清晰。但是，海德格尔发现，这一切的前提是，被解释的东西的有些方面预先已经是解释的实际要素了。因此，有人认为，前理解就是个人用以认识并解释现实某一面的一套假设和立场。它是理解事物的基础和预备起点。但是，

---

① 海德格尔：《存在论：实际性的解释学》，何卫平译，人民出版社 2012 年版，第 130 页。
② 高田珠树：《海德格尔：存在的历史》，刘文柱译，河北教育出版社 2001 年版，第 165 页。
③ 海德格尔：《存在论：实际性的解释学》，何卫平译，人民出版社 2012 年版，第 111 页。
④ 张汝伦：《含章集》，复旦大学出版社 2011 年版，第 243~244 页。

海德格尔所谓的前理解显然与此不同。海德格尔的前理解不过是指解释的基础。在海德格尔那里,用"先有""先见"和"先概念"来概括。也就是说,"先有""先见"和"先概念"是解释的基础,它们共同构成理解的前提条件。海德格尔自己把这三个理解的前提条件的整体叫作"诠释学处境"。①

与古典解释学不同,海德格尔认为,正确解释文本只是他的解释学的一个具体化而已。古典解释学有一种妄想,它认为要证明自己解释的正确,就需要引经据典。可是,殊不知不仅经典中已经渗透了许多先入之见,而且对经典的理解同样渗透了许多先入之见。但是,古典解释学没有看到这一点,更没有看到先入之见是任何解释的基础。它一方面追求所谓"无预设""无前提";另一方面又往往要用"忽发奇想"和"流行概念"来预先规定理解的先结构。海德格尔认为,"先有""先见"和"先概念"是任何开始解释时事先给定的。

海德格尔这个思想很重要。因为,它彻底否定了科学主义和实证主义"客观解释"的理想。伦丁认为:"在现实中,没有一个人在研读圣经(或任何文学著述)时,可以完全公正中肯,即使'我们大部分人都愚昧地自以为能够在进行经文研究时,保持像笛卡尔所说的干净利落,或像培根所说的一样准确。'"在海德格尔、维特根斯坦、伽达默尔和利科等哲学思潮源流暗涌中,伦丁总结说:"释经学理论要为《圣经》文体做出公正中肯诠释的这个理念,根本是无法达到的。"②而这根本就是当代大多数哲学家对解释学的感受。

要理解这些想法,必须弄清楚"先有""先见"和"先概念"中的"先"是什么意思。有人认为,这个"先"不仅有一般先验哲学中形式先天和逻辑在先的意思,而且意指事实在先。有人认为,它是不可讨论的。正如一个普通的说法:鱼游水中,却毫不察觉被水包围,我们也不能意识到自己对现实世界已有的看法。因而,一旦讨论前理解就趋向于遵循逻辑和概念思维的规则。也就是说,同样以知识论的方式思考,或者根本没有什么思考。很显然,这是一种以迁就在场或现成性东西为旨归的形而上学的基础主义的想法。海德格尔无疑反对这种基础(grund)主义。但他并不一般地反对基础、根据、理由这些德国哲学中的重要概念,因为那将导致虚无主义。必须承认,我们不能在根据后面找根据,否则就会陷入无穷倒退,陷入虚无主义。所以,作为根据的意义不能再有"根据",它是一个无意义的深渊。为此,海德格尔提出(abgrund)这个概

---

① 马丁·海德格尔:《存在与时间》,陈嘉映等译,生活·读书·新知三联书店 2006 年版,第 267 页。
② W.W.克莱恩等:《基督教释经学》,尹妙珍等译,上海人民出版社 2011 年版,第 197 页。

念。这个概念在德语中是"深渊",除了"不可测的深度"的意思外,没有什么实在的规定。海德格尔用它来指存在,存在不是存在者,它没有任何存在者那种实在的规定。但是,它不是无,像深渊一样,它在那里,一切存在者由于它而存在和显现。一方面,是"要暗示它仍是'基础',但不是现成性或在场意义上的基础,而是缺席意义的基础"。"这个基础就是自我遮蔽的存在。所有存在者首先在存在这个基础上达到真理(遮蔽、安排和对象性);存在者沉入这个基础,这时基础就是深渊。"①举例来说,政治对大多数人来说是政党谋求私利的工具。海德格尔在特定的处境中也表达过自己对政治的怨恨,那时他把这整个范畴归于世人的闲谈,不过,海德格尔又在特定的处境中赋予政治崇高的解释。

这意味着,前理解并非不可讨论,只不过讨论前理解只能是在任何理解着前理解的过程中进行的。比如说,按照一般已传开来的关于莎士比亚的评论,莎士比亚的作品被高估是一个现成的事实,使得要有"新见"很难。"在我们开始寻找'新见'之前,出发点已堆满了颂扬的遗产,我们摆脱不了这个前提——我们面对的作品,具有独特的光辉和魅力。"②"理解是前主题的,解释是已理解了的东西的主题化和规定。与前主题的被理解的东西不同,被解释的东西是明确理解了的东西,以某种方式已然认识了的东西。……在此前有的基础上,我们总是朝某个方向上解释事物。海德格尔把在前有基础上把我们解释导向某个方向的东西叫'前见'。我们解释事物时,先已对事物有了某种把握,我们从它出发来进行解释。"③海德格尔是说理解是前主题的,理解尚未将被理解者变为一个主题。而解释则是主题性的,解释确定和规定所理解的东西。这依然还是说明,海德格尔的"解释"并不是如古典释义学的"解释"那样是一个主体的理智活动,而是此在的生存活动。譬如说,粉笔是用来在黑板上写字的,茶杯是用来盛开水的,等等。

我们每个人与世界打交道,形成了我们与世界的原始的关系,形成了的这种关系叫"经历"。它是源始的,是前主题的生命本身的活力,或者说生命经验。但这种经历主要不是在这个过程中形成的感觉、知觉、联想之类的东西,因为这些属于认识能力范畴的东西是派生的。换句话说,"'理解'对海德格尔来说,具有本体论的意义"④。理解的前结构之"前"首先自己剥夺了它的"纯认识

---

① 张汝伦:《含章集》,复旦大学出版社 2011 年版,第 247 页。
② 乔治·斯坦纳:《语言与沉默——论语言、文学与非人道》,李小均译,上海人民出版社 2013 年版,第 230 页。
③ 张汝伦:《二十世纪德国哲学》,人民出版社 2008 年版,第 301 页。
④ 凯文杰、范胡泽:《保罗·利科哲学中的圣经叙事》,杨慧译,中国人民大学出版社 2012 年版,第 32 页。

的"性质。认识论意义上的理解是次要的，是从一个更始源的理解中派生出来的。用一种独特的话语表达这个"前"的含义，即"他完全生活在他的世界中"，"他完全处于他的生活中"。意思是说，人们必须远离那种特别容易占上风的关于对象性的思维。

从这些思想中可以看出，海德格尔在追索存在的意义，而在追索存在的意义时，他把可能性放在现实性之上。对海德格尔来说，存在向"前"推进的地方是语言，存在在语言中。在这些方面，我们都可以同意他的观点，即同意存在包含可能性。但是，海德格尔哲学上却无法言说这种可能性。关于存在，海德格尔在与此在的形而上学决裂，并且滋生出一种"语言的绝望"，哲学只能沉默，而让位于诗，思想试图表达的不可表达性，尽管后来海德格尔也认为诗不能代替哲学的工作。我们在这里还是要向大家提出问题，上帝死了之后，哲学是否能够折回诗意的故乡？

五、方法就是我们的一种存在经历

海德格尔说，经历是主要的前理论的生命现象，那些带有理论色彩、认识色彩的，科学家研究的、哲学家沉思的等等并不是前理论的生命现象，也不是生命的本源表现。有人觉得这有点问题，没有理论时人有经历、会生活，有了理论人反而生活得不是更好？正像一个农民无法进入理论领域，他没有经受学院训练，但是他却在生活中有经验、经历。所以，你可以说，一个农民"懂得"或知道如何生活。但是，你总不能说，一个哲学家就不懂得生活！

我觉得这样理解海德格尔可能有点问题。一方面，对海德格尔式的乡土气不能作城市化的理解。当然，农民有经历、会生活，并非指知道某种书本之中的那些类似养生的知识，而是指一种大量的未表达的能力、一种掌握、一种类似民间艺术家那样的艺术。海德格尔致力于把类似这样的能力与科学的强势相对化，科学并非绝对强大。另一方面，海德格尔要强调的并不只是特殊的技艺，而是那种融入我们的整个生活：在生活中，我们理解如何与人打交道，如何消磨时光，等等，不带有任何我们自行支配的专门知识。这种"实践的"理解，海德格尔称之为"生存的"理解（领悟），因为它是一种生存的方式、一种存在的基本方式；同样还有解释的源始含义，依靠它的力量我们处理并力图熟悉我们周围的世界。

我们通过海德格尔终于看到，我们生活中的大部分领域现在还没有被知识化、理论化，而且在我们看来即使是理论化、知识化来势汹汹，也不能理论化、知识化，至少哲学不能理论化、知识化。它的研究也没有边界。因此，海德格尔迷恋"田间小路"实际上不仅仅只是一种态度，而且是为西方乃至人类思想的第二个开端作准备。就像人们过惯了城市生活之后，容易赞美简单、自然的生活。正如霍克海默在1930年代所评述的那样："存在论需求中留存的东西就是对这种最好美德的回忆。"

从方法角度看，经历是主要的前理论的生命现象，"方法就是我们的一种存在经历，所以不需要从外面或上面来构造一种方法，也不需要通过辩证的思考想出一条新的理论道路。现象学的严密和科学性正在于它的这种基本的方法论态度"①。

六、周围世界是各种意蕴的总体

大家也许还要问一个问题：实际性的解释学是什么？海德格尔自己说，就像每一门学科有自己的对象一样，实际性就是解释学的对象。现象学于海德格尔就是一个工作哲学，而不只是研究的对象。也就是说，他将现象学不是作为一种哲学体系，而是作为一种哲学方法来对待，并身体力行于他所关注的事情的研究上。布兰则具体地说是"实际性的此在和世界的存在（即实际的特定时间片刻中的此）"②。但是从根本上讲这是不重要的，因为实际性解释学不是以海德格尔或其他别的什么人在某一天突然开始反省自身的样态形成的。

真正的解释学并不是"好事者"研究没有任何关系的时代世界观，而是从自己的生活和工作中产生的，也是"在处境中发挥作用。在解释学的理解中不存在任何超越形式之上的'普遍性'"③。就像海德格尔那样，他把读书和自己的生活实际感受相互关照，通过对比，在实际性生命中找到了具体的切入点。于是，被创作、创作、创作者、鉴赏者就一一进入了解释学处境之中。

既然如此，考虑到实际性解释学研究自身有僵化的可能，这种研究要在一种积极的意义上对它自己而言是批判的。就其关键倾向来说，将任何非理论的现象套在一个理论的框里，因此它们就成了理论的东西。

---

① 张汝伦：《二十世纪德国哲学》，人民出版社2008年版，第289页。
② 马丁·海德格尔：《存在论：实际性的解释学》，何卫平译，人民出版社2012年版，第119页。
③ 马丁·海德格尔：《存在论：实际性的解释学》，何卫平译，人民出版社2012年版，第22页。

比如，我们问"什么是大学"？如果存在着真正的大学，那么，实际性解释学就要承担这样一项任务：要求注意每一个实际性的此在。好比说要求注意历史学院一个研究甲骨文的教授，另外一个教授是研究清史的，如此等等。这不仅是因为他们共同组成了一个叫做大学这样一个大学整体，而且还因为他们本质上属于这个整体，是从不同方面来说同样一个事情。但是，我们现在对大学的理解则基本上局限于"形式的"东西。对于海德格尔来说，我们首先要通过把以上这些建筑物阐释为某种与大学存在意义有关的东西以此拉近与它的距离，同时表达对大学的理解，然后才有对事实的主题陈述。这等于说实践理解先于理论表述，阐释先于陈述。所以，海德格尔批评那种"形式显示的空洞理解"，要求我们不要忘记，"'形式的'东西绝不是某种独立的东西，而只是世人减轻负担的一种手段"。①

在此，存在之意义要先于存在者，意义最终解释存在者。在决定某物是否存在时，首先要求助于存在的意义问题。因为，周围世界不是事物和对象的总体，而是各种意蕴的总体，事物就是由于意蕴而成为周围世界事物，周围事物的存在特性并因此得到解释。

现代人屈从于技术性思维，根据控制来思考思维本身，把主体性作为自己的出发点，然后把关注系统地表达正确的解释学原则建立在主体性基础上。这是从古至今发生的最重要的事情之一。海德格尔发现，古希腊人是将他们的思维当作存在的一部分，他们所做的只是让那被理解东西的本性来引导自身，它确立了一种完全不同于现代的世界图像。若从这一点看，海德格尔应在全新的语境当中考虑理解本身，不再提倡以什么方法或进路来决定理解的可能性；理解的可能性不假外求，都已经包含在此在的存在结构中。或者说，理解向此在展示它的生存结构，由此改变了后起的解释学理论的基本特征。

---

① 马丁·海德格尔：《存在论：实际性的解释学》，何卫平译，人民出版社 2012 年版，第 22 页。

第三章　期待共识

　　据说，当今时代根本不存在真正的大师。这种经验绝不仅仅局限在文学方面。数学也步入了歧途，哲学也丧失了对自己的活动的理解：在各行各业，外行的声音盖过了专家。每个专家在其他成百上千个领域里也都是外行，"在谈到数学家的'世界'时，世界就等于指数学的一切可能对象的范围"[①]，所以，他们就放弃了正确解释的标准。

　　这可以与另外一种观察联系起来看，即所有这些判断都来自我们陌生的另一个世界的幽灵。在人们的意识中，新的真理已经破晓而出，但人们还不敢以真实的名字称呼它，而是以隐喻、约定的标记、符号来谈论它。我们看到了，《存在与时间》出版后，解释学观念有三次重要发展：海德格尔自己的后期著作、伽达默尔的"哲学解释学"，以及法国结构主义、后结构主义对解释学的批判，其中德里达的解构主义是该发展中最引人关注的形式。这一章的目的不是要阐述作为专有名词的哲学解释学，特别是伽达默尔哲学解释学与解构——我始终对这一做法表示怀疑，而是要说明一个学人在阅读一些新的论著之后说出不一样的东西。于是，我们在方法论上与有的批评家一样，"看起来都奇怪地说出某些和他们想说的不一样的东西"[②]。

第一节　"真理与方法"，还是"真理或方法"

一、保守与激进：哲学解释学与解构解释学

　　大家知道，"解释学"与"解构"这两个术语命名了两种解释学体系的思想，

[①] 马丁·海德格尔：《存在与时间》，陈嘉映等译，生活·读书·新知三联书店2006年版，第76页。

[②] 在《盲目的修辞：雅克·德里达对卢梭的阅读》一文中，保罗·德曼认为由于所有的批评家"看起来都奇怪地说出某些和他们想说的不一样的东西"，从而产生盲目和洞见的双重效果。这是与书写和阅读紧密联系的。

形成了所谓"德法之争"。如今它们分别是以伽达默尔和德里达的名字命名的。那么，两种解释学有什么不同？它们之间是什么关系？

首先，我们的分析不能被这样或那样的意识形态僵化。其次，在追寻这两大欧洲思想潮流的分歧的源头时，不能不深刻感受海德格尔的思想。1960 年伽达默尔的《真理与方法》一书出版，标志着西方整个人文社会科学在方法论方面发生了战略性的历史转折。在《真理与方法》一书中，伽达默尔用后期海德格尔的那种本体论来进行有关人文科学的讨论。

传统存在论：什么存在→存在者（是者）→实体

现代存在论：如何存在→存在方式（是态）→关系

1967 年德里达的《论文字学》出版，他认为："海德格尔的思想并未完全摆脱这种逻各斯中心主义，它也许会使这种思想停留于存在—神学的时代，停留于在场哲学中，亦即停留于哲学本身。"①这也许意味着，伽达默尔和德里达的争吵，也可以与对海德格尔的观察联系起来看。就是德里达的"解构"，也像从海德格尔的存在论中飘过来的气息。有人认为，"解释学"与"解构"可以算作海德格尔的后继和发展。伽达默尔创造了令人印象深刻的"传统"及其继承的解释学。伽达默尔的是保守解释学。"保守"的表现在：不论理解诗还是理解历史，一个与我们自己的世界相连续的世界都构成了必要的条件；而德里达的作品则根本不存在解释学，有的不过只是划界，跟随文本中具有特权的或被排挤的概念，以便瓦解它所意谓的等级，解放文本，解构作为意义与整体之乡愁的解释学。对德里达而言，这一切都是回复形而上学而已。德里达的解构论的宗旨不在于发掘隐蔽的存在意义，而是追溯主宰着存在意义的先验前提。

二、从德里达看《哈姆雷特》与它的研究者的关系

伽达默尔把可能进行理解的条件，与狄尔泰和海德格尔的理解理论关联起来。对于狄尔泰来说，"心灵是心理个别性的领域，每一种精神生产都能够把它自身输送到其中，理解就是这样由一种精神生活向另一种精神生活的转移。问人类科学是否能够存在也就是问关于个体的科学知识是否可能的。这种对于单一事物的理解方式是否客观的，它是否怀疑普遍的明确性。

狄尔泰明确地予以回答。因为，内部生活是由外部记号中给予的，这些外部记号又可以作为另一种精神生活的记号被知觉和理解。他在那篇著名的文章《论解释学的发展》中说："理解是一个过程，通过这个过程我们根据那些表现

---

① 雅克·德里达：《论文字学》，汪堂家译，上海译文出版社 1999 年版，第 16 页。

精神生活的可以知觉的记号对精神生活有所认识！"这就是理解，对它的解释是一个特殊的领域。在另一种精神生活的那些记号中，我们有'许多以持久的方式固定的表现物"，"由书写保存的人类的证据书写着的纪念物。解释就是被用于这样一些表现物、这样一些证据、这样一些纪念物的理解艺术，书写就是这些东西的个性特征。理解，作为通过另一种精神生活的记号所获得的知识，它以理解——解释的双簧形式提供了基础，由于固定和保存（书写将记号赋予它们）后一个因素提供了客观化的程度"①。然而，剪除理解在科学理论中的诸多赘瘤是要紧的事情。为了用一种有关此在的历史性询问来取代历史科学的方法论，让理解的认识论奠基在理解的存在论上。在海德格尔那里，理解属于此在。按照这里表明出来的狄尔泰和海德格尔的区分，我们现在就更加确定地问：我们该如何研判"解释学"与"解构"的不同特征？现在，我们首先通过一句俗话来勾画伽达默尔与德里达的"对话"。

我们都说："有多少个《哈姆雷特》的研究者，就有多少个'哈姆雷特'。"在解释学的视野中，除了自然科学的实证，一切都是需要解释的。海德格尔说得很清楚，历史生命是解释性的。对于海德格尔来说，存在不是"某个确定的东西"，而是"被理解为某个确定的东西"。

然而，对德里达而言，解释学的要津不再是思考存在者之存在的形而上学观念，而是思考各种形而上学体系中差异的发生。对海德格尔来说，语言构成了存在历史的中介。当然，海德格尔并没有对语言进行系统研究。但语言正是德里达的入手点。所以，如果说逻各斯中心主义在哲学中的运作被称为形而上学，那么这句俗话听到德里达的耳朵里，便颇有些《哈姆雷特》的研究者之间相互理解障碍重重，有无限的差别的意味。也就是说，德里达要质疑的是传统内部给予书写、自我意识、同一等哲学概念的优越地位。我们所熟悉的书写词语的"无限增补说"的旋律，也为德里达研究奠定了基调。就书写本质而言，罗兰·巴特说："是一种反神学活动……由于拒绝固定意义是拒绝神及其实体——理性、科学、律法。"②我们知道，德里达利用了尼采的生成思想。而尼采对符号游戏的断言具有这样的特点，即对解释的不虔诚的、诗学的、反神学的、反解释学的解释。在对解释的解释中，尼采/德里达认为，不存在解释的源初性。所谓源初文本的消息与解释学的消息之间的真正区别破碎了。希克曼也认为："书写与阅读彼此迫害。每一个文本回应其他文本，'源初'不过是'注释'。而

---

① 保罗·利科：《解释学与人文科学》，陶远华等译，河北人民出版社1987年版，第153～154页。

② 拉里·希克曼等：《实用主义、语言与政治哲学》，曾誉铭译，上海社会科学院出版社2012年版，第125页。

解释的任务是保持游戏中符号与文本战栗的、永不停息的镜像—游戏，觉察到形而上学并不与文本同道——抓住游戏、再集中体系、稳定变动、打破密码、再乡愁地渴望源初性。"①

三、德里达：激进解释学

哲学与文学之间的关系向来是法国哲学传统和学校教育所关注的焦点。法国哲学家之所以钟情于文学，是因为他们试图通过一种反本质主义之调整问题的解决方法，瓦解文学与哲学对抗的古老圈子。马舍雷认为："可以说哲学只能是文学：好像哲学最终必须在文学中觅得它的真谛。无声的真理，被扔在文本的页边空白处。这是德里达所支持的论点：'形而上学在自己身上抹去了产生它的神奇场景，不过这个神奇场景依然非常活跃，变化多端，如白色墨水作成的看不见的图画，被覆盖在隐迹纸本中。'"②要是人们随便翻到哪里，先读了哲学家的作品，而后才念文学家的文本，他们就会因此立刻完蛋。这种情形就仿佛进入一本书的大门病态地受到了一种刺激，紧紧地锁上了，误认为每一本书的任何一页本身就维系着独一无二的真理文本。这种哲学与文学分割的时代已经过时了。

今天有很多人在读一本被归类为哲学的作品的时候，不是处于一种自然的状态，而是感觉自己好像在被施行一个他并不信任的手术。哈贝马斯说："如果说文学批评很少会成为科学的话，那么，在广泛意义上采用文学批评方法对伟大的哲学著作加以解构，也难以遵守纯粹认知研究解决问题的标准。"③"这无论如何不是让这些作品承认其中有隐含的意义，并总结为作品的思辨目的，而是揭示出作品的多重构成，还有构成中可能具有的不同的研究方式。因为如果说纯粹的文学话语并不比纯粹的哲学话语要多，而只存在两者混合的话语……如此看来，哲学性从几个层面上介入文学文本，必须根据其采用的方法与其所承担的功能来细心区分这些层面。"④

那么，怎样介绍德里达等激进解释学的这项工作？首先，德里达坚信：我们"解构一般的结构，并且首先教导我们如何在不做哲学的情况下做它"。至于为什么"解构"的是哲学，又不是哲学，德里达并没有说清楚。大家也甭指望

---

① 拉里·希克曼等：《实用主义、语言与政治哲学》，曾誉铭译，上海社会科学院出版社2012年版，第126页。
② 皮埃尔·马舍雷：《文学在思考什么？》，张璐等译，译林出版社2011年版，第2页。
③ 于尔根·哈贝马斯：《现代性的哲学话语》，曹伟东译，译林出版社2015年版，第221页。
④ 皮埃尔·马舍雷：《文学在思考什么？》，张璐等译，译林出版社2011年版，第7页。

这个。德里达的姿态就是质疑学科名称和界限，如"文学"和"哲学"等学科。说德里达对阅读的理解是"文学的"，只是因为他认识到，布朗肖、波利特、马克思这些作家生产的东西是用语言写成的。激进的"文学"阅读并不把这些作家简约为最具有学科定义权威的"纯"文学。其实，在我看来，德里达不再想卷入解释学方案，不再向神圣文本卑躬屈膝。因为，这些都暗中隐含着形而上学的梦想，都暗含着想成为哲学大师的梦想。德里达与海德格尔的互动，开辟了"激进解释学"。哲学的"解构"锋芒毕露所指向的是"那些易于攻击的内容，并且最后适应了这些内容；因而它就不能接受这些内容必须满足的理智与情感的需要。不仅如此，它还将这么一种解构过程虚构为致命一击，在一夜之间将弗勒切学院的围墙化作废墟"①。

德里达是以《论文字学》奠定自己的解释学原则的，然后书写了一大堆跨越性或差异性甚大的解释学著作。德里达对阅读的理解有一个明显的特点，即他对阅读的理解建立在个别文本的相遇而不归纳建立在大范围的阅读经验上。他对布朗肖、波利特、马克思等人的阅读就是这样。此外，从思想结构看，德里达的《论文字学》具有一种明显地与胡塞尔的意义理论相当不同的立场。在这方面，德里达针对胡塞尔《逻辑研究》第二卷"表述与意义"一章，所采用的方法也是符号学而非语义学的思考。

德里达信不过胡塞尔关于符号与信号的独特区分，实际上就是信不过对应于严格意义上的语言表达的交往表达。在《论文字学》中，德里达申言：文字学不可能成为实证科学。身处伽达默尔的《真理与方法》相关的反解释学位置，德里达强调差异，语言嬉戏。德里达自己相信，"解构"是他的方法，它其实是积极的，因为它没有否定任何可能性，而是消解了话语的独断性。比如，对很多话"都可以同时作前后左右的解释"②（尼采差不多什么都说过）并必然是矛盾的（他所说的话总是前言不搭后语，并承认自己正在往下说）。这样，德里达就迫使胡塞尔、索绪尔以及卢梭等人的文本对抗其作者的显白阐述，而坦白他们的过错。德里达在"'故我在'的动物"为题的研讨会上，指出关于人类的话语实际上是关于人类的"动物性的话语"。他甚至已经觉察到一个事实——动物似乎说的是法语。这算是相对新鲜的看法。因为，通常我们不会认为人的话语和什么鸟叫、犬吠有什么关系。德里达总是时时刻刻准备和我们分享他关于

① 弗勒切学院是耶稣会学院，"笛卡尔以及 17 世纪许多杰出的理性主义者曾经就读于此"。将弗勒切学院化为废墟，即将理性主义连根拔起。参见汉斯·布鲁门伯格：《神话研究》（上），胡继华译，上海人民出版社 2012 年版，第 52 页。

② 恩斯特·贝勒尔：《尼采、海德格尔与德里达》，李朝晖译，社会科学文献出版社 2001 年版，第 148 页。

无法想象的事物的思想。

四、从伽达默尔看《哈姆雷特》与它的研究者的关系

伽达默尔在《真理与方法》这本书第 3 版后记中说："如果有人想确定我的工作在本世纪哲学中的地位，那他就必须从以下这点出发，即我力图在哲学和科学之间进行调解，尤其是试图在科学经验的广阔领域……创造性地继续扩展马丁·海德格尔所提出的根本问题，这些问题对我具有决定性影响。"[1]因此，研究伽达默尔不研究海德格尔绝对不行。因为前者的视域是由后者提供的，这一点仅仅从《真理与方法》中就可以看清楚。这本书的第一部分谈艺术的真理，显然与海德格尔的《艺术作品的本原》有关；第二部分谈人文科学的理解，显然和海德格尔的《存在与时间》中的生存论分析有关；第三部分谈理解的语言性，则与海德格尔后期对语言问题的关注有关。

那么，伽达默尔是如何把握海德格尔所提出的根本问题的呢？伽达默尔写道："我们所探究的是人的世界经验和生活实践的问题。借用康德的话来说，我们是在探究：理解怎样得以可能？这是一个先于主体性的一切理解行为的问题，也是一个先于理解科学的方法论及其规范和规则的问题。我认为，海德格尔对人类此在（dasein）的时间性分析已经令人信服地表明：理解不属于主体的行为方式，而是此在本身的存在方式。本书中的'解释学'概念正是在这个意义上使用的。它标志着此在的根本运动性，这种运动性构成此在的有限性和历史性，因而也包括此在的全部世界经验。既不是随心所欲，也不是片面夸大，而是事情的本性使得理解运动成为无所不包和无所不在。"[2]

应该注意的是，海德格尔使用的"解释学"这一概念，不是作为一种人文科学方法论，而是作为一种关于实际生活经验，即真实经验的理论。可以肯定，这种经验对于海德格尔来说就是思。[3]显然，这里所讲的"思"，不是传统哲学意义上的思维或者意识，而是人对存在的绽出。它首先必须发现我们自己"在那里"并"感触"自己（以某种方式），因而"思"是一种存在方式，而不是认识论意义上的意识行为。海德格尔显然已经将人文科学的理解降低到一种次要的地位，他觉得将理解上升到很高的方法的做法只不过是历史主义自己陷入一种迷惘的表现。他认为，将理解方法论化的企图，从根本上讲，是一种竭力要发现一个"牢固立足点"的企图，这也是人类逃避自己的时间性的企图。伽达

---

① 伽达默尔：《真理与方法》，洪汉鼎译，商务印书馆 2007 年版，第 734 页。
② 伽达默尔：《真理与方法》，洪汉鼎译，商务印书馆 2007 年版，第 6 页。
③ 伽达默尔：《真理与方法》，洪汉鼎译，商务印书馆 2007 年版，第 14 页。

默尔重新与人文科学对话时，其关键不是要发展它的"方法论"，而是要说明普遍有效性知识之不可能。伽达默尔的书是对人的一种再描述，企图将古典的人的图画置入一幅更大的画面中去，从而把标准的哲学问题置于一定距离之外，而非对其提供一套解答。

总之，伽达默尔完全接受了海德格尔的"解释学"概念。因此，他否认那种把"解释学"当作人文社会科学方法论视域里面的问题的观点。在他看来，人文科学在确立科学的地位之前，必须制定适合于它们自己的方法的观点是值得怀疑的。解释学关切的是人类基本的存在活动。它跟某种类似心理学意义上的机敏的实践有关。譬如，具有科学教养的法官或牧师的实践活动有关，搞人文科学需要有与众不同的灵敏感觉。他说："解释学问题从其历史起源开始就超出了现代科学方法论概念所设置的界限。理解本文和解释本文不仅是科学深为关切的事情，而且也显然属于人类的整个世界经验。"[①]

于是，伽达默尔不愿意回到作者那里去理解，如同解释学不排除一个文本的作者的独特理解一样，人们应该把意义归于文本，还是归于别的，这更多的是一个规范问题。规范总是对偶然因素置之不理，而对这些偶然因素规范也的确无能为力。自我保存也好，自我发展也好，人们总是在不断变化的经历中、在自我控制中产生一种行为模式。要发展这一行为模式不是通过占优势的规范，也不是自发反应，而需要用敏锐的辨别能力去识别这种情况所包含的不同选择。伽达默尔为此从当代人文科学取出了《存在与时间》中的暗示："有多少个《哈姆雷特》的研究者，就有多少个'哈姆雷特'。"在哲学解释学的视野中，这话听起来总有些虚夸。伽达默尔"对话解释学"承诺着"沟通"和"共同思想"，尽管它必须经常提供这种可能性，标志这种可能性是由一个永远说不完的对话剧为前提的计划。在德国，人们通常所理解的"一次谈话"(ein Gespräch)，总是在某个现实中的人和某个理想中的人之间的谈话。因此，在对话中，两个世界——现实和理想，必须以某种方式协同起来，要不然他们之间就无法彼此对话了。伽达默尔深刻地为文本权威优先于作者或第一读者的权威辩护。他认为，文本的"永恒的"价值，对所有时代的价值，它需要研究者相应地理解文本在这种历史处境中此时此刻所说的东西。伽达默尔的哲学解释学试图构想更合理的、后启蒙理性观念的重要声音。

---

① 伽达默尔：《真理与方法》，洪汉鼎译，商务印书馆2007年版，第17页。

为此他强调语言的本体论意义：语言绝非仅仅是一种工具。工具性语言是以科学逻辑为基础的。对于伽达默尔来说，一切理解都是解释，而一切理解的过程都发生在语言的媒介中。人的理性是不能站在语言之外的某种立场，然后再将这种立场用语言表达出来。

五、日常的对话和诗的语言的本体论意义

伽达默尔以日常的对话和诗的语言为例。

在日常生活中，日常的对话似乎是一种再简单不过的行为，然而在这种对话中展露的却是一个世界。这是因为**日常的语言**不仅仅是它所展现的东西，而且是想象、情感和意图的一种混合，这种混合它完全无法表达出来，只能通过姿态和声音进行传达。我们所说的人人相互理解的语言，不是别的，而是那种人与人之间的言说。这种言说本身是开放的，特殊的表达和整个语言视域联系在一起。它具有一种内在的追随思想的辩证运动。

从它的思辨结构上看，它是由没有被说出的意思、应该说出的意思和被说出的意思三个部分构成的。在日常生活中发生的言说，通常具有一种通过说出的意思把未说出的意思带出来的语言性质。任何被说出的意思，实际上都被一种更大的无从把握的意义取向所规定。因此，人要说话就有歧义和口水战。也就难以定论。于是，说小了，就有一对情人不和；说大了，就有"是马""非马"的学派门户之争。这种没有定论的话究竟算不算数？是说了，还是没有说？还是索性不说算了？这就是俗话说的：说话听声，锣鼓听音；或者说者无心，听者有意。

值得注意的是，正如音调的变化或目光的锐利所证明的，身体总是投入到言语中，并在语言中起作用。那些被一个言说所俘获的人，不仅有语言方面的深刻体验，而且也有身体方面的深刻体验。所以，"为了很好地理解一件事，那就必须倾听它的节奏。否则，它生存的节律，在我们的感觉中就没有条理，就会散落成一串缺乏意义、没有内在关联的声音。如果我们讲得太快或者太慢，音节就不能连接成词汇，词汇就连不成句子。旋律各异的两颗心如何能相互理解呢？因此，如果我们想深入了解某事或者某人，那首先应该把握他的生命律动，然后按照他脉搏的要求，我们在他身边飞跑片刻，或者说，让我们的心脏跟着他的节拍一起跳动"[①]。

在日常生活中，相互理解的人之间发生的言说，不仅不会刻板单调，反而

---

① 何塞·奥尔特加·伊·加塞特：《没有主心骨的西班牙》，赵德明译，漓江出版社2015年版，第121页。

正是它们的不精确性和不客观性使它们能够把那些更准确和更正确的语词排挤出去，因而用日常言语召唤存在，日常语言富有了理解的事件感。根据这个看法，人们便可以领会奥斯汀曾经说过的意思，他说，辞典根本不能给出定义，只能给出例证。从庄子的"不言之辩"与"不道之道"或"言无言"来看，解释学知识的"真理"避开"方法"。同样，在经院哲学中，新教神学特别强调基督和复活的意义不能同事件的宣告相脱离。而在日常生活中，发生在彼此相互理解的人们之间的谈话，所说出的意思虽然具有一定的内容和范围，但不是整个地限定它，而是通过不排除没有说出的意思来建立它自身与存在的联系。

伽达默尔由此还强调诗的语言。诗的语言更突出了同存在的整体关系。诗歌作品通过提出一个新观点去敞开一个世界。语词被允许采纳一种新的意义，以便带来新的世界。

与日常的对话和诗的语言形成对比的是，一个认真负责而具备特殊知识的秘书，在作会议记录时，会系统地将事件简单化为陈述，力图捕捉被说出的意思中所凝结的意义。他们写字快得能和跑马相比，因为他们只是写每一个单词中的一个字母，但能够保证读出他们所写的一切。在这种情况下，用文字记录下来的陈述却具有僵硬的形式，其陈述应当与警察笔录中差不多。因为它汰除了与此相关的历史性、语境性、旨趣性因素，少了说话者的在场感，少了进行中的事件，连续的即席发言中人物的动作、面部表情和情绪，仅仅具有的是语言的逻辑特性。它力图生产出"没有歧义的陈述"，而"没有歧义的陈述"只有在"没有差异条件"的前提下才能实现。为此，它必须剔除一切与历史、地域、主体状态和特定语境相关的差异因素。当这些条件齐备之后，剩下的就只有内容的"重复"。"栩栩如生"变成"淡而无味"。"重复"是自然科学经验和逻辑命题的本性。这里本质上不存在与人的日常交流、理解有关的"翻译"问题。

因而，当意义被还原到所说的，曲解便不可避免了。或者说，某些事件可以简单化为陈述，但容易歪曲真正说出来的意思。陈述置身其中的意义视域随着客观化的背景和方法上的精确性而遮盖了。所以，在庄子看来，不要执于言诠。日常对话的力量应能使我们注意到一种重要现象，即书面语言的软弱性。这就好比一个人在求婚时说"愿意"或"不愿意"，那么她的话语将决定她的一生。但是，如果她把这些话拿去印刷出版或媒体宣传，那么人们就感觉不到这些话的分量了。从某种角度说，谈情说爱并没有一种不言自明的经验，什么情况下能够算作爱？对法国人来说也许容易搞清楚，但对中国人来说也许很难。说是，有说是的理由；说不是，有说不是的理由。悖论的地方在于，一条声明的意义（比如，"我愿意""我发誓"）就等于通过自身的表达而产生的实在，也就是摆明了理由。

六、"对话解释学"

伯兰特·罗素认为："没有人能理解语词'干酪'，除非他熟知干酪的非语言学内容。"①斯宾诺莎则说，没有人能从糖的概念尝到甜味。干酪、糖如此，苹果、甘露也不例外。卡夫卡会说："其实，语言只借给活着的人一段不确定的时间。我们只能使用它。实际上，它属于死者和未出生者。占有语言必须小心谨慎。"②伽达默尔则说："谁想寻求理解，谁就必须反过来追问所说的话背后的东西。他必须从一个问题出发把所说的话理解为一种回答，即对这个问题的回答。所以，如果我们返回到所说的话的背后，我们就必然已经超出所说的话进行追问。"③

伽达默尔的"对话解释学"强调对话，强调"对话的"的辩证性，追求的是这样一种"精神同乡会"：不仅仅在这样的意义上人们彼此相互理解，也知道没有被说出的意思的背景，而且准确说出的意思能够带出没有说出而又需要去理解的意思，也因此才能不断地揭示语言中潜在的无数"未被表达的圆圈"。

站在伽达默尔立场上看，理解都是达到一个共识的过程。那种"利用不可穷尽的多样性反对作品的不可动摇的同一性的作法是错误的"④，总是存在错综复杂的同一性，"有多少个《哈姆雷特》的研究者，就有多少个'哈姆雷特'"，这也就是说，大概绝不会有《哈姆雷特》的研究者把"哈姆雷特"研究成"堂·吉诃德"的。

第二节　哲学解释学的诉求

一、作为"仆人"的解释者

如果我们想正确勾勒出伽达默尔的对话解释学的轮廓，首先需要动摇一个判断，即解释学的目的是为了更正确地理解提供规则。正如前面已经提过的，我们对于解释学的最普遍的理论诉求，似乎是真实地理解的障碍，或者干脆就是理解的欠缺。解释学的判断只在具体处境中有意义，在它之外，它不过是或

---

① 拉里·希克曼等：《实用主义、语言与政治哲学》，曾誉铭译，上海社会科学院出版社2012年版，第84页。

② 卡夫卡：《卡夫卡谈话录》，赵登荣译，漓江出版社2015年版，第52页。

③ 伽达默尔：《真理与方法》，洪汉鼎译，商务印书馆2007年版，第475页。

④ 严平编选：《伽达默尔集》，上海远东出版社2003年版，第22~23页。

多或少的空洞图形。与建筑设计师在建筑之前设计完全成熟的工作理念不同，有关解释学知识的这个特性很像道德知识。我们知道，道德行动者只知道具体环境之外的"普遍"勇敢，人们却号召他在具体环境中要勇敢。勇敢不是详细蓝图，而是需要在具体环境中熟练应用的普遍规则。韩国"岁月号"沉船事故很清楚表明了这一点。所以，道德知识与解释学知识一样避开了"方法"。像道德知识一样，解释学知识在应用中变得更完善，然而真正的大厦总是与蓝图的不完美相互妥协。

这在伽达默尔文本的解释学里有一个很好的例子，即用"仆人"来称呼解释者，这个词显然意味着"听从"，因此与"聆听"很接近。从方法上说，解释者要更深刻、更真实地理解，他就不是文本所载的东西的主宰，而是文本的"仆人"；他不是极力观察和洞察文本中的东西，而是遵循、参与和聆听文本所言说的东西。福柯说："我们徒劳地想要说出我们所看到的东西，但我们所看到的东西决不会处于我们所说出的话语之中。"[1]如果这里有所谓方法规则的话，就是用来抑制他自己想成为主宰的意志。他是否能够获得解释学经验的新视域，就依赖于他是否置于开放性态度之中。

如果在哲学解释学中有什么东西是普遍的话，那么有可能就是一个人自己的有限性的认识了，即意识到实际的说话、实际的解释并不足以穷尽推动我们走向理解的内在会话的通途。这更意味着哲学解释学没有比对话更高的原则了。

二、哲学解释学的立脚点

面对伽达默尔的一大堆理论，我们怎么样来理解解释学观点的普遍性呢？我们发现，在对"解释学观点的普遍性"的理解上也有完全相同的用法。回想当年，列奥·施特劳斯死硬死硬地认为，伽达默尔的理论"是一种'关于解释学经验的理论'，是一种普遍理论"。而他自己的"解释学经验不仅非常有限"，而且他所拥有的经验让他"怀疑一种普遍解释学理论是否可能"。[2]施特劳斯不觉得自己有所不足，而认为伽达默尔有所不足，他不能搞出一种普遍理论。

这让伽达默尔不能理解！伽达默尔要解决"理解怎样得以可能"的问题，虽然也会被人聪明地当作是在提倡一种方法论，但这种聪明只能遮盖人文科学的立脚点。前面提到，在存在论的解释学当中，存在的绝对真理的观念已经被

---

① 福柯:《词与物》//德勒兹、加塔利:《资本主义与精神分裂（卷2）：千高原》，姜宇辉译，上海书店出版社2010年版，第91页。

② 坎特:《施特劳斯与当代解释学》//刘小枫、陈少明主编:《经典与解释的张力》，生活·读书·新知三联书店2003年版，第103页。

否弃，因为它不过产生于对人类的时间性的遗忘。这也意味着理解的那种先见结构正是人自身有限性的表现。伽达默尔为先见作辩护。我们知道，每个人在思考与理解时总要借助语言、观念、前提、假定乃至文化和历史传统。在任何情况下，我们都不可能在没有语言、观念等这些先见的状态下去理解与思考问题。因为先见构成了人的历史存在。但是，在哲学解释学诞生之前，认识论中对先见采取敌视的态度，认为人的心灵应该涤除先见，以彰显真知。

以此观之，人文科学的立脚点原本不是方法论问题，而是超出了方法论自我意识之外的"教化"问题。对于中国儒家来说，政道与治道统一于教化。所谓言教化讲礼乐以饰观听，为粉饰升平之具，两千年都是如此。

三、"教化"概念

为什么伽达默尔这么重视"教化"概念呢？"教化"与"理解怎样得以可能"又有什么关系呢？教化的根本作用在于造就"共同的感觉"。一旦人们假定了"教化"观念，就会谈论"模仿"；一旦人们假定具有一定形态的思想的影响史，依然就要关注"模仿"。理解是一个达成共识的过程。

在古希腊，"教化"从来不是指发明来创造一个完美独立人格的艺术和技艺的总和，而是指人按照一个理想来造就和完成自己。不难想到，人文科学之所以成为科学，从教育、共同的生活中更能够得到理解。如果伽达默尔想否定人文科学具有自己特有的方法论，却在关键问题上放弃了这个观点，事后他就会说："我不知道当时脑子哪儿去了。"伽达默尔也明确地把理解要意识到效果历史的要求作为"对研究的方法论意识要求"提了出来。①

在这个问题上，D. 霍埃指出："虽然伽达默尔并不是在提倡任何特定的方法，他实则是在提倡一种方法论。"在我们看来，伽达默尔愿意就人们对他的误解寻求继续对话。

四、哲学解释学之普遍而有限性

然而，伽达默尔的真正兴趣是什么？《真理与方法》一书表面上似乎有卷入"普遍理论"的解释学的嫌疑。有人就曾经问伽达默尔："您似乎认为解释学哲学就是全部哲学。"伽达默尔说："它是普遍的。"人家反问伽达默尔：是普遍性，就意味着某种无限性；你伽达默尔又非常强调人类的有限性，这又如何理解？伽达默尔认为"二者并不矛盾"。

---

① 伽达默尔：《真理与方法》，洪汉鼎译，商务印书馆 2007 年版，第 385 页。

　　伽达默尔自己是这样来解释的：因为他认为自己讲的普遍性并不是黑格尔意义上的。众所周知，黑格尔的思辨追随思想的辩证运动，把那种所谓"概念的自我表达，体系的自我调节"理解为"好的无限"，理解为一个完全的整体。比如，我们在脑子里经常有一个念头，就是对任何更小的事情，我们变得不耐烦，我们不满足于凑合的解决办法和暂时的权宜之计。我们刚对自己完成一本书，就会感到另一本书还没有看。这完全受到黑格尔的影响。对于黑格尔来说，思想是无限的，因为它不断地超越每一个限度，恶无限似乎是无限的，但是它真正是由超越它的东西所决定的。伽达默尔并不完全同意黑格尔对"思辨的"（speculative）思想运动的这种理解。或者说所谓"好的无限"之类的东西，是值得怀疑的。伽达默尔常常注意努力恢复黑格尔所谓"恶的无限"的名誉。他认为，我们并不能克服我们的有限性。

　　比如，我们选择博士论文的选题时，哪些问题对于我们是值得做的，哪些东西能够成为我们的研究对象，这通常避免不了受历史性的东西的影响。我们对问题的理解总是以前理解为条件。譬如，关于哪些问题、在哪些方向上已经有了哪些进展。①否则，一切理解都是不可能的。当我们认识到语言是一切经验的视域时，也就注意到，语言的结构是思辨的：语言保持着有限而让意义的无限表达出来。这意味着我们能够达到黑格尔所谓的对精神历史的整体的把握吗？当然这是不可能的。而"整体决不是一个对象，而是一个世界的视域。这个视域将我们圈在里面，我们生活在其中"②。我们即使是指向整体，我们也是有限的。与黑格尔相比，这也是伽达默尔用"思辨的"一词进行相反运用的原因之一。

　　伽达默尔自己认为："对于有限性的强调正是说总是可以再跨出一步的另一种方式。"③尽管伽达默尔也借助"视野融合"谈论某某学说，比如，柏拉图哲学学说，似乎在对话中究竟是"谁融合谁？"可以不管，但他不愿意相信，依靠"合法偏见"真的可以搞出个所谓柏拉图哲学学说。

---

① 这与另外一个反面的例子可以联系起来观察：可以肯定，今天在科学研究领域，各个不发达的国家正在花高额费用和时间的代价进行十几年甚至几十年前在美国或德国已经完成了的研究工作，但是它们却完全密闭在圈子内部，对此却不完全知情。看起来，似乎真正人类文明成果不会被埋没，都可以找到一个能够接受它们的民族，但事实上这些堆积如山的人类文明成就都有同一对关系不和睦的父母。因为，对于人类而言，那种对所有人都能传达某种东西的东西，即普遍者都受到了赞美，而且那些每个人各取所好的东西也受到了赞美。这正是历史性的复杂性。

② 帕特里夏·奥坦伯德·约翰逊：《伽达默尔》，何卫平译，中华书局2003年版，第64页。

③ 施特劳斯等：《回归古典政治哲学：施特劳斯通信集》，朱雁冰等译，华夏出版社2006年版，第499页。

至此，如果我们对以下问题追问，那么就更能够明白伽达默尔的兴趣。这些问题是：伽达默尔的《真理与方法》这个书名，应该叫做"真理与方法"，还是应该叫做"真理或方法"？在什么程度上，这本书名副其实？我们认为，如果我们对这个问题还犹疑不决，我们就来到了伽达默尔《真理与方法》一书的问题意识。

我们通常会考虑将方法和真理结合起来，也就是把解释的技术与存在的理解在我们的阐释中结合起来。可是，伽达默尔认为，不能这样来考虑问题。为什么？因为把解释的技术作用在存在的理解上，就会导致一种情况：扭曲理论和实践的关系，我们会错误地从理论开始，然后根据规则去应用它。这里的关键问题仍然在于"理解是怎么可能的"的问题。比如，按照启蒙的某种理解原则来讲，理解文本的原则是"应该比作者本人对自己的理解更好地理解作者"，这是一般的解释学的出发点，也就是方法。问题的关键在于，《真理与方法》一书会同意这个一般解释学原则吗？它完全不会同意！相反，它更会同意另一种说法："一个时代的哲学家总是那个时代理解得最好的思想家。"因为我们是从实践出发，从一个我们已经理解的处境开始。

如果我们转换一下思路，我们前面提出的疑问可能就冷却下来了。也就是说，对伽达默尔来说，对一个存在者来说，真理的问题不是方法的问题，而是存在的显明问题。那种赋予理解一种方法，就仍然是如何把握普遍性，将它作为什么来把握的企图。

五、哲学解释学的底牌

按照伽达默尔的看法，自然科学和人文社会科学虽然都叫"科学"，但是，自然科学是通过归纳法来达到对规律的不断深化的。与自然科学的这一方法论特点比较，人文社会科学就不够"科学"。因为它的主题是社会—历史世界的经验。在这个经验之内，"我们总是根植于我们在其中成长的社会结构和规范性看法之中，必须承认我们是一个总是在某些预先形成观点基础上前进发展过程的组成部分。我们的处境是一种根本的和不可逃避的诠释学处境，我们不得不安于这样一种处境，通过在政治和社会的实践问题与理论生活之间进行调解"[1]。而这种调解的发生并不是通过追随方法论，而是通过追问某种经验如何适应整体，因为历史的可变性会带来一般解释学原则上的不可靠性。

伽达默尔的结论是："他的哲学解释学的出发点不是一种新的方法或技术。

---

[1] 施特劳斯等：《回归古典政治哲学：施特劳斯通信集》，朱雁冰等译，华夏出版社2006年版，第500页。

在某种程度上，它也不是什么新的东西，'从根本上讲，它只是描述当一个可信的和成功的解释出现时总会发生的东西'。哲学解释学所要做的是让我们注意到当我们理解时，会发生什么。"①

六、历史认识的特性

如果我们应该解决解释学是否可以拿来到处运用的哲学方法这个问题以避免不彻底性的话，就要解决有关社会—历史世界的存在特性的问题。

比如，我们常常说"中国特色"，西方人实在不太理解这种说法，我们从母语不同的人之间的不流畅的交谈中也能够认识这一点。西方人不愿意听从我们的思想，并且把这种思想当作别人实际上拥有缺陷的责备。其实，这种说法与历史认识联系起来，无非是说，由于适用于社会—历史世界经验的只是历史的方法，所以，历史认识不是力求把具体现象看成某个普遍规则的实际例子。在这一点上，历史认识的本质其实是，在现象的一次性和历史性的具体关系中去"理解"现象本身。

伽达默尔的这一看法继承了李凯尔特的思想。用他们的观点来看，我们要概括中国的实际经验，那就需要去理解中国的国情。在这种理解活动中，作为从个别中把握普遍的归纳方法自然是不适用的。无论有多少普遍经验在起作用，其目的都不是证明或扩充这些普遍经验以达到规律性的认识，从而得出如"中国模式"这样一种"准人类、民族、国家一般是怎样的"观点。

其实，"人类的善是某种在人类的'实践'中遭遇到的东西。离开具体的情境，一个东西比另一个东西更好是无法确定的"②。我们党的政治智慧早就昭示，我们的经验就是建设中国特色的社会主义。也就是说，要根据我们的传统去理解我们这个民族、我们这个国家是怎样的，它们是怎样从昨天走到今天的。套用伽达默尔的话说，因为理解了中华民族是这样来的，从而理解了中华民族是这样的。③同样，无论在中国特色的社会主义建设中有多少普遍经验在起作用，它都不是意在理论上证明某种规律性的东西。

---

① 帕特里夏·奥坦伯德·约翰逊：《伽达默尔》，何卫平译，中华书局 2003 年版，第 92 页。

② 帕特里夏·奥坦伯德·约翰逊：《伽达默尔》，何卫平译，中华书局 2003 年版，第 81~82 页。

③ "因为理解了某物是这样而来的，从而理解了某物是这样的"，"这究竟是怎样一种认识呢？""这种认识的理想是与自然科学的方式和目的根本不同的"。参见伽达默尔：《真理与方法》，洪汉鼎译，商务印书馆 2007 年版，第 5 页。

第三节　艺术与真理揭示的途径

一、艺术中有真理

从历史上看来，康德把《纯粹理性批判》与《实践理性批判》与《判断力批判》分开处理了"真理""道德""审美"问题，这意味着真理的问题已经在道德和审美的问题开启之前就被回答了。道德的自律、美的自主性在于它的否定的意义，即它不是知识，不是科学，不是真理。这种被科学概念笼罩着的真理概念、美学概念，当代的意识在没有经历解释学的洗礼，恐怕是既不能拒绝又无法超越的。所以，今天的哲学除了看重哲学的经验外，也十分看重艺术的经验。然而，艺术的经验何以也是对科学意识最严重的挑战？

在真正的推动力挑战旧范畴的地方，伟大的思想家将伸手求助于人类认知的其他主要语言法则：艺术、音乐等等。易言之，用其他什么方法可以达到真理？是通过艺术吗？可是，艺术究竟是否是人们逃避世界抑或与之相联系的最可靠方法？[①]对比素来就有不同的看法。我们在这里遇到了20世纪另一个纠缠不清的问题：艺术的作用是什么？艺术和真理之间的共同尺度是什么？众所周知，这个问题是人文社会科学研究所关心的问题，在19世纪出现过，这是历史主义和美学的绝对性之间的张力的结果。在19世纪，诗人具有引领作用，通过诗人的作用，艺术为人们指明了方向。20世纪，海德格尔、伽达默尔在德国成为这方面的典范。

在海德格尔看来，实证方法不适用于源始的真理概念。释义学方法不是要"实证"什么，而是要让事情本身得以显现。一句话，海德格尔的"最源始意义上理解的真理"一点也不神秘，它就是事物和事情随着我们在世存在的展示而逐渐得到显现。这里，"展示"（manifestation）的概念极为重要。什么是事物和事情的"展示"？"展示"是黑格尔那里的一个词，是辩证法中的一个词，其表示任意现实的"与自我相脱离"。黑格尔的基本问题之一就是存在的本质是自我展示，本质的本质是显现。在这一点上，"展示"就是它们"是"什么或"是"怎么的。但这也可以同样出现在海德格尔那里，海德格尔同样的诠释具有一种飘逸的氛围。当海德格尔在"通向语言的途中"诠释哲学之后，语言的命名能力受到感染，文字和事物之间的关系松开了。哲学的诗化就成为一种流行的哲

---

① 歌德断言："人们逃避世界的最可靠方法莫过于通过艺术，人们与之相联系的最可靠方法莫过于通过艺术。"参见《托马斯·曼散文》，黄燎宇等译，人民出版社2014年版，第171页。

学样式。这样一来，似乎也就为解决揭示真理的艺术途径做了准备。

然而，在一般人心目中，艺术和真理是两回事，甚至是完全不同的两回事。譬如，当诗歌丧失了直接性，它走出了直观可见的视野，进入专门学问的空间。这标志着诗人和民众之间默认的共识发生了重大转变。诗人说谎已经变得老生常谈了。更近一点看，黑格尔在他的美学讲座中提出，思想的最高价值不再像在古希腊时代那样驻足在艺术中。艺术不再是绝对观念展现的重要历史形式。其结论非常明显，在诗歌里面发现真理只不过是晚起的审美形而上学的一段插曲，它希望艺术不要停留于想象的纯粹的演习。同时，我们也常常会说，我们不应该把艺术家的自我解释过于当"真"。不过，当我们这样说的时候，我们是在反对艺术家呢？还是在帮艺术家说话？对这个问题有不同的理解。

首先，我们并不反对用诗歌的方式来诠释真理。因为，艺术关系到一种涉及开启的信念。我们如何感觉，或者我们如何体验这个开启？这有必要将范畴和其所指的对象的关系公开地清洗干净。在海德格尔之前，谢林就强调"真和善只有在美之中才结成姐妹"，诗将"协助并开创这个时代如此迫切需要的一种新的'感性宗教'"。①从语言角度看，诗探讨的是一种未分化的、提供给所有人的、非工具性的语言。在海德格尔那里最流行的说法是，诗人是"开敞的守护者"，被忽视的诗人为了不让人们误入迷途而守卫着。关键问题在于：如果开启是必须的，它又将如何同遮蔽区分开来？

其次，如同我们在海德格尔那"拯救乡愁"中体会到的一样，诗并不构成诠释真理的唯一方式，诗思在哲学表达上具有一种独特性。如果把真理局限在科学和概念知识的范围之内，坚持真理是客观事物的反映或主观与客观的符合，那么等于关闭了用艺术的方式去追求真理的大门。我们被囚禁在主体与客体、实在与想象、信仰与盲目的二元对立之中的牢笼中。伽达默尔对这种观念进行挑战。他指出，他的真理观不是一种主体主义的真理观。伽达默尔认为，海德格尔的存在论释义学已经创造性地表明，理解不属于主体的行为方式，而是此在本身的存在方式。他的《真理与方法》中的"解释学"概念正是在这个意义上使用的。他认为，艺术中有真理。

二、什么是艺术？

对于艺术是什么的问题，很多人回答：艺术就是模仿。将艺术看作模仿的观点从亚里士多德就开始了。今天用艺术的名义从事的绝大部分活动其实都是

---

① 谢林：《对人类自由的本质及其相关对象的哲学研究》，邓安庆译，商务印书馆 2008 年版，第 4 页。

模仿。在一般人看来，说艺术是模仿简直不可思议。但它的意思不过是说，艺术与真实之间有一条鸿沟，艺术与真实不止隔了一层，而是隔了三层。由此，我们立即想到柏拉图谴责艺术。因而，另一种对艺术的看法是，艺术不是模仿，模仿只是艺术在某些时候产生的一种效能。可是海德格尔认为，所有这些，一言以蔽之，都属于此在在世存在的展示性。

伽达默尔把艺术看作游戏。他指出，孩子就喜欢做这种事情。孩子们游戏时往往进入到他们想象的角色之中，如果有人不把孩子们的乔装打扮成为某人不当一回事，他们就会非常生气。孩子们在游戏中进入一种忘我状态，进入一种不将游戏对象化并在一定的距离上去把握它。游戏不过就是在规则的不断确立中改变规则。由于它还意味着对现象中的观念进行无功利的把握，意味着用极乐的静思去拯救意志，艺术的创造因此成为真正唯一的创造。马里翁说，如果"画家使其作品富有生命，仅仅是为了让作品成为他的奴隶或者情人，那么这种做法足以取消画家的资格"[1]。对于其他艺术形式同样如此。所以，哲学甚至宣布艺术为人类精神的极致。

至此，"艺术和真理"——我们清楚这是一个棘手的题目。这再好理解不过了。艺术和真理：这完全是两码事。其实大家都心知肚明得很，为什么不干脆就叫"艺术和社会"或"艺术和政治"呢？假如把问题说透，题目恐怕要改成"艺术与实践"了。

艺术和政治、道德、社会这样一些属于此在在世的关系是松散的。艺术完全以一种独一的方式赋予生活以意义和形式，它让对应于"生活的生活"的那个东西，即精神现象朗显起来。要求展开对艺术的任务这样的问题的追究，就要求坚持任何意义上的激活，这才是艺术的唯一任务。除此之外，持此看法的人永远不能向艺术追究道德或社会意图和目的，尽管一件艺术品产生道德或社会效用是可能的，但是，当道德滑坡、暴行肆虐，许多大学的艺术院所没有任何道德抵抗，这绝非一种我们社会中知识表达的正确方式。

三、解释学是实践哲学

在以这样的方式讨论艺术与真理的时候，我们就感觉到，伽达默尔著作《真理与方法》的标题包含一个反讽：一般人认为，总有方法去验证不同的解释，或至少可以证明某些解释的选择比其他的合理。毕竟，这不是儿戏！可是，伽达默尔却在这里暗示，方法并非通达真理的道路。相反，耽于方法之人是不能把握真理的。

---

① 让-吕克·马里翁：《可见者的交错》，张建华译，漓江出版社 2015 年版，第 46 页。

为什么？因为方法意味着我们能够完全理解我们所理解的东西，即使我们在带着疑问接触它，也能够凭借规则的运用，"知道"一个终极有效的答案，人们在使用、操纵和处理事物就不会盲目。我们也可以说，一方面，方法总是意味着对立于客体的人的主观过程。方法总是关涉一位提问者和一件客体的情境，这位提问者是通过建构方法把客体纳入它的把握之中。另一方面，提问者自身不能以任何特定的方式归属于世界，在所谓荒凉的宇宙中作为一个孤立的主体与无机的对象相对，连世界在整个过程中也像一座孤立的岛屿。我们说，当人们将对方法论的热情说成瘟疫的时候，他们说的应该是这个情况。当伽达默尔和海德格尔批判思维普遍主体化的时候，他们指的也是这个情况。

但是，在一种情势中，一位提问者与我们在质询一件客体完全有与上述情势不同的另一种关系。比如，人们可以这样提出问题，一旦我们不再将作品看作一件客体，我们不再是一位提问者，不再是我们在质询一件客体，而是提问者自己突然发现自己是被"主题"所质询的存在，一件作品在向我们发问，情形又如何呢？如果说将一件作品看作一个世界，我们和作品之间的关系就会发生变化，它们就会像斗转星移一样交换位置。这样，我们便有了一种看世界的新目光。

伽达默尔把传统解释学中理解和解释当作科学知识所遗留的片面性平息下去。理解和解释本质上属于艺术。在这里，也许根本没有发生什么大不了的事，因为艺术经验与真理无关原本只是近代这一尚属短暂的历史时期才有的看法，确切地说，它是作为美学学科伴生的产物。托马斯·曼曾说："为艺术热情捧场的门外汉和欣赏者在赞美和讴歌艺术作品的时候需要'美'这个字眼。但是艺术家，这个内行的人，却根本不说'美'，他说'好'。他偏爱这个词，因为专业上值得赞赏的东西，技巧上娴熟自如的东西，用这个词能表达得更恰当、更客观一些。"①当然，事情并不止于此。如果海德格尔、伽达默尔不喊叫，也许我们什么也没有发现。但是不安会一下子捅在我们麻木不仁的心上，由此我们并不认为，人们会永远拥有完美表达想要讲的思想、要写的东西的力量。对言语的虚弱、对语言的局限性与感性的无限性便鲜有人像海德格尔、伽达默尔那样鲜明地指认出来。简单地说，这种新的目光像看到了那些星辰在运动，它是以艺术与真理的相互关系为焦点，坚决放弃穷尽对象所包含的信息的"看"。但为什么专门从事认识、观察的主体却看不出来？

问题的关键在于，人们能不能看到此在的存在就是对存在的理解，或者说，在分析此在时，同时也阐明了理解本身。由此可见，解释学就是实践哲学。如果这样的话，我们解释存在的过程也是理解—解释的方法论展开过程。不管怎

①《托马斯·曼散文》，黄燎宇等译，人民出版社2014年版，第350页。

样，以往人们谈解释学主要涉及是"理解"和"解释"，从来没有注意到"应用"。兰巴赫最早看到这种关系，首先明确提出了这个问题。海德格尔指出了这一点，他和伽达默尔更明确了解释学就是实践哲学。

四、理解就是一种探险

如果解释学被理解为实践哲学，那么人们就会要求它对他们自己的生活给予指导。从传统哲学上说，这是一个合理的要求。除此之外，人们在生活经验中就会提出这样的问题，人们是否能够根据规律、规则来限制解释的实践应用范围，或者将解释的实践应用范围缩减为这一或那一方向？也就是我们对事物的理解是否找得到它可以据以理解事物的根据？

按照一般人的看法，我们平时在日常生活中忙忙碌碌，既有所得也有所失，但对所忙的事情都有确定的可能性的把握，也都有基本的理解，不会乱作一团，也不会完全不理解。似乎内心清明的东西，落在词语中同样是清清楚楚的。但是，这只是对平常性的经验而言的。伽达默尔对前面提出的问题却不平常化了。他回答说："我们永远不能充分地理解我们问题的动机和前提"，"无论我们怎样试图揭示所有的前提，总有一些东西保持在遮蔽状态中，我们决不可能将一切都带入到意识里"，"理解总包含着某种程度的风险。他说理解就是一种探险，因而包含一定的冒险性，部分原因是在探险的途中，我们并不清楚将会发生什么，不清楚一个人在这样做的过程中可能出现的刺激和风险"，"当我们开始和他人对话并带着这样的意图，即确认我们的先见并让我们的经验挑战这些先见以便更好地确认人类善时，我们就在拿我们的生存冒险"。"理解进入到游戏中，在那里我们不能对这个活动加以控制，相反我们被游戏所改变。"①

也就是说，解释学是实践哲学，它并不能保证试图寻找正确的理解行动一定会发生，但它决不等于它无知，相反，它实际上有助于理解的实践。比如，艺术创作就是一种比科学研究更复杂得多的精神探险游戏。它具有开放性结构，"去经验"不是对已经有的事情的简单重复，而是以既有的方式"去经历"新的事情，或以新的方式"去经历"既有的事情。瞧瞧伽达默尔的赞誉！他称颂的实际上不是对艺术的唯一正解，艺术作品的表现就在这里或那里展现着，若有兴趣，可对照检查那些理解和解释正确与否。但伽达默尔称颂的首先是多样理解和解释的真理可能性，这是最令主客二分思维坚持者可笑之处。审美意识批判中的伽达默尔之所以显得"不讲理"，是因为他这回赢了，而他只想一次，别无他求。

---

① 帕特里夏·奥坦伯德·约翰逊：《伽达默尔》，何卫平译，中华书局2003年版，第91页。

五、我们并没有拥有我们自己的方法论尺度来看事物

从这个意义上看，伽达默尔的哲学解释学并非一种新方法，而是让我们注意到当我们理解时，究竟会发生什么。这的确也是如何"看"事物的问题，也是如何去"看"事物的方法问题。那么，究竟应该是从理论出发，还是究竟应该是从实践出发？如果从理论开始，那么人们通常根据一定的方式对事物予以裁剪与划分，然后根据规则去应用它，人们也并不觉得自己有什么不对。因为，在理解的实践中，即使存在层面的知识和理论，也能够帮助我们反思生活经验中所提出问题的合理性。但是，在存在论解释学看来，我们并不是从理论开始，而是从实践出发，也就是从一个我们已经理解的境域开始。什么是"境域"？在《存在与时间》中，"境域"就是时间，或者说，时间是任何存在理解的境域。也就是说，时间预示了存在的意义。所以，从实践出发，也就是"从显现的东西本身那里"开始。这就表明，不管人有多能耐，都离不开时间这一如来佛的手心。更有趣的是，在海德格尔后期的著作中，当放弃了《存在与时间》中将时间概念作为理解存在框架的计划时，海德格尔主要关注的是，当形而上学被颠覆后，怎样从全新的角度审视人性。这里至少已不再从时间空间的角度去理解事件了，而是从作为所有时间空间维度基础的主要维度的敞开去理解。

开端设在那里，人们本身往往并不理解。我们并没有用我们自己的尺度或方法论尺度来看事物。这正是"现象学"这个词意味着的方法。现象学是一种引导人们如何去"看"事物的方法概念。这一方法的使用，要义在于描述对象的"如何"，而不是描述对象的"什么"。它以另一种方式"看"，这需要从存在论上辨明。

六、所谓方法比拟着说是研究纲领

如果哲学解释学能够保证正确的理解一定发生，那么人文科学应该产生前所未有的进步，事实却刚好相反。接着就来分析一下这其中的原因。

有人认为，哲学解释学既然是实践哲学，它能够提高我们对理解经验的认识，那么这种认识应该保证理解经验的认识进步。正是这种盲目相信，他支持最时髦的社会科学理论，或者，他迫不及待地让学生去读关于海德格尔或马克思研究的最新的书，他自己却没有能力在理解经验的认识中不断更新现实观，这跟病急乱投医没有什么两样。问题始终是：人文科学特有的那些问题具有经验的性质，它并不是公然地放在那里的现场的那个东西。那么，我们凭什么说什么"在场"呢？凭我们对此在的存在有基本的理解。

在这个意义上，没有什么比把我们对理解经验的认识关联于现代技术的去

个性化方面更危险了。任何科学研究或学术研究，在 50 年内必然会过时。这是韦伯的洞见。用平淡无奇的说法来讲，我们生活在历史视听的时代。任何人都毫不犹豫地预言它会长命百岁，想必人们说这是科学进步的内在辩证结果。罗蒂则认为："只要天才继续出现，哲学将会继续取得进步。"但这种进步有两个特点：一是它不是单纯的变化，而是真正的转化。所谓真正的转化，意指"以前存在的东西不再存在，这也是说，现在存在的东西，在艺术之游戏中呈现出来的东西，是持久存在的真理"[①]。二是这种进步是"意想不到的成长"，是"不可能通过固执地遵循一种'方法'得到促进。所谓'方法'仅仅是对某个原创性头脑的狂热模仿者所从事的活动的描述"，"库恩会把他们的著作所产生的东西称为'研究纲领'"。[②]

进步之所以意想不到，说到底，这是由于人文科学有可以描述的方面，也有难以描述的方面。同样，人有可控制的方面，也有不可控制的方面。可控制的部分是"操之在我"，但是不可控制的方面是"操之在天"。如果老天不保佑我们这种人，方法再怎么样加倍地关注人，也无济于事。因此，人文科学实质性问题的解决很少能够通过人们宣称"纯粹的认识论反思或方法论反思"而得到解决。假如韦伯坚持认为："纯粹的认识论反思或方法论反思，至今还没有对这一事业作出什么决定性贡献。"[③]假如他这样坚持的话，我就不可能去驳斥他。

七、生活对它自身作注释

到此为止，人们就会问：伽达默尔的哲学解释学与定位于方法和方法论探究的那种解释学之间究竟有什么区别？在我们看来，首先表现在它是基于生活，基于超越主体—客体模式，试图在科学领域之外探究"真理的经验"，特别主张哲学应该在艺术的经验领域中考察真理的问题，而不是相信唯有科学方法才能提供"真理的经验"。

这种情况正是狭义的科学逻辑挤占传统哲学的思想空间的情形。在近现代解释学哲学中，丹豪尔提出了"解释学真理"这个概念，这个概念从诞生那一天起就想以不同于自然科学和严格的逻辑学的方式为"真理"寻找一个属于哲学的提问空间。伽达默尔说，生活对它自身作注释，生活有它自身的解释学结构。

拿作品来说，只有通过生活，才能理解我们自己的作品，才会发现我们的

---

① 理查德·E. 帕尔默：《诠释学》，潘德荣译，商务印书馆 2012 年版，第 222 页。
② 理查德·罗蒂：《真理与进步》，杨玉成译，华夏出版社 2003 年版，第 10 页。
③ 马克斯·韦伯：《批判施塔姆勒》，李荣山译，上海人民出版社 2011 年版，第 13 页。

作品的时间性和处所。由于人散居于不同的家园，人的具体存在具有"地缘性"特征。人在居住地"筑巢而居"，大地、天空、精神生活成为"居住"的重要组成部分。如果有人问，何为作品？能不能说，作品就是一篇论文，就是一部著作，就是一篇印刷出来的印刷品？不能！因为它的存在不是有形的纸和墨或文字，它依赖于此在本身的存在方式，包括此时此地的情景、读者的性格、作者的自我投入，以及与此相关的原始经验等因素。

当然，单有这些因素还构不成作品，这些因素还须在历史境遇中将经久不衰的东西集合在一起。那么，这种在历史境遇中经久不衰的东西是什么呢？它是事物的存在方式，是存在的"真理"。如果没有它们就只能是抽象的东西，或者即使成卷的论文也不过是一份份断章残片。更重要的是，即便我把以前的作品今天看起来所缺少的东西全部补充进去，把今天看起来错误的观点全部修订过来，它也是一篇未完成的作品。显而易见的是，一篇论文通常不是为了提供给读者看的，而是作者为了自身弄清楚问题而进行的自我理解。固然，作品就是向读者开放的，但是当它首先是为了读者而进行写作时，它就可能被扭曲。我们从来不会首先体验作品的人的主体性，而是作品自身。因为，作品既不是无场合性的，也不是无时间性的。

简言之，绝不存在与当前无关的对历史的纯粹关照和理解的作品。传统的作品观念比如艺术作品观念忽视偶然性因素，忽视了作品的自主性观念。

八、对执迷于方法的一种根本批判

伽达默尔讨论的"方法论问题"，并不是无的放矢地泛泛而谈，而是特指19世纪下半叶和20世纪初那些规定人文科学特有方法论的企图，而这些企图的达成总有一些共同具有的基本困难。

伽达默尔已经清楚地告诉我们，今天人文科学对知识的要求是根据现代科学的方法标准来衡量的。在一定程度上，它也成为今天人文科学传统衰落的根源。所以，伽达默尔忧虑地称弥漫在人文科学中的方法论迷信是人的方法论异化。比如，德国物理学家赫尔曼·赫尔姆霍茨在1862年关于精神科学和自然科学的区分的讲演中，他用逻辑的归纳法和艺术的归纳法的区分来说明自然科学和精神科学的区分。赫尔姆霍茨为此强调人文科学中记忆、权威以及心理学上的"机敏"。伽达默尔认为，赫尔姆霍茨的看法向我们提出了精神科学究竟是何种科学的根本问题，伽达默尔用肯定的方式问道："精神科学中合乎科学的东西是否最终就在于这种机敏而不在它的方法论呢？"[1]

---

[1] 伽达默尔：《真理与方法》，洪汉鼎译，商务印书馆2007年版，第9页。

"机敏"是什么意思？"所谓机敏，我们理解为对于情境及其中行为的一种特定的敏感性和感受能力，至于这种敏感性和感受能力如何起作用，我们是不能按照一般原则来认识的。因此，不表达性和不可表达性属于机敏的本质。比如说，我们可以很机敏地说某事，但这总是表示：我们很机敏地使某事被略过而不被表达，而不机敏地说某事则是指说出了人们只能略过的东西。"[1]无论这里的"机敏"说的是什么意思，伽达默尔的哲学解释学的任务乃是向人的最基本的感受回归。它看重的是人的最基本感受基础上人的精神创造，而不是以对于规律性不断深化的认识为标准去衡量。

伽达默尔的《真理与方法》的用心，即让当代哲学意识到，在人文科学研究中，尤其是对人的自我理解的时候，方法与理解、方法与历史真理、方法与生活，都不能分裂。在这种意义上，《真理与方法》可以恰当地被描述为对执迷于方法的一种根本批判，所以，伽达默尔最初的想法是，人文科学的科学性不能从近代科学方法观念出发得到理解，而只能从教化或文教的传统获得真切的理解。[2]事实上，"教化"的新理想或文教的传统对于我们来说，它乃像空气一样不可见的东西。

第四节　伽达默尔贬低方法论之问题意识

一、历史认识就在于它的具体性和历史性以及无方法性

这是伽达默尔解释学最基本的出发点。伽达默尔反对去制定一套普遍有效准则的企图，并且用无方法性去规定人文社会科学（精神科学）的认识方式。应当说，伽达默尔并未声称发现了甚或追求过一种阅读所有文本的普遍解释方法。对伽达默尔而言，他从事哲学解释学的目的，并不致力于为人文社会科学提供一种方法。借助这种谦逊姿态，他申明，不执着于用科学的手段去驯服解释和理解或不热衷于从方法论上去关心如何解释、如何理解。

与传统科学的解释学相比，他的哲学解释学简直有些"落后"。它怀疑传统科学的解释学乃至整个形而上学本体论、主体论哲学对认知可能条件的那些假设，要求重新考虑人的理解在其历史的存在中如何成为可能。伽达默尔看到，19世纪的解释学之中存在着历史主义困境：历史主义虽然认识到一

---

①　伽达默尔：《真理与方法》，洪汉鼎译，商务印书馆 2007 年版，第 19～20 页。

②　伽达默尔：《真理与方法》，洪汉鼎译，商务印书馆 2007 年版，第 14 页。

切入的认识的普遍的历史性，但却像黑格尔派那样去追求某种绝对知识，知其不可为而为之。狄尔泰不用说了，直到胡塞尔的生活世界现象学和海德格尔的实际生活经验本身的形式显示，才克服历史主义执迷于认识论基础的做法。在海德格尔的帮助下，知识的科学理想需要依赖形而上学，人文科学必须有本体论的前理解结构，才适合于人文科学的"客观性"。

因此，伽达默尔与那些着眼于剖析理解过程的哲学家不同，他考虑的主要问题是人的存在如何使人的理解成为可能？在他看来，它是先于方法的本体论上的存在事实。在这个问题没有得到解决之前，任何方法论问题的讨论，都是白搭，犹如堂·吉诃德跟风车决斗，执迷于假想的东西。但是，我们自然要问：如果说解释学不是涉及人文科学特殊的方法论问题，而是涉及我们实际生活经验的普遍问题，那么伽达默尔的书名就值得讨论。

其次，人文社会科学领域究竟有多少东西意味着方法。我们在前面关于狄尔泰的解释学的理解中，已经看到狄尔泰的问题：一方面，他想急迫地维护人文社会科学在方法论上的独立地位；另一方面，这种努力在其逻辑方面讲是不成功的，它的结果仍然显得人文社会科学根本没有自己独有的方法论，除了依附于自然科学的方法之外，似乎没有别的出路。而在海德格尔那里，由于通过一种重要的超越——使认识论从属于本体论——消除了解释学的狄尔泰"难题"，避免了与某些人文社会科学的争论。

当然，这里存在着不同的看法。在利科看来，海德格尔其实没有消除狄尔泰的"难题"，而只是把"难题"转移到别的地方，结果使难题更加难以解决。所以，用海德格尔的哲学，我们可以返回到有关人文社会科学基础上去，但是绝不可能进入从"基础的本体论"到关于人文社会科学地位的真正认识论问题的讨论。在这方面，伽达默尔贡献了自己的才智。

关于"历史意识的理论是伽达默尔对人文科学基础进行思考的最高成就"①。因为历史意识"在现代科学范围内抵制对科学方法的普遍要求"。它涉及人存在的基本经验，也是伽达默尔所谓的"超出科学方法论控制范围的对真理的经验"②。我们可以套用伽达默尔的话说，人文科学中合乎科学的东西，最终就在于"试图理解什么是超出了方法论自我意识之外的真正的"③人文科学。

伽达默尔的这些观点很快就使人感觉到，他的思想已经把真理与方法对立起来了，或者至少使人感觉到他追问的真理是与方法不相容的。因此，人们心

① 保罗·利科：《解释学与人文科学》，陶远华等译，河北人民出版社 1987 年版，第 60 页。
② 伽达默尔：《真理与方法》，洪汉鼎译，商务印书馆 2007 年版，第 18 页。
③ 伽达默尔：《真理与方法》，洪汉鼎译，商务印书馆 2007 年版，第 19 页。

存疑感：伽达默尔的书名不应该改写成《真理或方法》或者《真理对方法》。对于这种误解，需要多种多样的对话才可澄清。

首先，伽达默尔关心的不是提供一套解释人类经验的理解原则，也不是如何消除误解，而是如何解释学地展开我们原初的世界经验、真理的经验，从而揭示出我们世界经验的解释学性质，使我们看到科学理性或工具理性所遮蔽的东西。这是跟哲学解释学在很大程度上对康德哲学及笛卡尔哲学的不满联系在一起的。我们知道，康德哲学具有非历史的特点，主要表现在康德给主体认知能力的先验规定上，伽达默尔的哲学解释学用人的历史存在而来的"前理解"或"先见"取代康德的先验范畴，作为认知能力与理解的先决条件；同时也以个人的经验去限制康德哲学中主体理性超越个人经验的自由，以求开掘出有限认知能力在经验中向无限开放的可能性。还是那句话：在当代哲学解释学中，从存在上解释理解的哲学兴趣，远远压倒了从方法上应用理解的实用考虑。这对那些期望在哲学解释学中，尤其是在以伽达默尔为范式的德国哲学解释学里，随手采集到现成的具体的人文社会科学方法的人，当然是一个不好的消息。

哲学解释学正是在不满于人文社会科学方法论的主流偏离理解的重心情况下应运而生的，它指责对理解的忽视所带来的人文社会科学理解方法的贫困。所谓"理解"，从广义上讲是指为描述、解释社会现象而设想社会行动者所面临的境况，设身处地于行动者的处境中，以想象行动者的行为抉择。也就是说，用移情、体验和直觉去理解个人或群体行为的内在意义，来获得检验社会理论的有力证据和预示未来社会生活的发展趋势。这是人文社会科学获得可靠知识的途径。

从这个角度看，说明与理解的区别乃是自然科学与人文社会科学的区别。但是，在解释学的后来发展中，即狄尔泰之后，人们就不再因为自然科学与人文社会科学的区别而固守说明与理解的对立。比如，海德格尔在解释的循环结构中加入理解的"前结构"来限制理解，并通过"循环"来提高理解的精确度。伽达默尔则将理解化为"对话"过程，他认为对话中"提问—回答"的辩证法保证了对话双方主题的一致性，使理解能够沿着正确却不单向度的方向进行。

这样一来，一方面，伽达默尔可以接受"无限的对话"；另一方面，这个对话"在我们存在的真理方向上敞开"[1]。这似乎是说，有可能调解各种各样不同的观点，从而达到不断地期待一种新的共识。伽达默尔援引柏拉图的著名说法："抢劫团伙的成员也需要某些正义感，这样才能彼此相处。"伽达默尔强调"延异"也会损害理解，强调"从属"于某一传统条件。强调解释学

---

① 帕特里夏·奥坦伯德·约翰逊：《伽达默尔》，何卫平译，中华书局 2003 年版，第 74 页。

所谈到的问题是普遍的，哲学解释学不仅限于人文科学，自然科学也需要追问解释学的问题。

如果你参与伽达默尔跟德里达之间的这场对话，你会与伽达默尔如何理论呢？利科说，延异是理解的一个综合因素。比如，说花果山有一只猴子叫"孙悟空"，它就有本事把"哈姆雷特"和"堂吉诃德"同一到自己的名下。这里的意思颇有些尼采彻底谈论的透视主义意义上的理解：我说的之所以是真理，因为真理就是我说真理的那个说法。这也就颇有些"强词夺理"的味道。处于这一极端的尼采，大概就是超出平面之外，提高和提升自己。对尼采来说，没有任何中立的观点，只有一系列不可协调的观点，其中每一个观点都是对世界的不完全解释。因此，哲学不能摆脱各种解释之间的争斗，因而本来就是解释学的。显然，坚持同一也好，坚持差异也罢，都存在着悖论。很多所谓解释学的实践者可以在伽达默尔跟德里达、尼采之间找到自己的位置。如果存在着这种联系，我们就可以进一步在伽达默尔跟德里达之间作出区分。

粗略比较一下就可以看到，伽达默尔在尝试文本解释过程中，喜欢谈论种种学说，如这种柏拉图学说、那种亚里士多德学说，等等。人们随时或通常都可以看到他主张一般的解释学原则，因而会把哲学解释学的一般原则讲成一种关于方法论的哲学，或者说，它自身就是方法论。实际上，伽达默尔在对话逻辑中寻求既无限开放又相当于"共同思想"，这种"说法"的含义在表达上是可以动词化的。一方面，"说法"由此已经具有非常明确的方法论指向；另一方面，它具有把自己的哲学解释学当作"知识学"之解释学的动机。

一般来说，像笛卡尔那样要先行奠定学问的知识基础的做法，是对知识和真理的某种理想设定。然而，知识并非他们所获取的、为他们占有的东西。比如，我们根本没有任何权利认为矛盾原理就是绝对真理的知识，今天人们之所以反对绝对知识，就是因为依据矛盾原理真的让你们挖掘出有关哲学知识的可能性的什么东西来了。恰恰相反，我们倒可以证明某种规范逻辑的源始局限性。因为，道理就在生活这一边！

二、方法的胜利助长了人对方法的迷信

在韦伯那个时代可见，方法论危机已经势不可挡了。韦伯等人的分析表明，人文社会科学已经病入膏肓了。什么地方出毛病了呢？韦伯从未以系统的方式来回答这个问题。但是，对这个问题的种种回应散见于韦伯的所有论文中。它向我们提出了敏感的问题："作为职业的科学的意义是什么？科学是'通向真正的存在之路''通向真正的艺术之路''通向真正的自然之路''通向真正的幸福

之路'"吗？如果人们想要研究意义如何在科学中被撼动，那么韦伯想通过托尔斯泰的思考给予说明。托尔斯泰给出了一个简单的回答："'科学是无意义的，因为，它不能回答对我们来说是最有意义的问题：我们应该做什么？我们应该怎么生活？'科学不能回答这些问题，是无可辩驳的事实。"科学含有人类现代主体性的力量，却没有创造的力量。

然而，在方法中，探询的主体仍然陷于主体化的幻觉而不自知。这些回应也被现象学解释学激发起来了。

在我们这个时代，人不仅用方法控制自然，而且用方法控制人自身。人创造方法，使用方法，人同时在用方法研究人、用方法理解人。17 世纪以来，哲学的任务一直是将人类经验的整体和人类发展他们的认知能力的方式结合起来。解释学开始是作为解释古典原文的方法，特别是圣书方面的方法论，继而发展成为人文科学或作为历史认识的方法论。理解的问题，也是作为如何在某种特定的历史联系中的存在者使用理解方法进行理论争执，甚至人的生活本身也成为方法的选择问题。解释学开始是作为解释的方法，继而发展成为人文科学的方法论基础的普遍的解释学概念。方法被奉为通向真理的道路，方法的胜利助长了人对方法的迷信。

但是，方法不能通天，方法所流露出来的负面含义是在韦伯那里出现的。韦伯把方法论比喻成"瘟疫"①一般到处传染。今天，这已经不算十分特别的想法了。至于我们对同一件事情的态度从健康过渡到病态，从赞赏转变成鄙视，这也通过最近几十年的哲学解释学的影响变成了一件理所当然的事。毫不夸张地说，如果我们阅读伽达默尔的《真理与方法》，就会发现这种"方法通达真理"的道路面临着颇为强大的阻碍，可以说拯救精神科学就成为它的主题。伽达默尔强烈意识到"由于把现代方法论概念运用于精神科学所导致的困难，我们必须相反的努力为自己开辟一条返回到这个传统的道路。为此，让我们探讨这样两个问题：这个传统是怎样消失的？精神科学认识的真理要求是如何受到在本

---

① 马克斯·韦伯：《批判施塔姆勒》，李荣山译，上海人民出版社 2011 年版，第 13 页。把韦伯对"方法论"的另一出处的类似看法照录如下会不无启发："目前，诸如方法论瘟疫之类的东西正在我们学科中蔓延。几乎不可能找到一篇哪怕属于纯粹经验性的文章，其作者为了名誉起见，觉得没必要增加'方法论'评论。这种情况很容易导致'青蛙之灾'。"马克思·韦伯：《罗雪尔与克尼斯：历史经济学的逻辑问题》，李荣山译，上海人民出版社 2009 年版，第 9 页。

质上与它格格不入的科学方法论尺度的支配的？"[①]他在这本书中，就是认为解释并不单纯是一种方法，而是人文科学的本体论基础。如果我们揭示理解现象自身，那就不会有任何怀疑了。各种解释学对方法概念的影响彼此交替更迭，或者以极大的不同姿态并存着，乃至当我们想得到真理的时候，我们竟想到尽可能地排除方法。但是，偶尔我们也会小心翼翼地把它重新吸纳进来，如在真理和接近真理的方法中。

众所周知，这不是逻辑的过程描述，但是我们可以推测，方法没有能力揭示新的真理，它压根儿就只有使在那种已隐含于方法之中的真理显而易见。因为，这个世界既不是主观任性的，也不是能控制的。这一点我在下面会进一步详细阐述。但是我们注意到，在耽于方法而想去接近真理时已经不再那么有把握了。由于这种情况也逃不过当代的更加"辩证的"理解力，所以从多种迹象中已经可以预期，我们不仅将要面临一个方法如何通达真理的巨大提问，而且也将要面临一个提问者如何突然发现自己是被"主题"所质询的存在的巨大提问。对于解释学问题的这一思考方向，在很大程度上已经隐含于伽达默尔的解释学定义里。

---

① 伽达默尔：《真理与方法》，洪汉鼎译，商务印书馆 2007 年版，第 30 页。

第四篇

哲学解释学的功能及应用

　　说人文学问、社会科学研究与教学状况尚属令人满意的人，不是乐观，就是自欺。毫无疑问，在其方法和结构上，人文社会科学领域折射出一种创造精神严重的衰败，一种公然亵渎创作秘密的知识表达方式，一种要想成为科学理想的社会风气。海德格尔早就注意到，现在许多书，起的书名如《人是什么？》《在是什么？》，这些书大多以有了现成的答案取代进一步的追问了事。海德格尔为此提醒我们，无论是人们不能追问还是不愿追问，这种做法都意味着远远丧失了读者对之作真正"严肃对待的权利"的前提。

第一章　理解的界限

第一节　以相互理解的借口抵抗相互理解

这里，只看标题，就显得很矛盾。但是，它的意思是要表明伽达默尔之后，哲学解释学的某种发展的可能走向。这种走向是什么？我们应该如何来把握？这些问题可以通过人们对伽达默尔哲学解释学的批评中窥见端倪。

伽达默尔是当代哲学解释学之父，自然也就成为作为来自哲学解释学内部的批判的主要靶子。

一、伽达默尔的哲学解释学有意忽略方法论问题

不可否认，伽达默尔的哲学解释学是有意忽略方法论问题的。简单地说，他看见的是科学尽情欢庆并成就了科学出色共同体的"客观性"的身影。科学也许为那些本质主义的设想者提供了方法。它的规定完全可能是抽象的、片面的、反历史的。因为，科学方法总是首先关心的是提供一套正确理解的原则，它达到的是"科学真理"。但是"科学真理"有它自己的边界。这个边界就是语言。一旦真理、现实和行为的诸多重大领域开始退出语言描述的边界，自然科学就开始显示出强大的自主观念。斯坦纳注意到："完全不懂对方生活语言的拓扑学家，却能够使用他们学界公用的无声语言，有效地在黑板上共同演算。"但是，妙不可言的东西似乎总在语言的边界之外。例如，"解释一首好诗，结果可能是一段蹩脚的口水话"①。

这个事实意义重大。它已经把理解和再现行为分裂开来。在西方，自 20 世纪初叶以来，精神生活进程中最具决定性的变化，是越来越大的知识领域接受了哲学解释学。正如我们前面指出的，哲学解释学首先关心的是如何消除误

---

① 乔治·斯坦纳：《语言与沉默：论语言、文学与非人道》，李小均译，上海人民出版社 2013 年版，第 22 页。

解（施莱尔马赫），将此视为作者的"更好的理解"，或者放弃正确解释的标准，而只作为"另类的理解"（伽达默尔）来看待。因为有哲学解释学，真理才走出了科学神话进入了"理解的艺术学"（施莱尔马赫）的工作平台，即如何达到存在的真理，如何解释学地展开我们原始的世界经验、真理经验。从理解的科学转向理解的艺术学之正确性在于，没有随了流俗的见解，认为解释学是众多方法中的一种方法。不过，哲学解释学的有些观点由此出了问题。

哈贝马斯展开了评论。一方面，哈贝马斯称赞伽达默尔的哲学解释学促使方法论取向的思维方式的自我觉醒。如我们在前面谈到，伽达默尔深受海德格尔影响。比如，就历史传统经验和现实之间的关系问题而言，历史传统经验和现实之间的关系是借鉴、应用或所谓去粗取精、去伪存真的关系。但是，这种对待历史传统经验的看法，都是以某种类似科学方法论为前提的。它预设了一个能认识和判断客观事实的主体或主观意识，往往将主观意识和范畴强加于历史传统经验。但是，在海德格尔那里，历史传统经验与现实问题本质是存在论的关联，而不是什么"借鉴"不"借鉴"的问题。存在解释学涉及许多空间、关系和事件，以便发现对存在的另一种理解。这里就包含与以往哲学方法不同的方法。这个方法就是让事物向我们显现，而不是我们强迫事物显现。一句话，解释学是一种存在经验，而不是主体或解释者施加于客体或文本的方法论操作。正是海德格尔使得传统智慧成就了对现实问题的独特思考能力。在这方面，伽达默尔对海德格尔解释学的根本特性有准确的把握。

另一方面，哈贝马斯也尖锐地批判哲学解释学自身对方法论的建设不够。伽达默尔由于完全接受海德格尔的解释学概念，用解释学来对抗科学方法论。伽达默尔认为，那种追求客观知识的科学理想有一个根本缺陷，这就是人是知识和真理的旁观者，而不是真理经验的参与者。今日社会科学的许多论著都没人文性，或者更准确地说，是反人文的。它们是用一套极端含混的行话构想出来的。只要可能，人文意义的语词和语法都让位于统计表、图形、曲线，但这些大概的数字、图形、曲线具有欺骗性。人们不妨称如今的"社会科学"这个词是模仿形式的谬误。追求观念模式而不是应用模式，产生出系列的模仿形式的谬误。解释学向我们表明，我们实际上参与了艺术、宗教和历史传统中发展的人文经验的基本表达。因此，在伽达默尔看来，解释学基本上不能算是一个人文科学方法论范畴内的问题。因为"理解是属于被理解东西的存在"。如果是这样的话，解释学既不是涉及特殊的方法论问题，也不是一个哲学问题，而是"人的世界经验和生活实践问题"①。

---

① 伽达默尔：《真理与方法》，洪汉鼎译，商务印书馆 2007 年版，第 8 页。

　　譬如，谁去当好一个教师，这件事情只能通过教学过程被理解，离开这个过程，就只能仅仅拥有教师应当是什么的概念。教师应当是什么的概念有缺陷，这种缺陷是自17世纪以来由笼罩着所有理性研究的幻象带来的：像数学方法一样精确和具有可测度性。前几年，上海某有名的大学有一个老师五十多岁英年早逝，同学们都自发去送行，说他是"最好的"讲师。可是因为他没有科研成果，五十多岁连个副教授也评不上。有人为此抱不平，认为这是非常不合理的。孔夫子也没有科研成果，《论语》只不过是他的学生整理的听课笔记，但谁能否认他是个好老师呢？这样说有些合理性，却只是常识的重复。只是解释者应当意识到，他自己的这种理解只能被当作前理解且被当作假说发挥作用，他应有能力修正自己的前理解。举例来说，孔子时代一本书的价钱相当于一家人多少时光的生活费？孔子没有"科研成果"是否体现了大众的经济基础和阶级结构？但是，在最深刻的意义上，这样说令人震惊。它激怒了人类，因为人类一直期望进步。它给任何教师、任何想在教坛上主宰生活、表现生活的人的希望定下了一个颇具挑衅意味的界限。如果儒家学说要创新，如果我们想要重新找回孔子时代在语言魔力之前的原初真理，我们就必须烧毁孔子的书。尽管如此，即使我们认识到孔子的荣耀是传统的负担，我们依然要读他的书。这也表明，如果要证明孔夫子是好老师，首先必须揭示在科学之外的种种经验方式的合理性和真理性。在人类的基本经验中，好教师、好人，等等，不能完全被概念化。也就是说，我们在经验范围里碰到的好教师、好人，恰恰由于我们本身无法在场，因而是无法通过科学方法和任何其他解释标准所达到的。所以，文本和解释者之间的时代间隔，更多地使得解释学原本的批评性问题消解，即我们所理解的"真实的"前理解，与我们所误解的"真实的"前理解之间相区别。

　　在实证主义看来，这样的揭示当然不扎实。由此，"助长了实证主义对解释学的贬低"。这种所谓"缺陷"也是由于伽达默尔的哲学解释学过分拘泥于海德格尔的生存论存在论分析。可以设想，他放弃了正确解释的标准，只是论及意义理解的可能性条件。其因而不是方法，它仅叙及在何种要件下人们可分别理解某种意义。况且，它只是西方人信心普遍丧失的一部分，人们再也不相信西方文明的稳定性和权威表述。值得注意的是，哈贝马斯对实证主义批判的矛头主要对准实证主义摆脱价值的科学观，实证主义的技术性的社会科学变成了一种能够让一部分人对另一部分人运用权力的手段，因而哈贝马斯对实证主义批判主要是从政治方面着眼的。

二、逃离言词

在哈贝马斯看来，伽达默尔的哲学解释学已经站错"队"了：海德格尔的生存论存在论分析无疑颠覆了康德的主体哲学，并且将胡塞尔的现象学和狄尔泰的历史意识纳入其中。对人文社会科学方法论的考虑回归到人的历史存在的有限性中，放弃了希图征服或超越人的历史存在。这些带有"回归性"的步伐当然是值得肯定的。人的历史存在的有限性思想是很重要的，绝非抽象的时间空间意义上的。人的有限性，意味着我们总是站在一个处境之内。我们不能站在我们生存的处境之外，并从一个客观的距离之外看待它，以为在那里我们生存的整体能被照亮。

但是，在哈贝马斯看来，一是海德格尔的存在哲学有意避开了存在的根本，他错误地把语言作为存在的基础。哈贝马斯在《知识与人类利益》一书中指出，劳动不仅是人类存在的基本范畴，也是一个认识论的范畴。语言无力来承担起人类存在的基础，这个基础只能由劳动来承担。因此，感觉到语言出了问题，感觉到语词正在丧失其人性力量。对于人文社会科学学者而言，他要么有属于自己的语言，表现普遍的危机，把交流活动看作一个脆弱的不稳定的系统，要么像做错了事似的转回实践世界。

二是海德格尔的基础存在论的问题提法已经包含"有限"，但是为什么又把基础存在论作为一切局部存在论的基础？同样，伽达默尔将生存论的理解看作人文科学和自然科学理解的基础。他将解释学的普遍性要求等于一切理解都被限制为语言的要求。或者说，无论海德格尔还是伽达默尔，都落入"孙悟空"七十二变却逃不出存在（语言）的魔掌，这不是形而上学的甚至意识形态独断吗？

将语言现象与经济变化和社会变化联系起来观察，无论是海德格尔还是伽达默尔所提的方法都不是公正的，因为他们同样采取了"某一点"的思维方式，他们只是从某一方面出发，来得出哲学解释学。

三、扬弃"主体—客体"模式

应当承认的是，在一定意义上，存在解释学是冲着主客分离的传统思想发作的。而发生在理解中的主客融合实际上是语言的成就。对语言的理解是人文社会科学与自然科学共同遭遇到的问题，也是人类自身的理解问题。语言与存在当然有密切的关系。海德格尔后来之所以抛弃解释学的概念，原因在于他看到这个概念不能使他完全走出先验思辨的范围。在《存在与时间》中，海德格尔建立了解释学的"前理解"的理论预设。在海德格尔看来，理解最容易被误解为一种认知模式，也就是对陌生的东西——文本、文化等的理解——等同于理解一篇新课文。实际上，海德格尔的理解只是此在的自我理解，或者说，此在就是理解。

比如，我们上一堂有关海德格尔的理解存在论的课。有同学就会带着真正的困惑提出疑问：老师您从哪里开始讲起，又从哪里结束呢？您为什么要先讲这个，后讲那个？大凡老师会仿照奥古斯丁的说法，你不问我是知道的，你一问我反而就不知道了。我只能说，科学不可能告诉我们世界意象的根源何在，我们必须在那里寻找建立理解的前提。而学会提出恰当的问题正是理解的任务。而一切理解都是自我理解。比如，一个教师可以将他自己概念化为一个总是知道答案的人。他站在讲桌的旁边，手里拿着板书用的笔，头头是道地说着，好像充分显示出他对自己所讲的题目的把握和领会。"我"作为讲课的那个人，理解"我"此在的一个具体可能性意味着什么。"我"通过理解这种可能性，为"我"自己揭示这种可能性，"我"才能讲这堂课，同时还需要用解释来揭示理解中的这种可能性。

每一个解释都是基于生存理解。也就是伽达默尔特别注重的那种"超出科学方法论控制"的真理经验。因此，有人认为，就其本质而言，解释学并非方法，而是超验哲学，此可验诸如教师的讲台体验以及我们感受力和语词观念模式不断更新的原因。其对"物理""宗教""经济"或"政治"概念的理解（非方法！）与对"教学"的理解皆表现在同样的先验条件下。套用存在解释学的话来说，理解是前主题的，解释是已理解了的东西的主题化和规定。与前主题的被理解的东西不同，被解释的东西是明确理解了的东西，以某种方式认识了的东西。简言之，问题的提法已把问题的解决方法包含了，我们总是朝某个方向上解释事物。

四、沉默之为解释学的功能和地位

我们不停地说话、反复地理解，原因乃是以语言理解的不精确的经验为前提。我们总是认为语言具有普遍性，可语言的普遍性并不是任何特殊语言状态的普遍性。对于语言的普遍性，也不能误解为一种绝对性。

比如，伽达默尔就希望我们通过"交谈无能"这种经验背后去发现可能存在什么东西。伽达默尔想起自己在胡塞尔研究班上的情景。作为弗莱堡的现象学大师，胡塞尔希望通过"教学法交谈"将他的学说传达给学生，可是要掌握交谈的能力对于大多数人都有困难。胡塞尔也不例外。胡塞尔的这种情况在今天屡见不鲜，但这里的原因是多方面的。在大学里，人们试图通过讨论来活跃讲座气氛，但是常常相反，诚如伽达默尔所言，要实现这种从听众的被动接受到主动提问和辩驳的态度转换，是相当困难和罕有成功的。

就教学情景而言，一旦它超出了小圈子里的亲切的交谈，最终就会存在某种无法克服的交谈方面的困难。柏拉图早就清楚地看到这一点。与许多人同时交谈是绝对不可能的，或者说，"在许多人出席的情况下绝对不可能进行交谈。我们所谓的讲坛讨论，这类在半圆形桌旁进行的交谈，也始终是半死不活的交谈"①。我们再换个场景。自由主义者之间的对话似乎风头正劲。据说，他们之间的重叠共识因为基于他们之间有一种学术研究的分工合作的默契。或者说，自由主义者至少用正义（罗尔斯）、权利（德沃金）、国家（诺齐克）、自由（柏林）、经济制度（哈耶克）这些不同范畴来分辨自由主义的问题域。我们必须追问：这些范畴先于对真正自由主义差异的认知吗？或者说，这样的认知，是由于分工专门研究的需要的强化才发明了这些词？两种假说对于自由主义发明过程和这个核心事实（对话意味着融合两套或多套世界意象，融合完全不同的人类生活模式）都有深刻的启示。这恰恰就是对当代思想界自由主义一枝独秀的解释。

当然，自由主义者之间的"口水战"也赋予了沉默特殊的功能和显赫的地位。这原本可能是受海德格尔存在解释学的影响。是该言说，还是沉默？这才是真正的问题。"奥斯维辛之后便没有了诗"，阿多诺如是说。这种无能既可能是别人的无能，也可能是自己的无能。而且今天看来，地球可以变成地球村，但是唯有语言还保留着无数生命变化的隐喻。即便是分析哲学穷尽和"说出的"，也绝对不能取代"沉默地显示着的"。

一位教授在一次学术会议上举例说，"No Smoking"或翻译成"禁止吸烟"这句话存在概念使用不准确的情况。这句话应该被翻译为"禁止正在燃烧着的烟"。如果进一步对"烟"的概念进行分析的话，则我们又得问：禁止燃烧的又应当是哪种类型的烟呢？如果是香烟，那么是否可以吸雪茄呢？这位教授如此理解，必将自己局限于维特根斯坦强调的"说出的"以取代"显示的"错误之内。

事实上，从解释学上看，我们之所以探讨理解、探讨语言，是因为在原则上存在特殊的不可理解的生活表达。如果有人想通过我思说出多于我思的事情，他就落入对付"恶无限"的局面。所以，像利科那样的哲学家就会把诗的语言看得重要起来。在诗的语言发生之处，什么事被说了，但我不是说话的人，是启示呼唤着思想。在这个意义上，即使今天人类的足迹已经踏上了月球，已经破解了许多神秘，但这绝不能取代月亮所"显示出的"意义存在。

---

① 严平编选：《伽达默尔集》，上海远东出版社 2003 年版，第 189~190 页。

一般而言，从"言"到"道"，所需要的恰恰是沉默。但是，在其演变中，所需要的沉默在哪里，这正是问题的核心。

五、另一类解释学

依前所述，值得哈贝马斯忧虑的东西是什么？他在《交往行为理论》一书中更加注意分析人的社会心理、政治方面的问题，关心语言怎样成为公共交流工具，把社会深层和心理深层的精神分析引入解释学。一句话，哈贝马斯注意从研究社会科学中为哲学汲取营养。他的解释学不甚关注解释是否可发现作品原意这类哲学解释学的主要问题，而是要求解释学培养人的批判的敏锐性。由此人们奉送给哈贝马斯解释学的称号是："批判的解释学"或"辩证的解释学"。

这里似乎涉及解释学的分类问题。于此，既不可能亦无需要探讨分类问题之整体。从方法论特征上讲，如果说哈贝马斯试图补救哲学解释学在方法论上的缺陷，如果说伽达默尔哲学的"上溯"走向（即让传统单方面地决定现代走向，以先知、圣人、哲人为中心），那么哈贝马斯的解释学的另外一个叫法是"心理社会的解释学"，它具有接受解释学的特质。

然而，用伽达默尔的眼光看来，把心理分析简单运用和推广于社会是不行的。因为拿一种成功的心理治疗来说，它的前提是存在着一个渴求帮助的病人和一个能够胜任和负责给予这种帮助的医生。可是，在社会中根本不存在一个受到虚假意识折磨和感到有什么特殊不适应的群体。可见，哈贝马斯的解释学已经假设社会科学染上疾病了，在此情况下，想象哈贝马斯的解释学会运用方法论的知识展开治疗。但是，如果社会中存在那种需要帮助的弱势群体，那就是以解放和自由的名义的社会科学做出来的。"期望美好的生活"对所有的人来说似乎都是共同的，它并不能够限制在心理分析中的意识形态批判的层面。①

在前面已经提过韦伯曾拿社会科学家那里出现的方法论问题与人的疾病作对比的内容。也就是说，韦伯与后来的许多社会科学家必定认为，社会科学已经得病了。比如说，人类精神托付给语言，而人们感觉到语言出了问题。因此，最理想的状况是，每个诗人乃至每个人都应该有属于自己的语言，独自表达自己的需要，抵御社会交流的语词泡沫。然而，社会科学真的得病了吗？这是医生的描述，抑或病人的自述？如果是前者，那么谁给医生开具治疗处方呢？是方法论学者吗？未必这么简单。桑塔格指出，如果说社会科学出了毛病，那只是一种隐喻。它不过是"反映了我们文化的巨大缺陷：反映了我们对死亡的阴郁态度，反映了我们有关情感焦虑，反映了我们对真正的'增长问题'的鲁

---

① 让·格朗丹：《哲学解释学导论》，何卫平译，商务印书馆 2009 年版，第 208 页。

莽的、草率的反应，反映了我们在构造一个适当节制消费的发达工业社会时的无力，也反映了我们对历史进程与日俱增的暴力倾向的并非无根无据的恐怖"①。显然，这样的一种理解具有历史的纵深感。

六、理解具有普遍性

理解现象遍及人与世界的一切关系，理解过程发生在人类生活的方方面面。伽达默尔为此强调说："对于文本的理解和解释，不仅是科学所关心的问题，而且是整个人类的世界经验的一部分。"②在他看来，理解之所以具有普遍性，首先在于理解活动是人的存在的基本模式。这意味着解释学探讨的对象不是词、语句或者文本的意义，而是人生的意义或者人与世界的各种关系。这样的研究视角比起古典解释学来说，无疑扩大了研究范围，但它是不是比古典解释学具有更大的成果，则是令人怀疑的。因为，一个文本或者一个历史事件是比较具体的研究对象，只要采取正确的研究方法和遵循适当的解释程序，总是有收获的。而要探索人生意义或人与世界的关系，则不容易取得明确、具体的成果。而且，即使把解释学看成探索人生的意义或人与世界的各种关系，这里也存在方法论问题，也就是说，这种研究仍然有正确的研究方法问题，特别是在理解科学上。这里，就表现了伽达默尔解释学所具有的片面性。

可是，伽达默尔自己会感到委屈，因为他自己认为从来没有主张过真理与方法之间的尖锐对立，真理当然可以通过方法获得。他所感觉到的只是那种认为"方法之外没有真理"的宣称，而这种宣称正是源自现代方法意识立场上的对真理垄断的要求。

伽达默尔要求解释学的普遍适用性，是建立在柏拉图式的"善良意志"或"好的选择"之上的。这是这样一种信念：人们的任何行为，譬如，说、写、各种交往，哪怕是纯粹的独白和沉思，都是为了寻求理解和自我理解。而为了达到理解，当然需要"永远作为某种信以为真"的理解。"这意味着，人们并不关心为了绝对有理的目的去注意别人的弱点，而更主要地设法尽可能去加强别人的观点，使之变得更清晰明了"。这样的态度在伽达默尔看来"对任何理解都是基本的"。③"这就是存在'显现'于其中的解释学难度"，否则，"对虚假的解释学改变了解释学的意义"。④

① 桑塔格：《疾病的隐喻》//张汝伦：《时代是思者》，上海书店出版社 2009 年版，第 106 页。
② 伽达默尔：《真理与方法》，洪汉鼎译，商务印书馆 2007 年版，第 11 页。
③ 伽达默尔：《然而是善良意志的权力（驳德里达）》，《哲学译丛》，1987（2）。
④ 伽达默尔：《解释学的挑战》，《哲学译丛》，1987（3）。

换句话说，正常的解释学不能把事情越解释越不清晰，否则理解就变成不可能了。可以看到，从以上伽达默尔的为数不多的论述中，他已经把哲学解释学想得够好的了，几乎把解释学的肯定方面说完了，这就不能不引起反弹。哈贝马斯在争论中提出一个很有影响的解释学观点："一个表面'合理的'意见一致极有可能是虚假交往的结果。"[①]哈贝马斯由此把解释学转向意识形态批判。

七、可理解/不可理解范围的解释学

我们知道，伽达默尔的哲学解释学在对待传统即前理解或先见问题上具有非批判性反思的保守性质，这特别表现在它对"偏见"结构上的合理化上。哈贝马斯解释学从对前理解的批判反思出发，注意到根据传统塑造的前理解本身是在语言交往中形成和变化的，因此，哈贝马斯解释学就一定要超越前理解把分析扩展到对符号的前语言组织的机制中，只有这样才能发现"偏见"结构，即发现社会压抑和心理病症所造成的符号前语言组织"混乱""分裂""无定形"乃至"反符号化"等不可理解的现象，也可发现曲解、误解、倒错、虚假等无效理解形式，由此哈贝马斯解释学就进入深层解释学的领域，以相互理解为借口批判相互理解。换句话说，哈贝马斯引用伽达默尔的目的是为了反对伽达默尔的哲学解释学。

海德格尔把在"先有"基础上把我们解释导向某个方向的东西叫"先见"。我们在解释事物时，先已对事物有了某种把握，我们从它出发来进行解释。这表明海德格尔已经看到解释必然是多样性的。哲学的任务不是要关闭解释学的循环、集中或整合知识，而是保持论述的不可化约的多样性的开放状态。在海德格尔后来的反思中，除了此在的解释学结构整个局限于时间中，其理解循环中的"前理解"仍然具有先验图式的烙印，所谓"语言是存在的家"，"是语言说我们而不是我们说语言"，都直接构成我们理解的界限，甚至直接成为我们存在的有限性。这将无可避免地把语言拔高为绝对，或"不确定的确定性"变成了"确定的不确定性"，它甚至还可能由"相关性"变成"独断性"，最后变成"海德格尔式的对信念的精英主义宣言"。"前理解"不得不说成"历史学命运"。海德格尔显然已经表明，解释学的语言概念就是建立在这些限度的基础上的。也就是说，海德格尔将生存论范畴与存在论范畴从属于历史性，就可能造成这些范畴的哲学内涵对某某（比如，政治）情景具有先天的适用性。

以前，从"缪斯说""神说"抑或"人说"这样圣俗"两极"上论述人文科学的基础几乎很少提到解释学，解释学只是一门辅助学科，研究有关把握本文

---

① 让·格朗丹：《哲学解释学导论》，何卫平译，商务印书馆 2009 年版，第 208 页。

方法规则的标准，其特点仅仅在于如《圣经》"注解学"那样说明本文的性质。后来，正是哲学解释学把一个基本问题提了出来：你怎么能知道你根本不知道的东西，还要把它说出来？

无论如何，哲学解释学相信，没有任何话语能够抓住精神的内在抗争，一个话语或一个符号永远不会最终被认为是意义的绝对在场。伽达默尔洞见，由于海德格尔试图避免形而上学的归宿，在后期便越来越陷入表达方面的困难之中，以致大多数读者认为海德格尔的哲学中诗意多于哲理。海德格尔自己认为，现象学是一种通达隐而不露或被遮蔽的事物的方法，存在就是这隐而不露的事物。这在伽达默尔看来是一个错误。于是，伽达默尔想，必须把海德格尔的生存论存在论中所隐含的创新因素努力凸显出来。①换句话讲，解释学这个概念如果仍然沿袭着追求普遍适用性的路数的话，那么伽达默尔的哲学解释学对存在的认肯，就只停留在语言层面上，造成了语言的本体论化。由此，当首肯他的读者面对着理解困难时，伽达默尔发现自己所处的位置是去说服这种读者相信"理解要以共同语言为前提"②。而我们反对解释学的此种普遍性的要求。比如，哈贝马斯要用心理分析或意识形态批判告诉我们实际上存在着"特殊的不可理解的生活表达"。哈贝马斯为此警告说，当海德格尔和伽达默尔痛心疾首地呼告人类遗忘了存在问题时，殊不知他们自己也更根本地遗忘了人类与存在的关系。

第二节　为什么反对解释？

马克思说，哲学家们只是用不同的方式解释世界，而问题在于改变世界。从"解释"走向"实践"的要求，这是我们非常熟悉的观念，但是这个观念的内涵实在太多了，不容易完全体会。

一、问题在于改变世界

第一，马克思所说的"解释"，显然是指传统哲学意义上的"解释"，即从局部到整体的方法论意义上的"解释"。困惑着传统哲学的不解之谜中，"解释循环"问题始终是传统哲学解释学要作出合理解释的中心议题。在传统解释学

---

① 伽达默尔：《解释学的挑战》，《哲学译丛》，1987（3）。
② 严平编选：《伽达默尔集》，上海远东出版社 2003 年版，第 192 页。

中，解释循环问题也一直是作为方法论问题来加以考虑的。虽然当代哲学解释学的几位主要哲学家，均倾向于把解释循环问题放在与存在有直接联系的本体论中去解决，反对单纯地把它当作为解释的技术性难题处理，但是，解释的循环问题的出现，最初确确实实是由方法上的困难引发的，而且争论一直在解释学的方法论中贯穿下来。可以说，一涉及解释循环问题，方法上的考虑便随之浮现，至少是从批判传统解释方法的意义上，这种考虑总是占据理论上的优势地位。似乎只要方法对头，解释学的循环便可以解决或至少可以接受。结果，方法论容易给人造成一种错觉，以为他是在用方法重新解释历史世界，甚至征服历史世界。

在这种错觉中，被解释的原文或世界仅仅作为"既定的东西"，不是改变它们，而是阐发出它们的含义。人们也正是以"改变世界"也仍然要以"解释世界"做引导和做疏解，去否证马克思：马克思就是马克思的反论。这跟费尔巴哈的眼界相似。费尔巴哈和唯心主义者有一点是相同的，即他们都"不了解'革命的''实践批判的'活动的意义"，因而也不了解世界历史意义是处于未决状态。

早在大学时期，马克思就敏锐地意识到黑格尔哲学既"揭示一切"，又"实际上什么都没有讲"的矛盾。为什么会有这种矛盾呢？因为黑格尔的理论头脑颠倒了"理念"与"现实"的关系，他在把握社会历史现象的时候，就是从纯粹的范畴和概念推论出现实世界。黑格尔所说和所做的事情都是在纯粹思想领域中发生的。

第二，实践本体论的指向。整个传统哲学都建立在主体/客体二元对立的前提上。即使像海德格尔这样想消除二元对立而以语言取代"自我""意识"的中心位置的哲学家，也仍然没有摆脱这种二元选择。语言骨子里仍然是"没有主体的主体"，它只要在解释历史世界的意义，也就意味着人在解释存在的意义，就必然停留在时间中，既摆脱不掉先验自明性——"前理解"，也摆脱不掉内在性——"理解循环"。马克思在《费尔巴哈的提纲》中撇开形而上学范畴的束缚，其主要原因在于"人的感性活动""实践"是不分主体/客体的把人和世界融合为一个能动的过程。从实践人类学本体论的眼光看，主体/客体是会变动的。

在马克思看来，传统的前理解具有虚假性，人的感性活动即人的对象化的实践最终只能把意义的来源从言语行为转向实践活动。也只有人的实践活动才能有效地揭示出"自我意识的透明性"和"理解条件的连续性"之类的观点乃是善良的虚构。换句话说，只有通过人创造的"表达物"（工具或符号甚至感觉自身）才能敞开历史世界，并且打破理解循环，使感性活动在自己的实践中直接成为思想家、解释学家、艺术家。

二、"反对解释"

"反对解释"这个词语不仅出现在马克思的思想中，同样也出现在另外的思想家的思想中。苏珊·桑塔格就是个例子。苏珊·桑塔格自认为自己不是一个理论家或批评家，而是一个小说家和散文家，但是文学理解自然也需要丰富经验，而且桑塔格的《反对解释》也有压倒一切的需要。她需要表达的是前所未有的东西，这种需要如此强烈，以致不可避免地落入反对解释的境地之中。

桑塔格凭什么要反对？不用解释，人文社会科学的思考能行吗？尼采不就说过，一切都是解释，怎么可以反对解释呢？哲学本身就是对种种解释进行解释。其实，桑塔格反对解释，并不是反对解释本身，而是反对唯一的一种解释，反对那种程式化和教条化的对艺术的解释，亦即反对那种通过阐明某种解释规则，把世界纳入既定的意义系统的解释。它的目的就是让我们从理性解释的捆绑中解放出来，酝酿出一种新的感受。

譬如，谈到对艺术的解释问题，桑塔格认为，那种从作品整体中抽取一系列的因素（X、Y、Z，等等）。解释的工作实际上成为了转换的工作。解释者说，瞧，你没看见 X 其实是 A？Y 其实是 B？Z 其实是 C？[1]这种解释之所以要反对，是因为一方面它导致意义的影子世界日益膨胀，另一方面却导致真实世界日益贫瘠。换句话说，桑塔格希望以对世界的多元化的阐释，来瓦解对世界的单一化的复制。当然，桑塔格同时认识到，他所拥护的对世界的多元化的阐释，绝不是尼采所说的"没有事实，只有解释"意义上的解释。

三、解释须置于人类历史性之中

我们知道，解释学最先出现于古典古代晚期的文化中，那时，神话的影响力和可信度已经被科学启蒙所带来的"现实主义的"世界观所瓦解，原初形式的古代文本不再被人接受。于是，解释的问题应召而来，以便使古代文本适宜于"现代"的要求。譬如，斯多葛派用寓言化的方式把荷马史诗中所描绘的宙斯及其性情狂暴的一族的粗野特征予以消除，以便符合斯多葛派原初的观点，即诸神一定是有道德的。类似于斯多葛派的腔调，斐洛把希伯来语《圣经》的那些如实的历史叙述解释为灵魂的种种范式。于是，解释便在文本清晰明了的原意与后来的读者的要求之间预先假定了某种不一致，而解释试图去解决这种

---

[1] 苏珊·桑塔格：《反对阐释》，程巍译，上海译文出版社 2003 年版，第 6 页。

不一致。情形因而成了这样,即因为某种原因,文本已经变得不能被人们所接受,但是它还不能被抛弃。解释的工作就是修补翻新,用来保留那些被认为太珍贵而不能抛弃的古老文本。解释者必定声称自己只是读出了本来就存在于文本中的那种意义。

然而,在我们这个时代,解释是更为复杂的。这是因为,第一,当代对于解释行为的热情常常是出于对表面意义的明显鄙视,而不是由于对陷入棘手状态的文本的虔敬态度所激发的。与传统风格的解释相比,我们这个时代的解释既缺乏固执,也丧失了敬意。现代风格的解释是在挖掘,而一旦挖掘,就是在破坏。桑塔格认为,马克思的学说、弗洛伊德的学说,实际上不外乎是精心谋划的解释学体系,这些体系的特点无非也是"侵犯性的、不虔敬的"。"用弗洛伊德的话说,所有能被观察到的现象都被当作表面内容而括入括号。这些表面内容必须被深究,必须被推到一边,以求发现表面之下的真正的意义——潜在的意义。对马克思来说诸如革命和战争这样的社会事件,对弗洛伊德来说个人生活中的事件(如神经官能症症状和失言)以及文本(如梦或者艺术作品)——所有这些,都被当作阐释的契机。根据马克思和弗洛伊德的看法,这些事件只不过看起来可以理解罢了。实际上,若不对它们进行阐释,它们就没有意义。去理解就是去阐释。去阐释就是去对现象进行重新陈述,实际上是去为其找到一个对等物。"[1]

因此,桑塔格认为,解释不像许多人所设想的那样具有一种绝对的价值,解释本身必须放在一种人类意识的历史观中加以评估。

四、从对认知方式转到对存在方式的关注

在近代,自然科学的方法论成了西方思想的一般方法论。它由此开了方法的思想和方法对于事物所具有的根本优先地位("方法论主义"的过分要求),从而令方法上可知的条件规定了科学中合乎科学的东西,即科学的对象。在这种情况下,人文社会科学究竟算不算科学?海德格尔哲学为事情向一个新的方向转向作了根本的贡献。海德格尔的存在的历史观要求的远不止是简单的方法论改革,也不只是证明人文社会科学取得自己认识论和方法论上的独立地位的可能性,而是提醒我们注意一切科学知识的存在论意义上的先决条件。读过《存在与时间》的人,尤其读过论"在此——作为领会"(理解力)和"领会与解释"这两节的人,就会清楚地看到,海德格尔在这两节中用了许多德文前缀"先"(先行具有、先行视见和先行掌握等)词语,以一种预期结构

---

① 苏珊·桑塔格:《反对阐释》,程巍译,上海译文出版社2003年版,第8页。

建立了人文科学的解释学循环。实际上，这一预期结构是人类存在中的地位的一部分。

依据海德格尔的观点，决定性的事情不是从人文科学解释学循环中脱身出来，而始终是从事情本身来清理先行具有、先行视见和先行掌握。只有把基础拓宽阔了，"人文科学"不同于自然科学的理论知识就有了正当性，即科学性。譬如，我们知道，海德格尔一生只思考一个问题，即存在问题。对于一个哲学家或思想家来讲，还有什么比存在之思更重要呢？

与存在之思相比，很多问题当然是"不重要的"。对于海德格尔来讲，不仅他个人是不是跟纳粹靠拢这样的个人行为是不重要的，甚至有谋划的种族灭绝和大屠杀也算不了什么。在他看来既然这样，法西斯主义做的一切并未有特殊意义。在给他的学生马尔库塞的一封信里，海德格尔说，关于灭绝犹太人的一切同样也适用于盟国，只要将"犹太人"换成"东部德国人"。马尔库塞在给海德格尔的回信中不禁质问海德格尔说："说这句话时，你不是将你自己置于一个人与人之间可以对话的领域之外——逻各斯之外了吗？只有完全在这'逻辑的'维度之外，才可能用别人也干了同样的事来解释、面对、'理解'一个罪行。"马尔库塞在这封信里绝望地对他的老师海德格尔说："我们许多人都等着你说句话，一个你可以清楚明确地使自己摆脱这种认同的声明，一个表达你对所发生的事现在的真实态度的声明。但你没有作这样的声明。"我们认为，海德格尔的可怕沉默更多的原因在于他的哲学立场。他的哲学立场决定了他不认为自己作为哲学家可以能够跑到柏拉图的洞穴外面看到真实的世界，也不认为自己是唯一能够认识真理的人。对于海德格尔来说，他的任务是倾听存在的呼唤，领悟人与存在的本真关系。①

拿历史学和数学来说，"历史学认识的存在论前提在原则上超越于最精密的科学的严格性观念。数学并不比历史学更严格，只不过就数学至关紧要的生存论基础的范围而言，数学比较狭窄罢了"②。由于科学思维的存在论基础比较狭窄，所有科学无法通达无。对于科学来讲，无论什么时候谈论无都是大逆不道和毫无意义的。但是，由于哲学存在论基础更为广阔，哲学位于科学之先，哲学家就能够谈论无，除了哲学家之外，诗人也是谈论无的。诗人总是像说某一外在事物，像雨、山那样说出与说及无。海德格尔说："凡真正谈论无总是不同凡响的。这里没有通俗可言。但是，一旦置入只有逻辑的敏锐洞察力的酸液

---

① 张汝伦：《政治世界的思想者》，复旦大学出版社2009年版，第336～337页。
② 马丁·海德格尔：《存在与时间》，陈嘉映等译，生活·读书·新知三联书店2006年版，第179页。

中，它就立刻冰消玉解。因此，绝不可能像临摹一幅画那样直接地去说无。但是说无的可能性却可以提示出来。"譬如，下面这首诗："他，端坐在这里，两耳之间，倾听着真正的空寂。一个幻象，十分可笑。大海之上有某种东西翻腾着，那里可以听见潮水的咆哮声。而这里，却是虚无碰撞着虚无，什么都没有，连个空空的洞也没有。欲说还休，欲说还休。"[①]

五、解释的平庸化

在当今时代，解释行为并非一种解放的行为，相反，它是僵化和反动的。拿艺术解释来说，当代的艺术日益丧失了独特的价值。这是因为，第一，艺术的解释在毒化我们的感受力，丧失活力和感觉力为代价的智力过度膨胀是其表现；去解释艺术，也就等于使世界贫瘠，使世界枯竭，美其名曰是另外建立一个"意义"世界。解释好像是把这个真实的世界转换成为一个"影子"世界，你看看当下社会流行的对艺术的解释便知：或用异化理论、或用心理分析、或用宗教寓言来解释不能用这些理论来解释的作品，如卡夫卡的作品。第二，原本人类对艺术的最古老的体验中，艺术的独立存在的价值是不存在问题的。但是，我们谁也无法回归那种古希腊人的那种天真状态。如果"希腊人所谓的'美'就是约束"，那么，在现代大多数情形中，"美却反过来是轻松宁静的因而是为享受而规定的"。"艺术就归属于糕点师傅的辖区了。艺术享受到底是为满足鉴赏家与审美者的敏感还是为提高心灵的道德境界，在本质上都没有区别了。"在糕点上点缀些花草虫鱼确实算不上是一种艺术。相反，"最美丽的世界也好像一堆乱七八糟丢掉不要的垃圾"。[②]解释也就变成了对艺术作品的独立存在的价值抹杀。庸俗化是其首要的表现。

举例说，流行的婚纱摄影，没有多少真实感，但是却"假作真时真亦假"。用海德格尔的话说，就是平均化。人们说常人所说，想常人所想，干常人所干。用不同的语言表达同样的意思，不同的长相呈现一律的表情，包括那些批评平庸的意见也全部致力于暧昧的平庸。讲贝多芬的音乐，就讲体现了资产阶级上升时期朝气蓬勃的战斗精神；讲《诗经·关雎》，就必讲男女之美好感情，这样一些预先设定的语调和态度。这样似乎更安全。但是，真正的艺术在于它能使我们感到紧张不安。但是，今天通过把艺术作品敉平为作品的内容，再对内容予以解释，人们就驯服了艺术作品。

解释使艺术变成可以被控制、可以顺从的东西。这无疑跟现代科学思维方

---

① 马丁·海德格尔：《形而上学导论》，熊伟等译，商务印书馆1996年版，第26~27页。

② 马丁·海德格尔：《形而上学导论》，熊伟等译，商务印书馆1996年版，第132~134页。

式有联系。一切对存在的理性的和思辨的解释只会遮蔽存在的意义。胡塞尔曾经举过天生的聋子的例子。天生的聋子由于没有对声音的直接感知能力，即便他具备乐谱知识，知道声学物理学的知识，也不能仅仅凭借乐理知识就理解了声音如何形成和谐、如何形成音乐。这个"如何"，不可能通过对只是被知道的存在进行推理、演绎而被弄清楚。可以说，音乐家最有资格说："我痛恨记忆功能，我痛恨记忆。"那是因为他或她承认了生成的力量。这里的唯一方法是对音乐现象进行本质直观，以便得到关于声音如何形成和谐的"纯粹现象"，这才是现象学所理解的音乐。这种现象学的音乐理解显然是对那些理论化和数学化的音乐科学的本质阐明。现象学做完这一切之后，便结束了。

胡塞尔显然在此也很重要。他的精神话语坚定不移，令人惊叹，客观化的音乐科学却是从这里出发的。科学因为强调理性，注重探究可知的领域，所以，科学体验必然是去魅的。然而，音乐总是有自己的句法、自己的词汇和符号方式。现代音乐就是一个例子。"现代音乐断然偏离了可理解的'外部'意义范畴。它拒绝听众辨别意义，或者更准确地说，它拒绝听众将纯粹的听觉印象与任何语词化的经验形式联系在一起的可能。"[1]同样，我们会看到从宇宙中拍摄的精美地球的数字化照片，但是我们无法设想派一个宇航员去太空只是为了拍摄一张这样的照片！当技术（语言）在大地上的统治充满了野蛮和谎言，再没有比让存在摆脱让其置于危险之中的东西更有力。

卡夫卡在《约瑟芬，女歌手或耗子的民族》这则寓言故事中写道："我们的女歌手名叫约瑟芬"，"没有人不被她的歌声所吸引"，"要是她死了，音乐也会随之从我们的生活中消失"，而"我们有一天感到，应该要求得到也许来自音乐的幸福"。但令人唏嘘的是，在这样一个时代，人人都像耗子那样，吹吹口哨，万物中最为像人的模样的歌唱，还可能存在吗？卡夫卡疑问，对于这个"耗子的民族"来说，"约瑟芬的歌唱到底是不是一种歌唱？会不会只是在吹口哨？""我们毕竟对音乐一窍不通。我们理解约瑟芬的歌唱，或者由于约瑟芬否认我们的理解能力，以为至少能理解她的歌唱"。[2]

当这个"古老的民族"把自己民族的歌手的歌唱当作吹口哨时，歌手遭遇到了困境，卡夫卡提到了歌手为"争取自己的歌唱而进行的斗争，但在这里她没有直接用歌唱这个珍贵的武器去进行斗争"，"过不了多久，她将吹出最后一声口哨，然后便永远沉默了"。[3]在故事之中，卡夫卡谈到这只唱歌的老鼠相信

---

① 乔治·斯坦纳：《语言与沉默——论语言、文学与非人道》，李小均译，上海人民出版社 2013 年版，第 31 页。

② 弗兰兹·卡夫卡：《卡夫卡短篇小说选》，浙江文艺出版社 2004 年版，第 130~131 页。

③ 弗兰兹·卡夫卡：《卡夫卡短篇小说选》，浙江文艺出版社 2004 年版，第 143~145 页。

她拥有吹口哨的独特天分，因为她没有办法再使用其天分在族人面前表演。沉默是比歌声更致命的武器。否则，她的声音怎能被人听见？卡夫卡的如此观点是在这个"耗子的民族"理解自己与歌手约瑟芬的关系这一背景下提出的。其中的比喻非常微妙和敏锐，只有那最具有音乐性的耳朵才能听懂。

伽达默尔如是说："现在我真的并不是要说将人类相互联系在一起并使他们在对话中结成伙伴的团结足以使一切能成为明智的，并使人们达到完全的一致。正因为如此，在两个人之间无止境的对话是必要的，而且对于精神与自己的内在对话来说，同样如此。"①

六、主观性思维方法批判

许多存在主义思想家都反对概念思维，这一点也是海德格尔生存论存在论的特点。他们认为，绝对真理的共同性质是对有限性的坚决否定，在这种否定中，人们就发现了形而上学的根本动机。但是，非相对的真理一定是绝对的，然而，从绝对真理的缺席，推不出这样的观点：我们没有任何真理。以此观之，他们甚至走到极端，认为所有真正的哲学思维是没有一个对象的。因为它指向所谓存在（人的此在），而它并不是一个对象而是一个主体。存在主义的这些论断看起来具有很大的革命性，但是仔细看一看，并不像初看时那么革命。

首先，与客观主义将"对象"看成是人所获得认识的每一事物不同，存在主义哲学家完全根据字面意义使用这个词。对他们来说，对象就是我所面对的东西。在这个意义上，我（亦即所谓存在）当然不能是个对象。此外，存在主义哲学家把存在看作某种从未完成的东西、没有任何边界限定的东西。其次，当存在主义哲学家把恐惧和忧虑看作理解存在的必要条件时，我自身所是的这一特殊对象（我的存在）被最真实地揭示出来。这可能是对的，但是这不等于说研究者充满忧虑时，还有可能进行真正的研究。就拿克尔凯郭尔的《概念恐惧》来说，可以毫不怀疑是他在一种沉思状态中冷静而理性地完成的一项知性工作。也许忧虑是这种研究的先行条件，但是当他实践写作时，忧虑可能对完成工作并无帮助。相反，它会使人无法写作。最后，存在主义哲学家所提倡的方法，其对象是人的存在，因而是某种完全个别的东西。这从每一对象对与这个存在相联系，并且只有弄清人的存在的基础上才能理解其他存在意义上讲，也许是对的。但是，这个论题至少没有被自然科学研究所接受。

---

① 让·格朗丹：《哲学解释学导论》，何卫平译，商务印书馆2009年版，第214页。

第三节 辩证地对待"解释的冲突"

解释学问题起初发生在解释《圣经》的框架里。解经学是一门怎样的学科呢？这是一门企图理解文本的学科，也就是从文本的意向出发，在文本想要言说的一切基础上试图去理解文本。在这里，把解经学的目的回忆一下并不是没有用的。因为，解释经典这样的事业看起来就像国学界的考证、训诂、注疏那样，仅仅只是重新翻译和注释古典文献。其实不然。解经学问题的存在并非仅在于经书的笺释，以及史料的搜补鉴别、点校勘误、文字训诂，而是与文本实际上说的和真正想说的联系在一起。这样的阅读总会发生解释学上的争辩。这些解释学上的争辩通常涉及理解的一般性问题。但是通过几个阶段的发展，通过海德格尔的理解存在论的发展，解释学基本已经与关于方法的所有讨论绝缘。我们来看看这个理解存在论所生发出来的问题具有什么样程度的彻底性。

一、理解取决于可理解的

如何对相互竞争的解释之间的冲突进行仲裁？这种提问方式大家一看就知道已经离开了魅力非凡的基础存在论的道路。想象海德格尔思考过任何有关这个或那个存在者之理解的特殊问题，或者想象海德格尔会将一部作品不仅从内容而且从形式上束缚于一个特殊的场域之中，就是在想象一个不可能的海德格尔。换句话说，海德格尔不会按照所谓本来意义上的历史理解在什么意义下才可能以那样的方式说话。相反，"如何为相互竞争的解释之间的冲突进行仲裁"这样的问题，是准备由那些多多少少具有方法手段意味的解释学解决的。

比如说，所有解释学所共同具有的语义学，这是一个非常确定的区域。但是，解释是思想的工作，这工作在于对隐藏在表面意义中的意义加以辨读。据此，解释学不得不承受意义的多样性的命运。可以说，哪里有意义的多样性，哪里就有解释。由此，人们也必定会宣布它们只是相对正确。这就是所谓真理及其结论不可避免地具有歧义性（尼采将其推行到极致）。

举例来说，哈贝马斯解释学侧重于揭示那些决定前理解的传统的偏见的非合理性、虚假性和欺瞒性，揭示那些无效理解的错误限度，却不可能对伽达默尔的哲学解释学有根本改进。原因在于，在伽达默尔的哲学解释学里，这些问题没有被适当地思考。哈贝马斯解释学进入深层解释学的领域时，它是以社会病态和心理病态为前提的。可是，我们不能把社会和人类设想为处于一贯的病态状态中。确切地说，它不过是人类永恒的历史中的一段插曲。否则，病态也就是常态了。正如我们把"异化"这一生存的基本事实不能随意做价值判断一样，否则我们就无法判断社会和心理的病态。也就是说，病态是以常态为参照系的，所以，正常的理解恰恰应是以各种病态的坐标为参照。

其实，所谓正常的理解，是指那些可理解范围的理解；所谓非正常的理解，是指那些不可理解或不可直接理解或干脆不能理解范围的理解。所以，所谓社会病态和心理病态也无非是哲学解释学中"遮蔽性"概念的一种层次或类型而已。

二、解释的反讽性

学院式纯粹哲学批判，与哲学在我们现实生活中可能具有的意义或颠覆作用，有着惊人的反讽。今日，这反差之巨大前所未有。我们对马克思自己在"马克思主义者"面前说"我不是马克思主义者"这句话特别记在心上，几乎成为流行语。柏拉图的苏格拉底也说过类似的话："这不是我的话，无论我可能说了什么！"这里所陈述的，最初可能被当作简单的语言游戏，但实际上这正是任何激发人们讨论和思考的作品存在状态之谜。因为它也无法摆脱解释的风险：它甚至无法完全摆脱解释相互之间的内讧。只要想聆听的人加入到对话中，就要跟自己的心灵对话，而这就是思考、学习。我们实际上已经知道，任何解释者都想把陌生者变为本人，也就是说，把陌生者变作他自己的。所谓直接意识首先就是"虚假意识"，马克思告诉我们的无非就是要揭穿虚假意识的诡计。因此，我们也只有在相互竞争的解释学之冲突中，我们才能觉察到"哪里先有错误解释，哪里便有解释学"。而且"意识始终需要通过一种对误解的纠正性批判而提升到理解"。[1]

值得注意的一个现象是：真理通过公开的方式隐藏自身（拉康）。不能把曲解直接等同于不可理解，否则就会脱离理解的根据而把自己陷入事实的悖论中：不可理解的怎么又理解了？譬如，当一个人反复强调所讲的事情千真万确时，其实也就是在告诉你，那不一定是真的。或者说，因为说话的人心虚，所以才会一再强调，否则根本不用那样。一个很守信用的人，不会标榜自己守信用，因为这对他来讲已经是习惯了。把"我从不曲解人"挂在嘴边的人，就是因为常常在这里曲解、在那里曲解，怕被人看穿是不善解人意。学了解释学，知道曲解、误解是相对于正常理解而言，就像阴跟阳是相对而言一样，大概我们就不会总怪别人不理解你了。

弗洛伊德学说不也是对病态的一种解释吗？事实上，它不过就是从否定的

---

① 保罗·利科：《解释的冲突》，莫伟民译，商务印书馆 2008 年版，第 20 页。

方面、倒错的方面，或使正常断裂的隐蔽方面去揭示。用利科的说法就是："弗洛伊德把梦视作一个叙事，尽管它可能是极短的故事，但是它总是具有一种内在的多样性；根据弗洛伊德的说法，这问题是在于如何以更能理解的文本来替换这个初听之下无法理解的叙事，前者之于后者，如同潜在之于外显。"①用伽达默尔解释学来说，弗洛伊德学说不想理解主体所想要表达的东西，而是要理解主体所不想表达的东西和主体不想承认的是什么。②即便精神病人和正常人的理解存在断裂，也不是一种彻底的断裂。因为各种对精神病的诊断，是以正常理解为基础的，甚至精神病本身就是理解正常的人自身的层次或环节，它们不仅不能阻碍理解，恰恰相反，正是它们才得以显示理解的解蔽功能。

伽达默尔的哲学解释学虽然也注意到了解释学的负面或背面，但是，它的问题始终是只讲一句话。读他的著作可以读出很多正常理解的东西，却不能读出非正常理解的东西。这表现为：伽达默尔的哲学解释学虽然总是认为艺术、历史、语言中的"真理"的经验比单纯的"方法"所能把握到的东西有多得多的丰富性和生动性，但是它还是归根到底把这些东西纳入他的正常理解的解释学逻辑之中。它的所谓"视界融合""效果历史意识"等等，都是试图将"无理性的内容"赋予"理性的形式"。

因此，伽达默尔的哲学解释学没有深刻地展示利科所谓的"解释的冲突"。相反，读其他人的解释学著作，譬如，读善于迷宫叙事的利科的著作，我们就能够读出很多正常的正人君子，同样也读出很多非正常的小人。

---

① 保罗·利科：《解释的冲突》，莫伟民译，商务印书馆 2008 年版，第 77 页。
② 伽达默尔：《然而是善良意志的权力（驳德里达）》，《哲学译丛》，1987（2）。

第二章 如何研读经典

在这样的时代，如何研读经典？解读某部经典为何很少人能发出新见？完全读懂某部经典跟弄懂它的创意结构是否是一回事？优秀的经典在书名里指明主题为好，抑或让读者去发现为好？把经典读成似乎"行家"的分析比原作更重要，这样的阅读有什么利弊？实际性的难题也就在阅读经典中自发地形成了。

第一节 对经典展开新的阅读

在漫长的历史中，"经"与围绕着它的其他文本形成了一套体制性的"经传"传统。"经"在古汉语中本指纺织物品的纵线，贯通南北的大道，随后便引申为载道的文字、框定行为的规范。而"传"则是"经"的附属衍生物。在中西文化传统中，"经典"总具有权威性。从语言中也可见一斑：由英语（"author"）、德语（"autor"）引申出的英语语词（"authority"）和德语语词（"autoritaet"），其意思是"权威性"。可以说，"权威性"="作者性"。

但在当今世界，"作者"已经成为很普通的名字。它可以指称任何独特文本的生产者，那些冒名顶替者甚至没有突出文学价值的"色情文学"写手也赫然以作者的名义出现。作者曾经是一个极其郑重的名称，今天可能变得一钱不值。在今天这个鼓励创造的时代，"模仿""抄袭""剽窃""移花接木"都等同于精神的堕落和"原罪"。

一、理解阅读的方式

应该如何解读经典，曾有两种不同的理解同时存在：一种是解读经典的功夫也许不过就是点校勘误、明物训诂，为经典的理解提供一种工具。这就是说，"经典"是一个与"作者"相对应的"原本"，它具有"原始文本"的意思，也包含"原原本本"的含义。这样，解读经典仿佛就是一个"翻译问题"，就是使

"译本"成为"原本"的完全"复制",在相当程度上就是遵守"原本指向"规范。在人文研究领域,语文学能让一个业余爱好者为之神魂颠倒。故此,豪斯曼说:"一次误订,其罪过甚于谋杀。"[①]为了使"译本"与"原本"等值,有人会以一种总结要点的形式,就像医生为病人开方子一样,注意特定的语形、语音和语法规则问题。

当然,这种理解并不是没有问题的。它是一种属于非反省状态下最容易产生的观念。它属于考虑有关这个或那个存在者之理解的特殊问题。[②]首先,在大学里这样来讲授经典课的老师,着眼点不是从经典那里看到今天存在的问题,他们属于学术界最贵族化又可能最费心的劳动者。鉴此,斯坦纳说:"把文学教成似乎温文尔雅的职业,是例行公事,这比教不好还要糟糕。把文学教成似乎批评文本比诗歌更重要、更有利,似乎考试大纲比个人发现之旅、激情题外话之旅更重要,这样的教学尤其糟糕。……当我们进入教室,开讲莎士比亚、柯勒律治或叶芝之时,心里想到的却是:'有两种方法,一是自己去受苦,另一种是当个让人受苦的教授'。"[③]在传统中,这会导致佯装学术精进而实为思想淡出的局面出现。

还有一种人读经典主要是为了看出作品的主题,注意到作品核心中的线索。当然,这要以阅读寻求作品的基本意义是可能的为前提。所以,辨析作者实际上说的和真正想要说的,搞清楚作者的写作意图,将作者真正的思想展示出来是它的要务。正如作者本人对自己的理解与我们对他的理解所揭示的那样,这种读经典的人通常应该具备同作者相互匹配的凝神贯注的能力。俗话说,解经说到底是要解心。它的实质远非抓住作者的个别思想。

为什么更重要的是"解心"呢?古人说:"此功夫却于心上体验明白,只解书不通。""只要解心,心明白,书自然融会。若心上不通,只要书上文义通,却自生意见。"[④]这种读经典的功夫显然重点不在于"原原本本"的"重复"——我们无需重复作者所使用的语言及其演示出来的直观性,这似乎是无意义的,因为我们可以阅读作者自己本人的东西——而应当是每次"重复"都希望带来新的内容。在我们开始寻找"新见"之前,出发点已经堆满了经典作家为所见

---

① 乔治·斯坦纳:《语言与沉默:论语言、文学与非人道》,李小均译,上海人民出版社 2013 年版,第 196 页。

② 甚至连素朴的常识都发现,经典作品在它们的时代如此幸运,简直是奇迹,以致随时光流逝,它们就像敦煌莫高窟的壁画一样,沉默无语,难以破译。

③ 乔治·斯坦纳:《语言与沉默:论语言、文学与非人道》,李小均译,上海人民出版社 2013 年版,第 78 页。

④ 《王阳明全集》,上海古籍出版社 1992 年版,第 94 页。

所感找到的权威性表述的遗产，我们摆脱不了这个前提。"甚至连我们的哭笑都只有部分属于我们自己；我们总能在他留下哭笑的地方哭笑，它们已经打上了他的印记。"①举例说，我以前来过北京，现在住在北京，仍然属于北京之行，与以前的北京之行当然是"重复"，但是，这种"重复"带来的心智和感受变化必定有所不同。我们对经典的理解和翻译、对一本书的多次阅读，都具有这样的"重复"特性。当然，有人认为，这种所谓的重复背后隐含着书后面的乌托邦空想：作者构想出一个世界，而在这个世界之中，将人人都变成有能耐读者的条件渐渐地满足了可以发掘出一个潜伏于其中的思想上的基本结构，似乎这都是基于作者在方法论与体系性上起过的实质作用。但是，这是一种既矛盾又困难的想法。

二、心灵交通的入口

今天我们阅读经典存在许多困难。今天的我们也很少再会像古人那样去读书了。比如，"背诵"某部"经典"是传统社会的首要教化方式。"背诵"就是"心灵复制"。心灵复制很像一个原本的物理复制过程。可是，今天谁还会在心灵复制的意义上去读经典？假如有人听了《论语》课后，把论文最后写成："哎呀，我以前对父母不好，我以后要对父母好一点。"这个已经很难得了。今天我们去读经典，比如《论语》，不仅难在意蕴的把握上，也有来自文字方面的困难，缺乏历史理解正是困难所在。所以，伽达默尔说："解释学经验与流传物有关。流传物就是可被我们经验之物。"②"流传"意味着"非亲历性""不可接近性"。它要有中介，这个中介就是"听或说的知识"，它以语词为中介。"语词"在这里可以是口头传说、文字记载和文字翻译。

简单地说，"流传"或"流通"的本质无非是用隔离的语言突破语言的隔离。正如本雅明本人对自己的理解那样提到了作家遭遇的困境，因为语言的特殊性在于每种语言只能与自己沟通，只能与自身本性沟通。因此，一个能够传达新鲜感觉和新鲜思想的作者，并非是让人模仿的榜样，相反，他对我们这些普通人所起到的震聋发愦的作用，是我们根本无法模仿的。最后，解读经典的首要任务是对另类语言构成物本身进行理解和表达，而不是对该语言构成物的真假作出判断。

---

① 斯坦纳用此嘉许来形容莎士比亚之于当代西方文学研究和批评之重要性。见乔治·斯坦纳：《语言与沉默：论语言、文学与非人道》，李小均译，上海人民出版社 2013 年版，第 227 页。但问题在于，对于历史上最伟大的经典作家才够得上如此致敬。

② 伽达默尔：《真理与方法》，洪汉鼎译，上海译文出版社 2014 年版，第 460 页。

今天，除了这种理解力不足已经出现之外，还有这样一些特点：没有人知道哪一个真的是经典，以及什么是经典。比如，不时会有学生要求我给他们开个书单，几年前也总会有某个女生提到《苏菲的世界》。真正严肃地讲，那个她所宠爱的经典也许并不是经典。但问题在于，给出一张具体实在的书单并不重要。凭着自己的认知经验和冲动，人人都可对这张书单进行增删。重要的是好书的共性：好书总有非凡的思想，以致我们这些绝非例外之人总是能够怀着常看常新的感激之情。可是，除了偶尔的瞬间外，我们一般很少意识到此种情状。还有一个困难不得不提：如果把这个想法反过来，试着假设一下，我们的研究生已经丧失了读书的习惯和兴趣，会怎么样呢？今天有很多人在读一本书的时候不是处于一种自然状态，而是感觉自己好像在被施行一个他并不信任的手术，精神机制是疲倦的。如果人们研究一下这种情形的根源，听听人们有关这方面的议论，就可以知道，大家没有学会如何阅读，也不想从阅读中得到乐趣。

比如，当大家自己向自己提出一个问题：某某人他的某一个思想我知道吗？有哪些书对我们确实重要？想必，回答是一片死寂。我们想到一句话说，在一件干得糟糕的事情上，人们可以看到所有干得糟糕的事情的隐喻，我们可以想想今天的大学生总会感到生活中还缺些什么。如果不读书，他们也能够找到快乐。即使读书作为快乐接受了，往往也并不予以重视，因为那些使他们快乐的书，他们自己也能写。在此，经典大师作为阅读方法正确性的最佳见证人，几乎一句话都不必说，仅仅他们的立场本身似乎就已经在反驳他们了，因而使得他们一听到学校里来了个"启蒙思想家"就要追逐，却不区分"见识"与"炒作"。

毫无疑问，大家对经典的概念也许已经很陌生了。今天，从各种各样印象中出来的某种东西通常会悄悄告诉我们：经典总是与商店倒闭时的大甩卖和大减价具有可疑的相似之处。

三、反对观念的专制

回望历史，即使在现代重商主义完全建立起来的 18 世纪，一部小说的价格相当于一家中等收入人家半月的生活费。而如今即使一部有价值的经典著作，也很容易到手。这是因为有价值的东西反倒引不起人们对它肃然起敬，是因为人们那把一切视为荒漠的眼光永远不能聚精会神地去捕捉位于书页上的意志自由。

我们能不能保持意志自由，或者至少不会失去它？这个问题与书中可见和不可见的世界有关。只要这些印刷出来的东西，不被认为都会烟消云散，那么，那些"精神的穷人"总会盼望"翻身"。为这种道德上的义务，经典给它的时代和也许此后的时代做了佐证。或者更确切地说，它所表达的原则确实占有统治地位，令人心甘情愿地服从这些原则。这就是研读经典的全部缘由。

大凡一部经典，它的岁数比我们的祖父、曾祖父的岁数都要大。一个不言而喻的事实是，如果我们不能从一部经典那里看到我们存在的问题，那么经典已经退出了世界舞台。在今天这样一个以"文本流通"为主要特征的现代性时代，我们的阅读经验表明：什么时候你觉得"读得有劲"，什么时候你就把自己带进去，你把你面临的问题带进去了。这也反证了并非所有的经典和传统都在通过我们而对我们有所言说。

因此，正如古文学家要从阅读手稿开始一样，我们必须从祖父、曾祖父晚出的哲学思维方式对它进行研究，但是，一个棘手的问题是：有些"传统经典"对我们今天的理解者来说已经成为一个无言的或失语的陌生者，那我们想去理解它，该怎么办？海德格尔就曾指出，苏格拉底"没有任何著述"，我们该如何研究前苏格拉底时代的思想呢？我们自然会想，柏拉图记录了苏格拉底的话，我们要研究前苏格拉底时代的思想，几乎只能从离我们最远的和离我们最近的文献细读着手。譬如，从斯多亚、伊壁鸠鲁、怀疑论者、犬儒派的这些古代晚期到现代的问题角度进行联系的研究。这种联系是在文献学语境中合理地建立起来的，正像对任何一个经典作家的解读都会建立这种联系一样。但是，假如这些古代晚期的哲学家们的思维方式太教条主义了，像历史上的教条主义那样试图把思想的内容制订成条条框框，令我们根本就无法从他们那里懂得前苏格拉底时代的真实思想，它们的形形色色随心所欲的解释，不断遮蔽着话语的真实含义，那又该怎么办呢？

这个时候，我们需要摒弃人们一直认为是理所当然的思想观念。比如，德里达认为，对西方逻各斯传统的反思，就是对从语言去思考世界的传统的反思。这种反思是很困难的。如果哲学就是语言分析的话，那么它"既不能阐述它的方法，也不能描述其适用范围"。"其根本原因是：今天借形形色色的科学和文字概念而追求的统一性，从原则上讲，始终是由一个历史-形而上学时代或多或少暗中决定的。"通过语言分析，哲学的形而上学毛病暴露无遗。因此，要告别这种传统，终结这种哲学，只能"彻底告别正常状态并且只能以稀奇古怪的形式显示出来"。①这就是所谓在语词、符号和语法的传统渊薮的面上，敲打出自己独特的言词。

---

① 德里达：《论文字学》，汪堂家译，上海译文出版社 1999 年版，第 5~6 页。

这种稀奇古怪的形式最典型的例子就是把西方哲学的最要命的关键词"是"打上叉号再继续使用。但是，德里达做出这种稀奇古怪的举动，也并没有使他觉得轻松一些，仿佛就是拒绝去"是"又不得不"是"。就像德里达要解决问题的方式不是通过做"正确"的事情，而是通过做"错误"的事情，像丢了魂似的，只是部分解决问题，却总是难以逃脱逻各斯传统的魔掌。

有的时候，作为一个读者，我们有时会抱有一个假说长年累月地研究一堆资料，自以为关键还在于要始终依据文献资料来作阐述，结果却一无所获。这时，我们应该承认，一种严肃的探索有时会导致这样的结论：在这个问题上我们无话可说。即便像孔子这样伟大的人有的时候也会找不到答案。

四、摆脱教条主义的传统

根据某种文献学的批判态度，我们可以提出一个大胆的想法，即前苏格拉底时代的思想不能存在于哲学史的书写中。也就是说，哲学史作为思想制度的理性形而上学，是西方人的传统。但是，不能说前苏格拉底时代的思想是"传统的"，那个时候还谈不上有某种思想传统。相反，西方哲学的思想传统倒恰恰是从这种思想中产生出来的。一旦人们用形成于西方思想制度的哲学"框架"尝试翻译前苏格拉底时代的思想，那就有翻译的暴力性质。

海德格尔认为，前苏格拉底时代的思想尚不属于形而上学，比我们要更接近诸神，也更知道事情的真相。这是说，祖先总是高明的，祖先的高明可以理解为祖先是神或神的子孙，或神的学生。这话在解构主义者那里的意思是，任何尝试将有文字以来的传统追溯到一个说话的起源点将会重复意义和起源之间的距离，这个距离恰恰是文字或书写缺席的特点。这等于说，说话并不是文字或书写的起源，并不比其更本真。这与其说是在暗示回归传统人文主义之不可能，不如说我们之中即使受过良好教育之人也不懂得希腊语或拉丁语。

有趣的是，作为对比，这种思考方法与本雅明对历史唯物主义阐释的方法是相似的。本雅明从文献学研究的角度，对方法提出的要求是，从文献学的严格神话中解放出来，进行重新研究。为什么要重新研究？我们再去研究它还有什么意义呢？当然有意义！理由很简单，就是要对这部经典展开"新的"研究。何谓新的研究？首先，经典不是毫无生气的东西，而是蕴含着一种生命能量，只有当一部经典所讨论的问题仍然是活生生的问题时，而真实内容却保持其原来的隐蔽时，对这部经典的研究才具有真正新意的可能。其次，只有与众不同的研究才算研究。不言而喻，"新的"研究不是重复去说。正如克尔凯郭尔说，重复是"重复"活动，但不是"原原本本地"重复一个事情、一个思想或一个观念。也由于"时间间距"，人类的人文经验和理论解释才能不断"出离"自身。

德里达早就告诉我们，即使在最严格的"重复"中，被重复的对象也不会原封不动地"出场"，而只能以痕迹的方式存在。齐泽克在一篇关于列宁的文章中说："对于我们来说，列宁不是古老僵化的确定性怀旧名字——事实恰恰相反。用克尔凯郭尔的话说，我们找回的这个列宁是形成中的列宁，而列宁的根本经验属于激进派新星的经验；在这批新星中，陈旧同等物的无用性得以显现，因此他们被迫重新发明马克思主义——回想一下列宁对新问题的尖刻评价：'关于这一点，马克思和恩格斯没有说一句话。'并不是回到列宁那里去，而是在克尔凯郭尔的意义上重复列宁：在今日的新星中找回相同的脉动。"[①]

五、"原著"乃是"译本"

值得注意的是，我们解读的经典不属于获得"看的知识"传统，而属于获得"听说的知识"传统。"看的知识"是直接的，"看"的直接性要求"保真的逻辑"；而"听说的知识"是间接的，它就要求语词的权力。由此，"原著"通常是一个"译本"，它所再现的通常是一个再现物，它是"表达物的表达""再现物的再现"或"译本的译本"。

简言之，我们作为经典作家的读者处于一个"听说的知识"传统之中：我们所读到的和听到的内容都不具有直接的可接近性。今天的人们早就在考虑：马克思的作品在少数专家的心目中已经退化为学院研究。学院派属于一切时代，属于过去的时代，同样也属于我们自己的时代。甚至可以说，对马克思主义著作的"翻译"，必然会把"流传"的视角带入关于马克思主义哲学的知识领域，它体现了与语言传统的关系。很明显，我们这里所说的"翻译"不是学校里将外文译成中文的练习。学校里的翻译练习以一种脱离现实的观点为基础，认为既然在一种语言到另一种的转换过程中需要传达的内容是不变的，那么只需找到完全相符的词汇便可完成这个过程。然而，我们并不认为翻译是从一种代码转到另一种代码的过程，因为人们翻译的始终是话语，

---

① 齐泽克：《迈克·哈特和安东尼奥·奈格里为 21 世纪重写了〈共产党宣言〉吗？》//张永清等主编：《后马克思主义读本》，人民出版社 2011 年版，第 128 页。

是特定的文本而不是语言。在翻译中强调的是要翻译的文本与译者和一门语言之间的关系。举例来说，当我们使用"无产阶级"这个词时，它的意思并不是由法权定义决定的，而是由道德和政治的考虑定义的。

奎因曾经这样向我们描绘了理解活动的过程："如果你能将一种语言翻译成另外的语言，你就理解了这种语言（那些只懂一种语言、语言能力远不及奎因灵敏的人发现他们只能同音翻译）。显然，我们必须将一种语言翻译为我们能理解的语言——对那些不理解的词语做同音翻译——这样的理解概念终究不是翻译；也许所谓理解，用能力的测试仍然逃不出翻译的不确定性。"①由于无法区分两个理论的两个句子，因而无法确定其中一个理论中这句话的意义。

在这个背景下，我们通过外文转换接近经典所获得的知识，其可信程度是很低的。可信度低有其原因：译者没有理解原文，但自以为理解了，并按照他的理解翻译原文。这当然不是一个简单否定的问题。自有文明以来，对此就有无数的观点。比方说，斯宾诺莎曾经把"知识的种类"按照可信程度分为四种，其第一种可信程度最低的知识就是"听说的知识"。从这个意义上说，我们总是以为只要人们说过了、讨论过了，谁的声音得到了更多的附和，谁就完成了把握经典的任务。如今，奇怪的是，某些学者凭着一点聪明和勤奋，凭着能说会写的能力，或一点相应的对外文文献的消化能力，就认为可以做出任何文章甚至把它当作主业。

第二节　理解另一个人的话："解释"和"阐明"

天真的读者有时会觉得，凡是伟大的经典，读起来总是令人叹服，因为他总觉得在知识的意义上伟大的经典总是抵挡住了读者的怀疑。这当然如同天真的作者有时会暗暗希望那种魔鬼性质的东西："我真的死了，看人家是怎样致悼词的。"这些魔鬼性质的东西不幸出现在一本书里，不用读者煞费苦心。因为，在我们作为人而非作为星相学家、神学家或伦理学家的情况下是不需要苦心思索的。

---

① 罗伯特·诺齐克：《苏格拉底的困惑》，郭建玲等译，北京大学出版社 2013 年版，第219 页。

但读得顺和读得心平气和对于伟大经典来说是远远不够的。假如找不到"一把能劈开我们心中冰封的大海的斧子"①，而无奈将这个表面的文本性条件纳入写作之中，那必将与经典之为经典有天壤之别。

一、"前言"何用？

读经典，自然是从理解经典作家所说的话为出发点的。但外在的理解，这只是读者的一个纯粹的断言。一部经典作品面向谁，读者如何可能对它正确地理解，仅凭这断言，都还心中无数。于是，有些人想出了个懒惰的办法，即读读这部经典著作的"前言"吧！以为读读"前言"，经典作家的思想何所来或何所往就会同时展现出来。对于这种看法，他们自己是这样说的，一部经典著作的"前言"，在重要性上往往就是它的计划提纲，指导线索必固定在提纲的框架里。

真相并非如此。一部经典著作的"前言"从来都不是一个计划提纲，而只是让读者进行积极研究的指南。一部经典就像给读者提供的"视觉工具"，是为了"让读者分辨出没有这本书他自己或许发现不了的东西"②。同样，任何对经典的阅读不仅会产生某些经典并没有说出的东西或没有直接这样说的东西，而且会产生某些读者并不想说的东西。因此，读者本身对书本所表达东西的承认，有些类似多项选择。例如，胡塞尔虽然希望使自己的思想有一个巩固的奠基，但是他出版的著作不多，几乎都是一些纲要性的东西。这里特别适用德曼的看法："所有的奠基石都是一块'有缺陷的奠基石'。"③谁要是对此有错误的

---

① 卡夫卡说："如果我们读一本书，它不能在我们脑门上击一猛掌，使我们惊醒，那我们为什么要读它呢？一本书必须是一把能劈开我们冰封的大海的斧子。"参见叶廷芳选编：《卡夫卡散文》，人民出版社 2011 年版，第 94 页。我还想说，不能再依赖那些已固定的、被奉为经典而实际上已经封存于图书馆的书本。书写在经典上的一个最普通的形象，除了唏嘘人的生命多么短暂，感叹形而上学目的的虚夸之外，不会有别的意义。所以，德里达在《书写与差异》中引用了雅毕斯对书提出的疑问：你正在写作的书"有多少页是为着生，多少页为着死，多少页使你与自我隔离，多少页使你与书隔离并最终放弃书？"从写书人的角度，雅毕斯提供的哲学书写的命定论，就是残酷的一个形象。然而，把残酷当成一种向死而生的感觉是一种错误。我说的残酷是指在逝去的时间中追求真理，犹如一个人追求爱情。对于哲学写作，我有此感觉，也许根本不是这样。

② 保罗·利科：《承认的过程》，汪堂家译，中国人民大学出版社 2011 年版，第 55 页。

③ 马丁·麦克奎兰：《导读德曼》，孔锐才译，重庆大学出版社 2015 年版，第 41 页。

判断，他就根本无法领会胡塞尔。

二、不要总是大钞票，要小零钱

假如一部著作还是计划提纲，那么作者所进行的积极具体的研究就还没有呈现出来。但是，有些读者很大胆，大胆得甚至有些蛮横，他常常抛弃自己不想研究的概念，干脆对别的思想家来说至关重要的命题不予理会，大量生吞活剥地援引和摘录别人的著作。

人们通常认为，尼采的全部文献是适合大量摘引的。对于这一点，我们无须辩驳，任何人都知道尼采本人未在方法论与体系上有所发挥。但关键在于，这些引文如何在不同的境域中透显出新意来。在这方面，"像罗蒂那样的学者有一种倾向，特别能大刀阔斧地清除那些对别的思想家来说至关重要的命题，比如现代哲学中的'意识'"[1]。罗蒂认为，对于"意识"这个笛卡尔以来就是哲学的最大难题之一，而且很成问题的哲学概念，我们应该干脆置之不理。在思潮涌动的今天，"意识""真理"等字眼在大多数后现代人文科学那里已经成为概念木乃伊之类的东西。但是，我们对待传统的态度并不能像罗蒂那样满不在乎。我们不能狼吞虎咽地吞下传统，但事先压根儿不想对之进行最起码的有条理的研究。不妨打个这样的比方：当有人对自己周围的某些人的思想不在乎、不满意，并当作跟一个傻子谈话的时候，我们会说："啊，还有这样的人，他怎么会有这样的傲慢。"他就是一面镜子，能够看出他自身的不足。

在这方面，胡塞尔是个榜样。他曾有过自警。他说，在大学课堂上，他会遇到一种初学者，这种人在哲学思维中通常会有那种自大而空泛的主张和论证。胡塞尔就忠告这种人："'不要总是大钞票，我的先生们，小零钱，小零钱！'"[2]细致的分析、细致的分析，一切显得是多么的靠不住！理论体系的不严格性，却在其意义辨析的细致性中露出马脚。而只要我们仍然是人，这条规则就将永远存在。

在这个意义上，现象学从方法上讲是一种细致分析事物的方法。它涉及我们的对观念的经验或实践后果的分析的主要方法。诚然，我们还有其他的辅助方法如概念的形而上学，但在形而上学这风筝日渐脱离大地的时候，我们可以运用的方法就是在大地上找到这种"主食"。詹姆士指出："真理大部分是靠一种信用制度而存在下去的。我们的思想和信念只要没有什么东西反对它们就可

① 林塞·沃特斯：《希望的敌人：不发表则灭亡如何导致了学术的衰落》，王小莹译，商务印书馆2011年版，第66～67页。
② 严平编选：《伽达默尔集》，上海远东出版社2013年版，第336页。

以让它们成立；正好像银行钞票一样，只要没有谁拒绝接受它们，它们就可以流通。但这只有可以直接证实的情况下才如此，缺乏这个，正如金融系统缺乏现金准备似的，真理的结构就崩溃了。你接受我对某种事物的证实，我接受你对另一事物的证实。我们就这样在彼此的真理上做买卖。但是被人具体证实过的信念才是整个上层建筑的支柱。"①

回到现象学。对我们来讲，普遍命题如同大票面，细致分析则如同小零钱。我们学习现象学，第一，要注意到它是如何将普遍命题的大票面兑换成接近事物的细致分析的小零钱的。第二，我们可以将研究锚定在细节上。今天，在哲学界，也许贬低人的办法常常就是说这类话："噢，那个教授，他是一个搞大题目的家伙。"还是知趣为好，在细枝末节上做文章吧！举例来说，马克思的博士论文就专门研究两个古希腊哲学家的自然学说的细节差别。马克思不是要研究伊壁鸠鲁和德谟克利特之间的一般性差异。马克思所关注到的这种"差异"居然通常被视为"同一"因素内部的差异。这当然与哲学史不注重细节有关。马克思看到了"存在于它们之间的贯穿到极其细微之处的本质差别就显得特别重要"②。

但是，我们这里所谓的注重细节，与后现代拒斥宏大叙事具有不同的视野。如今浸染于后现代的人们的至理名言是，别问太大的问题。但换个角度看，现象学的方法本质地包含我们不能忽略这些"小零钱"所由来的"大票面"。进一步说，就阅读经典来说，宁要"大票面"不要"小零钱"是危险的。因此，我们应该尊重被阐释者自己的结论，包括尊重被阐释者自己的结论扭曲了的文字字面意义。这相当于重返尼采所谓语文学。西方人讲"理"，即"知性的理"，可以用逻辑推理、用argue来演绎的"理"。

三、两个层次

我们在阅读时往往有这样的印象，一个人究竟说了什么，和一个人如何实际地理解他自己说的话，是两个不同的层次。我们要去理解一个人所说的话，首先就是要弄清楚他究竟说了什么，还要弄清楚他如何实际地理解他自己所说的话。很明显这两个层次并非无关，但相去甚远。

我们暂且把从这两个层次着眼去理解一个人所说的话叫做解释。那么，什么是解释？

首先，它不同于概念性说明。例如，有人说马克思的《巴黎手稿》明显具有费尔巴哈的印记，因为马克思使用了具有费尔巴哈所在的传统的基础上

---

① 威廉·詹姆士：《实用主义》，陈羽纶等译，商务印书馆1979年版，第106页。
②《马克思恩格斯全集》第1卷，人民出版社2001年版，第18页。

才能为人所理解的语言。然而，我们不能把马克思局限在费尔巴哈的概念和语汇里来理解。因为这种解释还仍然停留于概念性说明，还没有阐明某种东西；换句话说，即使马克思使用了费尔巴哈的概念，我们也不能认为马克思简单地复制了费尔巴哈的概念。据说，概念是"属于"每一个人的。现在，学术界动不动指控谁"偷"了自己的概念。但是，他也得承认别人在他之前就发明并拥有概念。

我认为概念并不是像它看起来那么简单。哲学概念具有普遍性，但是绝不能把它等同于一般的抽象名词。抽象名词是一个简单的语言工具，用来指代类名或抽象共相。概念却是在历史中形成的，它本身是对事物的意义历史的规定和结构规定。因此，这种普遍性只有在普遍化过程中才能得到实现。

什么叫普遍化？普遍化本身就是整体把握事物，将事物放在一起。概念自身是一种"居间存在"。W. 本杰明在描述"文本"概念时指出，概念既有"现世生命"（life），也有"来世生命"（after-life），说的也就是概念具有历史性。

正因为如此，马克思援用费尔巴哈的理论去解释时，他就绝不能让自己的理论处于"自身等同"（费尔巴哈的概念）状态。因为这里的"解释"比阐明某种东西还具有更多的东西。按照马克思的说法，概念应该用来说明事情，而不是用来确定本质。那么，用来说明事情而不确定本质究竟是什么意思？这是指改变那种用概念确定意义的习惯。我们必须承认，即使从西方的观点来看，话语也已经僵化。概念，所有的概念都冻结了，都被捆绑在固定的意义和简化的词汇中。换句话说，我们习惯于用概念界定思想，而不是促进思想发展。在此种情形中，按照马克思的说法，思想就如同潜入大海，总要将珍珠这样的东西带回光天化日之下。我们不能像海豚那样刚刚潜入大海，就钻出水面。对我们来说，语言也深似大海，远不是均衡的体系。思想如同潜水，会遇到狂风和波涛。以这种方式考虑哲学表达中的一切，会使我们的思想经历危机。但是，哪一个伟大的思想家不经历危机呢？语言总是被经历才对。因而，语言改变了对该概念主题的理解。譬如，解释应该"指明一个特殊方向"，"应注意到一切解释都指明一个特殊方向而不是指出某种最后结果，也就是说，它指向一个能充满各种方式的开放领域"。①

事实确实如此。让《巴黎手稿》中马克思动容的是工人们生存的困境，让人类学中费尔巴哈动容的是生迹杳然的字句。马克思首先把本来抽象的人类学相关的人的概念问题转换为"生存论"问题。对于费尔巴哈而言，这是无法明白的。《逻辑哲学论》里有句名言说："也许只有那些自己已经思考过其中所表

---

① 严平编选：《伽达默尔集》，上海远东出版社 2013 年版，第 497 页。

述的思想或者类似的思想之人，才能理解此书。"因为《巴黎手稿》"并非一本教科书"。①今天我们用活生生的语言展开与经典文本及其思想的对话。而向阐释者传达洞见的一个困难在于，这个阐释者必须在某种意义上先行具有这个洞见，才可能习得它。②换句话说，阅读经典的可能性，并非理所当然。经典作品要完全得到理解，必须有它的无限遥远的理想读者。为了正确地去感受，我们必须与经典所感受的有同感。

四、各种可能性

对一个人所说的话作出理解，除了"解释"这一层含义外，另一层含义可能就是"阐明"了。所谓阐明，就是要弄清楚这些话所具有的各种隐含的意义。这些隐含的意义可能就连说话的人也没有意识到。

这是什么意思？第一，作者可能遵循一种无意识写作理论，相信一本书必须让它自己写就。马里翁说："真正的画家并不知道他画过什么，他只是尽其所能地乞求惊异，这是他不敢预见的东西被揭示出来的时候所引起的惊异。确切地说，全部技巧就在于最终让未见者通过惊异的无法预见的方式突然出现在可见者那里。未见者显现的瞬间——从晦暗的深渊刺穿可见性的表面——恰恰就是它完全摆脱其监护者、引导者、摆渡者即画家的时刻。"③这是说作者只有透过其作品，才能意识自身并且实现自我；在他的作品面前，他不仅对自己一无所知，甚至他根本不存在。只有从作品发生那一刻起，他才存在。如果果真如此，作品如何存在呢？黑格尔提到："直到有效的实现以前，个体既无法知道自身存在，也不知透过操作会被带往何处；这样似乎意味着在操作之前，没有权力决定操作的目的性；他却又必须状似（如同有意识般）事先对行动了如指掌，也即如有目的性一般。"④

第二，读者在阅读时是在"阅读"自己。利科喜欢引用普鲁斯特的这个观点。他说："阅读就像乐谱的制作，它标志着文本的实现，语义可能性的设定。"⑤读者不仅揭露这些语义的可能性，而且严肃地思索这种可能性。当然，

---

① 费勃：《哲人的无知》，王师译，华夏出版社 2010 年版，第 35 页。
② 费勃：《哲人的无知》，王师译，华夏出版社 2010 年版，第 87 页。
③ 让-吕克·马里翁：《可见者的交错》，张继华译，滴江出版社 2015 年版，第 46~47 页。
④ 莫里斯·布朗肖：《从卡夫卡到卡夫卡》，潘怡帆译，南京大学出版社 2014 年版，第 61 页。
⑤ 凯文杰、范胡泽：《保罗·利科哲学中的圣经叙事》，杨慧译，中国人民大学出版社 2014 年版，第 110 页。

这绝不意味着是阐释者强加给被阐释者作品的诠释。事实上，一部书，也不是一个听从有本事的读者任意摆弄的东西。对作者笔下实实在在的文字的尊重实际上不能或很难被打倒。

第三，我们在阅读经典时候，有些直接冲突的说法，让读者绝望。就经典的内容而言，语境的不同无法使得两种看法看上去合情合理。或许不用心的读者会认为，经典作家有时不清楚自己前后不一，是个脑筋糊涂的人。但是，他们是世界范围内的伟大精神领袖之一，他们名下的书的编订方式才可能是这种混乱的罪魁祸首。例如《资本论》是马克思的整个世界。但对我而言，《资本论》至多是我半个世界，另半个世界是我心中阻止我真正成为马克思的所有的那些东西。这些东西包括孔子、老子、海德格尔这些一同形塑了我的知识世界的人。

第四，我们通常会对某些题材很熟悉。这种熟悉感不仅不会使对题材的理解变得容易，反而会增加对题材理解的困难。诚如施特劳斯所言："理解的开始是对需要理解的题材的特性有一种困惑或惊异的感觉。习传培养的熟悉感很容易剔除这种至关重要的体验。"①

五、话语的多义和单义

因此，重要的问题是，我们如何弄清楚这些话的各种含义？我们能够弄清吗？这里可能存在诸如此类的复杂情况。

第一种情况，如果我们在阅读时获得的印象，是这本书的话语不是多义或复调的，存在着话语的某种"真实意思"，而这种"真实意思"也是"唯一恰切的意思"，那么，我们怎么知道那是"唯一恰切"而"真实的意思"呢？依我看，一个人所说的话总是像商品那样需要在某个市场中流通，因此，一个人所说的话的真实意思，也须在某个起着语言市场作用的某个场域的若干实际使用的关系当中确定的。如果这种"真实意思"也是"唯一恰切的意思"，那么对一个人所说的话作出理解，主要的事情也就做到了。这就是说，大体上话语的"真实意思"获得其完全的确定性。当然，从这方面来说，根本无须再提"字面主义"②这件事了。

第二种情况，假如我们在阅读时获得的印象，是这本书的作者具有特殊的

---

① 列奥·施特劳斯：《什么是政治哲学》，李世祥等译，华夏出版社 2011 年版，第 290 页。
② "字面主义"（literalism），即将词语认作实际的真理，是将语言错误地等同于现实。例如，字面主义深信，当我们说"货币"这个词时，我们指的是真实的"钞票"，而不是在使用一个词语。在传统中，它与"修辞"和劝说、雄辩和操纵有关，与个体不正当地使用语言方式有关。

才能，他的话语具有多义性甚至复调性，那就可以同时在不同的场景和语言市场中进行言说。

如今，要说什么观点有市场，什么理论有实际上的效果，看看海德格尔《存在与时间》的历史效果就知道了。海德格尔对欧陆和英美哲学界都是至关重要的思想家。比方说，他的《存在与时间》的对话对象，在比较深刻的层面是与卢卡奇的《历史与阶级意识》对话，在最深刻的层面上是与马克思的历史哲学对话。如此等等。从语文学、语言社会学角度看，海德格尔式的话语当然属于"有学识的话语"范畴。这种话语是由作者的表达旨趣，加上某种控制表达的途径，再加上表达形式这样一些东西，它是这些东西顺理成章平衡、妥协的结果。从意识层面上看，像《存在与时间》这样的书，既是通过无意识的思维，又是通过有意识的思维完成的。

海德格尔，一个具有特殊才能的作者，俨然就是一个话语表达上的魔术师。他能够把读者的注意力引向某种不太重要的事情上，让我们的眼力从他试图隐藏的事情上移开。为了达此目的，他通常有几种手法。比如，赋予普通的语词以另类意义以激活微妙的意思；或运用比较委婉的话语元素、典故和词源出处。海德格尔对语词的把玩具有某种特殊的才能，这没有人会否认。在这点上你不能不向他致敬：他从不掩盖自己对思想、对语词把玩的热情。比如，他通过借助于词源和话语元素的关联，使某些词语显示出一种"家族相似"，从而让人留下两个所指之间有一种必然的联系的印象。从语言交换的经济角度看，对语词的把玩是产生这种必然的联系的印象的方法，也是最可靠的方法。

例如说，在《存在与时间》中，有 sorge besorge fürsorge 这样一组词。sorge在这本书中是个主导词，通过形式本身而变得明显与一整套同一语词家族联系在一起：sorge：操心；besorge：操持；fürsorge，关照。中文译者说，这组语词是最难翻译的。你也许会问，一个思想家怎么会玩起语文学的把戏呢？有人认为，既然哲学搞的是抽象的东西，而文学搞的是具体的东西，这两个领域之间就根本不可能有任何关系。问题是，在我们看来，像柏拉图那样的作品看起来也只有文学形式,没有哲学学说。因为文学之中的现实，并非世界，而是某个特定作品的那种特定语言，文学自身耽溺于历史之中。柏拉图的"理想国"源自言辞王国。事情就是这么简单。如果如同德曼所言，所有的语言都是比喻的，那么哲学概念的语言同样是比喻的。因此，当哲学处于正当性危机的时刻，海德格尔保证了一种新颖的语言启蒙,至少在马克思哲学边界上是新颖的。

是否能这样认定：伟大的思想家之所以伟大，其所有的文本，都在讲述某种独特而非人能识断之处，而且其所有的文本都是为了表现某种普遍意涵才谈的。

说来说去，海德格尔这组语词之所以最难翻译，绝不仅仅是因为从语文学家的角度遇到困难。相反，困难在于我们如何透过它们之间的一种必然联系，把所指之间隐藏的关系牵引出来。如果用语文学家的形形色色随心所欲的解释，那么就会不断掩盖着话语的本真含义。布尔迪厄亦有同感。他曾指出，伽达默尔从语言哲学着眼，试图从 fürsorge 一词的情形推论出这组词中的主导观念出自"自我"的，而社会幸福感只能建立在"自我"的基础上，这是这些语词的"真实意思"。在伽达默尔这样说的时候，他看走了眼。不管伽达默尔怎么说，他忽视了"有多少种不同的用法和市场，就有多少种不同的意义"的道理。而当我们困惑这些词的"真实意思是什么，就如同奥斯汀说的那样，同困惑于'变色龙的真正颜色'是什么一样天真"[1]。难怪海德格尔会感叹：逻各斯"这个词的含义的历史，特别是后世哲学的形形色色随心所欲的阐释，不断掩蔽着话语的本真含义。这含义其实是够显而易见的"[2]。

六、反　话

如果我们发现一句话是反语，是讽刺语，或是一句谎言，这就属于对一个人所说的话作出理解的解释范畴。因为这句话就是经典作家说出了他想说的东西的反面。因此，对于去理解其中的反话，我们既要弄清楚他究竟说了什么，也要弄清楚他如何实际地理解他自己所说的话。但是，有人会傻乎乎地提问：有没有一部哲学书全部都是按照反话的含义写的？伽达默尔坚信，这是不可能的。因为，我们首先是在对某种事情的理解基础上去理解对话途中的反话。反话完全是先行把握的例外。最出乎意料的是，此争议（缺此争议无语言、无文学、无真正的哲学研究，然而此争议无意于证明、研究、文学或哲学，其无法先于其对象，也无法从其形式中预见其逆反之运动）在伽达默尔的解释学辩证法本身隐约可见。而且，这种例外的情况是具有特别意义的。

举例来说，马克思说，共产主义是一种人类"思想"的事业，但它就植根

---

[1] 皮埃尔·布迪厄：《海德格尔的政治存在论》，朱国华译，学林出版社 2009 年版，第 80~81 页。

[2] 马丁·海德格尔：《存在与时间》，陈嘉映等译，生活·读书·新知三联书店 2006 年版，第 38 页。

于世界历史运动中。之所以实际上迫切需要共产主义事业这类关切，其原因首先就在于，人们通常是在对共产主义事业关切不足的方式中行事的。其次，共产主义曾经通过巴黎公社实现过，但它实现的时刻已经被错过。与此同时，共产主义的生活必须始终不可遗忘，即便已经没有人记住它。这里，我们可以按照自己与马克思对于巴黎公社这一事件的一致性去理解其中的反话：我们的关于共产主义的语言已经失败了，共产主义的语言既不能阻止资本的肆无忌惮，又不能表现无法言说的经验，于是，与共产主义文学在我们现实生活中可能具有的意义和颠覆作用，坚持向着相反的话语敞开，也是一个批评家最具洞见的时候。因此，在与马克思的对话中，明显包含着这是一个显白却不易察觉的东西，即马克思的思想通常意欲借辩证法的否定性推动而持续着，这些东西会在其语言的框架之外时隐时现，就好像马克思要借由这个隐显二重性的外表抓住某物。

这样的提示有助于让我们理解如下事实：一方面，马克思的整个"思"的事业一直不断地讨论共产主义这样一种特殊的存在；另一方面，他却致力于探讨世界历史规律的存在论性质。在这里或在那里，人们对共产主义事业关切的实际需求仅仅只是某种偶然的表现。结果，有人从反马克思主义的观点看，认为马克思描绘的共产主义前景是可疑的。施特劳斯式的"哲人"认为，马克思自身的文本显示了共产主义的不可能性。一个解放是一种承诺，文本显示了一个承诺只有无法兑现的时候才能被认为是一个承诺。但是，施特劳斯式的"哲人"甚至都没有想到去恢复已经被忽略掉的东西，他们和马克思真的不同！虽然他们同样熟读古典。

问题在于，马克思究竟说了什么？他究竟如何实际地理解他自己所说的话？可以看出，马克思愿意表达思想，但他更愿意探索思想。我们不能将马克思的著述束缚于一个特殊的语境和场域之中：不能想象马克思会用德国古典哲学家的话语形式说话（尽管人们在读《资本论》第一章时，时时感觉到它对那些没有德国古典唯心主义素养的读者之极端不友好），更不能想象马克思会用现今哈佛或牛津教授的政治哲学论文所采用的形式说话。但是，这些年来让我产生好奇的是那些不愿发表甚至都不愿谈论他们知道什么的马克思主义学者。种种迹象表明，他们正在压着一些应该说出来的东西。在这类学者中，有些人不愿表达是为了不再在废物堆上添上一堆；另有些人是真正理解了问题的复杂性，自己感到应该做的是精益和精进思想，但是绝非是稍有口吃的罗尔斯那一种，更不会是像喋喋不休的伊格尔顿那一种。我有一种经验，那就是，最富洞见的人往往最不急于表达自己。

七、矛　盾

对一个人所说的话作出理解，如果我们发现一句话乃是建立在一个错误或者一种偏好或者一种历史情境的无意识的流露基础上，这就属于阐明的范畴。

就像在马克思《巴黎手稿》中见到的那样，马克思有一种强烈的感觉，即整个资产阶级政治经济学都是错的，因为它的前提就是错的。他们把私有制看作是一个不需要论证的前提。这完全是追随正统科学主张：私有制与外化劳动相互作用。马克思力图揭示私有制的起源。但是，马克思并不必然预设了对于这整个问题的彻底控制或解答。因而，在《巴黎手稿》中，马克思似乎给自己提出了一个当时无法解答的难题：如果异化劳动先于私有财产并产生私有制，那么劳动在最初为什么会发生异化呢？奇怪的是，马克思没有具体回答这个问题。他只是说："我们把**私有财产的起源**问题**变为外化劳动**对人类发展进程的关系问题，就已经为解决这一任务得到了许多东西。"①换言之，马克思这个文本的意义并不依赖于一个（私有制与外化劳动之间）起源的本真点。否则，马克思的异化劳动理论不过就是文学，即矛盾与冲突聚集之地。

然而，传统对马克思的阅读满足于将这个矛盾看成作者先验预设上的缺陷，或者仅仅将其看作马克思论证前后不一的地方而不作进一步考究。有人认为，马克思局限于当时的经济学水平而不能科学地回答这个问题。但是，我们更愿意相信，《巴黎手稿》是作为一个伟大的阐释者的著作闻名于世的。因为，这个文本本身产生了比自身内在阅读更多的东西。马克思想必祈望后人对该作品有所阐释，但他也必预见到对该作品的讹传或有害的阐释。证据便是，马克思在世时没有出版该著作，而他自己，也在修改最终书的试练中辞世。可以说，马克思的许多作品在身后都呈现为碎片或从未完成的面貌。究其原因，马克思作为一个伟大的阐释者在著书时，想必有一个为纠正和避免错误或恶意阐释之自我阐释的考虑。一句话，该著作的不可穷尽性和开放性会不断激发起人们接受或拒绝任何阐释。一部伟大的著作，是一部不是关于被阅读，而是关乎被激活的著作。

毫无疑问，马克思哲学所具有的创造性，植根于阐释者和生产者之间的互动所创造的。阐释者们必然会将自己的哲学观点投射到该著作中去。这种投射使我们认为他们超越了马克思的过于简略的阐释，而生产者则通过拒绝、修订和纠正而与任何对该著作的特定阐释之间保持一定的距离。总之，《巴黎

---

① 《马克思恩格斯全集》第3卷，人民出版社1995年版，第279页。

手稿》是易于理解的，所有妨碍理解的困难都是由于我们忽视它之不可耗尽性的状况，以及收文本保存、编辑、出版方面勉为其难的糟糕状况以及类似的原因。

第三节　致思研读经典时的正确方法

在阅读经典的时候，由于各种各样的原因，比如，由于我们并不熟悉马克思的经典中语言的某些特定用法，我们无法立即明白马克思的创新之所在。我们的阅读与马克思就失去了直接的关系，在他的著作中读出的就只能是课堂上、书本中的陈见。若要理解作者，我们须掌握什么条件？在何种意义上它们是阅读经典的正确方法？

一、将"全体"确立为真理和正确的版本

海德格尔认为，在奥古斯丁那里，解释学还是个"广泛的活生生的"。奥古斯丁提供了宏大风格的"解释学"："一个人要解释《圣经》的疑难必须做好如下准备：他需要敬畏上帝，在《圣经》中坚持不懈地探求上帝的意旨；他需要虔诚地温顺，以免沉溺于无休止的争辩；他需要具备语言知识，以免受到不理解的词语和表达的妨碍；他也得准备熟悉某些自然物和事件，以免当它们用于比喻时，不知其力量，他还得有《圣经》中的真理支持……"①

所以，读经典不能仅仅局限于一种对"另一个人话语的'理解的艺术'"层次，而应该见其全体，这很重要。现在《经典导读》之类的书畅销得很，但最大的问题倒不是它们的轻佻化、知识化或追求客观性知识，而是依据个人偏好而做的筛选，根本没有也无法见其"全体"。所谓没有"全体"，也就是根本没有"道一以贯之"的精神。或者，在这个界限中，它自曝如同捣乱或者干犯众法。它就从原著里面收拾几条语录出来装装门面，附庸一下风雅，所以难见"全体"。

那么，在何种意义上才能见"全体"呢？是不是我要把课都上完了、书读完了，就算见"全体"了？还是说，虽然我的这个课上不完、书读不完，但是

---

① 马丁·海德格尔：《存在论：实际性的解释学》，何卫平译，人民出版社2009年版，第15页。

每一句话我们通过举一反三，就能够见"全体"？显然，我们能做的和要做的也许只能是后者。我们由此便超越了教学或阅读中经常出现的两种观点对立的局面：强调知识的传授，还是更注重学生的自发性。教师要做的的确是传授知识，但实现它的前提是学生的自发性能够得到充分发挥，因为学生自发性的对象并非直接开放的，而是需要发挥自发性才能掌握它。我们或者应该开始思考也许并非钥匙（教师）真的开启了锁（学生的内里感受），而恰恰相反：为了给钥匙发挥作用，必须要发明一把锁。因为在寻常的生活经验当中有钥匙总相应有锁。但事实上，举一反三却是连锁反应。用一个比喻来说，见"全体"，乃是没有被建筑民工所完成的"万里长城"。

二、问题在于举一反三？

关于阅读的问题已经成为当代哲学、文学、历史学等学科研究的普通话题。阅读的问题实质上就是某个学科的文本如哲学文本是否就是关于它描写、讲述或表达的东西。如果阅读的意义与表述的意义注定一致的话，那么事实上就不会真正存在这个问题了。阅读经典应该细致，切勿走马观花、漫不经心和粗枝大叶。所谓对一个人思想的理解必须精确，必须仔细权衡说话者所使用的每个用词。

但是，这还得具体分析。把那些好书读好，当然应该包括把那些写得细致入微的书读得细致入微。我们当中很多人就可能把《马克思恩格斯全集》细致入微地读了一遍又一遍，以致马克思的原文在你们的"腹中"。在这个意义上，读书细致可算是一般性的正确阅读方法。不过，我们也会遇到例外。比如，西方的经典之经典《圣经》，自相矛盾的地方也很多。读者也常常会发现某节经文完全不能理解，甚至有时候连着多节都是这样。这个时候，我们不仅会为经典中的自相矛盾烦恼，而且也会对经典中全然没有意义的表述感到痛苦。为什么像《圣经》这样的书怎么会有胡说八道的经文呢？为什么经过千人之手，这些胡说八道的东西仍然保留至今？[①]正如我们所看到的一样，只要所有的文本都涉及"它说了什么"和"它如何被理解"之间的悬而未决关系，那么，借口、辩解、虚构等相关手法就是语言的一般运动。然而，为什么我们还要虔诚地阅读胡说八道的经文？

---

① 依迪丝·汉密尔顿：《上帝的代言人——〈旧约〉中的先知》，李源译，华夏出版社2010年版，第1~13页。

首先，并不是所有伟大的经典作家都是严谨的思想者和言说者，伟大的经典作家也会有伟大的走神的时刻。不同的思想者或言说者也会有不同的写作习惯。《圣经》的作者也不例外。因此，当你碰到的经典作家本身就是一位不够严谨的思想者或言说者的时候，假如你要仔细去琢磨他的某句话或用字，而这句话或用字可能是他随便说的，那反倒是一种很不仔细的做法。而有的经典作家写的东西，在形式上便存在缺陷。比如，有的经典作家对读者看起来如主题的突然改变或有意的杂乱无章感兴趣。读者读到一节和刚读过的经文直接冲突的经文，就会觉得困惑和愤怒。其次，既然"胡说八道的"经文仍然保留着，我们就该问一问：为什么？我们由此可能完全应该作另外的考虑，也就是说，我们仍然不能略过这些"胡说八道的"经文，否则我们自己会走神而错过可能最为"高妙的智慧"。[①]

当然这是极端的例子，但像这类问题也同样会出现在《马克思恩格斯全集》的编订过程中。最关键的地方在于，要把那些没有资格做马克思代言人的后加进去的东西，从全集的编订中辨别出来，并且忽略不计。

如果一定要从当代知识学视野中给某些经典一个定位，那么我们或许可以说，经当代解释学思想的阐发，特别是后结构主义阐发的知识状况，某些经典给读者制造的麻烦，并不是错误，而是语言的一个效果。即便是错误，但没有这种错误，任何语言也是不可能存在的。举例来说，就在卢梭的《论语言的起源》上，我们可以碰到这样一种"错误"。卢梭认为："一个原始人在遇到其他人时会首先吃一惊。他的恐惧让他将这些人看得比自己更大和更强，他给他们取名为巨人。"其后，原始人才意识到这些人并不比他更大，于是发明了词语"人类"去描述他们，并保留"巨人"这个词语。显然，对于原始人而言，"巨人"的字面意思相当于"我害怕"。但这种害怕并非源于可观察的事实。比如，比原始人在外在特征上大一些，以至于真的需要"巨人"这个词语说出那么多基于原始人自身内在恐惧感的话。换言之，"它必然仍是一个永恒的假设"。如此一来，以为有一个某词语的彼端，有一个失败的彼端，相信会有一个胜过不可能性之可能性，便是这样的假设的证据。在这层意义上，德曼对卢梭的阅读是正确的。"词语'巨人'是一个隐喻，因为它与一种对外在大小属性的内里恐惧感

---

① 依迪丝·汉密尔顿：《上帝的代言人——〈旧约〉中的先知》，李源译，华夏出版社 2010
年版，第 12 页。

相关。它可能是错误的，但它并不是一个谎言。人类并不更大，但原始人却觉得害怕。因此词语仅仅只是可能性的东西呈现为确定性的东西，它将假设变成事实（字面的真实）。"[1]

三、关于词语的模糊性问题

我们的阅读总以经典作品为"主食"，但往往囿于解释狭隘的困难。为了克服这一点，我们不能囿于历史的界限。不仅如此，我们还处于阅读的总问题之中。形而上学和现代解释学在"阅读的总问题"上的态度有区别。它也表现在关于词语的模糊性问题上。在这个问题上，我们首先可以指出一点：若从语言的层面来看，自弗雷格以来，某个词语可以无需指代任何东西，却仍然具有其意义。

有时候，形式上的严密性可以掩盖语义上的任意性。它说明，语言难以精确化。哪怕语言能够做到像人造语言那样致力的科学化，能够做到系统化地消除模棱两可。但是消除模棱两可的方法，不过就是夸大日常语言中可能的意思之间的界限和范围。利科曾经说，伽利略革命和哥白尼革命有一个巨大的遗产。这就是它带来了自然的"数学化"，带来了科学语言对精确性的相似苛求。这一趋向在人造语言的建构中达到了登峰造极的地步，如在计算机发明的语言中。结果，它导致日常语言的隐晦之处在数学符号和逻辑符号的强光之下被消除得干干净净。伽达默尔为此指出，并不是语词，而是数才是认识论的真正范例。[2]数学即一个以抽象为目的最彻底的范例，因为在数学中，思想能够摆脱与一切外部对象的接触，只面对"纯粹的"，即脱离经验的形式。而由人发明的人工语言系统根本不是真正的语言，因为它没有共同体和共同体的生活作为基础，它只是作为相互理解的手段和工具而被引入和使用。[3]莱布尼茨的理想是构筑一种说任何语言的人都可以阅读的普遍书面语言。机械论的世界观只与制造事物的能力有关，而与解释学真理没有直接关系。

从方法论角度看，科学所关心的，对诗歌来说无关紧要。科学最关心的是能够明确词语的含义。科学会因为模棱两可而陷入尴尬，诗歌从来不寻求明确词语的含义，反而却因它而欢呼雀跃。哲学也一样。当代很多重要的哲学家都主张"思—诗"。比如，德曼对于阅读的新定义，意味着阅读，即对比喻性语言的阐释。而利科便允许含糊词语成为他的哲学中的重要词语。在这个层次上，

---

① 马丁·麦克奎兰：《导读德曼》，孔锐才译，重庆大学出版社 2015 年版，第 46~47 页。
② 伽达默尔：《真理与方法》，洪汉鼎译，上海译文出版社 2014 年版，第 526 页。
③ 伽达默尔：《真理与方法》，洪汉鼎译，上海译文出版社 2014 年版，第 570 页。

重要的并非话语的质地，而是言说的可能性。

　　哲学家为什么看重含糊词语？第一，作为一个专门用语，含糊词语可以指一个被用于多个对象的词语，那里埋藏着过量的多义解释。或者一个具有内外多个面向的言语，或者一面朝向普通大众，一面朝向能够自己领悟的人。它的好处在于，扩大意义的分歧，使词语和句子表达所有它们能够表达的意思。利科认为，意义的分歧不是语言的"罪恶"，而是语言的"美德"。伽达默尔则说，预言语言"所具有的含糊性并不是它的弱点，恰好是它的力量所在"①。

　　第二，因为科学的语言营养不良，它表现了经验世界的一切，却与关乎存在的问题无关。比如，像"存在还是不存在，这是一个问题"所包含的台词，它所表达的绝对是一个哲学问题，而不是科学问题。我们从物理学中并不能见到整体性，即使找到一种完全整合在一起的自然科学理论来解释万物，我们依然难以应对这个经典哲学问题的挑战。

　　第三，词语本身有特定的种类。"含糊词语"就是很特别的一类。或者说，"含糊词语"这一概念本身就是含糊的。但是，绝不含糊的是，一部经典中肯定存在着"含糊词语"。而且，即便是没有任何学术背景的人也能看出，它绝非为了"糊弄"读者，或像有人认为那样应该把它归属于说得"不合宜的词语"。

　　第四，如果一个词语具有强大的杀伤力，具有震撼人心的效果，那么，这个词语在使用中肯定具有一种与它本来的意义全然不同的意义。有深刻体验的作者大体上总有当他书写时字字不相称的感觉。甚至，早在他的这一发现之前，他的质疑便包围住每个字词，致使他以为这个字词是他凭空捏造的！这样一个字（词语）正是应该称为含糊字（词语），或者叫做"说得合宜的词语"。这是因为，文学和哲学，借用布朗肖的话说，恰恰"形成于尝试说言说变成最困难的瞬间，在朝向这些时刻时，混淆会删除所有的语言，因而必然会从语言中产出最精致、最具意识、最无法蒙混和混淆的解救之道"②。

　　第五，"概念"的含义只有在一种理论的语境中才能得以确定，而且，在孤立的情况下，对含义的界定无法令人满意。有一个哲学家评论说，作为一个哲学术语的"概念"之所以依然有用，恰恰是因为它的模糊性。在一篇早期文章中，本雅明提到了含糊语言的必要性，提到了作家在语言方面遭遇的困境。

　　海德格尔的哲学特征也许是建立在含糊词语的作用基础之上。这种含糊词语的历史效果在海德格尔那里体现得最为明显。

　　① 伽达默尔：《真理与方法》，洪汉鼎译，上海译文出版社2014年版，第623页。
　　② 莫里斯·布朗肖：《从卡夫卡到卡夫卡》，潘怡帆译，南京大学出版社 2014 年版，第134~135 页。

有人认为，必须把海德格尔的著作作为"诗"来读。"海德格尔就像聪明绝顶的魔术师，不用借助诗歌的种种技巧，却比诗人更能够让整体散发出夺目的光芒。"①

有人则把海德格尔的含糊词语比喻为可以演出一部"言辞升入天堂"的好戏，甚至从中嗅出"亲纳粹倾向"。②比如，阿多诺想从海德格尔的基础存在论内部掏出法西斯主义来。这种批评并非独此一家。

有人为此非议海德格尔："我们曾听到过这样的言论，说海德格尔的词源没有一个是正确的，其至连'Léthé'（希腊神话中的忘川）和'Āléthès'都不正确。"我认为，尽管类似的批评也总是有理由、有事实根据，但是在了解了我们前面关于含糊词语的理解之后，就会很清楚海德格尔的信念。德勒兹曾经就此指出："一切有关词源的科学标准不是早就被抛弃了。"用德勒兹的意思来说，这里根本不是海德格尔是否"宣扬一种纯粹、简单的诗歌"问题，而是"这里只有文字游戏"。③海德格尔这里也根本不是涉及词源学问题，而是在制造一种语言效果："Léthé"和"Āléthès"这一粘连符号的形式使得德语中出现了"遮蔽-无蔽"④这样令人难忘的组合。这种组合具有产生另外一种语言的嬉戏的效果，特别是产生一种诗性语言效果。连德国人也要说这是"一种闻所未闻的几乎像外语的语言"。

海德格尔为什么要追求这种效果？到底海德格尔为什么要追求这种效果？当然是为了超越科学技术性的存在者而向诗性的存在者靠拢。海德格尔在这里所采用的方法，就是"令死亡的语言在存活着的语言中起作用"，以这种方法"来改变、转换活的语言"。⑤总而言之，精彩绝伦性涉及语言的层次，仅仅从思考或所谓"魔法"不足为释，而是为了诉说：此处有某种掩盖之物，必须戒慎持守的醒剂。

众所周知，每一门话语的背后都有多门死的语言沉淀着，死的语言作为背景支持着活的语言。或者说，像古希腊文这样真正的死的语言，却是通向活的语言的桥梁。就这个意义来看，海德格尔启用希腊文的目的不仅仅是让我们掌握赫拉克利特等希腊哲学家所掌握的知识，也不仅仅是让我们有能力去辨认这些古人在写作中对古代的引述，而是从根本上让我们理解这些古人是如何利用

---

① 居伊·珀蒂德芒热：《20 世纪的哲学与哲学家》，刘成富等译，江苏教育出版社 2007 年版，第 189 页。

② 吕迪格尔·萨弗兰斯基：《海德格尔传》，靳希平译，商务印书馆 2007 年版，第 547 页。

③ 吉尔·德勒兹：《批评与临床》，刘云虹等译，南京大学出版社 2012 年版，第 210 页。

④ "无蔽"并非没错的意思，而是没有隐蔽地照面，使东西没有隐蔽地存在。

⑤ 吉尔·德勒兹：《批评与临床》，刘云虹等译，南京大学出版社 2012 年版，第 211 页。

古代遗产创造出新的作品的。我们研读古典文本会引起一种身处异地的感觉。这种感觉使得我们拥有真正进入一个既属于古人又与他们分离的世界的初步经验。由于在含糊词语和日常词语之间并没有分界，其中有些是隐匿的，有些是彰显的，彼此不停相互碰撞于翰墨之中，却无能相互辨识或消除。这就是海德格尔通过对含糊词语的使用呼唤我们阅读我们的周围世界。

我们认为，不能对海德格尔进行琐碎细致的研究，更不能作麻木不仁的观察：什么是操心，什么是怕，如此等等。在这种对海德格尔行话进行经院哲学方式的研究时，恰恰落入了海德格尔加以否定的世界标准化窠臼。

四、下一个时代不会用词句表述自己？

从语言出发考察经典阅读的一系列问题固然具有批判力量，但正如我们看到的，一个对文本的"语言"阅读本身对于解释文本来说从来是不充分的。作家是语词的监护人和塑造者，但他不能独立完成。无论是在现实社会中还是在语词生活中，哲学家均已地位不保。世界历史意义的变革完全超出了他的理解力，他苦心经营的绝对精神只能强加于小范围的人文领域。思想"都因搞批量的和虚假的生产，因质量降低、原料掺假、伪造商标、买空卖空、空头支票以及没有任何现实基础的信用制度而搞糟了"[①]。进而言之，在"词句"之间寻找"世界历史意义的发现"，这种努力是误入歧途的。至于他们的全部其他论断，按照通常的德国方式，也都感染了晦涩。再大的"牛皮"都能拐弯抹角地表达，再卑劣的残忍都能在先验哲学抵达历史主义的冗词中找到借口。除非我们根本不再用"词句"表述自己，否则整个现存的感性世界的基础不断地被蒙蔽而认不出自己，并将进一步被拖向神秘之地。

这一意识形态的批判提醒我们下一个时代就根本不会用"词句"表述自己。最令人感兴趣的是，本质上标志着马克思这一代人的特征的这个转变是它的结果，而不是它的起因。这个转变在原则上可能导致阅读的过程超越哲学史或思想史的规范原则。不过，我们既不能轻松地阐明这个判断所含的意思，也不能概括地表述它们，以至于可以将它们同经典阅读过程分开。而且，不能理解这个研究方法人们更热衷于攻击他们所假设的这个方法的所谓意识形态动机，而不是重视这个方法如何实现及其过程。

为了弄清楚应该如何阅读经典，不妨看看人们所设立的阅读马克思主义哲学经典的解释学原则。我们认为，解释马克思主义哲学经典的方法与解释其他经典的方法有完全相同的一面。面对一本书，需要首先着眼"这本书的主题是

---

① 《马克思恩格斯选集》第 1 卷，人民出版社 1995 年版，第 63 页。

什么"，针对该主题，作者提出了什么问题，他仅仅或主要关注这个主题的哪一方面。同样，面对马克思主义哲学经典著作，我们必须首先弄清楚马克思主义哲学经典最普遍或最根本的意义是什么，也就是弄清楚全部马克思主义经典作家究竟明确表述了一种什么思想，弄清楚他们是否针对所有的时代、所有的人的普遍教导。

在思考这些问题的时候，我们得到了马克思的启发。他一下子看到了以往解读文本的方法本身存在问题。例如，在马克思的著作里有很多观点几乎跟黑格尔的观点相似，但是马克思为什么没有像父辈（黑格尔）那样去"叙述"。对于我们来说，"阅读"马克思的文本就是要从他的文本里阅读出新的解读可能性。

在今天看来，对马克思主义哲学经典作家的有关哲学思想，不能从马克思主义哲学教科书中的解释方式中获得，更不能从一种"工程式"的解释中获得，而必须从一种超越特定的传统中获得，包括超越特定的编排原则。当我们阅读一位像马克思那样一位作家的具有创新性的作品时，我们无法从教科书那里明白作者的创新之所在。相反，我们只能感受到学校告诉我们应该领会的东西。为了能够让马克思的话语来源的事件"重新说话"，我们需要一步步丢开一直以来的接受方式，我们应当重构、穿越不同的历史积淀。

教科书既然名之谓教科书，从编订者的态度上可能就存在着"虔敬"超过"逻辑"的编订原则。原本经典著作可以让独立思想者灵活掌握，但是由于"虔诚的"人们总要不断地让独立思想者符合正统（意识形态）的方法，因而我们明白教科书为什么成为现在这个样子。马克思主义哲学教科书出于众人之手，由许多不同的人编写，而且一再地重写。编订、再编订的工作持续长达近百年，中间还不断地出现大的调整。改革开放以来主要有中国人民大学哲学系所编的《辩证唯物主义和历史唯物主义原理》各个版本，再加上由各教学、宣传单位，特别是各高校自编的、内容和体系雷同的版本，不下千种。有人指出："所有这些不同版本的解释，其篇幅大小、章节安排、表述方式、事例选取、语言风格等可能各有不同，但其文本背景完全相同。"任何理论如果不经过解释就只能陷于"自身等同"的状态。而如果要解释，那就等于重新命名，就要用另搞一套语词来代替原本的语词。我们隐隐不安地意识到马克思与我们时代之间的陡然割裂，已经留下了伤痕。现行教科书体系已经处于严重的"学术失范"之中。①最为严重的是，教科书中的"马克思"已经成为了一种"概念"。

在教科书中，原作者一般是匿名的，到底是马克思还是恩格斯或者列宁似乎根本不重要。编订者或抄写者实际上是可以自由地加入内容，加入他认为是

---

① 徐长福：《马克思主义研究的学术化探索》，社会科学文献出版社 2010 年版，第 3~23 页。

正统的马克思主义的观点。马克思主义哲学教科书是以完全能够被人理解、毫无自相矛盾的文本表述面貌出现的。马克思是世界范围内的伟大思想家，他名下的教科书才是矛盾的"罪魁祸首"。这里完全没有考虑马克思自己是能够"看见"自己著作中的某些矛盾，否则他也不会有一再感到修改自己的叙述的迫切性（例如，马克思似乎对《资本论》之中的价值理论的表述方式不是特别满意）。这对于马克思哲学来说其实是有点古怪的。

如果让我们来编订马克思主义哲学教科书，那就根本不会有所谓马克思主义哲学经典神圣不可改变的观点。而且，教科书中所谓本体论、认识论、辩证法、历史观诸如此类的界说超越了马克思主义哲学经典的视域。因为，马克思主义哲学经典本身没有提供诸如此类的编排向导，它们既没有提示我们什么主题是核心的或重要的，也没有提示我们什么样的编排符合经典的思想。

从这个意义看，结构主义者所展示出的完全的解释性的理性主义方法，也是要反对的。这种解释学方法忽视了作者和读者，而只关注"系统"或文本的固有模式。$MEGA_2$ 开始出版已经有 30 多年，但是 $MEGA_2$ 的《德意志意识形态》文本的出版仍然在推延，围绕《德意志意识形态》的编纂而展开的讨论也仍在继续，这表明问题还需要研究。关键的问题在于，如果一本书是需要解释的，那就需要更多的"历史"解释来帮助我们理解它，岂能用转向"阅读的总问题"一事了之。在这个意义上，我们主张，对马克思主义哲学经典的解释不要精确地像经典作家理解自己那样去理解经典作家，而要比经典作家更好地理解经典作家。

五、面向普通人

一般来说，根据书商或图书馆的意见，书根据言说对象，应当分写给哲人的和写给普通大众的。读者或受话人，也分优秀的和普通的。书总是可以分为难解的和明白易懂的。这留给我们一个问题：经典作家的著作是写给大众抑或写给"有素养的读者"？与此关联的问题是，经典是当作学术研究的对象抑或当作"国际性、大众性版本"①的出版物？经典是否可能被任何人照字面的意思来接受？

这些问题只有在我们学习哲学解释学之后才会提出来。可是，我们现在很难在经典的评论家里找到什么有关问题的线索，因为这些问题要么被当作关乎经典要权宜处置的问题，怎么方便就怎么办的问题，以致经典留给我们的印象是它只与值得信赖的人交流真理，而对大部分人隐瞒，要么人们认为

---

① [韩]郑吉文：《德意志意识形态与 MEGA 文献研究》，赵莉等译，南京大学出版社 2010 年版，第 275 页。

这种两种读者的想法不现实，因为他们从来不可能清楚地切割，总是先接受、后理解，或者先理解，后接受。但是，我不太相信经典作家会这么做。这是因为经典明明为大众所读，却在今天的时代被质疑：谁能读我？难道经典作家什么也没有写？

马克思曾经明确说，哲学研究应该面向普通人。照此来推想，他的书肯定不属于难解之书。或者说，它当应该是针对大众的理解力说话。困难的是：马克思并非仅仅是大众或芸芸众生中的特例，而是在他的每时每刻中对化身为他者（比如，自由主义者、意识形态家等等）的否认。何谓针对大众的理解力说话呢？有人说，针对大众的理解力说话，就是说不用专业术语表达自己的看法。但是，这能不能做到？即使在专业学者当中，读马克思的许多著作，比如《资本论》，也有很大困难。一本理论著作怎么可能没有专业术语呢？读了马克思的《资本论》，却依然能够无畏地沉入资本市场。这样的读者，也许从字面上说，他是能够识文断字的大众，但在最根本的意义上，不过是白丁而已。其实，就像今天我们喜欢吃快餐一样，"速食文化"已经让大众背上了"黑锅"。例如，对某些艰深和晦涩的著作具有某种逃避心理，而倾向于"平庸"语言的大众媒体同样不利于公众阅读艰深和晦涩的著作。因此，如果采取这种解释显然有悖于或有损于马克思著作的品性。那么，该怎么理解呢？

针对大众理解力说话，实际上应该是采取因人而异的方式说话。

一方面，因为大众是一个感性杂多，它并非一个同一的同一性中抽象统一体。事实上，在思想史上，说话人总是碰巧对某个特殊的大众群体或个人说话的。巴迪欧指出："民主唯物主义强烈反对存在一种无限的、普遍的真理能够贯穿所有世界中大众（译注：很有意思，齐泽克在这里用了奈格里和哈特的一个词——multitude，他们是一种不可能同化为一种质性的复杂和多元构成的群体，他们之间毫无共性可言，唯一的共性是他们把矛头都对准资本主义）——在政治上，这是一种将自己的真理强制推销为普遍性的'极权主义'。"①

另一方面又抵制虚假的普遍性。举例来说，当我们使用马克思哲学语境中的"人类解放"（有人认为，"人类解放"应当译成"普遍的人的解放"）这个词语时，它的意思并不是由科学定义决定的（在科学中生产力提高和大麻生产具有相同意义），而是基于道德、历史的考虑（责任、社会和人口）来定义。因此，马克思所说，哲学研究应该面向普通人。从历史上说，任何理论都是对特定经验的阐释，它只能被一部分人理解。

---

① 齐泽克：《论巴迪欧的〈世界的逻辑〉》//张一兵主编：《社会批判理论纪事》，江苏人民出版社 2013 年版，第 77 页。

六、也针对哲人的观点

然而，我们不能把思想的自我意识当作思想的本质。马克思在书中提出了不同的观点，一个针对普通的、从来也不看书的人的观点，另一个针对哲人的观点。因此，马克思写作和讲话的预定对象中，当然包括黑格尔、费尔巴哈这样一流的哲学家。但它不太容易被我们理解。原因可归结为两条：

一是我们不能像马克思读《黑格尔法哲学》或《基督教的本质》那样去阅读他读过的书，因为他所读过的对他而言是明白易懂的那些书对我们来说却是不容易理解的。比如，在博士论文中，马克思引用亚里士多德的就有 33 次之多。另外，像拉尔修、西塞罗、普鲁塔克、塞涅卡以及卢克莱修的作品，他在《关于伊壁鸠鲁哲学的笔记》中都有摘录和评述。对荷马和修昔底德的作品亦熟悉得很。我们并不是说我们需要用这些哲学史的材料进行表述，而是说我们需要熟悉它们带来的无尽的创新可能，并理解它们对于我们的意义。如果去调查一下马克思的阅读兴趣是否有来源，那么马克思的中学毕业证书中有这样一条评语可以作证："该生对在校所学古典作家作品较容易的地方，不经准备也能熟练而严谨地翻译和解释；如经过适当准备或者稍加帮助，即使对较难的地方，特别是那些不是在语言特点而是在内容和思想联系方面难于理解的地方，也常常能够做到这一点。"①马克思把语词抛在了后面，转向经济和现实的灵光，但这都是积极的精神行为。

二是马克思评价了黑格尔哲学的积极成果，积极吸收了费尔巴哈哲学。阿尔都塞说，在 1841 至 1844 年马克思并非一个用引号引述费尔巴哈的人。费尔巴哈是当时人所共知的名人，"马克思又已经把费尔巴哈的思想当作自己的思想，并且用费尔巴哈的思想进行思想，就像用自己的思想进行思想一样，在这种情况下，马克思有什么必要非得提到费尔巴哈的名字呢？"②阿尔都塞的这个"发现"，可以从马克思、恩格斯那里找得到文本证据。而在 1845 年，这个"发现"并未使马克思像当年那样高兴，所以，这里需要有更多的考察。可以相信，假如马克思是一个才智过人的作者，那么他在谈论费尔巴哈等哲学家时，必然就能避免写作的根本缺陷。

什么是写作的缺陷？它指的是因为写作"对所有能阅读的人都是同样可及的"，写作"对所有人说同样的事情"，"不知道该对谁说又该对谁沉默"。③我

---

① 《马克思恩格斯全集》第 1 卷，人民出版社 2001 年版，第 932 页。

② 路易·阿尔都塞：《保卫马克思》，顾良译，商务印书馆 2006 年版，第 52 页。

③ 列奥·施特劳斯：《城与人》//自詹姆斯·罗德之：《柏拉图的政治理论，以及施特劳斯与沃格林的阐释》，张新刚译，生活·读书·新知三联书店 2012 年版，第 89 页。

们可以得出结论，马克思的写作对不同的人可能说了不同的事情。就这样，我们最不应该像阿尔都塞那样在马克思的文本中去寻找他因克服虚假的哲学的需要而得出的那些结论，相反，马克思不能借助旁人的"脑袋"来思想，他需要科学的理论。

七、所谓历史理解

一般的阅读规则认为，一本书如果是通俗易懂的，那就没有什么困难会严重妨碍人们对它的理解。明白易懂的书是无须解释的，读者既不需要了解作者的个人经验、书的命运，也不需要了解各种如拉丁文、希腊文、火奴鲁鲁文之类的异文；既不需要了解这本书是以何种方式、在什么场合写成的，也不需要了解意识形态的环境。如果仅此而已，就意味着普通大众不要去碰《巴黎手稿》《德意志意识形态》《资本论》，等等。因为，这些书是难以理解的。现在看来，我们应该历史地并借助于他们的个人经验去理解马克思的思想，这在今天常常是指什么意思呢？

这有两种极为不同的解释：一种是所谓历史理解就是按照特定时代理解每一种学说，或者将每一种学说理解成特定时代的表现。比如，在解释古代思想的时候，就存在着两种不同的意见：一种观点认为，不使用现代概念也有可能解释古代思想。我们搞清楚一个词在历史上的语义并不简单，特别是像保罗书这样的文本中的词语，它们本身的语义史与整个西方文化的历史完全交融在一起，与西方文化决定性的中断和延续交融在一起。因此，要给保罗文本中的特定用语专门编一部词典，不要把后来出现的意思，未经批判地强加给原来的文本。另一种认为，现代概念是必要的。

这样一种历史理解产生于近代，原本具有矫正近代思维特有的自高自大的缺陷的解放力量。按照近代思维，近代思想高于过去的思想。但是，历史理解矫枉过正却变成了教条化的历史主义，认为近代思想高于过去的全部思想。如果按照马克思的时代来理解他的思想；它的表现就是，马克思写书是为了同时代人写作，他的书终有一天变得过时。就像德里达诸公那样要创新，要重新找回弥赛亚之救赎力量，就必须认识到马克思的荣耀是多么沉重的负担。尽管如此，我们依然要反复阅读马克思。如果是这样，我们真的就需要历史的协助才能理解他的学说。这时，所谓掌握第一手资料对于成功地研究就是必要的。最好拥有有关作者信息的全部图书档案资料。

如果更仔细地观察就可以发现，历史理解中的历史情境并不是指个人的隐秘思想，而是指明显的事实或观点，这些事实或观点为一个时期所共有，因而给这个时期打上了特定烙印。如果是这样，那么我们所面对的最大难题或许就是搞清楚有关事实的知识。日本学者森川喜美雄认为《德意志意识形态》的主要论敌是浦鲁东，其中的关键论据就包括"脚注中的" 一句话这样的事实①，就是一个鲜明的例子。另一种历史的理解是，认为像马克思那样伟大的思想家的书本质上是要成为一切时代的财产，因而本质上也是写给全部人类的。但是，这绝非说马克思思想高于一切时代思想。马克思自己决不会写那种搞成位列周（周年纪念）排行榜前列的著作，这样的书根本不值得他去写，也不值得我们去读。这就决定了马克思写书的方式：我们对这些书的内在整体性和思想的内在本质的理解无须事先拥有关于事实的知识，仅仅由耐心和好学知识的意愿大概是不够的。换句话说，确定马克思思想的特质和本质的不是这种僵化的自满的知识，而是思想方式。

我们再次回到人类信念的话题上来。正如一切伟大的经典在将来都会落入某个特殊的"阐释者"阶层才能理解的境地，他们会保存这些作品的神秘光辉。但是普通人会发现，他们感觉不到它那真理的光辉。请注意，写给全部人类或子孙后代的书应该怎么写？哪个作者又能够预见过了五百年甚至千百年，他的书仍然能够被理解？狂人尼采无法预见，马克思也无法预见。当然，我们相信那些最有用的书绝非就仅仅是那些现代的书。因而，这样的问题与其说是向经典作家提的，毋宁说是向读者提的。我们必须重构对于理解马克思的书必不可少的"背景"，起码我们得懂得马克思曾经一边使用一边修正的传统哲学术语。马克思"使一种陌生语言表达出来并在一个陌生历史阶段出现的东西在我们的语言中成为能理解的，并以此为目的，追求一个文本中真正的意义从而使所意指的东西能够理解，使通达今天处境中的它们变得容易理解"。此外，阅读者应该起码得沿着马克思明确陈述的清晰设想作为出发点。就像自古以来的智者教导的那样，站在时间一边的是过去的所有传统、整个人类世世代代的智慧、马克思"独到的发现"，最后还有明确性（必然性）本身；而站在马克思一边的，除了共产主义理想以外，还有什么东西在他一边呢？②除了像有些人所作所为之自毁之外，唯有再次展现等待的智慧。

---

① 郑吉文：《德意志意识形态与 MEGA 文献研究》，赵莉等译，南京大学出版社 2010 年版，第 213 页。

② 列夫·舍斯托夫用"整个世界与一个人互相发生了冲突"来评估尼采的勇气，他用反问以增加语气说："与世界一起来反对尼采的人的真理乃是谎言呢？"参见列夫·舍斯托夫：《尼采与陀思妥耶夫斯基——关于悲剧哲学的随笔》，田全金译，华东师范大学出版社 2015 年版，第 135~136 页。在这方面，尼采与马克思的比勘，当是一个重大的课题。

第三章　作者的意思与隐讳写作的可能性问题

人文科学研究有一个很大的挑战，即语言的差距。语言的差距有很多种表现，比方说，你们对我说话，我理解了。但是，当我感觉到我不过是接收了一些语词时，这说明表达失败了。再说，我希望很卖力与你们交流。但是，你们觉得我没有讲出我要讲的东西，你们不理解，我怎么可能与你们交流呢？交流的失败原因之一种是，我的方法欠妥。譬如，思想外化为语言，作为一种"外在的表达"，所遮蔽的东西也如同所敞开的东西一样多，而且永远不能把内在思想表达得恰到好处。比拟说，为了使大家听得见，我拼命喊，这反而使大家听不见，或者在大家听得见的情况下，我又用错误的方法叫喊。另一种是，我一上来提出这样或那样的问题就具有某种强烈误导，我讲了，你们也"听懂"了，为什么我还没有讲出要讲的东西呢？除非客观上讲我讲话中讲的意思和你们听话中听到的意思是不同的两个意思。比方说，我说日光灯挂在天花板上而不说日光灯在天花板下，然而按照一般所讲的上下，日光灯似乎是在天花板的下面。如果你们听到猫在天花板上大家就会觉得很费解。一切解释都有前理解和前设。没有人是以无关痛痒的客观性来解释和理解的。

解释经典也是这样。假如我们把解释经典的范围局限在帮助我们明白古代作品的因素和问题，我们就可能受到误导。我们一般不会单纯从知识的角度去认识经典。事实上，只凭历史知识和文法的方法剖析，解释经典的原意，并不足以让人透彻明白经典的原意。我们在解释经典的时候，经常会遇到使得解释经典的帮倒忙的障碍。如同撒旦一样。撒旦试探耶稣的时候，就试探过游说耶稣错误地应用《圣经》。撒旦引用《诗篇》91：11-12，劝耶稣按照字面的意思来应用它，确信神的话语应许的保护，从圣殿山上跳下去。耶稣的回应反而指控撒旦错误地解释了经典。耶稣指出，撒旦并不明白神的应许的整个脉络，而且从"不可试探神"这个原则来解释《诗篇》91（参申6：16）篇。

一个人若是从高楼跳下，那么即使他有非凡的信心和忠诚，恐怕也难免会摔死。谁爬上山顶就会摔得粉身碎骨。《诗篇》91 篇没有说我们愚蠢地自讨苦吃时，神会保护我们，而是应许当有突如其来的苦难侵害之际，他会保护我们（即使不经常）。

因此，我们既然渴望遵循经典的原意，就要懂得如何解释经典。

第一节　"回到某某"的解释学张力

一、"回到某某"究竟意味着什么？

1904 年康德逝世一百周年的纪念会八天后，梅林写了《康德和马克思》一文。在此之前 4 年，梅林写了《康德和社会主义》等论文。他提出了"是谁正确了解康德"这个问题，期待人们来回答。梅林发现，康德和他提出的种种问题对于当代已经不再有任何意义。这明显可以从纪念会上人们对康德那些颂词上看出来。这些颂词都是言之无物的，包括"'回到康德去'这句话是完完全全没有结果的"①。

为什么会"完完全全没有结果"呢？在梅林看来，这些颂词在主要的基本特点上完全不符合康德的形象，这证明康德在逝世一百年后已经从全民族的记忆中遗忘了。在我们看来，梅林的讲法存在各种各样的解释学和解经学阅读经典著作的原则差别。它事关我们是否把经典当作经典，而不是某种流行作品、纪念性著作。

然而，"回到某某"已经成了时下的流行语，比如，"回到康德""回到马克思""回到列宁""回到弗洛伊德"，等等。然而，这些口号的特定意义是什么？"回到某某"究竟意味着什么？对某些人来说，这可能是一个相信绝对，甚至相信自己，并且会不顾一切为完成绝对思想的原教旨思想者。而对另一些人来说，这是一个活在孤立世界的人文主义者，他为了不再继续"添乱"，尽可能维持原封不动。

二、"文本因子"

我们揣度梅林的意思，重点不全在于"是谁正确理解某某"，而在于如何回

---

① 梅林：《保卫马克思主义》，吉洪译，人民出版社 1982 年版，第 116 页。

到某某。这当中，"回到某某"的解释是恢复"作者的意图"抑或是拆毁"作者的意图"？

针对这个问题，这里完全存在着多种不同的理解。其中之一是从解释学的旨趣看，"回到某某"相当于挖掘某某哲学或思想的基础。探寻支配性观念，发现用以判断文本中的表达或体现的基本概念。当我们说我们相信马克思学说时，我们并非把马克思全部论述的拷贝原原本本地印在脑海里，而是说马克思学说这一文本因子，是我们了解他的学说的人在头脑中共有的概念基础。我们对马克思学说的阐释所关注的不是它自身的所有构成因素。因而，"如果有人相信其学说的 A 部分，而另外一些人相信其 B 部分，那就不妨认为 AB 两部分是两个文本因子。反之，如果相信 A 部分的人同样相信 B 部分，那就可以把它们当作一个文本因子"①。这里的"文本因子"是英国生态学家 R·道金斯提出的概念，是指在语言、思想的复制传递过程中，我们采取一种"突出重点"的解释态度的产物，是我们参与到对话中的产物。可见，没有对话的才能，没有进入另一个人精神世界的才能，"回到某某"是不可能的。

三、翻译的困难

本雅明、德曼等人都肯定，翻译和原本之间的关系"不是相似和复制关系"，相反，翻译与原本相关的东西是"仅仅属于语言，而不与（作为一种阐释的或模仿的）意义有关"②。但是，参与对话，谁都可能改变自己的想法，谁都不会幽闭在"语言的牢房"里。因为，对话中的另一方确实是一个不同的人，他是有情感诉说、有生死关怀的人，而不仅仅是咬文嚼字的译者。

假如把对话看成"翻译"的话，则没有任何"译本"能够等同于"原本"。这与"原本"的独立现象有关。这种独立是三重的："就作者意向来说；就文本产生的文化处境和各种社会学上的条件状况来说，最后就初始的接受者来说。文本所含的意思不再与作者想说的东西一致；字面含义和心理含义有着不同的命运。"③例如，埃拉兹·庞德就把《论语》中的"学而时习之，不亦乐乎？"翻译成："学习中季节飘飘飞去，不也是一件高兴的事吗？"这是因为中国字"習（习）"是由上面一个"羽"，下面一个"白"构成。但是，汉语中，"习"字前面往往有"学"字。如果传统中国人说话的时候，语词（"习"）完整得像交响

---

① 李河：《巴别塔的重建与解构——解释学视野中的翻译问题》，云南大学出版社 2005 年版，第 239 页。

② 马丁·麦克奎兰：《导读德曼》，孔锐才译，重庆大学出版社 2015 年版，第 70 页。

③ 保罗·利科：《从文本到行动》，夏小燕译，华东师范大学出版社 2005 年版，第 407 页。

乐，那么非中国人如庞德说话的时候，语词（"习"）就是钢琴的单个音符。因为外语是单调的。庞德只是用翻译诗的方式、通过在词语之间的空白进入语言的方式来理解这样一个极其重要的思想。这说明"每一次'翻译'——把古代语言翻译成现代语言——都意味着一种'概念史'，对于所有的人文和社会科学而言，'概念史'的方法都是必不可少的"①。"时间距离"和"文字性"是通往理解经典文本的障碍，但同时也是作为诠释的条件。

柏拉图曾经谈论过"翻译"或"解释"之神赫尔墨斯（Hermes）。他认为，赫尔墨斯虽然承担着将神的旨意转告给人的使命，但是这种翻译式的"转告"不能保证百分之百的忠实。其中可能有对有错。赫默斯作为在众神与人世间的信使，他给人们传递上帝的信息和指令。由于上帝的语言与人间的语言是不同的。赫默斯能够把人所不能理解的神的意图和旨意，转换成为人可以理解的形式，即人的语言。所以，赫默斯的工作不是单纯重复上帝的指令，而是解释上帝的指令。也就是说，赫默斯的工作就相当于翻译，把人不可理解的东西，变成可理解的东西。赫默斯对上帝指令的解释显然以他的理解为基础。从这里出发，解释学引申而为一门关于理解和解释的技艺。因此，翻译史上有一些著名的比喻，可以用来说明"译本"和"原本"之间的关系：一个是"海关"比喻："翻译就如同海关，而翻译者则如同海关官员，如果不加警惕，海外语言的私货就可能被偷运进来。"还有一个最著名的比喻："翻译"就像"不忠实的女人"——"忠实的不可爱，可爱的不忠实"②。

这样一来，可能的情况，一是在外国语言中，那些方言可能是最有个性的语言，也可能就是标准外语中真正活着的语言，而其他的，所谓语言的中层仅仅是死火山的灰烬而已，只有通过那些活跃非凡的翻译者的手在火山堆里乱掏一气，它才会产生一种生命假象。二是不是解释者把握文本的意义，而是文本的意义抓住了解释者。所以思想的对话，必然就出现由"回到某某"到"我不是某某"这个颠覆性的倒转。这里说明一个道理："作者的意图"在对文本意义的理解中不具有决定作用，对文本的理解不应该简单归结为理解"作者意图"这一具有准心理学或精神分析学意义的任务。殊为吊诡的是，假如存在"可译性"，那么它是经典作品的重要本质。一旦一个原本被经典化并在后代中得以留存，它的可译性就是无疑的了。然而，"翻译"恰恰是让原本去"经典化"，这会将我们带入矛盾之中。

---

① 伊安·汉普歇尔-蒙克：《比较视野中的概念史》，周保巍译，华东师范大学出版社2010年版，第23页。

② 李河：《巴别塔的重建与解构——解释学视野中的翻译问题》，云南大学出版社2005年版，第68页。

四、相互理解

艺术家和超市老板之间互相不理解,医生和患者之间互相不理解,为什么?如同相似于人与人之间理解的寻常意义,翻译也是企图理解无法理解的同类思考。从人性的一般层面看,人与人之间可能存在不愿理解。他们只想占有,只想支配,乃至奴役。而理解通常只能是占有和支配的一种障碍或例外。卡夫卡说:"不认识他人,就能更好地压迫他人。"①从解释学中的传达角度看,解释中的传达不是"背诵",不是从一个人那里信息完全不变地递送到另一个人那里,传达过程之中总会生成有意无意的差别性附加。

还是拿"翻译"来说,那"原原本本的原本"的把握方式完全可能是"走样的"。解释学告诉我们:"一个人对另一个人的理解不可能达到与被理解者完全符合,这是不言而喻的。在此,解释学的分析显然必须清除理解和相互理解的一个错误的原本。在相互理解中从未发生过差异消失于同一性中的事。如果有人说,人们互相理解某事,这决不是说,一个人完全同意另一个人的论点。"这一点从符号来谈论是更清楚的:"如果人们完全理解的话,所理解的就不同。"②

从解经学的旨趣看,"回到某某"是有前提的,这个前提是某某所写的东西至深至远远远超越我们所思所想。就此而言,"回到某某"也就是解释者用心发现文本隐含的意义。举例来说,"在弗洛伊德那里则通过矛盾法,让每个词语指意其反面意义,如以白当黑,以狼当羊,以观众当表演,以明确的抵触当深藏的欲望;在普鲁斯特作品中,则通过金属的叮当声、破碎僵硬织物的触觉或是淡淡的香味等感觉的绝对非意指过程,去开启某种'精神生活'的宝库"③。

五、否定有"作者的意思"

人们总是认为,"作者的意思"是相对于派生意义或更为通常的意义而言的。就其本身而言,"作者的意思"似乎是一个不争的事实,就像"原作"的在场,对于"复制品"和"批量产品"保持着权威性和神圣性一样。黑格尔在《精神现象学》开头的著名分析认为:言语转瞬即逝,但是被说出的东西持留着。伽达默尔看到,黑格尔辩证法试图恢复古代语言中的"逻辑本能",但是辩证法要真正恢复古代逻各斯精神,就必须"返回来变成诠释学"。④

因此,有人不仅否认这个"作者的意思",而且认为,第一,文本一旦离开

---

① 卡夫卡:《卡夫卡谈话录》,赵登荣译,漓江出版社2015年版,第119页。

② 严平:《伽达默尔集》,上海远东出版社2003年版,第31~32页。

③ 雅克·朗西埃:《文学的政治》,张新木译,南京大学出版社2007年版,第234~235页。

④ 邓晓芒:《思辨的张力——黑格尔辩证法新探》,湖南教育出版社1992年版,第35页。

作者的手，来到外部世界，就失去了作者的保护和照顾，同时摆脱了作者的过分热心，随后是慢慢来到的各种阅读、接受或者随着时间的推移接续文本，逐渐开拓出一片解读的空间，最后把文本掩盖在阅读每部文本后形成的地平线后面。因此，有时人们会说，阅读一本书，就当作者已经死了，不管是生物学上是否真的死了，都可以把一本书的作者视为身后之作。"确实，正是当作者死掉时，与作品的关系才是完整的，而且也可以说是未遭受损害的；作者不再能回应，剩下的只是去阅读他的作品。"①人们还可以说，经典是以一种隔代流散的方式传播的。第二，"作者如何可以知道他所意指的是什么，他可是也仅仅拥有他的符号"，"人们只能经由语言来解释所说出的话"。②而语言，正如波朗说的："语言的含义就是'一些微光，它们对于看到它们的人是可感觉的，对于注视它们的人则是隐藏着的'。""波朗第一个看到了：使用中的言语并不满足于像街上的门牌号表示我朋友保罗的房子一样表示思想。使用中的言语在这些思想中变形，就像思想在它那里变形一样。"③有人把这个叫做"语言的神秘"。德曼则竭尽解构之能事，说："在这行中除非你对这个文本有自己的看法，否则你一无所是。"④换言之，如果我们用传统的方式将"阅读"思考为一个知识传递问题话，那么作为一种知识的"阅读"，就永远不会得知"阅读"是如何产生的。尽管在传统的方式中，这是唯一可以做的事情。

　　第三，如果我们不是以解释的方式让文本说话，文本始终都是"沉默的"，文本本身不会由自身并替自身说话。从这里开始，如果有一个有意识地将自身意志强加在文本中的个体存在，即传统方式中的"读者"存在的话，那么意义在这里激进地与"读者"相关。但对于有些人如莱布尼茨来说，这是"无意义的"解释所做的事情。"对哲学之本质完全被误导了的理解是，人们乐于相信，人们最终可以通过某种巧妙的估算或均衡，比如所有对康德的理解或所有对柏拉图的解释，把'那个'康德或'那个'柏拉图提炼出来。这在莱布尼茨那里几乎没有意义，那样抽取出来的，都是一些枯死的东西。那种所谓'康德本身'，是与一般历史之本质背道而驰的观念。历史性的康德始终只能在哲学活动之原始的可能性中展示出来——只能是一部分，如果你想要的话，但是真正的一部分，它本身发挥整体的作用"⑤。

---

① 保罗·利科：《从文本到行动》，夏小燕译，北京大学出版社 1999 年版，第 149~150 页。
② 维特根斯坦：《哲学语法》，韩林合译，商务印书馆 2012 年版，第 5 页。
③ 莫里斯·梅洛-庞蒂：《世界的散文》，杨大春译，商务印书馆 2005 年版，第 132 页。
④ 马丁·麦克奎兰：《导读德曼》，孔锐才译，重庆大学出版社 2015 年版，第 67 页。
⑤ 马丁·海德格尔：《从莱布尼茨出发的逻辑学的形而上学始基》，赵卫国译，西北大学出版社 2015 年版，第 101 页。

因此，有必要根据独立于作者本人的理解来解释文本并澄清他本人或多或少明确地说了什么以及没有说什么，这一点乃基于有待于解释的事物，我们只能"迂回地思考"，也即作者所致力的事物的权威性。因此，福柯等后现代大师在方法论上告别解释学。哈贝马斯为此评论："解释学追求的是对意义的把握，它怀疑在每一个文本背后都隐藏着一种需要我们唤醒的沉默的声音。所以，这种关于文本充满意义的想法和解释活动自身一样需要加以质疑。"[1]因为在我们以为把握了仿佛没有我们地存在着的"作者的意思"世界时，我们所把握到的不再是"作者的意思"的世界。为了把握它，我们必须处于"作者的意思"世界之中。在某种程度上，所有话语就是这样和世界关联在一起。

如果按照这一种解释的取向，设想原典的"作者的意思"，仍然在时间中流动而未定，解释的取向便会致力于把"作者的意思"在原典中的未定模糊状态。似乎能够做的事情便是在理解中固定成形并明晰起来，既消磨阅读所产生出来的一种"多余的不确定性"，又抵制那种垄断理解标准的权威解释。阅读，就是去挑战由意义带来的"非决断性"，但它从来不是解决"作者的意思"。它尤其破除了符号和指称的语义一致的神话，粉碎了从两个方面拥有这个权威的愿望。

六、佯　谬

按照传统文本学和解释学的要求，诠释文本要回到原文本作者用文本说话的意图。但是，这是以一个封闭的时间空间结构语言观为前提的，它忽视了等待开辟和等待展开的创造的自由。所以，当人们面对板结了的传统符号体系时，如何潜入文本呢？他可以采取这样的方法：一方面要利用文本中的话语去反驳原有的话语意图；另一方面又通过话语和文本的差异继续扩大，甚至歪曲它们之间的差异，使他们之间相互残杀，起到自我破坏的作用。这就是德里达灵活地运用文本迂回的战略战术去破坏文本本身的游戏活动。但是，这种战略战术一直就在我们的文本的写作实践中运用着。举例来说，笛卡尔的《谈谈方法》的修辞风格在第一句中体现得最为突出，也就是那句笛卡尔对理性平等的著名宣言：良知是世间分配得最均匀的东西。每个人都认为自己非常充分地享有它，就连那些对其他一切都不满足的人，也不会觉得自己的这种能力不够，想获得更多一些。

这个论断当然是一种佯谬。我们都对自己拥有的东西感到满足，这与其说指的是对自己理性能力的满足，不如说是我们的沾沾自喜。笛卡尔清楚自己开头的幽默，接下来否认了自己的才智，从而暗示理性并没有平均分配给所有人。

---

① 保罗·利科：《从文本到行动》，夏小燕译，华东师范大学出版社 2010 年版，第 151 页。

也就是说，笛卡尔的"理性主义"并非始于理性平等的宣言，而是暗示所有人必须对自己的能力有所了解。理智不曾平均分配，自我本能却平均分配。那么，为什么要以佯谬开头呢？通过唆使我们接受理性平等，笛卡尔自己却道出了真正的东西，即自我本能。这么一来，他指出了正是"人的理性"阻碍了"理性本身"的纯粹。[1]再举一个例子：一代代学习哲学的同学都知道萨特的一句名言："他人就是地狱。"你如何反驳呢？值得注意的是，这句话并不代表萨特本人的观点，它只是一出戏剧特定场景中的一句台词。它所表示的仅仅是剧中一个开始地狱之行的人物的看法。假如这个人物被天堂接纳，他就会宣称："他人就是天堂。"就算我们不断地从其他不同层面去捉摸这一句话，这仍然无法保证我们可以比较确定地理解萨特。阅读显然是一件令人不安的事情。

七、经典的原义："隐显"二重性

我们古人讲过这样一句话："《诗》无达诂，《易》无达占，《春秋》无达辞。"这里的"诂"是"解释"的意思。用通行的话解释古代语言文字，意思是说这个《诗经》没有一个标准的解释，个人从自己的人生经历，从自己的审美趣味，从自己的一个认识水准去看它，它可以有多种解释。

在这里，古人显然是很开明的。在古人看来，也许读者可能比作者更好地理解作者的作品，也可能言过其实，把作品理解偏了。因此，不管是文本意义的恢复还是意义的拆毁，两种取向应该互补地参照。

因为，经典的原义处于"隐显"二重性当中。这并非单纯是一个语言见解问题。在思想史上，同样一部作品有不同甚至有对立的解释的例子，俯拾即是。例如，卢梭《人类不平等的起源》这一作品究竟是讲平等还是讲不平等，这在欧洲一直聚讼纷纭。再譬如，伯克的《法国革命沉思录》出版于1790年，之后诺瓦利斯很快读到了。他评论说："许多反革命书籍写得对革命很有利。伯克写了一部反革命的革命著作。"[2]这里的评论虽然是从保守与革命之间的悖论式转变着眼，但绝非只是对字面主义错误提出一个单纯的语言见解方面的批评，而是与我们谈论经典的原义处于"隐显"二重性有关。作家，当然也并不是假装以唯一纯粹的精神向所有的人讲话。

我们举这个例子，并不是要表明作者的意图对确定原典的意蕴是否重要，而在于说明，解释和理解永远不可能发现及完整重现原典中的原义。我们以某

---

① 戴维斯：《古代悲剧与现代科学的起源》，郭振华译，华东师范大学出版社2008年版，第61~62页。

② F.R.安克斯密特：《崇高的历史经验》，杨军译，东方出版中心2011年版，第260页。

种与存在的关系居住在世界上，正如"进入一个房间，我们可能会发现某种东西被改变了，却不能够说出什么来。阅读一本书，我发现所有的字词都改变了，却不能够说出变成了什么"①。换句话说，解释的意旨实不在作品有无原义，作品有原义总是可以争论的。一方面，语言在表意，因为它表达，所以作品有自身的意思是被假设了的；另一方面，当语言拒绝说出事物本身时，仍不容置疑地在说，承认作品有原义丝毫无助于抵消意义是读者强加在作品上的任意性的产物的观点。毕竟，语言并不能假设它自身的意义，不能解决解释能不能再现原义的认识能力。

原则上，我们这里谈论解读经典，并不是如谈论科学地谈论事物。人们借助科学之手，仿佛牵引着把他从已经知道的东西引出未知的东西，引出他应该学习的东西。但他没有看到，当我们厌倦了科学对起源、对因果根据、对神经病学的前提之类的东西之狂热寻求时，我们在接近历史的东西。另一方面，哲学解释学总是追问：寻求一致的对话的前提是否是独断的，还是它们是开启人的理解？后结构主义者认为，这是一个不可解决的问题：在我们发问的时候已经停止了另一种取向思考的可能性。这是现代解释学所身处的处境，它导致在最根本的问题上完全缺乏共识，以及所有迄今普遍接受的观念的无根据性。所以，在后笛卡尔的时代，真理的制高点仍然不过是视角。这是海德格尔所谓"世界的黑夜"降临。

八、"解释学的真理"不同于"逻辑的真理"

伽达默尔所说，没有基本的共识，任何分歧都是不可能的。这说明解释学虽然不是论证理论，但它促进了后者。然而，我们如何才能认识到迥然不同的观点中共有、共通、同一的东西呢？如果我们很好地沉思默想一番，需要通过关于文本的解释学劳作但也超出解释学劳作。而我们问一个问题的时候，我们总是已经有了一个答案。

海德格尔指出，同一（the same）和等同（the equal or identical）之间有区分，"等同总是趋于差别的消失，以便每一事物能够归并在一个共同的名称之下。与之相反，同一则是不同东西的共同归属，它需要以差异的方式把不同的东西聚集起来"，"只是在差异的实现和定位中，同一的聚集性质才得以显现"。②从德里达的延异和解构的思路来看，伟人的思想在人类思想传播上之所以能够所向披靡，其实是以"差异"的不断扩大为前提的。因为"阅读总是一种误读"。

---

① 莫里斯·梅洛-庞蒂：《世界的散文》，杨大春译，商务印书馆 2005 年版，第 148 页。
② 张隆溪：《道与逻各斯》，江苏教育出版社 2006 年版，第 8 页。

因此，德里达颠覆了如下观念：最好的诠释是忠实复制伟人内心怀抱的意图。然而，当伟人坚持表达他的"内心怀抱的意图"，这在他的话语中便打开了一个缺口。对于读者来说，只有人们相信"语言"是可以"搬运"的，才能忠实复制伟人内心怀抱的意图。

在前面的文字之中多次提到，任何一种对文本的解释都无法成为在知识论的"真理"意义上的"真解"，自浪漫派以来，哲学中已经失去了一个"绝对者"。这是因为，人们的理解活动离不开"道听途说的知识"，人们的一切知识不可能全部来自"亲知"。J. 丹豪尔认为存在着"解释学的真理"和"逻辑的真理"的不同。"解释学的真理旨在发现'所说的是什么'"，"逻辑真理，旨在发现'所说的是真还是假'"。①因此，从辩证法—解释学视野看，"说谎通常是为了真"，这不仅是艺术的规律，也是所有符号表达的意义构成的规律。在这个意义上，阅读某些文本者必然成为说谎者，又不完全是说谎者。我们只能在互相竞争的解释学冲突中才能显现被解释的存在。

需要交代的是，我们可以把所有通过文字固定下来的话语叫做文本。根据这个定义，利科曾经断言，文本有三重自主的语义："首先，文本的意义不等同于作者的意图，'文本的生涯摆脱了作者生活的世界的有限视域'。其次，文本同样切断了与它原来的上下文、读者间的联系。从原来的限制中解放出来，因而文本向其他读者无限的阅读开放。最后，文本的自主从它原来的情形来看，意味着它不再能清晰地证明。文本与读者分享的，不是一个情形，而是利科的'世界'。"②无论如何，对于解释经典而言，不可能有普遍的标准，而唯有与解释规则相关的各自独立与对立的理论或立场。

第二节　客观意义的设定

在讲述伽达默尔和海德格尔等人的存在论解释学之后，我们隐约"格义式"地涉及另外一个人物，即列奥·施特劳斯。施特劳斯的著名与其说是因为其解释学思考的内容深刻性，其表现在于他看书的眼力，不如说是因为他培养了一群政治理论家的独特成就。它不仅仅因为有一个有才华的思想星群，而且是因

---

① 李河：《巴别塔的重建与解构——解释学视野中的翻译问题》，云南大学出版社 2005 年版，第 280 页。

② 凯文杰、范胡泽：《保罗·利科哲学中的圣经叙事》，杨慧译，中国人民大学出版社 2012 年版，第 137 页。

为它教授和训练不止于一两代的学识渊博的大师。可以说，这就是施特劳斯派之所以具有经典意义上的重要性的根本原因。

很难说施特劳斯是解释学中的人物，但是奇怪的是，他的著作常常被作为古典作品解释学的典范而被解释学、语义学及文学批评理论广泛引证。我们发现，与伽达默尔煞有介事或以一种"更加学术化的形式"从事解释学的事业相比，施特劳斯真正的志趣是政治哲学，这近乎被施特劳斯认肯是直接面对问题本身。可以说，如果他也有解释学理论的话，那也是在政治哲学视野中来成就的。我们可以随意举出一篇作品，像《迫害与写作的艺术》这样的篇什，就分明看到施特劳斯乃政治哲学中人物。施特劳斯的哲学乃是哲学解释学的歧出。他在这一篇文章中，对意义与作者原意之间的关系，做了富有创造性的解释。首先，他认为意义直接与作者使用语言时所理解的意义联系在一起，这部分意义是作者自己所意识到的意义，可以说是显白意义；其次，意义也包括作者自己使用语言时尚未意识到或者有意要隐瞒的意义，或称作作者语言的引申意义，这部分意义作者在使用语言时，自己也未觉察到。由于意义包括这两种与作者意识相关的不同成分，相应也出现两种不同的解释意义的方式。

施特劳斯写道："无论他人是在世还是死去，要理解他的言语，大概要涉及两种不同的情况。我们暂时把这两类不同的情形分别称之为解释与说明。""确定语言使用者说了些什么，以及他又如何实际上理解到他所说的，就称之为解释。至于讲话者是否把他的理解明确表达出来，都无关紧要。说明则不同。说明是去确定辨认讲话者语言中他自己所没有意识到的隐晦的意义。""这样一来，认识到某一语言表述是在讥讽或是欺蒙，属于对这一语言表述的解释；而发现某一语言表述是某种愿望的无意识流露，或是某种兴趣、某种偏见，或某一历史境况之无意识流露，则属于对这一语言表达的说明。"①

施特劳斯在这里实际上对同一意义与作者意图之间设置了二重心理联系。作者一方面通过他的作品有意识地寄托他的意图，以让作品替他说些什么；另一方面，作品的语言也是作者的愿望、思想，以及他的历史处境的无意识表露，作者并没有察觉到他无意中流露出了某些在他无意识底层的东西。

作者有意识要在作品中表达的意图，施特劳斯称为"显白意义"，解释的任务是被指定为去发现作品中的这种带作者意图的意义。同时，使作品中作者自己没有意识到的那部分意义明朗化，则是说明或阐明的任务。施特劳斯的高明之处在于，他认为即使依然执着于以作者的原来意图去等同作品意蕴的理论，也感到有必要承认作品的意蕴有可能包括作者所没有自觉意识到的成分，甚至

---

① 列奥·施特劳斯：《迫害与写作的艺术》，刘锋译，华夏出版社 2012 年版，第 143 页。

存在着作者有意要隐瞒的成分。这里蕴涵着这样两个意思，一是作品的意蕴不再完全由作者的意图确定，不等于作者的原意；二是作品的意蕴中那部分作者没有意识到或有意隐瞒的内容，虽然还象征性地挂在作者的名义下面，但是它必须由解释者来确定。以斯威夫特为例，斯威夫特写作《格里佛游记》时的意图是抨击人类社会的不公，却留下了一本儿童读物。

在我看来，施特劳斯的策略就是在时代的无意义无方向之中，不得不去面对意义，他所有的仅仅只是古典理性主义这个稳固的资源。人们一般认为，施特劳斯也受惠于海德格尔。他曾经说，海德格尔是 20 世纪"唯一的德国哲学家"，他在思辨哲学领域超越了所有同时代人，他教导整整一代人怎么思考、怎么读书。他使得向古典哲学、向柏拉图和亚里士多德的哲学真正回归成为可能，发现了理解对人的本体存在的意义。显然，这些都是海德格尔哲学的最重要贡献。而受海德格尔启发，伽达默尔看到，在人文社会科学中，理解如果企图以克服个人经验的局限来达到普遍性认识，人生的完整性便遭到了破坏。理解趋向于排斥个人经验的观念运动，是伽达默尔称之为哲学中最成问题的走向。知识在观念的运动中，失去了个人经验中的个性，经验被剔除后，知识和真理中的历史因素也被剥离掉，知识成为观念堆积起来的躯壳。然而，在"最地道的解释学处境究竟是什么"的问题上，要让我们在伽达默尔的解释学中体认出施特劳斯自己作为一个解释者的经验很困难。①施特劳斯的意义理论最终要人们在读柏拉图式的政治哲学时要面对一个问题：为什么哲学家尽管内心里不愿意顺从当时的律法却要公开肯定律法。这一问题涉及在一个"多数人"的律法的城邦生活中如何做一个哲人很相似。此处施特劳斯似乎设了一个"局"："公开"与"内心"的不一致的矛盾，但通过哲学在"隐讳写作"和"显白写作"之中的缝合，哲人不自闭于无声的个体的内心深处，而是扩散到他所看到的一切所有的事物。于此，在知识层面上便加重而不是消除了这种矛盾。

无论如何，古典理性主义哲人仍然是哲人，任何有价值的学说都不是单纯的学说。和创造性解释一样，"隐讳写作"的现代概念对当代读者来说远比对施特劳斯这样的哲人来说更是一个新颖的事物。因为哲人即使不提出"隐讳写作"概念，也始终或常常在"隐讳写作"。笛卡尔早就说过："我在动手写它之前，曾经打算把这一方面我认为知道的东西统统写进去。然而，画家不能在一个平面上把立体的各方面同等地表现出来，只有从其中选择一个主要方面正对着光线，把其他的方面都放在背阴处，使人们看正面的时候可以附带看到侧面。同

---

① 施特劳斯等：《回归古典政治哲学——施特劳斯通信集》，华夏出版社 2006 年版，第 406 页，施特劳斯在 1961.2.26 致伽达默尔的信。

样情形，我的论述里也无法包罗我的全部思想，所以我只有用较大的篇幅表达我对光的理解。"这一写作实践本身说明了，"显白写作"与"隐讳写作"实为一枚硬币的两面。也可以说，就是这个原因使古典理性主义哲人的作品也许有不同于和多于他们所认为的意义。古典理性主义哲人通常预感到历史进程脱离其"那正确的理解"[1]标准的解释。如果是这样，那便有必要强调解释本质上代文本传达的特性，所关心的是"如其所想地理解别人的思想"。当然，这并非意味着他能概括一些方法，而是他已经有作品，他在某种程度上能掌握自己，因而他的作品和他的方式也能被其他人认识。

一、文本解释的"真"

在今天，真正的解释经典应该具有合理的怀疑精神，就像弗洛伊德寻找梦和口误那样，对表面实在采取不信任态度。最重要的是用理性祛除神秘化，摧毁面具和幻觉。例如，马克思、尼采和弗洛伊德在处理作者和解释者之间关系的时候，展示了猜测与怀疑的解释学形式。他们中的每一个人都在诉求观念的转变，拆毁人们的信仰和动机。

但是，可能会出现一种情况：思想家在写作某一文本时，只从一个角度理解它的事实。施特劳斯认为，这可以被视为任何一个重建理性主义的解释者都应该坚守的底线。所谓"思想史客观性的唯一可行标准"，以便解决"究竟什么是文本解释的'真'"的问题。有学者如施特劳斯的解释概念，认为对这么一个问题不能只在无关痛痒的地方挠挠，必须坚持所谓"思想史客观性的唯一可行标准"。如果"狐狸满腹伎俩，而刺猬只有一个绝招"（古希腊）的话，那么施特劳斯会坦言："我就是刺猬型学者。"

二、字里行间

在此我想提醒大家不要忘记，对于任何一位本色的坚持经典理性主义研究者而言，文本的意义虽然不是自明地给予的，但是它的重要的问题总是如何去知道文本的真义，如何在面对不同的解释时判断哪一个是正确的。而且，按照古典理性主义，有一点是确定的，只要我们践行"从字里行间去阅读"的方法，就会在理解方面有比较健全的视野：拒绝见木不见林。这便是古典精神。凡是不想以别人的自我理解方式来理解别人思想的人，都不可能对别人采取一种批

---

[1] 施特劳斯等:《回归古典政治哲学——施特劳斯通信集》，华夏出版社 2006 年版，第 407 页，施特劳斯在 1961.2.26 致伽达默尔的信。

判的，即让自己有别于他人的立场，而只能在一种实际上是追随范例的阐释的阐释中作出批判。像别人理解他自己那样去理解别人，这一要求虽然有困难，但仍然是合情合理的。[①]

什么叫古典精神呢？这种精神在一定程度上就是从属于时代或适应于其他东西而不放弃自身。事实上，人们能够毁坏精神，如"砸烂孔家店"就是对于人们可以怎样让古典精神与所谓时代发展保持一致的最暴力的表达。我们可以看到，以儒家文化为主导的古典精神在它当时形成的最高阶段依赖于诸如私人藏书阁和私塾学校的机构。而体现了古典精神的那些人则依赖于其同时代人的宽容和尊敬。可是，时代意愿的一次改变就足以扫除这一切。

三、历史主义是古典精神的逆子

强化经典的最新敌人是谁？按照施特劳斯的观点，那个敌人就是历史主义。历史主义不善待经典，它对"作者的意图"观念提出了前所未有的挑战。它强调经典"对我们的信念作出了什么贡献"，强调从现在的角度看，经典里"什么是原作者没弄明白的"。[②]而不再强调首要的问题是"原作者的精言妙意是什么"。还有，作家不能像作家阅读自己的作品那样阅读自己的作品，只有在其他人的心目中，表达才呈现出它的生动和富有意义。这种对待经典的态度，骨子里有一种强烈的历史主义意识形态在撑腰，这就是民主的意识形态。

这种意识形态认为，人应当是他自己，不应当用外面的模子塑造自己。没有英雄崇拜是成熟的标志。民主原则否认伟大，它让每一个人都感到身心愉快，不必忍受令人不快的比较和差异，我们对经典以及原来的精言妙意的遗忘不过是这种民主原则的恶性延伸。可以说，历史主义的精神的儿子的出现，与其前辈并不相像，它长大之后，要真正成为男人，必须做出更大的努力去了解他的父辈，即古典精神。

当今天的我们在面对经典著作中某些论点的表面"错误"时，它并没有给我们提供了一个机会来证实我们比经典作家更高明。

---

① 洛维特等：《墙上的书写：尼采与基督教》，田立年等译，华夏出版社 2004 年版，第 114 页。

② 施特劳斯：《如何研究中世纪》//刘小枫：《经典与解释的张力》，生活·读书·新知三联书店 2003 年版，第 301 页。

四、解释经典的任务

我们认为，当代解释学者对基础主义的反对是正确的，但正像伽达默尔那样，他们错误地得出结论说"所有的理解都是解释"（尼采说"存在的只是解释"，即不能离开解释看存在，即不存在解释之外的绝对存在，因而也就不存在'存在的唯一解释'或'唯一解释的存在'），这意味着所有的解释都是非基础的和可改变的。这个观点被进一步推论所加强：由于所有解释是可以改变的，所有理解也是可以改变的，因此，所有理解都是解释。这些推论实际上是可疑的，因为它在虚构一种什么东西也解释不了的东西。对于每一个不是野兽的人在实践上是接受不了这一点的。因为，它忽视了理解和解释的区别：解释通常意味着某些有意的或至少是有意识的思考，而理解则不必然有意识，甚至我们根本不需要思考就能理解。如果没有前反思的、非语言的经验和理解的、没有清楚说出的背景，解释就无以存在。

这说明"作者意图"是必要的而又不可能的。也就是说，你认为你所理解的"作者的意思"就是"原原本本的"既不可能，也不是语言本性所要求的。解释学告诉我们应该放弃"终极的作者的意思"的观念。我们解读经典的任务是弄清楚作者说了什么，而不是把对所说的内容作真假判断作为首要任务。换句话说，理解他人比较判定他人具有优先性。

但是我们又不能说"解读"经典完全不需要"作者的意思"，那样就没有经典的"解读"了。因此，理解作为解释的基础的观点，不仅在海德格尔、维特根斯坦那里有过明确的阐述，而且我们也可以在马克思那里找到：要了解经典中关键性概念的意义，我们有时须将其产生的社会背景及实践纳入其中。这一原则实际上就是马克思主义倡导的"历史的具体性原则"。它要求的是"必须尽可能地就其本身来解释作者"。如何"回到某某"的这个省思在这个原则里结束，它也应该在这个原则里开始。

第三节　隐讳写作的可能性问题

一、真理的隐喻

在中世纪，人们已经明确地将《圣经》解释区分为两个层次：一个是"字面意义"的解释，另一个是"神秘意义"的解释。"基督教之父"斐洛就系统地制定了"喻意解经法",强调不应该仅仅停留在从字面上去了解圣典,而应该从中寻找更深刻的喻意。上帝是圣典的真理之源泉,而人与上帝在心灵上是血缘相通的,因为人是上帝根据自己的形象通过"逻各斯"创造出来的,因此,人有某种能够理解超越时间空间的真理的能力。人同上帝之间既存在着差异,又存在着某种同一,这也是人能够在一定程度上对上帝之言(道)——《圣经》的理解成为可能的条件。从文体上讲,如同维科所言,上帝的 logos 往往只能用"神话"或"隐喻"记录下来。经典通常是由"神话""故事""隐喻"或"隐语"这些多义性的语言写成的,它表达了一种古典的真理观:真理总是密写的。或者说,真理要藏起来。

犹太教中的"第二摩西"——摩西·迈蒙尼德——在《迷途指津》这一经典文献中特别指出:"神的目的是不能违背的,它对于普通人掩盖真相,因此,要了解真相,特别要求对神敬畏。""因此之故,这些问题在先知书中才以比喻出现,我们的先贤效法先知书,也用谜语、比喻来谈问题。""须知,一个达到某种完善程度的人,当他试图根据自己的完善性向他人讲授他所理解的这些秘密的时候,他并不能像传授人们所熟知的科学那样去透彻、连贯地讲解,甚至连他理解的那部分秘密也无法说清。因此在给别人讲解这一主题时,他们总是只使用比喻和谜语。更有甚者,他们使用了几重比喻,这些比喻在种属上不尽相同。"[①]这里,我们需要关心的并非宗教真理是否要藏起来的问题。比方说,某种宗教观念是怎样与某种宗教的礼仪实践神秘地联系起来的?现在,我们要预先指出,这个问题的含义的确不太清楚。今天哲学把真理降了一格,甚至放在一边,直接追问什么是意义,似乎我们首先要问的是真理的意义是什么这样的问题。[②]它首先意味着形形色色的社会生活模式没有普遍适用的逻辑标准。而且,逻辑的标准并不是上帝直接赐予人类的礼物,而起源于生活方式和社会生活的模式,并且只有在这一背景中才能理解科学与宗教是两种不同的模式。它们都有属于自己的特殊的理解标准。

比如,假如我们可以承认"科学是按照矛盾不能被允许和可以避免这一假设而推进的"[③],那么,建立一套关于人类社会活动的完全没有矛盾的理论方法就是不可能的。比如,在现实生活中我们到处看到,矛盾的对立双方不是谁战胜了谁,谁消灭了谁,而是双方在一定的时间和范围内都有其充分存在的理

① 迈蒙尼德:《迷途指津》,傅有德等译,山东大学出版社 2004 年版,第 7~8 页。
② 陈嘉映:《德国古典哲学与精神生活》//文池主编:《思想的声音:在北大听讲座》,中国城市出版社 2002 年版,第 38~40 页。
③ 波普尔:《开放社会及其敌人》第 2 卷,郑一明等译,中国社会科学出版社 1999 年版,第 80 页。

由。承认社会生活中矛盾可以共处，也就意味着承认社会生活的对立面的权利都得到保留。因此，我们必须防止把科学的可理解性、"无矛盾原理"树立为普遍的可理解性的规范。换言之，现代的真理是相对的。在这种情况下，对生命的深刻疑虑反而会引起如马克思、尼采或陀思妥耶夫斯基这样伟大的思想家饱受"反常性"或"另类"这个可怕幽灵的压迫。人们会问："他们敢于破坏人际关系的规则说出自己的真实想法吗？"①

舍斯托夫那时就明白了，我们最不应该在如尼采那样伟大的思想家的文集中"去寻找他因回避心灵中自然滋长的需求而得出的那些结论。相反，对所有这类观点我们也照样应该系统地、彻底地拒绝和消除，就像消除任何不合法的奢望一样。让一个病人和饱受磨难的人像病人和饱受磨难的人那样说话吧，让他只谈论对他有意义的话题"。而我们"要知道，主要的是，他最终竭尽全力想要说出来、向读者公开"却至死都"没有直接地、公开地说出"所有"自己的痛苦的秘密，就像陀思妥耶夫斯基在其《宗教大法官》中所做的一样"。②

尼采诸公为什么要隐瞒真相？实际上，正是因为"隐讳写作"给后世的施特劳斯派学人引导了目光的方向。问题的关键不在于背叛信仰，而在于真理要隐藏起来。否则，决定阅读的人可能会对真理采取一种复杂而短暂的方式取代经典形式的叙述和比喻。尼采的文体就显示出他有压倒一切的需要。他需要表达前所未有的东西，这种需要如此强烈，往往不可避免让读者以"隐讳"的方式来阅读之。极而言之，我们读尼采的著作，仿佛就是那个不妨打个比方说中的傻子："一个智者对自己的智慧一无所知，他跟一个傻子见面了，并同他说了一会话，谈的似乎是些不着边际的事情。当谈话结束，傻子要回家了——他住在一个鸽子笼里——那智者突然拥抱他，吻他，叫道：谢谢，谢谢，谢谢。为什么呢？因为傻子竟然傻到这种地步：使得智者看到了他的智慧。"③

二、语言的陌生性

看来，凡真理例如宗教真理都是密写的，其中有些是值得从心理上剖析的东西。费尔巴哈等人已经在往日自信地做过此类分析。然而，不单单宗教真理是密写的，即使我们在阅读分析哲学的著作时也会发现，那里使用逻辑符号并

---

① 列夫·舍斯托夫：《尼采与陀思妥耶夫斯基——关于悲剧哲学的随笔》，田全金译，华东师范大学出版社 2015 年版第 8 页。

② 列夫·舍斯托夫：《尼采与陀思妥耶夫斯基——关于悲剧哲学的随笔》，田全金译，华东师范大学出版社 2015 年版，第 131 页。

③ 叶廷芳选编：《卡夫卡散文》，浙江文艺出版社 2003 年版，第 95 页。

非完全为了精确和严密，其中往往透露着"密写"动机。斯坦纳说："逻辑是一种精神的狂想曲，用于打开世界的一种方法。"①因而，我们对经典的解释很难做到毫无遗漏。如果从更广泛的意义上看，那种用外语、古语写成的经典，那种具有不同地缘和历史性的经典，对于我们来说就都具有密写的性质。

比如，德语较之中文对于我来说具有明显的交流障碍。我直接去读德文的康德著作，明显存在解释学的困难。伽达默尔将这种困难归纳为语言的"陌生性"，也就是"外语的他在性"。所谓"外语的他在性"，是说复数形式的语言"互为他者"。这种"他在性"使得翻译无法实现"原原本本的"模仿。因为"汉语"和"德文"之间的差异像一道阴影一样笼罩着解释者。一般认为，解释者是一个试图"跳出自己影子的跳跃者"——跳出自己的影子是白搭的。但是，解释者的不断跳跃正是解读经典的使命。

三、隐讳写作的成因假设

众所周知，有的人天生对表述和袒露感情有着巨大的羞怯感。他喜欢把他本人和他的为人尽可能隐藏起来。在表象层面上，我们的时代有太多的人太胆怯，不敢说出不同见解，甚至最心悦诚服的见解。他们正是怕被人当作过时或落伍愚笨。人们缄口不言自己的想法，却情愿不情愿地附和自己根本不相信的东西。如果这种本性上的异乎寻常的特征挂在某种思想家的身上，那么也许我们时代中没有任何有钱的和成功人士像他那样自由。但他保护自由的方法就是那种无法描述的"隐讳写作"。也就是说，那种仿佛"轻手轻脚"的方式为他制造了一种"不惹人注意"的氛围。

如果世界国家体系拥有一个为自由、公正、高尚提供保障的体制，如果一个国度也拥有这样的体系，那么全世界都会为之用欢呼之钟声表示欢迎，为什么不这么做？只是因为一个用语言和行动否定一切价值的、除了把住权力没有别的想法的专制政权？如果"没有人反对自由，如果有的话，最多也只是反对别人的自由"②。如果这也算是一个原因，那么施特劳斯式哲人继而考虑的问题则是：在创建一个好的国家社会的过程中，"隐讳写作"扮演着什么样的角色——哲学家为什么要隐讳写作？这个问题涉及最棘手的解释学问题。"作者的意思"被遮盖并非没有其他的原因，原因是错综复杂的。比如，言论管制在我们这个社会很普遍，但很难说清楚它具体是怎么回事儿，到底是如

---

① 乔治·斯坦纳：《语言与沉默：论语言、文学与非人道》，李小均译，上海人民出版社2013年版，第104页。

②《马克思恩格斯全集》第1卷，人民出版社2001年版，第167页。

何运作的。估摸着说，大致有这样几种情况：

一是作者没有勇气大声说出其他人都不敢说出的真相；或者，作者也不敢直接说出他想说的。二是可能会出现一种情况：他有不齿的想法，他却不想让自己看到自己真实所想的，或者他突然以极大的热情去陈述一种他私下很憎恨的想法。如果我们还可以将类似想法进行到底，如果我们把思想家的经典著作当作经典来读，那么我们常常会发现某些观点那并不是思想家心里所想的。因此，经典作家有时好比一个眼睛邪的人似乎看的是某个方向，而实际上看的却是别处。三是作者也不太知道如何能够表达与时代潮流或其社会大众普遍接受的意见正好相反的思想。作者可能会局限在大量的习俗性词汇里，他会有意识地歪曲、伪装和隐藏，故意颠倒是非或伪装成了一种写作技巧。四是还有一种可能，隐讳写作来自同行的压力。爱默生早就说过："社会最需要的德性是顺从。最不需要的是自立。"这种顺从的压力表现在方方面面。比如，你选择《中国社会科学》等这些杂志，到时候会对提职称或加薪水管用。或者，你这个卑微的讲师，最好别用书面形式批评那位资深教授的观点，如果你还知道自我保护的话。这类日常性评论，我们在年轻教师那里听得很多。这些评论无疑是最粗俗的。但是鉴于日常性观念的强大力量，它也勾画了隐讳写作的一部分原因。当然，隐讳写作还有各种各样的变化的哲学原因。

首先，它体现为一种说话方式。比如，阿多诺就曾经批判过朋友本雅明的文章，指责本雅明几乎是用"恶魔的方式"合谋抵制自身解读的可能性。海德格尔在《艺术作品的本源》中，对技术的追问是从技术的"工具性"到今天的"图像性"到"座架性"，直到其背后的"不可解决"，悲剧色彩太强烈了。海德格尔说到"不可解决"而只能"还有一个上帝能救渡我们"，这是海德格尔暗示了诸神的回归。

事情并非这么简单。我们必须深切理解到，海德格尔暗示诸神的回归具有不同的语境。

一方面，海德格尔不是反对技术。相反，他比任何技术决定论者都更深入地领悟到和承认技术关乎人的生存之源。海德格尔看到传统的经验意义上的技术与现代技术之间有本质的差别。他认为，传统的经验技术因为基于手工，它们是天地神人四重整体的聚集。例如，日常生活中的火炉今天看起来是最简单不过的东西。但传统社会中的火炉很符合海德格尔挖掘解释的存在论意蕴。首先，这是因为火炉提供的不止是温暖，而且是一个凝聚人心的焦点，一个大家相互交心的中心和场所。火炉的冰凉意味着早晨时光，火炉温暖的散发标志着新的一天生活的开始。火炉给一家人指派了不同的任务。母亲点燃火炉，孩子负责添加柴火,父亲则负责砍伐柴火。这种分析是一种生存论分析,因为它把在世界中的存在、境遇和理解等这些范畴联结起来。"而范畴,大家知道,是整个内容的典型的灵魂。"①海德格尔所谈论的这种生活场景,包含着在理解与境遇之间关系的祛蔽能力。也就是说,理解总是我对我所处环境的关系。

可是,在现代技术条件下,人们的一切劳作都已经被机械和器具代替了。人的丰富的社会关系具有丧失的趋势,甚至连人本身都会被排除在认知范围之外。再比如,一把手工制作的精美的水壶,里面装的矿泉水就是大自然的赠品,赠品中有山泉,山泉之中有岩石,岩石之中有大地,大地之中有天空(雨露),在赠品之中聚集着天空与大地。赠品是终有一死的人的饮料,也是奉献给不朽诸神的祭酒。而世界上的事物只有作为天地人神四重整体的聚集才具有自己的尊严,而一旦失去与天地神人四重整体的密切关联,它们就成为纯粹的原材料。在第一种情况下,"技术的"是"神圣的"意思。在第二种情况下,"技术的"是"人的增饰"和"新发明的"意思。在这里,海德格尔与他人所不同的地方在于,他不是技术进步论者,他看到技术再怎么腾飞也跃不到至善的智慧阶段。海德格尔看到,个人和社会遇到的问题的逻辑困境在于,现代逻辑、理性形而上学那样的思想制度、科学和技术带来的危机只能靠科学技术解决。或者说,只有技术性的解决办法才是对付个人和社会所遇到问题的真正办法。这就像一只狗转圈似地要咬着自己的尾巴。海德格尔说:"当思考通过离开自身的领域而终止时,它弥补这一损失的方式是以技术的名义为自己获得正当性。"海德格尔只能让"神圣性"的无形方式占据最高位置。

施特劳斯曾经感叹地说:"我对海德格尔所着眼的东西领会得越多,便越是看到有更多的东西我依然没有领会。但如果[因此]闭眼不看或干脆拒绝他的作品,那我就做了件最愚蠢的事情。"②伽达默尔听到海德格尔关于诸神回归的神秘暗示时,他被震惊了。他发现海德格尔讲到的"神"即使在西方来说也是神秘的。海德格尔的著作,本身是否"隐讳写作"?但是,海德格尔绝不是那种用术语的晦涩和风格的大胆来遮掩自己思想的人,他更没有以此告别生活。因此,我们可以断定"它是一个说话方式","甚至他的'只有一个上帝能够救助我们'的著名说法,也是一个说话方式。也只是意味着,计算性政治不是能够

① 《马克思恩格斯全集》第1卷,人民出版社2001年版,第167页。
② 施特劳斯:《海德格尔式生存主义导言》//贺照田:《西方现代性的曲折与展开:学术思想评论》(第六辑),吉林人民出版社2002年版,第116~117页。

将我们从迫在眉睫的灾难中解救出来的东西"。海德格尔有时说的"超过了他所能证明的，例如，当他展望一个新世界的出现时就是如此"。可见，海德格尔已经深切看到原本用来阐明事物的思想方式，在今天技术时代则成为蒙蔽事物的工具。

然而，海德格尔也深切地看到，我们是会死的人，不是神。如果我们是神的话，问题可以作为一个选项提出来。遗憾的是，我们没有这种选择。因此，当我们谈到实践智慧时，我们不得不将人和神的生活都纳入考虑。如果说海德格尔关于诸神回归的思想具有神秘性的话，那么它与用理论的语言遮掩自己的思想毫无相似之处。"海德格尔的意图只是让人们看到在我们当代的技术社会中达到顶点的这一西方道路的片面性。"①

其次，按照尼采的说法，从前的哲学家都懂得运用"隐讳教诲"。②用大白话讲，显白和隐微写作的实质是："我写的和我说的不同，我说的和我想的不同，我想的和我应该想的不同。"但是，为什么今天就允许公开的真理教诲？古代哲学家就懂得隐讳的教诲？

伽达默尔认为，这里提出了最棘手的解释学问题。在施特劳斯看来，如果你要考虑大多数读者的接受性程度和已经有的偏见，如果你知道少数人才能有福分享受普遍的真理，你就自然懂得隐讳教诲。如果你还知道，作为一个社会来说，大众的意见是主要构成要素，哲人的真知灼见如果讲给那些并非具有倾听这种真知灼见能力的大众，那么，它们听起来就不再像真知灼见，倒像是蠢话，那么你就自然懂得隐讳写作。哲人和大众之间的鸿沟是非常大的：用古代中国圣人的话说，"上智下愚"，亘古不变。知道这一点还不够。从哲学写作的角度看，哲人们要隐藏自己的真实意图，他们这样做是有很多理由的。

最重要的理由是，古典的作品要加密处理，不仅仅是出于"多数人"和"少数人"在天性上的差异，还有天性差别等因素带来的更深的原因。我们必须从政治社会层面寻求这个原因。从政治社会角度看，哲人和大众的差异就如同《格列佛游记》中的格列佛与小矮人的差异。适用小矮人的法则并不适用格列佛，正如适用于哲学家的法则并不适用于大众。比如，在小矮人国的宫殿着火的时候，格列佛在整个宫殿上小便这便是违反了道德禁忌（意见），这无异于一种触犯众怒的神圣疯狂行为，但是他这样做却既灭了火，又救了小矮人国。列奥·施特劳斯为此拷问我们：为了公共的善而做不道德的事是理性的甚至仁慈的吗？施特劳斯对此作了肯定。但是，他认为不能将这种野蛮的真理让大众知道，因为

---

① 施特劳斯等：《回归古典政治哲学：施特劳斯通信集》，华夏出版社 2006 年版，第 498 页。
② 尼采：《论道德的谱系·善恶之彼岸》，谢地坤等译，漓江出版社 2000 年版，第 170 页。

那会雷倒那种被道德奴化的大众而令人心生反感，如果保守住真理秘密，反倒能够使不道德的行为经常服务于公共的善，这就是古典作品加密的深层次理由。也就是说，以前哲人不得不更小心谨慎地使用双重写作的隐微方法，把自己的观点或真理深藏起来，以尽可能地保护自己免受社会（意见）迫害。隐微写作对于以前的哲学家来说是必要的。我们大都听说过苏格拉底的审判、西班牙宗教法庭、梵蒂冈禁书目录、伽利略的监禁以及布鲁诺的火刑。再看看18世纪大学里发生的情况："在那个启蒙世纪的晚期，康德遭申斥，他的作品因为冒犯宗教也被禁；费希特在关于无神论的争论中丢掉了他的教授职位；黑格尔是在他进入大学之前，或者是在拿破仑战争的混乱期离开大学之后，才写出了他最勇敢的著作。"[1]这都说明在早先的时代由于钳制独立思想的事情常常发生，因而促成一种所谓关于真理特别地以隐微的方式来写作的技巧。假如你去问18世纪以前的哲学家："你是否会公开宣讲关于社会的真理？"还是"只对少数人说话，而对大多数保持沉默？"对于古典作家来说，答案是明摆着的，他会说："对最好保持沉默的事情守口如瓶。"这从出版和言论自由的角度来看，以前哲学家的写作一直都十分顾忌因写作和言论遭致社会的迫害。也就是说，整个历史中广泛存在的不自由和不宽容的政体对写作和阅读的确产生了重大影响。

翻阅整部哲学史，我们发现不乏隐微写作的高手。譬如，在康德的著作里面，他高举对于永恒生命与彼岸世界的希望，预设了灵魂不朽、上帝存在、个人意志。但是，康德并不相信死后还有什么可以期待的。在康德个人的生命中，他对灵魂不朽之类概念的态度是冷淡的。他自己从来没有真正相信它们。平常我们说，康德是为信仰留出地盘的哲人，而康德却被公认为是无信仰者。康德自己的矛盾行为，不仅表明哲学家的权力意志不需要依赖民众赖以为生的道德权力，而且泄露了他的隐秘的文风原来是为了表达那些与流行的伦理相违背的观点，可以说这是哲学史上的老套。

但是，问题不在于哲学家的明哲保身，而在于自己不相信的东西是否还要人民不相信？哲学家是那种深刻谙熟说话和写作之间的张力。在此情形下，我们在阅读和理解哲学家作品时就会遇到一些矛盾，可能的情况就是，作者有意识地顺从大众意见和掩盖自己想法。施特劳斯认为，如果将这种方法运用于柏拉图的对话录中，借此就能够深入柏拉图的思想之中。

由于存在这样多的理由，哲学家就利用各种语言方式如反话来表达自己的

① 罗尔夫·魏格豪斯：《法兰克福学派：历史、理论及政治影响》（下册），孟登迎等译，上海人民出版社2010年版，第718页。

思想。那么，双重写作带来什么理论后果呢？后果主要有三个：

第一个后果是，如果隐微的教诲的根本特点具有批判现存政治社会秩序的颠覆性，那么，从前的哲学家在逻辑上已预设了让隐微的教诲限于少数人（哲人或潜在的哲人）知道。只允许够资格的读者享有他自己的著作的"真理的颗粒"。一句话，哲学家的写作需考虑，谁够资格，谁不够资格。这是我们从一部西方哲学史中得出的结论。当然，在古典思想家那里，写作者一厢情愿地认定，人民是不够资格的。其作品中最珍贵的意义只属于少数人。大多数人只能读读晨报或晚报。黑格尔就认为，人民是不善于判断的，搞哲学研究甚至应该脱离人民的意见而独立，它是取得"伟大的和合乎理性的成就的第一个形式条件"。一方面，这些哲学家瞧不起民众；另一方面，他们又要让民众相信他们的主张真实可靠，怎么办？答：满足民众的怀疑感。而他们本人的真实观点就隐藏在民众怀疑的下面。

第二个后果是，哲学著作令一般人望而却步，传统哲学的河流开始变得混浊了：哲人们极尽隐微与显白相互区别的写作方法之能事。他们会用"矛盾""错误""平淡""比喻""反讽""悖论"等修辞方式，曲折地表达背后隐藏自己的"微言大义"。这些方法让我们感觉到古典作品那种令人苦不堪言的眩晕。例如，费拉里在研究柏拉图的戏剧细节时甚至看到，知了的不同叫声可以区分不同的话语类型。[①]这当然是一种非常细致的写作（阅读）。给我们阅读古典作品提供了一个参照。但不幸的是，我们也许注定不是费拉里那样的读者，更没有康德、黑格尔那样的心智。因此，隐微与显白相互区别的写作方法的直接效果是，一方面把"多数人"拒于真理的大门之外；另一方面只为"少数人"提供登入真理堂室的钥匙。那个金苹果只是为潜在哲学家预备的。当然，话说回来，隐微写作的客观效果是，刺激有潜在哲学头脑的人，去发现银光之下藏着的金子（如果有金子的话）。这就仿佛哲学家把通往真理的门"虚掩"上，仅仅愿意同有哲学头脑的人传达真理。今天，我更加确信"哲学—宗教"是一个"真理—谎言"的杂拌。

第三个后果是，隐微教诲说白了无非就是说哲学家需要一种盔甲或面具，知道哪些东西是不得不隐藏起来的，给自己写的作品作了一种加密处理，这是古典式写作的原则。我们也就从双重写作的角度理解了为什么有些哲学家的书写得如此难以卒读的原因。据说，卢梭的《论不平等》，在整个欧洲只有少数读者读得懂。而康德之所以令人着迷，据说就是因为他的课是听不懂的。实际上，

---

① 贺照田主编：《西方现代性的曲折与展开：学术思想评论》（第六辑），吉林人民出版社 2002年版，第278～279页。

康德并非不知道有许多学生在听他的课中碰到很大困难，而是因为他不在乎这个困难。他自己的考虑是：他讲课的对象是有"真正哲学素养"的人，他不是通俗哲学家，不是那种把思想当成表演，甚至他们的生活本身也成为排场和表演的哲学家。相反，康德的深度和晦涩是有意要区分够资格的学生和不够资格的学生。①

但是，施特劳斯诸公是否总是有权利贯彻他的原则？为了使自己的令人不安的理论避免传统秩序观念的抵制，哲学家故意伪装是否正当？哲学家将某些东西如阶级品味隐藏于表达以便为政治现状证明，这样的人算不算哲学家？施特劳斯通过注意哲学伪装，是否真正弄明白现代人还要隐讳写作的原因？

当我们跟随施特劳斯去思考这些问题时，伽达默尔认为施特劳斯的问题存在着解释学的困难。假如施特劳斯提出由于政治迫害和大众意见排挤便造成对真实意图的有意隐瞒，那么我们也完全可以作一种相反的考虑，即对原本的意图有意歪曲、隐瞒和藏匿是极少数的例子。假如一个人用通常的方式书写，他不可能做到公开地隐藏自己的想法。施特劳斯自己主要是通过迈蒙尼德、阿列维和斯宾诺莎的过程中才想到了隐讳写作这个问题的。

四、晦涩费解的思想也拥有自己的席位

我们常常讲，阅读经典，要读第一手的。如果一个人能够读到某一本书的原文，他就有机会了解这本书的内容。但是要真正读懂这本书至少有如下几个条件：

第一，任何书面陈述的字面意义是其唯一的意义，或者至少能够区分书面陈述的字面意义与深层意义，但是，可惜上帝给人造成的麻烦就是把语言搞得乱七八糟。这就是巴别塔的隐喻。现在有很多学者都感到，一本书用最简单、最容易理解的方式陈述其思想容易得到传播。如果一本书是用令人困惑的隐喻、省略或密写②等风格写作的，则只能被准备认可哲学话语的读者所阅读，供其保留为专业读者的封闭圈子之内阅读。值得注意的

---

① 曼弗雷德·库恩：《康德传》，黄添盛译，上海人民出版社2008年版，第249~250页。
② 大家知道有一种手法是纵向阅读圣贤之书，即从右向左一行，下一行则从左向右，把字字表内的一些字母有条理地用别的字母替代，或字母数值之和等等。很明显，这种方法久远的原因是《圣经》机械的灵感观念。这个观念把福音传道士和先知变成只是记录上帝旨意的无足轻重的秘书。

是，也许困惑于乱七八糟的语言。"不同流派的哲学家之间日益相互疏远和越来越失去思想联系。"如果把这种"疏远"按照严重程度区分的话，那么第一级别是：哲学家之间存在观点对立，但还保留着讨论的关系；第二级别是：哲学家之间已经没有讨论关系，但还可以"互通信息"；第三级别是：哲学家之间没有信息关联，但还存在着"意向认同"——哲学家之间虽然不理解他们所关心的问题，但是相信彼此还在同行之中；第四级别是：哲学家之间完全互相不理睬，他们甚至也不能彼此承认是同行。[①]这种情况当然与"语言的牢笼"有关。

第二，哲学文章是深奥化的产物。语言为社会科学提出了一个特殊问题：语言的风格是分等级的。布尔迪厄指出，"顶级思想者"不会用普通语言来陈述思想，他会提升语言的风格等级，目的是保护原文不被"平凡化"。用我们的观点来说，特殊方式的哲学思维产生其语言表达的特殊性。比如，像我国建设部提出的解决住房困难的问题时，会考虑社会公正等层面实际性问题。同样谈住房困难问题，海德格尔说："真正的栖居困境都并不只在于住房匮乏。真正的居住困境也比世界战争和毁灭事件更古老，也比地球上的人口增长和工人生存困境状况更古老。真正的栖居困境乃在于：终有一死者总是重新寻找栖居的本质，他们首先必须学会栖居。"[②]海德格尔的这种感觉是跟普通感觉相脱离的，海德格尔这样的说法肯定不会得到像普通语言一样的对待。由此，我们也不能理所当然地认为，一本书的基本思想与一本书在每一个地方所明确教导的东西是等同的。

海德格尔哲学的语言特点表明，它难以理解，很大程度上是因为它要"回到直观后面"去分析生命和存在。

五、虚构问题

更深层地来说，隐讳写作似乎有一个目的，即顾忌因写作遭致社会迫害。但"迫害"并不具有某种解释学原则或一种方法概念，因为它只是想强调一种历史处境下，哲人把自己真实的观点隐藏在字里行间。一般来说，隐讳写作要

---

① 施太格缪勒：《当代哲学主流》（上卷），王炳文等译，商务印书馆 1986 年版，第 28～31 页。
② 孙周兴选编：《海德格尔选集》（下卷），生活·读书·新知三联书店 1996 年版，第 1204 页。

求我们承认有别于谎言。或者说，隐藏自己的真实想法，如果不对自己和他人造成伤害的话，就不算说谎。假如这样说出的不是一个谎言，那么与哲学隐讳写作问题相辅相成的另一个问题就是"虚构问题"。据说，这与恰切理解古典文本是联系在一起的。将虚构的问题引到这个目的中，它再次在依赖于绝对真实的观点的话语里（即关于传统的哲学生活方式的话语）打开了一个裂痕。

如果一个谎言在某些情况下仅仅是一个虚构，那么我们如何可以证实真相，或者证实这种关于传统的哲学生活方式是假的？大家都熟悉"好像"这个词。汉斯·法欣格尔有一本叫做《"好像"的哲学》著作。该著作主要讨论现代文化中虚构的泛滥。不仅科学和哲学中充满虚构，法学和神学中也如此。在法欣格尔那里，思想的"虚构活动"是作为逻辑方法的使用及其产物。他说："真理的王国几乎肯定不会降临，由学术界为它自己设立的终极目标无论如何也不可能达到。然而，每个思考着的人都永远渴望真理，为此他要全力与谬误搏斗并四处传播真理，比如表现得要像谬误总有一天会被彻底消除，期盼真理在某一时刻会理所当然地君临天下。……所有这些当然不能科学地论证它必然如此，但只要你的内心命你要像那样行动就足够了。"①

今天仍然有人对这种"好像"哲学颇为崇敬。譬如，人们可以把共产主义理论降格为好像自由王国、真理等都存在一样。阿多诺曾经批评本雅明说，每当本雅明从隐喻而不是从范畴角度讨论问题的时候，他都感到了矫揉造作。阿多诺举例说：本雅明谈到城市变成了游手好闲者得心应手的内部，这是本雅明研究中最有影响的观点之一，在阿多诺看来，这是用纯粹的"好像"来论证的。而"好像"这个词今天之所以很流行，就像流行病那样，是因为运用这个词的人"心身不适、特有空虚感的根源"。所有的虚无主义都与"好像"有瓜葛。比如，在医学上，所有那些无法明确归类的精神类或神经类疾病的人都被叫作"好像人格"，"因为他们的'问题'仅在于他们事实上没问题。他们生活得好像他们是正常人，好像存在着常态的主导地位"，"好像'没问题'"，这句话实在很白痴。"好像里面没有任何让人满足的东西，因为它只不过宣告哲学家本人已让自己受尽了折磨。"②这就是阿甘本说从康德开始直到

---

① 乔治·阿甘本：《剩余的时间——解读〈罗马书〉》，钱立卿译，吉林出版集团有限责任公司 2011 年版，第 46 页。

② 乔治·阿甘本：《剩余的时间——解读〈罗马书〉》，钱立卿译，吉林出版集团有限责任公司 2011 年版，第 47~48 页。

现代伦理学，好像都所向披靡地获得成功的原因。高蒂埃为此说："相信自己不同于自己所是的那种才能"——这构成了人的本质，这是从本体论层次重构虚构问题。

六、隐秘的自我指涉

我们认为，施特劳斯提出这个双重写作问题存在着解释学的困难。主要的困难还在于，我们怎么样清楚地确认隐讳的表述是作者的真实意图的表述？在施特劳斯自己的文本中找到一个特定的隐讳写作范例是否是不可能的？关于隐讳写作与否同样也是十分不确定的？从人的精神上看，人有一种无意识的盲从，"把普遍认为清楚明白的东西当作实际上也是真的"①。通常我们也有这样的经验：在对话中，我们可以按照自己与他人对于事情的一致性程度去理解其中的反话，去探测他人的真实意图。而在康德那里，这可能相当于他律。康德在一个地方把前后一致性当作唯一受到哲学尊重的东西。

但是，要是学生通过"悉心阅读"，知晓那样一种传统的哲学生活方式，那个隐讳写作与其说就被假设了，毋宁说它被虚构了，它还会立刻被误解为真实的。所以，伽达默尔才怀疑这种原则能够贯彻到底。伽达默尔指出："在斯宾诺莎那里，我是有怀疑的。'伪装'包含某种意识的最高标准。调节、顺应等不需要有意识地发生。这是施特劳斯未充分注意到的。"②值得注意的是，伽达默尔、利科的解释概念实际上不能不预设"怎样的途径才能使我们正确理解文本解释行为的本性"问题，因而，他们的解释概念实际上仍含有方法及规范的提示，为的是显示文本中的力量与真理。由此暴露出了他们的解释概念与基础主义框架的残余性不情愿、不相称的结合，援引他们的解释概念为后援的经典解读，也就必然都预设了经典中有某种可以追寻的绝对性的本真意图。

我们绝对可以相信的是，在面对像柏拉图或马克思这样使问题具有开放性的作者时，隐讳写作不会有什么意义，因为柏拉图或马克思的整个著作都在激发人们在理解自由中讨论和思考。③他们的写作实践表明，写作总是将意义从作者处隔离，让作者无法掌控意义，让意义从文本（被文字固定的话语）自身

---

① 严平编选：《伽达默尔集》，上海远东出版社 2003 年版，第 425 页。
② 伽达默尔：《真理与方法》，洪汉鼎译，上海译文出版社 2004 年版，第 378 页。
③ 这里需要说明的是，施特劳斯对古典文献的解读的真正功夫在于重新理解哲学。

中产生出来。因此，人们无法完全得知究竟隐讳真理是之前的显白真理的一个结果，还是文本自身生产出显白真理，以便让藏在其中的隐讳真理变得有意义，而非隐藏得不知所踪。无疑，施特劳斯所谓的"真理秘传"陷入了一个矛盾境地。一方面，任何隐讳真理都无法去除文本所产生的显白真理。另一方面，任何隐讳真理都可以说是由文本性的过渡产生的。这里无奈存在着混淆：有可能会说谎，因为真理去写作，就是写作尚未成真，因此那写作用不着为真。这让我们找到了最终的施氏的阅读寓言——承认显白真理胜出于隐讳真理，但是没有这种混淆，任何语言都是不可能的。这种矛盾着实令人头疼，又让人着迷，以致无法割舍。

跋

　　这部著作的目的，是要把人文社会科学作为方法论反思的对象总体，揭示它与自然科学的关系问题。我的这些方法论反思基本上是为教学与研究实践服务的，或者至少是源于其教学与研究实践，是在对我自己的研究和教学实践进行层层反思和完善的基础上发展起来的。实际上，要不是承担研究生的"人文社会科学方法论"课程教学，本书也许将永远无法面世。

　　我很久以来便想整理这些或包藏于我的著述或涌现于课堂上的思绪，可是，要真正实施，须有额外的准备，须有超出意欲或决心之外的一种条件。现在似乎就是要决定的时候了，也许我现在有一个需改变知识境况的原因，即我对此事的可能的努力，使自己更清楚地看到我还欠缺的许多东西。

　　近几年来，对我们研究生教学的重视，使我已经养成了这样一种习惯：跟踪并关注急剧变化着的人文社会科学研究取向及方法论路径。这种路径的研究通常都是在我的专业（马克思主义哲学）视域之外进行的。因此，我将它看作因非专业所要求的方法论所需，迫使我以一种跨学科的方式去理解本书所探讨的问题。我相信，对于人文社会科学发展来说，杂交则繁衍，纯交则萎缩。人文社会科学家似乎在精神科学与自然科学之间找到一个很好的"中点"。而社会科学当然还需要哲学本体论的指导。与此同时，如果哲学也和其他学科的认识一样被分割得细如毛发，那么人们还有什么必要来从事哲学呢？国内一些著名学者零星发表了一些这方面的著述，并花了很大气力来了解这方面研究的重心和研究方法，收集了许多材料、数据和事实。我非常感谢这些研究者，因为他们的研究对我有很大启发。但在这些资料大量涌现并引起讨论的同时，对问题的探讨却远远落后于我们对于这些资料的了解。如果要想从这些研究里得出充分、有综合性的、有见地的结论，用以说明人文社会科学方法的总体变化，那么所有这些努力还不够。

　　我相信，《方法与反方法》所遵循的方法和原则立场具有鲜明的特点。第一，至少它依然使我们不能忘记人文社会科学研究的"大国"不是在中国,而是在国外。虽然现在几乎所有人都跟着西方人一起对西方人文社会科学理论资源有更为深入系统的了解,但人们往往是在"引进""复制"和"接轨"而非从"研究""批判"和"对话"的意义上去理解这件事。[①]我们可以注意到,自 20 世纪 30 年代由社会学家吴文藻、心理学家潘光旦提出社会科学中国化以来,人们是在一种执迷于预想或假想之物的意义上使用"中国""外国"这些概念的。从学者关于"主体性中国"等问题上争论不休来看,那种用"主体性中国"一词表达有关中国社会科学对世界的可能贡献的观点本身,并非准确。原因无他,只因我们不得不承认至今我们不懂得此中所说的"主体性中国"等问题的基础是什么。如果说懂得,那也是虚假的,是不会被人理解的,因为我们至今都没有站到这个基础上——承认科学的"引进""复制"和"接轨",进而获得科学的成果。

须注意,自己的思想只能用自己的表达方式来表达,其他表达方式几乎是不可能的。我相信,一个人的学术道路是如此,一个民族的精神演进也是如此。从世界历史来看,从主体出发的思想是最容易想到的,但想到这一点并对其作深刻批判反思却用了几千年的时间。这一点古今中外概莫能外。如人们所见,仅仅成为"思想中国"就要求漫长的历史积淀,更遑论现在。"'思想中国'向'思想中国的根据'进行思想层面的转换"[②]须以一个更高级的条件为前提:各个民族之理解和相互理解。而问题既不在于文献的高端论辩层面,也不在于有没有探讨特定的问题或概念,而在于有怎样的设定"非我"的方法论意识。以德国、法国的民族意识的觉醒为例,方法首先主要是在主体与自然客体内被探讨,并且基本上限于对原因、结构、作用等方面进行分析。方法论的基础是因果关系的解释,它们也涵盖了人文社会科学领域的"认知"和"认同"这样的集体概念。正是在这样的集体概念中,"民族"概念才在 18 世纪以后获得了显赫的地位。这意味着,当因果关系的解释在人文科学中无限膨胀,压倒了对理解人的关心时,人文科学的方法论危机才表现为方法论取向的危机。有鉴于此,

---

① 邓正来:《"知识转型":引进来与走出去——〈世界社会科学高级讲坛讲演录〉》//邓正来主编:《世界社会科学高级讲坛讲演录》,商务印书馆 2010 年版,第 2、9 页。

② 邓正来:《"知识转型":引进来与走出去——〈世界社会科学高级讲坛讲演录〉》//邓正来主编:《世界社会科学高级讲坛讲演录》,商务印书馆 2010 年版,第 5 页。

从文化社会史的"文化际"视角看，我们的人文社会科学观念就不应当再着眼于民族意识的觉醒，而在于民族之间观念的创造性转化。①用德国哲学生成方式来说，今日之中国社会科学，当以"解释"和"理解"取代"自我"和"非我"的思维格式。②

第二，在人文社会科学研究中，各个国家都有自己的语言学传统和学术研究传统。我们所有的历史知识确定无疑只是采取"叙事"的特定形式，而我们这里几乎没有西方那种意义上的、与老欧洲科学概念相吻合的、特定方向上展开出来的人文社会科学，也就是说，我们这里没有真正意义上的诸如哲学、语义学、文字学，像西方人理解的那样。但问题是，我们不能反对他人的这种批评；相反，我们应当喜爱它并认为这是中国人创造的机遇向好的一面。这为其民族的独特性，是你们（西方人）所不具有的。和中国人相比，您试着问问法国人，比如在思想的力量方面孰优孰劣。在 10 多年前，就有一个名叫德里达的法国人，他来中国时评论道："在西欧文化之外存在着同样具有尊严的各种思想与知识，但将它们叫作哲学是不合理的。因此，说中国的思想、中国的历史、中国的科学等等没有问题，但显然去谈这些中国思想、中国文化穿越欧洲模式之前的中国'哲学'，对我们来说则是一个问题。而当它引进了欧洲模式之后，它也就变成欧洲式的了，至少部分如此。"③我记得，类似此番谈话，德里达曾现身北京、上海等地时到处撒播。

那么，我们能因这种观念去责怪外国人吗？或者，我们扪心自问，德里达的观点能代表整个西方的看法吗？不如先尽可能对我们自己做一番透彻的理解。我们不能不同意的是，法国人与中国人的确是毫不相同的，甚至好像是完全相反的一类。这不是因为法国人会把一切生活中浪漫的现象乃至极其荒唐的现象解释为合理的，而是因为我们应该只根据精神文明和所受教育的不同和发

---

① 20 世纪历史学家厄内斯特·特勒尔奇曾说："我们渴望越来越成为真正的德国人。"转引自伊安·汉普歇尔-蒙克：《比较视野中的概念史》，周保巍译，华东师范大学出版社 2010 年版，第 183 页。

② 为什么中国人之为中国人而非法国人或德国人，原因根本不在于此而在于这种对立的发生是绝对的。可是，经验无法告诉我们：我们应当将什么视若己出，不应当将什么视为异己的。同样，不存在一条可以用来确定它们的先天原则。这是德国古典辩证法告诉我们的。

③ 雅克·德里达：《书写与差异》（上册），张宁译，生活·读书·新知三联书店 2001 年版，第 10 页。

展阶段来看人的区别。因此，他（比如德里达）到我国来首先是用洞察或说挑刺（因为挑刺是个我们自己听起来更舒服的字眼）的眼光打量我们，用鹰一般的眼光一下看透我们的全部"软的"或"硬的"家底，并得出最终令"偏狭的国人"不容反驳的意见。其次，所有法国人并非都是法国类型的人。但有较多理由说，德里达构想的"中国批评"，其理论立场较多地显示了法国的科学特征。法国人向来以为哲学与非哲学之间并不存在着一种静态的、明晰的界限。而且他们"倾向的是将非哲学纳入、内化到哲学之中"①。其实，康德以来的认识论和方法论部分已经越来越多地与各种科学性研究融合在一起，哲学与科学理论之间的这个大片重叠部分使哲学的固有结构发生了动摇。②社会历史研究，不再是一种相当实证主义和计量化的历史事业，也不再沉迷于长时段的演化、过程和结构，更不再把演化、过程和结构的"客观"存在视为当然。就本体论方面，相比于德国，法国哲学家虽然才华略显逊色，但是在认识论和方法论方面，具有哲学色彩的法国人文学家却贡献多多。不管怎样，法国人好像什么都会，甚至不学就会：哲学、语义学、文字学……但我觉得更加不可思议的是，通过这之中一系列重要的洞见和盲目所产生的双重效果，人文社会科学话语得以建构和嬉戏。法国人总是那么自信，不用提任何理由，这倒不是因为他们根本提不出任何理由，而是因为他们飘浮在空中。即使像经济学这样经世济民、注重实际的学问，法国人（例如，作为第一个经济学家的魁纳），一开始就让它骄傲地漂浮在形而上学上面。③

---

① 雅克·德里达：《书写与差异》（上册），张宁译，生活·读书·新知三联书店 2001 年版，第 9 页。

② 也就是说，从当代知识论角度看，近代以来，西方哲学谈论的知识，"是从总体上谈论的，并不对自然科学与人文社会科学进行区分，不论及它们之间是否有差异的问题。这样的问题在当时还提不上思考的日程。这在康德那里表现为，纯粹数学、纯粹自然科学，甚至还有形而上学如何可能的问题，这些都被他归于'先天综合判断如何可能'的名下。"陈嘉明：《现代西方哲学方法论讲演录》，广西师范大学出版社 2009 年版，第 15 页。

③ 马克思说，蒲鲁东像魁纳，但又像黑格尔。他们知道，"形而上学，整个哲学，是概括在方法上面的"。蒲鲁东是魁纳的"学生"。他那套稀里糊涂的政治经济学方法与那套体现在魁纳《经济表》里"含糊不清的方法"一样。马克思嘲讽说，若蒲鲁东对这个说明不满意，他也只有"亲自写一篇《经济学——形而上学方法解说》"的能耐而已。参见《马克思恩格斯选集》第 1 卷，人民出版社 1995 年版，第 137 页。

但是，他们为什么喜欢飘浮在空中呢？如果我们想要知道究竟是什么方法使他们产生了这种"群体表征"，我们就必须像涂尔干那样首先确定孔德使用社会（科）学这个术语的真正用意。如果说孔德是以形而上学为基础的，那么在西方社会科学家中，他是第一个坚持综合性路线的哲学家。然而，正如涂尔干指出的，他所起的"这样一个相当蹩脚的名称"①，实在是个误会。这个他在《实证哲学》里所采取的名字，已经表现了一个对社会现象分析之有机整体的性质预想，即那门现在我们所谓统称意义上的"社会科学"的性质预想，而不是随流行一时的见解的变化所想象的那种特殊的社会科学预想。孔德以为实证社会学可以取代神学，具有神学的传统功能。特洛尔奇看到："工业社会的根本问题就是道德沟通的可能性问题，社会学代替神学可以成为社会生活的道德基础的沟通媒介。"②但是，孔德给这个具有如此浪漫的民族带来的东西远不止这些。

然而，与法国人相比，我们的民族仍然太过于专注自身。我们把社会科学当作外在于我们、外在于华夏民族精神的科学。这也许还跟我们缺乏科学天赋有关。但是，这似乎丝毫没有加重我们的心理负担。20世纪初，中国社会学界把社会学降格为和政治学、经济学、法学等社会科学并置的一门学问，并非孔德等人当初所能意料的。所以，当时有人说，社会科学理应分家嘛！③但法国人不这么看。法国人的精神是超越现实的关注之间的整体与局部的。因此，从表面上看，像涂尔干这样郑重其事地批评孔德只具有限意义的学科"起名"问题，似乎有些言辞过甚。但其实不然。我们剖析涂尔干的评论，绝不等于我们理解起来能比他更透彻。易言之，涂尔干一再强调社会科学研究只有走综合路线，这是一目了然的。

但是怎样综合呢？涂尔干说：如果我们读了18世纪孟德斯鸠《论法的精神》之类的书，得益会很多。因为，孟德斯鸠在《论法的精神》中为这门新科学设定了原则。在涂尔干看来，"发现确凿无疑的真理，绝不是为科学作贡献的唯一方式。明确科学的主题、性质和方法，确立科学的基础，也同样重要。这正是孟德斯鸠为我们的科学所作出的贡献……在引导其后来人通向真正的社会科学的道路上，此前还没有人像他那样走得如此之远，还没有人像他那样对确立这门学科的必要条件看得如此清楚"。此外，如果我们认为孟德斯鸠的观点是以什

---

① 爱弥儿·涂尔干：《孟德斯鸠与卢梭》，李鲁宁等译，上海人民出版社2003年版，第2页。
② 特洛尔奇：《基督教理论与现代》，朱雁冰等译，华夏出版社2004年版，第35页。
③ 费孝通：《乡土中国》，人民出版社2008年版，第115页。

么是构成社会现象的统一性这样一个形而上学问题为基础的，那么他并"没有讨论所有社会现象，只是探讨了一个特殊的现象，即法。然而，他阐释法的各种形式时所采用的方法，对其他社会制度来说也是有效的，一般说来，也很适用于这些制度"①。

这等于说，不懂"综合"，就不可能真正确立社会科学的必要条件。这一社会科学方法论原则是"普遍的"，以致它免除了带有某个国家之某类人如法国人的心智特征。在这个意义上，我们不能像涂尔干那样把一门科学的诞生尤其是发展，追溯到一个特定的国家中的特定思想家。如果情况确实如此，那么涂尔干不会或不能期望我们服帖地听取他对孟德斯鸠和孔德的赞誉，"因为每门科学都是一连串贡献所取得的结果"②。没有认识到思想并非私有财产的人或许会说："我理解的不是孔德的思想，那只是我自己的思想。"这样说很愚蠢，因为思想在任何时候任何地方按道理来说都是人们共有的财产，并且，思想是事实上的共有财产。

涂尔干虽然认为法国人为社会科学奠定了实际上的基础，但又认为"我们很难准确地说出它究竟是什么时候出现的"③，显然，这里的矛盾是要暗示认识和阐明社会科学的问题以及方法是极其困难的。当然，所有事情都取决于社会现象本身到底意指什么。关于这个问题的困难性，早期的中国学者也体会到了。这里以中国社会学代表人物费孝通的观点为例，指出其社会学方法取向的思路。

以 20 世纪 30 年代和 40 年代社会学趋势辩论的眼光来看，人们可能觉得费孝通《乡土中国》具有相当大的新意。他在《乡土中国》中同样向社会学这个名词提出两个质疑。一是在中国社会科学草创时代，在反思社会学成为一门特殊的社会科学过程中，社会学不再"包罗万象"，而是"所剩的几等于零了"。处于其旁门左道的人类学、心理学、文学等，创立陈述规则，陈述规则仅仅涉及从"次要制度"来说明社会现象，即把它从"家庭、婚姻、教育等的生育制度，以及宗教制度等等"中挖出。这样一来，"拖着个'社会学'的名词是'以科学方法研究该项制度'的意思"④，但实际上就像挖掉了社会现象的根基，

---

① 爱弥儿·涂尔干：《孟德斯鸠与卢梭》，李鲁宁等译，华夏出版社 2004 年版，第 2、3 页。
② 爱弥儿·涂尔干：《孟德斯鸠与卢梭》，李鲁宁等译，华夏出版社 2004 年版，第 55 页。
③ 爱弥儿·涂尔干：《孟德斯鸠与卢梭》，李鲁宁等译，华夏出版社 2004 年版，第 55 页。
④ 费孝通：《乡土中国》，人民出版社 2008 年版，第 114 页。

从中才多少掏出一点东西。费孝通认为，这是要摧毁社会学的必要基础。费孝通的第二个质疑是，社会学声称要展开"社会现象和其他现象交互关系"的研究，但这种研究总是"引诱了很多在其他科学里训练出来的学者进入社会学里来探讨社会现象"①。当然，这并不是说这是不可能甚至不允许的事情，而是说在依然属于从旁门左道而非"堂奥"入手时，社会学已经变得不那么认识回到自己"老家"的路了。而且，单单根据这种特殊社会科学的要求，人文生物学、人文地理学、文化人类学等等学科便通过这种研究，令社会学进入了"边缘科学"的抽象语境中。从此，社会学不再进入社会科学的"堂奥"，这自然是因为着眼于社会现象与地理或心理等等因素接触。由此，焦点和边界的游移很容易掏空作为社会科学总称的社会学基础。当然，"社会现象本身"也只是作为不同方向讨论的开端堆积而存在，而"科学"充其量也只是其中的一个方向。②但时过境迁，社会心理学、人类学、文化学等等特殊社会科学自身的定义也变得模糊不清，"在这里不免又卷起'边缘科学'的余波"。尽管这"余波和早年分派互讦的情形不完全相同"，但在费孝通看来，就在几乎达到其他特殊社会科学所有目的的时候，却没有达到要大家承认社会科学有它的"堂奥"的目的。也许社会学从一开始就应该把社会科学分家的趋势指向另一个方向，也许社会学现在认识到自己所犯的这个错误，但它现在无法回头了。倘若真如费孝通所说的那样，那么，与其说社会学将成为"综合性的"科学，不如说它已经沦落为"总和的"科学。其原因是，社会学的"堂奥既被各个特殊社会科学占领了去，社会学也只能退到门限上，站在门口还要互争谁是大门，怎能不说可怜相？"③

　　费孝通的这部名著，基本贯穿了一种研究社会现象的综合原则和立场。虽然他并没有将这种原则立场阐述清楚，但我们已经看到了它们是什么。

　　在我们看来，社会科学要成为真正的社会科学，必须解决这样一个问题：如何在社会现象的共相上求综合，或这个综合的中心因素如何不致成为抽象理论。社会现实是否独立于概念——依据黑格尔，正是在概念中，社会现实才得以表达——而存在这一问题，不再是当今人们所关注和研究的主题。从启蒙运

---

① 费孝通：《乡土中国》，人民出版社 2008 年版，第 114～115 页。
② 涂尔干认为，奥斯特·孔德的贡献在于"发现社会法则的方法与其他科学的方法是一致的，只有形成了上述看法，才有可能进步"。参见爱弥儿·涂尔干：《孟德斯鸠与卢梭》，李鲁宁等译，华夏出版社 2008 年版，第 57 页。
③ 费孝通：《乡土中国》，人民出版社 2008 年版，第 113～116 页。

动的哲学历史学，到孔德和青年马克思的历史理论，从方法论上讲，社会—历史的方法是他们在"历史表述"和"社会状况认识"之间所取得的综合性成就。它表明，对于所有人文社会科学而言，概念的方法并非必不可少。这是因为"概念"的社会—历史根基大都只能置于"言说"自身的社会特性上。而在起于 20 世纪 60 年代以来的数十年间，整个人文社会科学在批判旧的传统认识论的同时，一种社会（科）学研究越来越以关注"意义""沟通"与"合理性"的方式呈现于社会，以解决高度组织化的复杂性社会分殊所造成的社会科学合法性危机。这种转向体现了"要用一种社会结构的联系取代认识论的联系，因而意识与世界的相互关系问题就被社会与世界的相互关系问题取代了"①。在德国人中，以此作为主要任务的哲学家首推尼克拉斯·卢曼（Niklas Luhmann）。他所创立的社会系统理论便成功地将生物学、物理学和化学等等自然科学领域里的现代系统论研究成果，运用到社会和人类历史发展的研究中去。应该说，卢曼的创建性的启发意义在于，在他形成社会系统理论以前以及形成过程中，德国和整个欧洲反复展开了有关自然科学、人文社会科学和哲学方法论的激烈争论。他的创作对其中所争论的各个重要问题都给予高度重视，同时，在其社会系统理论思考中，不再使用传统西方社会科学的"实体"概念，而是以"时间的视域"和"功能的分析"相互比较的方法，将重点从"同一""统一"转向"差异"。他认为，现代社会的主要问题，不再是寻求新的统一性，而是对分化导致的复杂性做必要的简化。在我们看来，凡是实现多学科综合的面向都意味着同时地和相应地进行多学科相互比较的面向。因此，可以说，只有具备相当丰富的人文社会科学基础和多学科视野的人，才能体会和把握他的社会系统理论。今天，人文社会科学基础和多学科整合应该说具有很大的潜力和发展前景。②

第三，作为人文社会科学方法论的一门导论性质的课，我们原本可以简单地以教科书的方式把人文社会科学中公认的基本方法加以系统概述。然而，这样的安排虽然轻松却不合适。因为我的意图并非写一种"菜谱"，而是一部哲学论著。这里所说的核心意思是：它无论是探究性的还是教学性的，均以激发问题争辩为皓的。此外，真正重要的是原理的应用，是在其原理功能中被把握的东西，即它的实践性。如果大家读了《方法与反方法》一书后，对在书名中使

---

① 张志扬：《偶在论谱系：西方哲学史的阴影之谷》，复旦大学出版社 2010 年版，第 224 页。
② 高宣扬：《德国哲学通史》（第三卷），同济大学出版社 2007 年版，第 1130~1137 页。

用"方法"一词尚存疑虑，得知该书并非有关如何在一切论证中获得证明理由的方法，以致它丝毫没有脱离内容而纯粹技术地使用某种确切的规则的感觉，甚至误以为，它所谈的也许是某种随意抓取的研究或讨论，那么此种异议绝不是偶然的。《方法与反方法》这个书名中的"与"字的真实意思是什么？只要我们探究这种异议，并按照作为区别于自然科学方法的人文社会科学方法论的形式解决其疑难，我们就处在这个书名中的"与"字所隐藏着的问题之中。

如果说当代人的方法与近代人的方法有新旧之别，前者主要是由海德格尔对所谓解释学概念的改造指明的道路，后者按照人们通常的说法是所谓笛卡尔主义，那么《方法与反方法》这个书名中的"与"字就不是像《论当代与近代的研究方法的融贯统一》书名中的"与"字那样表示一致，而恰恰是表示对立与不同。在我看来，在新老方法的代表人物彼此相对置的地方，感受一部当代研究方法作品的努力也是更新我们对研究方法之作品定义的努力。这交织着纷繁复杂的分析标准。在这里，有时是遵循新老研究方法之新陈代谢（我在历史的[时间]观点之下对此进行论述）；有时是以谈论学问之道、学术工具和研究目的等方面为基础。因此，与其说我们可以借"方法学说"来识别像"解释学"那样当代方法的意蕴，毋宁说我们应当用"反方法"这个词来指代。这个词够不上严谨，甚至可能会因使人不理解而影响我们自己的工作。但无论实际的情形怎样，在这个词的讨论中都还有真实的意思（动机）发挥着作用。这种作用恰恰不是"方法论的"，所以一定不可能形成某种"方法学说"那样的东西。借用伽达默尔的话来说，"事情本身属于效果历史"。在这之上，我采用一种论题学立场，进行当代人文社会科学论辩中必不可少的一种论题（拉丁语 topos）①的

---

① 论题学考察的最重要之点在于确立这样一种立场：它所涉及的是以问题为取向的思考技术。亚里士多德最早在其方法论著作《工具论》第五篇（即《论题篇》）、西塞罗在与亚氏著作同名的《论题术》一书中及其后继者对论题学的目的予以阐明。美因兹学派法学家菲韦格指认了这种思维是如何具体进行的。菲韦格指出："绝对正确地进行的逻辑推演总是远离情境的，而且尽管正确却未必适当。在我们所构想的体系与问题世界之间裂开了一道明显的缝隙，而问题世界并不因为所有这些体系化努力而丧失其问题性。它们两者之间复杂的关系不可以简化为逻辑（推导）的关系。这个结论表明：恒久的问题关联阻止人们按照还原与演绎的方式进行平心静气的逻辑推导。" 参见舒国滢：《法学的论题学立场》（代译序）//特奥多尔·菲韦格：《论题学与法学——论法学的基础研究》，法律出版社 2012 年版，第 29~32 页。可以看出，论题学立场，其端绪在于：问题思维不等于实质证明；发现前提优先于得出结论；问题的把握又要求具有灵活性，如此等等。寻找前提的思维方式为亟待解决的问题提供了一般观点和观点目录，但却为近代科学所轻视。今天，在所谓的传统论题学内部增进当代语用学、当

探索和讨论，而我认为每一个参加论辩的人（比如读者）都必然会思考它。由此应当看出，与一切科学方法相比，《方法与反方法》这个书名，就具有方法原初的意义给予的意味。其在于指引读者把握它所标示的那种思维领域。这颇具海德格尔发明的一个方法论概念意味，即"形式指示"。在这里，我有足够的理由借助早期海德格尔在现象学上突破的方法论武器。面对传统哲学的局限性，即我们常常在作为规整客体的构成事实或具体的生活关系中分离出来的局限①，我们"借助它们实际上无所'言表'，毋宁说，就对生活的存在意义的范畴解释正在进行而言，它们仅仅指出着眼的方向"②。

我们采用这个书名，显然是要暗示有一个先在的理解关联结构（语境）。如果我们只是为了比较而注意那个相反的过程，即以最卓越的反方法的当代转向过程的话，我们所说的应该就变得清楚了一些。这里是说，我被笛卡尔的《方法谈》一书所吸引，并且借用了这一书名服务于与传统哲学的总体化、种类普遍化思想方法之澄清、划界和批判。

从思想方法和表达方法来看，在笛卡尔看来，人不管多么愚蠢都能够遣词造句来表达自己的思想，即使白痴也能够做笛卡尔能够做的事情，他们也能够编写一部《方法谈》。无疑，笛卡尔的这个观点当然有些反哲学的意味。因为，传统哲学理解自身的方式向来是通过一部分人（比如男人）的形象来思考的。这使他把人与机器做区分看上去难以成立。但是，他的这个区分比起传统人文学科中关于人的观点而言，并不是更激进的观点，恰恰相反，是更传统的观点。在笛卡尔看来，真正的人和机器的区别，并不在于人有灵魂，而在于灵魂固有的武器：判断。笛卡尔所突出代表的那种思维方式认为，只有一小部分人才完全没有用来控制自己个人欲望的判断，这部分人与动物没有太大差别，而大多数人用来与欲望作斗争的判断都是错的。因此，笛卡尔强调好习惯的重要性。某些事物或某些类别的事物的最具特征的行为，被笛卡尔看作它的习惯。而"'习

代哲学诸学科，毫无疑问是增添了它新的生命力。

① 海德格尔的"形式指示"的方法论意义主要解决如何处理和表达流动的生命事实性。它想把"处境"作为一个具体的而非普遍的处境发动起来。我们可以从思想的实现和表达方式这两个方面来理解形式指示"方法"。参见孙周兴编译：《形式显示的现象学：海德格尔早期弗莱堡文选》，同济大学出版社2004年版，编者前言。

② 海德格尔：《对亚里士多德的现象学解释——现象学研究导论》，赵卫国译，华夏出版社2012年版，第123页。

慣'乃是'自然'的对应物"①。就这个观点而言，在笛卡尔的《方法谈》中隐含着我们可以称作大致相当于自然与文化这个对子的某种东西。我们曾经强调的自然与文化的对立，现在似乎具有首要的方法谈论功能。事实上，跟我们一样，他（笛卡尔）也很难逃脱自然和文化对立的那种话语的整体压力。如果我们想放弃这样一个对子去建立另外一种哲学概念系统，那比想象困难得多。

笛卡尔主义的方法优势在于清晰明白，但它的弊端似乎更多，它的立足点是通过怀疑也不可能消除第一真理为开端（即不具有争议性的前提），以便为那些具有争议性的观点辩护。但正因为如此，这种哲学又不可思议地希望根本不考虑言谈情境的思考方式，忽视对人文科学语言的某种批评关系，以及对话语的某种批评责任。在其中，睿智洞察力的丧失、想象力的萎缩、语言的贫瘠一目了然。现在，我们所能够做的工作，就有两种可能的姿态：一种选择是有系统地质疑自然与文化（即"社会"进行自我表达的一种特定方式，包括文学、哲学、艺术、宗教、法律、制度等等）这个对子的历史。这种做法可以说既不属于哲学的做法，也不属于语文学的做法。但要寻找"哲学以外"的出口，去突破对自然状态与文化状态的那种区分，并不容易。一般人以为自己逃脱了这个自然与文化对立的局限，而实际上却深陷于造成这种对立的形而上学之中。另一种选择是为了避免第一种不生产②的效果而强调仍然保存和使用这个旧的对子，同时又不断地揭示它们的局限性：把它们当作依旧能够使用的一种旧的方法和工具。要做到这一点，意味着不再相信任何严格意义上的自然与文化的对立。假如有机会找到更合适的方法工具，我们就应该随时移情别恋地把它抛弃掉。或者有必要时，毫不犹豫地对工具加以改良，一次尝试几把工具，哪怕它们来路不正。这是一个方面，另一方面，我们又需要继续开发由自然和文化这个对子构造起来的那部理性主义老机器的效力，以求这样的效力很可能摧毁这部老机器，并把这样一部老机器的零件一个一个拆卸下来。人文科学的语言学转向，正是通过语言进行自我批评。与黑格尔相比，作为后现代的后裔，我

---

① 列奥·施特劳斯：《自然权利与历史》，彭刚译，生活·读书·新知三联书店2003年版，第83页。

② 换种说法，即无法对实践标准或者其"产出"负责。根据因果性规律的时间相继原理，此处"生产"意指凡是发生的事物，即凡是开始存在的事物，都预先假定有它按照规则而继起的某事物。

们干的是打零工的活。尤其那些从事文学批评的人完完全全只是打零工的人[1]或"业余拼装爱好者"[2]。用这样的方法可以把"方法与真理、方法之工具与它所针对的客观意谓加以分离"[3]。总之，我们虽然不满意于自然和文化这个对立对子所意谓的区分，但是我们仍然可以合法地使用这个对子，并把它作为一种方法工具来使用。

这里涉及的问题似乎仅仅是对人文科学中语言的批评吗？德里达曾经以列维-施特劳斯的《野性的思维》为例作过论述。他依此评述人种学民族学的某种具有解构中心方式所关涉的方法论问题。德里达指出："'我们昔日所强调的自然与文化的对立，今天看来给我们几乎仅仅提供了方法论的价值'。而这个价值并未受到'它不具有'存有论'价值'这一事实的影响，如果我们同意使用这个在此上下文中应当受到怀疑的'存有论'概念的话，那也许我们可以这么说：'说一般人文科学已吸纳了特殊人文科学将是不够的，因为这第一种事业导引了那些归于精确科学与自然科学的其他工程：使文化重返自然，并最终使生命重返其化学物理条件的整体'。""另一方面，列维-施特劳斯还在《野性的思维》以打零活的说法来表现那种可称作该方法的论证话语的东西"，"即是说他所寻求的是他手边现成的可用工具，而且这些工具并非根据特殊的操作功能、为了适应什么而设计"。这种批评显然是针对人文科学领域之方法论问题：最好不要把人们称作人文科学的领域理解为某种透明的意义网络，而要理解为没有任何中心结构的话语和符号游戏。同样，人文科学研究方法论也是问题重重，因为它"不存在可验证的结果，也不存在人们可在分解工作之后就能捉住的那种秘密统一体"[4]。

这个过于简略提及的例子（观点）只不过是众多例子（观点）中的一个，但它已显现了澄明语言自身带有的批评必要性这一事实。我们开始明白：相较于我们的语言极为丰富，我们还是经常有词不达意的困窘。由于特定作家的用

---

① 从事文学批评一如打零工，不过就是向某种多少带有连贯性的，或多少被损坏了的文本借用概念。德里达在此意义上认为，每一种话语不过就是打零工。参见雅克·德里达：《书写与差异》，张宁译，生活·读书·新知三联书店2001年版，第513页。

② 雅克·德里达：《论文字学》，汪堂家译，上海译文出版社199年版，第152页。

③ 雅克·德里达：《书写与差异》，张宁译，生活·读书·新知三联书店2001年版，第509页。

④ 雅克·德里达：《书写与差异》，张宁译，生活·读书·新知三联书店2001年版，第512、515页。

语只不过是这个困窘状况的现实化身，他常常陷入既不能为他人所正确理解，也不能为自己所正确理解的窘境。①从起源上看，人文科学中那些作为前提条件的东西（比如，自然与文化的区分处在未经批判的概念系统中），乃是那些某个我在内的社会中不可思议的东西（比如，在保留或取消继承下来的自然与文化的区分这种思想时，这种思想就处于模棱两可状态：或未经澄清界限、划清前提而处于概念体系本身之中，或给概念体系边界造成压力而处于解构之中）。但是，它却是某个我在内的特殊社会科学的一种具有使用合法性的方法论工具。它的意义和意义的有效性的要求，也需要一种特殊的方法（比如解构）来深入它所处的区域。从解构主义看，这种特殊的方法首先不是某种特殊的方法或技巧，而是阅读方式、写作方式、解释策略等等。这里正在揭示的，就是人文社会科学方法论演变过程的反笛卡尔主义的运动。

近代伊始，产生了我们现在思考人文社会科学的那些方法的完满理想状态，但是它是人为了"一种地位而斗争"，力求在其中"给予一切存在者以尺度和准绳"，②是人加于自己的主体认识的幻象。尽管方法的融贯统一一直在传统人文社会科学合理研究方法中具有重要地位，比如，黑格尔的《全书纲要》到处照搬所谓"正—反—合"的思维格式，其实并非黑格尔真正思考的辩证法，但方法的圆融统一不过是被黑格尔拿来作为辩证思考过程中贬低实证方法的一种例示而已，而所谓思辨性的精神哲学只不过是心理学、社会学、法学、经济学、政治学、历史学等相关的实证科学的代替（表）者。我们在这里重新理解黑格尔的原因之一在于：在《精神现象学》中，方法的圆融统一是以对立方法的领会为前提的。我说"辩证法"企图使方法与方法之间彼此对抗；而罗蒂则说，"辩证法"只是从语汇到语汇、主题到主题之间的推杯换盏："黑格尔所谓的辩证方法，根本不是一种论证的程序或统一主客体的方式，而只是一种文学技巧，用来从一个语汇平顺、迅速地过渡到另一个语汇，以制造骇人听闻的格式塔转换效果……黑格尔的作法，不是保留旧的俗见，并作出区分来协助这些俗见融

---

① 韦伯阐明自己关于社会科学基础的首部论著，以批评家的标准来看，"首先是他的文风问题，他的文字有时令人困惑，乃至于不可理解。原因在于这位学者的研究方法，他融各种思路于一句中，导致从句接从句，毫不考虑写出来的句子是否符合语法规则"。参见马克思•韦伯：《罗雪尔与克尼斯：历史经济学的逻辑问题》，李荣山译，上海世纪出版集团 2009 年版，第 6 页。这一论断拜韦伯自己所赐，实为学术真诚之一例。

② 马丁•海德格尔：《林中路》，孙周兴译，上海译文出版社 2004 年版，第 91 页。

贯一致；相反地，他不断更改这些旧俗见所使用的语汇。他不建构哲学理论，并提出论证来加以支持；相反地，他借着不断转换语汇（从而改变主题），来避免论证……他对前人的批评，不是他们的命题是错误的，而是他们的语言已经落伍过时了。由于发明了这种批评方式，年轻的黑格尔脱离了柏拉图/康德一脉相承的传统，而为尼采、海德格尔、德里达等人开启了一个反讽主义哲学的传统。对这些反讽主义哲学家而言，他们的成就建立在他们与前人的关系上，而非在他们与真理的关系上。以上所谓的'辩证法'，现在有一个比较新颖的名称，那就是'文学批评'。"①

　　黑格尔真的在做哲学吗？会不会只是在做像"文学批评"一类的事情？思辨哲学家真的只是希望批评家能协助他们，"透过某种综合的功夫，使他们能够对那些表面上矛盾对立的书本，不减赞赏之意"？②令人迷惑的是，在今天，哲学和科学同文学之间的文类差别消除掉之后，是否真的如罗蒂想要阐明的一样，人们不再可能相信诗歌、戏剧、音乐、小说、哲学、宗教诸学科之间的界限可以清晰显现？这个问题是在真理和谬误之间已经失去对立意义这一阅读的"假定"背景下提出的。假如我们承认这个假定，即人文社会科学在方法上的考虑，乃是"文学批评"一词现在所涵盖的主要活动，那么在整个20世纪，"文学批评"的范围被延伸得那么遥远，几乎已经把神学、哲学、社会理论全收眼底。

　　罗蒂说，形而上学家的"理论建构方法，与法官解决棘手案件的方法，或神学家诠释晦涩经文的方法，如出一辙"。他们做的工作都不过是"把不同的语汇加以比较和对照"。③问题是，难道传统人文社会科学家把我们已经认识到的有关诗歌、戏剧、音乐、小说、哲学、宗教诸学科的真理都以这样一种狡计的方式保密了吗？或者事情完全相反，是现在这些参与人文社会科学论坛的人们比如罗蒂精神水准之低，以至于他们在阅读关于真理的好书时，根本没有能力理解这是好书，从而可以从中学到一些东西？我相信，第二种可能性是实情。因为，这不是一个"狡计"的问题，而是跟一种特定的思想和精神危机现象有关。毕竟，书或文字是有好坏优劣之分的。否则，以反讽主义者的立场看，这么长的时间怎么可能只有思辨，没有真理，只有词语的搬弄，没有思想呢？哲

---

① 理查德·罗蒂：《偶然、反讽与团结》，徐文瑞译，商务印书馆2003年版，第112～113页。
② 理查德·罗蒂：《偶然、反讽与团结》，徐文瑞译，商务印书馆2003年版，第116页。
③ 理查德·罗蒂：《偶然、反讽与团结》，徐文瑞译，商务印书馆2003年版，第111页。

学诸人文科学怎么可能曾经无非就是一再翻新的话语游戏，而从来没有出现与之相符的东西（真理）呢？事件诡谲难测的情势，正在于现在一切转向都发生在语言学维度上。而语言学转向，正如哈贝马斯所言："把主体哲学的遗产清除得一干二净，其方法十分粗暴。"①这种精神危机使得这些"患者"根本不可能去阅读、欣赏和吸收这些好书。所以，这里又从根本上返回《方法与反方法》这个书名中的"与"字本身隐藏着的主要问题的批判方向上来了。

　　总之，《方法与反方法》这个书名绝非只是一个书名，在完整的意义上，它贯通了一系列思想事件，以便重新思考人文社会科学性质，它甚至可以被视为人文社会科学方法论思考的阿里阿德涅之线。

张文喜

2015 年 11 月 8 日于中国人民大学静园

---

① 于尔根·哈贝马斯：《后形而上学思想》，曹卫东等译，译林出版社 2001 年版，第 223 页。

参考文献

[1] Leo Strauss. *The Rebirth of Classical Political Rationalism: An Introduction to the Thought of Leo Strauss*.ed.Thomas L. Pangle, Chicago: University of Chicage Press, 1989.

[2] 伊安·汉普歇尔-蒙克. 比较视野中的概念史. 周保巍，译. 上海：华东师范大学出版社，2010.

[3] 吉尔·德勒兹. 斯宾诺莎的实践哲学. 冯炳昆，译. 北京：商务印书馆，2004.

[4] 斯宾诺莎. 笛卡尔哲学原理. 王荫庭，等，译. 北京：商务印书馆，1997.

[5] 吉尔·德勒兹. 斯宾诺莎与表现问题. 龚重林，译. 北京：商务印书馆，2013.

[6] 列奥·施特劳斯. 自然权利与历史. 彭刚，译. 北京：生活·读书·新知三联书店，2003.

[7] 雅克·朗西埃. 哲学家和他的穷人们. 蒋海燕，译. 南京：南京大学出版社，2014.

[8] 艾伦·布鲁姆. 美国精神的封闭. 战旭英，译. 南京：译林出版社，2007.

[9] 海德格尔. 路标. 孙周兴，译. 北京：商务印书馆，2000.

[10] 皮埃尔·布尔迪厄. 海德格尔的政治存在论. 朱国华，译.上海：学林出版社，2009.

[11] 皮埃尔·布尔迪厄. 帕斯卡尔式的沉思. 刘晖，译. 北京：生活·读书·新知三联书店，2009.

[12] 吉奥乔·阿甘本. 无目的的手段. 赵文，译. 开封：河南大学出版社，2015.

[13] 理查德·罗蒂. 偶然、反讽与团结. 徐文瑞, 译. 北京: 商务印书馆, 2003.

[14] 让-吕克·马里翁. 可见者的交错. 张建华, 译. 桂林: 漓江出版社, 2015.

[15] 阿兰·巴丢. 维特根斯坦的反哲学. 严和来, 译. 桂林: 漓江出版社, 2015.

[16] 马丁·麦克奎兰. 导读德曼. 孔锐才, 译. 重庆: 重庆大学出版社, 2015.

[17] 乔吉奥·阿甘本. 潜能. 王立秋, 等, 译. 桂林: 漓江出版社, 2014.

[18] 汉斯·布鲁门伯格. 神话研究（上）. 胡继华, 译. 上海: 上海人民出版社, 2012.

[19] 陀思妥耶夫斯基. 读书与识字: 陀思妥耶夫斯基读书随笔. 白春仁, 等, 译. 北京: 金城出版社, 2012.

[20] 马丁·海德格尔. 存在与时间. 陈嘉映, 等, 译. 北京: 生活·读书·新知三联书店, 2006.

[21] 马丁·海德格尔. 从莱布尼茨出发的逻辑学的形而上学始基. 赵卫国译. 西安: 西北大学出版社, 2015.

[22] 雅克·朗西埃. 文学的政治. 张新木, 译. 南京: 南京大学出版社, 2014.

[23] 莫里斯·布朗肖. 从卡夫卡到卡夫卡. 潘怡帆, 译. 南京: 南京大学出版社, 2014.

[24] 张汝伦. 《存在与时间》释义. 上海: 上海人民出版社, 2012.

[25] 卡尔·施米特. 论法学思维的三种模式. 苏慧婕, 译. 北京: 中国法制出版社, 2012.

[26] 托马斯. 库恩. 结构之后的路. 邱慧译. 北京: 北京大学出版社, 2012.

[27] 维特根斯坦. 维特根斯坦论伦理学与哲学. 江怡, 译. 杭州: 浙江大学出版社, 2011.

[28] 乔治·萨拜因. 政治学说史(下卷). 邓正来, 译. 上海: 上海人民出版社, 2010.

[29] 施特劳斯. 古典政治理性主义的重生: 施特劳斯思想入门. 郭振

华，等，译. 北京：华夏出版社，2011.

[30] 维特根斯坦. 哲学研究. 李步楼，译. 北京：商务印书馆，1996.

[31] 罗素. 西方哲学史. 何兆武，等，译. 北京：商务印书馆，1982.

[32] 斯宾诺莎. 知性改进论. 贺麟，译. 北京：商务印书馆，1960.

[33] 黑格尔. 哲学史讲演录（第四卷）. 贺麟，等，译. 北京：商务印书馆，1978.

[34] 莫里森. 法理学：从古希腊到后现代. 李桂林，译. 武汉：武汉大学出版社，2003.

[35] 罗伯特·穆齐尔. 穆齐尔散文. 徐畅，等，译. 北京：人民出版社，2008.

[36] 张汝伦. 二十世纪德国哲学. 北京：人民出版社，2008.

[37] 狄尔泰. 精神科学中的历史世界建构. 安延明，译，北京：中国人民大学出版社，2010.

[38] 阿兰·巴丢. 小万神殿. 蓝江，译. 江苏：南京大学出版社，2014.

[39] Reiner Schurmann. *Heidegger on being and acting*, translated from the french by Christine-Marie Gros in Collaboration with the author. Indiana University Press, 1990.

[40] 海登·怀特. 形式的内容：叙事话语与历史再现. 董立河，译. 北京：北京出版社，2005.

[41] 弗莱切. 记忆的承诺：马克思、本雅明、德里达的历史与政治. 田明，译. 上海：华东师范大学出版社，2009.

[42] 吉尔·德勒兹. 康德与柏格森解读. 张宇凌，等，译. 北京：社会科学文献出版社，2002.

[43] 安乐哲. 和而不同：比较哲学与中西会通. 北京：北京大学出版社，2002.

[44] F.R.安克施密特. 历史与转义：隐喻的兴衰. 韩震，译. 北京：北京出版社，北京：文津出版社，2005.

[45] 雅克·德里达. 马克思的幽灵. 何一，译. 北京：中国人民大学出版社，1999.

[46] 马丁·海德格尔. 时间概念史导论. 欧东明，译. 北京：商务印书馆，2009.

[47]　戴维·哈维. 正义、自然和差异地理学. 胡大平，译. 上海：上海人民出版社，2010.

[48]　科耶夫. 法权现象学纲要. 邱立波，译. 上海：华东师范大学出版社，2011.

[49]　韦政通. 中国思想史方法论文选集. 上海：上海人民出版社，2009.

[50]　约翰·斯图尔特·密尔. 精神科学的逻辑. 李涤非，译. 杭州：浙江大学出版社，2009.

[51]　伽达默尔. 真理解释学. 洪汉鼎，译. 上海：上海译文出版社，1994.

[52]　埃德蒙德·胡塞尔. 现象学的观念. 倪梁康，译. 北京：人民出版社，2007.

[53]　保罗·利科. 解释的冲突. 莫伟民，译. 北京：商务印书馆，2008.

[54]　斯拉沃热·齐泽克. 快感大转移——妇女和因果性六论. 胡大平，等，译. 南京：江苏人民出版社，2004.

[55]　胡塞尔. 形式逻辑和先验逻辑——逻辑理性批评研究. 李幼蒸，译. 北京：中国人民大学出版社，2012.

[56]　特里·伊格尔顿. 理论之后. 商正，译. 北京：商务印书馆，2009.

[57]　谢尔兹. 逻辑与罪. 黄敏，译. 上海：华东师范大学出版社，2007.

[58]　乔治·斯坦纳. 海德格尔. 李河，等，译. 杭州：浙江大学出版社，2012.

[59]　海德格尔. 形而上学导论. 熊伟，等，译. 北京：商务印书馆，1996.

[60]　埃德蒙德·胡塞尔. 经验与判断. 邓晓芒，译. 北京：生活·读书·新知三联书店，1999.

[61]　德蒙德·胡塞尔. 逻辑研究. 倪梁康，译. 上海：上海译文出版社，1998.

[62]　列夫·舍斯托夫. 思辨与启示. 方珊，等，译. 上海：上海人民出版社，2005.

[63]　严平. 伽达默尔集. 邓安庆，等，译. 上海：上海远东出版社，2003.

[64]　吉尔比. 经院辩证法. 王璐，译. 上海：上海三联书店，2000.

[65]　西蒙娜·薇依. 柏拉图对话中的神——薇依论古希腊文学. 吴雅凌，译，北京：华夏出版社，2012.

[66]　马丁·海德格尔. 对亚里士多德的现象学解释——现象学研究导论. 赵卫国，译.北京：华夏出版社，2012.

[67]　黑格尔.逻辑学（上卷）. 杨一之，译. 北京：商务印书馆，1966.

[68]　卢卡西维茨. 亚里士多德的三段论. 李真，等，译.北京：商务印书

馆，1991.

[69] 黑格尔．小逻辑．贺麟，译，北京：商务印书馆，1980.

[70] 理查德·罗蒂．哲学、文学和政治．黄宗英，等，译．上海：上海译文出版社，2009.

[71] 王路．逻辑的观念．北京：商务印书馆，2000.

[72] 康德．逻辑学讲义．许景行，译．北京：商务印书馆，2010.

[73] 王逢振．詹姆逊文集：新马克思主义．北京：中国人民大学出版社，2004.

[74] 阿兰·巴丢．元政治学概述（代中译序）．蓝江，译．上海：复旦大学出版社，2015.

[75] 陈永国．激进哲学：阿兰·巴丢读本．北京：北京大学出版社，2010.

[76] 保罗·利科．解释学与人文科学．陶远华，等，译．石家庄：河北人民出版社，1987.

[77] 沃尔夫冈·伊瑟尔．怎样做理论．朱刚，等，译．南京：南京大学出版社，2008.

[78] 伯恩斯坦．超越客观主义和相对主义．郭小平，译．北京：光明日报出版社，1992.

[79] 洛克．人类理解论．关文运，译．北京：商务印书馆，1959.

[80] Karl Barth. The Word of God and the Word of Mantrans. Douglas Horton, New York: Harper & Row Publishers, 1957.

[81] 李河．巴别塔的重建与解构——解释学视野中的翻译问题．昆明：云南大学出版社，2005.

[82] 斯拉沃热·齐泽克．意识形态的崇高客体．季广茂，译．北京：中央编译出版社，2002.

[83] 张隆溪．阐释学与跨文化研究．北京：生活·读书·新知三联书店，2014.

[84] 狄尔泰．理性批判手稿．陈锋，译．上海：上海译文出版社，2012.

[85] 安东尼·弗卢，等．西方哲学讲演录．李超杰，译．北京：商务印书馆，2000.

[86] 梁志学．自由之路：梁志学文选．北京：商务印书馆，2013.

[87] 吕迪格尔·萨弗兰斯基．海德格尔传．靳希平，译．北京：商务印书馆，1999.

[88] 卡尔·曼海姆．文化社会学论要．艾彦，等，译．北京：中国城市出版社，2002.

[89] 胡塞尔. 生活世界现象学. 倪梁康，等，译. 上海：上海译文出版社，2005.

[90] 海德格尔. 在通向语言的途中. 孙周兴，译. 北京：商务印书馆，1997.

[91] 卡夫卡. 卡夫卡谈话录. 赵登荣，译. 桂林：漓江出版社，2015.

[92] 特里·伊格尔顿. 异端人物. 刘超，等，译. 南京：江苏人民出版社，2014.

[93] 吕迪格尔·萨弗兰斯基. 荣耀与丑闻——反思德国浪漫主义. 卫茂平，译. 上海：上海人民出版社，2014.

[94] W.W.克莱恩，等. 基督教释经学. 尹妙珍，等，译. 上海：上海人民出版社，2011.

[95] 乔治·斯坦纳. 语言与沉默——论语言、文学与非人道. 李小均，译. 上海：上海人民出版社，2013.

[96] 恩斯特·贝勒尔. 尼采、海德格尔与德里达. 李朝晖，译. 北京：社会科学文献出版社，2001.

[97] 何塞·奥尔特加·伊·加塞特. 没有主心骨的西班牙. 赵德明，译. 桂林：漓江出版社，2015.

[98] 施特劳斯，等. 回归古典政治哲学：施特劳斯通信集. 朱雁冰，等，译. 北京：华夏出版社，2006.

[99] 托马斯·曼散文. 黄燎宇，等，译. 北京：人民出版社，2014.

[100] 谢林. 对人类自由的本质及其相关对象的哲学研究. 邓安庆，译. 北京：商务印书馆，2008.

[101] 理查德·E.帕尔默. 诠释学. 潘德荣，译. 北京：商务印书馆，2012.

[102] 理查德·罗蒂. 真理与进步. 杨玉成，译. 北京：华夏出版社，2003.

[103] 马克斯·韦伯. 批判施塔姆勒. 李荣山，译. 上海：上海人民出版社，2011.

[104] 苏珊·桑塔格. 反对阐释. 程巍，译. 上海：上海译文出版社，2003.

[105] 叶廷芳. 卡夫卡散文. 北京：人民出版社，2011.

[106] 皮埃尔·布迪厄. 海德格尔的政治存在论. 朱国华，译. 上海：学林出版社，2009.

[107] 张一兵. 社会批判理论纪事. 南京：江苏人民出版社，2013.

[108] 保罗·利科. 从文本到行动. 夏小燕，译. 上海：华东师范大学出版社，2005.

[109] 邓晓芒:《思辨的张力——黑格尔辩证法新探》,长沙:湖南教育出版社,1992年。

[110] 维特根斯坦. 哲学语法. 韩林合,译.北京:商务印书馆,2012.

[111] 莫里斯·梅洛-庞蒂. 世界的散文.杨大春,译. 北京:商务印书馆,2005.

[112] 戴维斯. 古代悲剧与现代科学的起源.郭振华,译. 上海:华东师范大学出版社,2008.

[113] 洛维特,等. 墙上的书写:尼采与基督教. 田立年,等,译.北京:华夏出版社,2004.

[114] 刘小枫. 经典与解释的张力. 上海:上海三联书店,2003.

[115] 迈蒙尼德. 迷途指津. 傅有德,等,译. 济南:山东大学出版社,2004.

[116] 尼采. 论道德的谱系·善恶之彼岸. 谢地坤,等,译. 桂林:漓江出版社,2000.

[117] 施太格缪勒:当代哲学主流(上卷). 王炳文,等,译. 北京:商务印书馆,1986.

[118] 乔治·阿甘本.剩余的时间——解读《罗马书》. 钱立卿,译.长春:吉林出版集团有限责任公司,2011.

[119] 爱弥儿·涂尔干. 孟德斯鸠与卢梭. 李鲁宁,等,译. 上海:上海人民出版社,2003.

[120] 特洛尔奇. 基督教理论与现代. 朱雁冰,等,译. 北京:华夏出版社,2004.

[121] 马克思恩格斯选集(第1~4卷).北京:人民出版社,1995.